U0941654

内蒙古自治区高质量发展系列研究丛书

内蒙古牧区现代化研究

NEI MENG GU MU QU XIAN DAI HUA YAN JIU

内 蒙 古 自 治 区 研 究 室
内蒙古自治区农牧业科学院

图书在版编目（CIP）数据

内蒙古牧区现代化研究 / 内蒙古自治区研究室，内蒙古自治区农牧业科学院著 .—北京：中国发展出版社，2022.1

ISBN 978-7-5177-1204-6

Ⅰ .①内… Ⅱ .①内… ②内… Ⅲ .①牧区—农业现代化 - 研究 - 内蒙古 Ⅳ .① F326.372.6

中国版本图书馆 CIP 数据核字（2021）第 024099 号

书　　　名：内蒙古牧区现代化研究
著作责任者：内蒙古自治区研究室　内蒙古自治区农牧业科学院
出 版 发 行：中国发展出版社
联 系 地 址：北京经济技术开发区荣华中路22号亦城财富中心1号楼8层（100176）
标 准 书 号：ISBN 978-7-5177-1204-6
经　销　者：各地新华书店
印　刷　者：北京市密东印刷有限公司
开　　　本：710mm × 1000mm　1/16
印　　　张：26.5
字　　　数：318 千字
版　　　次：2022 年 1 月第 1 版
印　　　次：2022 年 1 月第 1 次印刷
定　　　价：98.00 元

联 系 电 话：（010）68990630　68990692
购 书 热 线：（010）68990682　68990686
网 络 订 购：http://zgfzcbs. tmall. com
网 购 电 话：（010）88333349　68990639
本 社 网 址：http://www.develpress. com
电 子 邮 件：150289754@qq.com

内蒙古自治区高质量发展系列研究丛书编委会

"内蒙古牧区现代化研究"
课题组

主持人

翟　琇　内蒙古自治区农牧业科学院党委书记、研究员

顾　问

谢高地　中国科学院地理科学与资源研究所研究员

布和朝鲁　内蒙古自治区锡林郭勒盟盟委原书记

内蒙古党委原副秘书长、政研室原主任

成　员

第一章：牧区现代化发展基础与历史方位

翟　琇　内蒙古自治区农牧业科学院党委书记、研究员

侯智惠　内蒙古自治区农牧业科学院副研究员

刘　文　内蒙古自治区农牧业科学院副编审

吴那申　内蒙古苏尼特牧业产融科技有限责任公司

第二章：牧区现代化草原生态保护与可持续发展研究

孙海莲　内蒙古自治区农牧业科学院综合试验示范中心主任

邱　晓　内蒙古自治区农牧业科学院副研究员

刘亚红　内蒙古自治区农牧业科学院副研究员

王慧敏　内蒙古自治区农牧业科学院助理研究员

常　虹　内蒙古自治区农牧业科学院助理研究员

石　磊　内蒙古自治区农牧业科学院助理研究员

谢　宇　内蒙古自治区农牧业科学院研究实习员

王　洋　内蒙古自治区农牧业科学院研究实习员

维　拉　内蒙古自治区农牧业科学院助理研究员

第三章：牧区现代化生产体系研究

金　海　内蒙古自治区农牧业科学院研究员

郭天龙　内蒙古自治区农牧业科学院研究员

李长青　内蒙古自治区农牧业科学院研究员

李　康　内蒙古自治区农牧业科学院助理研究员

李　军　中国农业大学农业经济管理学院教授

潘丽莎　中国农业大学农业经济管理学院博士

第四章：牧区现代化经营体系研究

乔光华　内蒙古农业大学经济管理学院院长

杨印成　内蒙古农牧厅农业经营管理站站长

王海春　内蒙古财经大学财税学院副教授

周　杰　内蒙古农业大学经济管理学院副教授

马　梅　内蒙古农业大学经济管理学院副教授

马志艳　内蒙古农业大学经济管理学院讲师

刘贺贺　内蒙古农业大学经济管理学院讲师

高　博　内蒙古农业大学经济管理学院讲师

第五章：牧区现代化产业公共支撑服务体系研究

韩　波　内蒙古苏尼特牧业产融科技有限责任公司

吴那申　内蒙古苏尼特牧业产融科技有限责任公司

翟　琇　内蒙古自治区农牧业科学院党委书记、研究员

乔玉龙　内蒙古苏尼特牧业产融科技有限责任公司

李　军　内蒙古苏尼特牧业产融科技有限责任公司

第六章：牧区现代化治理体系研究

张银花　内蒙古农业大学人文社会科学学院教授

路冠军　内蒙古农业大学人文社会科学学院副教授

第七章：牧区现代化文化振兴研究

白萨茹拉　内蒙古农业大学人文社会科学学院讲师

于翠英　内蒙古农业大学人文社会科学学院副教授

乌云高娃　内蒙古农业大学人文社会科学学院副教授

总协调人

田德志　内蒙古自治区研究室主任

协调人

李　健　内蒙古自治区研究室农牧处处长

序　言

内蒙古自治区（以下简称内蒙古）地处祖国北疆，横跨我国东北、华北、西北三大地区，内连八省（自治区），外接蒙、俄，自然和生态资源十分丰富，是我国北方重要的生态安全屏障、祖国北疆安全稳定屏障、向北开放的重要桥头堡。21世纪以来，内蒙古紧紧围绕国家战略部署，依托能源资源优势，不断推进改革开放，经济发展取得了举世瞩目的成就。目前，内蒙古所处的国内外环境发生了重大变化，已进入新的发展阶段。推动高质量发展，是新时代保持内蒙古经济社会持续健康发展的必然要求，是解决内蒙古发展不平衡不充分问题的必然要求，也是遵循经济规律发展的必然要求。

习近平总书记十分关心内蒙古高质量发展问题，多次作出指示和批示。2014年1月习近平总书记考察内蒙古时提出，内蒙古要着力转变经济发展方式，提高经济发展质量和水平[①]；2018年3月习近平总书记参加十三届全国人大一次会议内蒙古代表团审议时提出，内蒙古要扎实推动经济高质量发展，把祖国北

---

① 《习近平赴内蒙古调研 向全国各族人民致以新春祝福》，新华网，2014年1月29日，http://www.xinhuanet.com//politics/2014-01/29/c_119185638_4.htm。

部边疆这道风景线打造得更加亮丽[①]；2019年3月习近平总书记参加十三届全国人大二次会议内蒙古代表团审议时提出，内蒙古要探索以生态优先、绿色发展为导向的高质量发展新路子[②]；2019年7月在内蒙古考察并指导开展“不忘初心、牢记使命”主题教育时，习近平总书记再次强调，内蒙古要牢记初心和使命，贯彻以人民为中心的发展思想，落实新发展理念，做好稳增长、促改革、调结构、惠民生、防风险、保稳定各项工作，不断增强各族群众的获得感、幸福感、安全感[③]。习近平总书记的重要讲话和指示，为内蒙古高质量发展指明了战略方向，对扎实推动内蒙古经济社会高质量发展具有深远影响。

面对世界百年未有之大变局，面对高质量发展的时代任务，我们要认真学习、坚决贯彻落实习近平总书记关于内蒙古高质量发展的一系列指示批示精神，站在国家全局和战略大局上思考发展，主动适应变化，谋划好内蒙古经济社会高质量发展的战略举措。

必须坚持以绿色低碳循环为主题，并以此作为选择重点发展方向的基本逻辑起点和依据。作为我国北方面积最大、种类最全的生

---

① 《习近平在参加内蒙古代表团审议时强调：扎实推动经济高质量发展 扎实推进脱贫攻坚》，人民网，2018年3月6日，http://cpc.people.com.cn/n1/2018/0306/c64094-29849635.html。

② 《习近平参加内蒙古代表团审议》，新华网，2019年3月5日，http://www.xinhuanet.com/politics/2019lh/2019-03/05/c_1124197105.htm。

③ 《习近平在内蒙古考察并指导开展“不忘初心、牢记使命”主题教育》，新华网，2019年7月16日，http://www.xinhuanet.com/politics/2019-07/16/c_1124761316.htm。

态功能区，内蒙古的生态状况不仅关系全区各族群众的生存和发展，而且关系华北、东北、西北乃至全国的生态安全。建设北方重要的生态安全屏障，是国家赋予内蒙古的定位。内蒙古的创新、协调、开放、共享应更多围绕绿色来做文章。内蒙古要保持加强生态文明建设的战略定力，实现绿色转型，探索以生态优先、绿色发展为导向的高质量发展新路子。

必须加快新旧动能转换，做强实体经济，筑牢高质量发展根基。一是推动传统特色产业数字化、网络化、智能化建设，运用新技术、新模式改造提升传统产业，推动传统优势特色产业分化裂变、升级换代、跨界融合，实现“脱胎换骨”。二是大力培育产业集群，尤其是强化具有潜在战略发展价值的稀土材料、石墨烯新材料、大数据等产业集群的发展。三是建立健全产业创新驱动机制，实现经济发展动力从投资驱动向创新驱动转变，促进产业向价值链中高端迈进，形成创新驱动的现代化经济体系。四是深入实施品牌战略，培育一批国内外知名的产品、企业、行业，培育区域品牌，促进品牌高端化，改变内蒙古产品质优价低的局面。

必须推动形成高水平对外开放新格局。向北开放是我国新时代开放战略大格局中的重要一环，不仅对深化我国面向俄、蒙开放合作，更好维护国家能源资源安全具有战略意义，也是推进和深化与东北亚国家和地区经贸合作的重要渠道。内蒙古在向北开放过程中具有不可替代的地缘优势。内蒙古不仅要进一步强化向北开放桥头堡的战略功能，还要继续发挥“承东启西，贯通南北”的区位优势，加强与东北、华北各省区市的合作，共同构建面向俄、蒙、欧和东北亚的战略开放通道，带动周边省区市和更多地区参与到国家向北开放的战略布局之中。

必须创新体制机制，优化营商环境。要加快“放管服”改革，放宽市场准入，提升政府办事效率，增强政府行政能力和公信力，在制度方面加快改革，降低制度成本。大力推进建设一视同仁、公平竞争的营商环境。保护合法合规企业的权益，完善知识产权保护。把完善软环境建设纳入政府的政绩考核。通过诚信建设推动社会治理发展，优化发展软环境，吸引企业落户、产业生根。

必须充分尊重企业家精神。企业是市场经济的重要主体，企业家则是企业的灵魂和核心，在企业创新中起着不可替代的作用。这是因为企业家把分散的创新要素聚合在一起，不断地把科技创新与市场结合起来，从而使那些具有创新性、前瞻性的思想成为现实。因此，落实好高质量发展的时代要求，必须充分发挥企业的主体作用，充分调动亿万市场主体的积极性和创造性，充分尊重、保护和弘扬企业家精神，切实发挥好企业家在创新中的引领作用。

必须保障和改善民生，满足人民美好生活需要。高质量发展的最终目的是造福于人民，提高各个阶层的福祉。要建立完善的基本保障制度，实现初次分配强调效率、再分配更加注重公平的社会财富调节机制，缓解城乡居民之间、城市及农村居民内部的收入差距扩大趋势。对结构性失业较严重的地区，制定针对性政策，避免因不充分就业和失业导致的收入差距过大问题。

作为直属国务院的政策研究和咨询机构，国务院发展研究中心长期关注内蒙古经济社会发展。为积极支持内蒙古经济社会发展，国务院发展研究中心与内蒙古自治区人民政府于2019年7月22日签署了合作备忘录。今后，国务院发展研究中心将全面贯彻党的十九大和习近平总书记对内蒙古工作的一系列重要讲话精神，推动高端智库优势和内蒙古自治区经济社会发展的实际需求紧密结合，为把祖国北部边疆这道风景线打造得更加亮丽提供强有力的智力支撑。

是为序。

国务院发展研究中心党组书记、研究员

马建堂

2019年10月于北京

目 录

第一章

牧区现代化发展基础与历史方位

牧区是我国重要而特殊的区域，五大牧区占全国国土面积的42%，在政治、经济、生态、文化、社会、国防建设等方面都具有显著的战略地位。但相比较而言，牧区发展又相对滞后，是我国不平衡、不充分发展的主要区域之一，也是国家乡村振兴和全面实现现代化的难点。从内蒙古牧区现代化发展的历史和现状考察，工业化、产业化、城镇化、信息化乃至数字化建设，生态环境保护、产业融合发展、现代科技支撑、公共事业建设以及全面提质增效等交织在一起，使看似相对处于起步阶段的牧区现代化建设极具复杂系统特征，结构性矛盾十分突出。因此，在互联网成果日新月异、数字技术广泛渗透到全社会方方面面的新时期，要按照“探索以生态优先、绿色发展为导向的高质量发展新路子”的指导思想，与时俱进地思考牧区现代化的历史方位、战略目标、实现途径、主要任务以及政策体系搭建等关键问题，就必须从全局着手，以历史的、发展的、辩证的观点和视角，用综合性、集成性手段和办法去创造性地加以解决，从而能够系统、全面、科学地构建具有内蒙古特色的牧区现代化发展模式。

牧区现代化建设内容繁杂，如果将牧区现代化建设的现状和目标看成是一个动态系统，在对该系统进行解构与建构的过程当中，在对存在的问题、挑战、经验和机遇等加以梳理的前提下，认真对照国家和自治区自党的十八大、党的十九大之后出台的有关农村牧区现代化建设的各类政策、法规和具体措施，特别是国家提出的“五位一体”（经济建设、政治建设、文化建设、社会建设、生态文明建设）总体布局、乡村振兴战略和现代化经济体系建设的总体构想，并结合现代科学技术发展及其应用的趋势去综合研究，就能够推导出我区牧区现代化建设的基本蓝图、与实施乡村振兴战略的内在逻辑关系、今后一段时期的重点建设任务，也能够设计出理论与实际相契合的牧区现代化建设的有机系统、牧区现代化经济体系、以区域经济（纯牧区）为主要蓝本的牧区现代化产业经济模型、公共支撑体系模型和相应的政策体系框架，并以此来指导全区牧区现代化建设的实践，促进内蒙古牧区现代化的全面实现，发挥事半功倍的效能。

一、牧区现代化的定义及内涵

（一）牧区现代化定义

自 20 世纪 50 年代以来，国外已经形成了包括政治学、经济学、人文学、社会学以及制度学五大主流学派的关于现代化的观点[1]。西里尔・布莱克认为现代化是伴随着科学革命，人类控制环境的知识急剧增长，各种体制、功能适应迅速变化的过程[2]。塞缪尔・亨廷顿认为现代化是一个涉及人类思想和活动的所有领域，具有革命性、复杂性、系统性、全球性、长期性、阶段性、同质性、不可逆转性和进步性的变化进程[3]。W・W. 罗斯托认为现代化可以分为传统社会阶段、起飞准备阶段、起飞阶段、向成熟过渡阶段、大众消费阶段五个阶段[4]。

在我国，罗荣渠教授认为，广义而言，现代化是指以工业化为推动力，人类社会从传统的农业社会向现代工业社会转变，使工业主义渗透到经济、政治、文化、思想各个领域，引起深刻的急剧变革的过程；狭义而言，现代化是一个落后国家通过有计划的经济技术改造和学习世界先进，带动广泛的社会变革，以迅速赶上先进工业国和适应现代世界环境的发展过程。魏后凯认为农村现代化包括农村产业现代化、农村生态现代化、农村文化现代化、乡村治理现代化和农民生活现代化“五位一体”的有机整体[5]。吴海华认为农村现代化包括人的现代化、农村社会的现代化、农业现代化、农村经济现代化、制度现代化[6]。李鸥认为牧区现代化不是仅在生产技术、设备和管理上实现现代化，而是要与全国总体发展战略相一致，实现牧区资源—技术—经济—社会的综合发展[7]。

以中央对农村牧区现代化建设的相关文件为根本，综合国内外学者关于现代化、农村现代化、牧区现代化的定义，结合当前牧区经济发展实际与国内国际的技术、经济和社会发展趋势，本书将牧区现代化定义为：由科技创新与质量变革、效率变革和动能变革而引发的牧区全要素生产率的提高，促进牧区生产、生活、生态、文化、治理机制等全方位的深刻变革过程，进而实现牧区的全面振兴与持续健康发展。

（二）牧区现代化内涵

牧区现代化的内涵包括牧区生产现代化、牧区生活现代化、牧区生态现代化、牧区文化现代化和牧区治理现代化五个方面。

牧区生产现代化就是通过生产技术创新、管理技术创新、信息技术创新、人工智能等来转变牧区生产经营方式，形成牧区现代化生产体系，通过质量变革、效率变革、动能变革，大力提高牧区的综合生产能力与生产效率，保持牧区旺盛的发展活力。

牧区生活现代化就是用现代互联网技术、物联网技术、人工智能技术、大数据、云计算等现代信息技术，创造更适于牧民生产需要的机械设备和生活用品与工具，引发牧民生活方式的深刻变革，最终让牧民过上便利、舒适、富裕的现代化生活。

牧区生态现代化就是用卫星遥感、智慧气象、互联网、物联网、大数据、云计算、生物技术等现代化的技术手段，监测、管理、修复、保护草原生态环境，提高草原的净生产能力与草原生物多样性，形成水草丰美、碧水蓝天绿草交相辉映的美丽草原，最终在草原上构建起山水林田湖草人和谐共生的生命共同体。

牧区文化现代化就是将传统草原文化与现代文明进行融合与创新，用互联网、新媒体、融媒体等现代信息传播技术，在牧区广泛传播知识、技术、文化、艺术等信息，铸造牧民的精神家园，促进牧民不断提高综合素质，成为有能力、有理想的牧区现代化建设者。

牧区治理现代化就是用现代化行政管理技术和方法管理牧区，用数字技术、互联网技术、区块链技术等现代信息技术，构建数字政务与公共服务支撑平台，营造良好的营商环境与生活、生态环境，使牧区生产、生活、生态更加和谐、安定、有序。

二、内蒙古牧区现代化的发展基础

（一）牧区经济发展基础

1. 牧区第一、第二、第三产业快速发展

2018 年，内蒙古牧区生产总值达到 4703.84 亿元，是 2001 年的

17.28 倍，占全区生产总值的 26.18%。第一产业、第二产业和第三产业生产总值分别为 603.08 亿元、2745.52 亿元和 135.52 亿元，分别是 2001 年的 5.89 倍、31.12 倍和 16.62 倍，年均增长率分别为 10.99%、22.41% 和 17.98%。2018 年，内蒙古人均生产总值为 88224.43 元，是 2001 年的 15.95 倍，年均增长率为 17.68%。如图 1-1 所示。

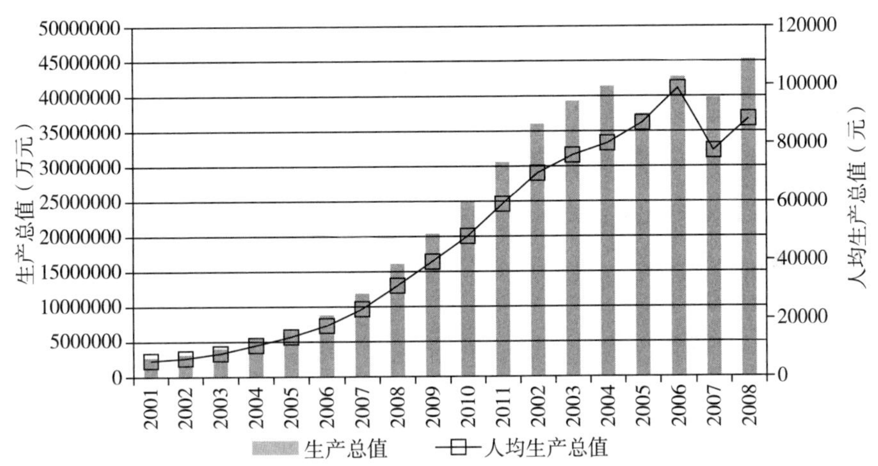

图1-1　2001—2018年内蒙古牧区生产总值及人均生产总值

牧区现代化试点阿巴嘎旗 2018 年生产总值为 69.27 亿元，是 2001 年的 19.58 倍，年均增长率为 19.12%。2018 年第一产业、第二产业和第三产业总产值分别为 9.26 亿元、46.52 亿元和 12.62 亿元，分别是 2001 年的 4.75 倍、105.82 倍和 10.97 倍，年均增长率分别为 9.6%、31.55% 和 15.13%。2018 年人均生产总值为 161472 元，是 2001 年的 19.71 倍，年均增长率为 19.16%。新巴尔虎右旗 2018 年生产总值为 83.92 亿元，是 2001 年的 26.62 倍，年均增长率为 21.29%。2018 年第一产业、第二产业和第三产业总产值分别为 4.28 亿元、65.06 亿元和 14.66 亿元，分别是 2001 年的 2.22 倍、264.9 倍和 14.9 倍，年均增长率分别为 4.82%、38.85% 和 17.22%。2018 年人均生产总值为 238426 元，是 2001 年的 24.89 倍，年均增长率为 20.81%。

2. 产业结构由第一产业为主转向第二产业为主

内蒙古牧区第一产业产值所占比重逐渐下降，由 2001 年的 37.64% 下降到 2018 年的 12.82%，第二产业产值所占比重迅速增加，由 2001 年的 32.41% 增加到 2018 年的 58.37%，第三产业产值所占比重呈现先减小后增加的趋势，2001 年为 29.96%，2012 年最低为 21.49%，2018 年回升到 28.81%。如图 1–2 所示。

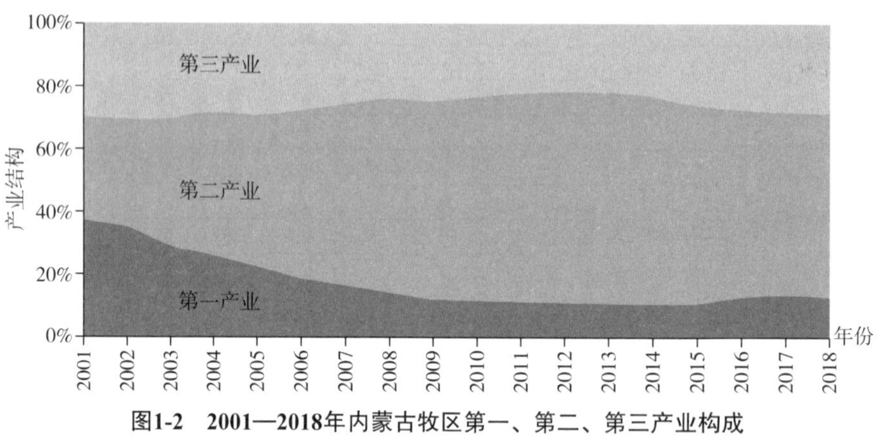

图1-2　2001—2018年内蒙古牧区第一、第二、第三产业构成

牧区现代化试点阿巴嘎旗第一产业产值所占比重由 2001 年的 55.08% 下降到 2018 年的 13.36%，第二产业产值由 2001 年的 12.42% 提高到 2018 年的 67.15%。新巴尔虎右旗第一产业产值所占比重由 2001 年的 61.01% 下降到 2018 年的 5.1%，第二产业产值由 2001 年的 7.79% 提高到 2018 年的 77.52%。

3. 第一产业就业人员所占比重逐渐下降

2016 年，内蒙古 33 个牧业旗县全社会就业人员为 282.17 万人，其中第一、第二、第三产业就业人员分别为 144.58 万人、46.03 万人和 91.56 万人，分别占全社会就业人员的 51.24%、16.31% 和 32.45%，与 2001 年相比，第一产业就业人员所占比重下降了

13.68%，第二产业和第三产业就业人员所占比重分别提高了 8.32% 和 5.36%，第一产业在稳定就业方面仍起着主导作用。如图 1–3 所示。

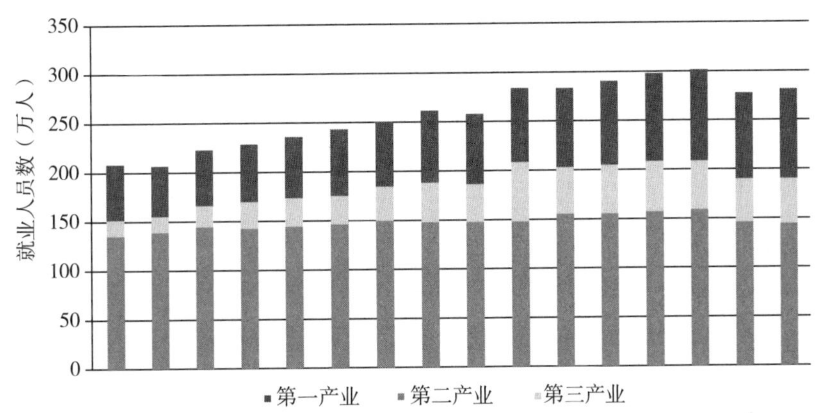

图1-3　2001—2016年内蒙古牧区第一、第二、第三产业就业人员

阿巴嘎旗第一、第二、第三产业从业人员数分别为 1.27 万人、0.39 万人和 0.86 万人，分别占全社会就业人员数的 50.39%、15.43% 和 34.17%，第一产业就业人员比 2001 年减少了 551 人，第二、第三产业就业人员数分别比 2001 年增加了 3120 人和 2674 人。新巴尔虎右旗第一、第二、第三产业从业人员数分别为 1.15 万人、0.58 万人和 1.14 万人，分别占全社会总就业人员数的 40.14%、20.29% 和 39.57%。第一产业就业人员所占比重下降了 14.99%，第二产业和第三产业就业人员所占比重分别增加了 13.56% 和 1.43%。

4. 农林牧渔业总产值逐渐增加

2016 年，内蒙古 33 个牧业旗县农林牧渔业总产值合计达到 729.47 亿元，是 2001 年的 4.63 倍，年均增长率为 10.76%，如图 1–4 所示。据发达国家经验，当农业总产值占 GDP 比重小于 10% 的时候，农业进入现代化转型发展阶段。阿巴嘎旗和新巴尔虎右旗农林牧渔业总产值分别为 15 亿元和 7.2 亿元，分别占牧区农林牧渔业总产值 2.05%

和0.99%。2017年牧区猪牛羊肉产量为80.31万吨，占全区肉类产量的30.29%，比2001年增长了64.47%，年均增长率为3.16%。2017年牧区牛肉产量为25.65万吨，占全区牛肉产量的43.12%。2017年牧区牛肉产量比2001年增加了90.96%，年均增长率为4.13%。2017年牧区羊肉产量为40.14万吨，占全区羊肉产量的38.55%，牧区羊肉产量比2001年增长了89.07%，年均增长率为4.06%。

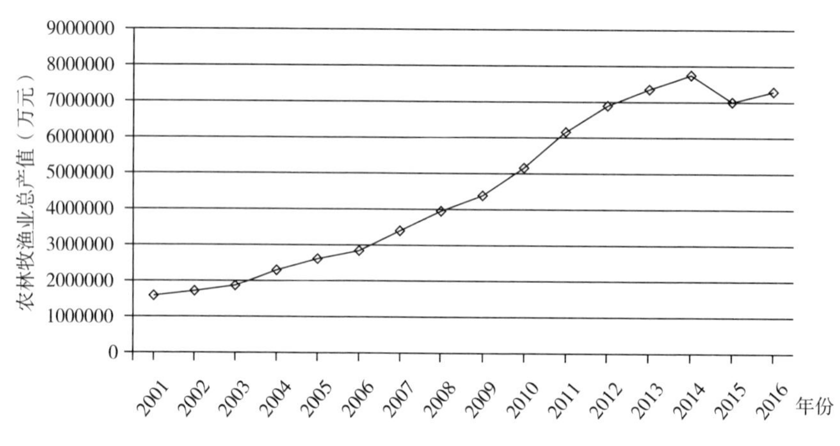

图1-4 2001—2016年内蒙古牧区农林牧渔业总产值

5. 农牧业机械化水平逐渐提高

2017年，内蒙古牧区农牧业机械总动力为1141.29万千瓦，是2001年的3倍，年均增长率为7.11%，如图1-5所示。通辽市、赤峰市、兴安盟和鄂尔多斯市的牧业旗县的农牧业机械水平较高，农牧业机械总动力高于50万千瓦的旗县主要有科尔沁左翼中旗和科尔沁左翼后旗，农牧业机械总动力分别为135.78万千瓦和108.36万千瓦，机械化水平明显高于其他牧业旗县，翁牛特旗和扎鲁特旗农牧业机械总动力分别为75.5万千瓦和75万千瓦，科尔沁右翼中旗和杭锦旗农牧业机械总动力分别为70.93万千瓦和65万千瓦，阿鲁科尔沁旗和乌审旗农牧业机械总动力分别为62.4万千瓦和57万千瓦。

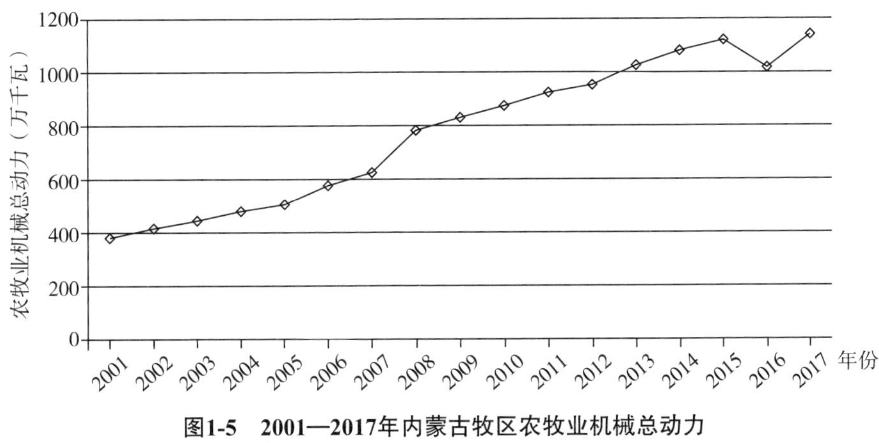

图1-5　2001—2017年内蒙古牧区农牧业机械总动力

（二）牧区社会发展基础

1. 牧区人口逐渐增加

2018 年，内蒙古牧区年末总人口 513 万人，占全自治区总人口的 20.24%，比 2001 年增加了 21.61 万人，年均增长率为 1.08%。乡村人口由 2001 年的 340.95 万人增加到 2017 年的 341.47 万人，年均增长率为 1.16%。如图 1-6 所示。33 个牧业旗县中，2018 年总人口超过 20 万人的有科尔沁右翼中旗、翁牛特旗、科尔沁左翼后旗、巴林左旗、扎鲁特旗、阿鲁科尔沁旗、科尔沁右翼中旗、克什克腾旗和四子王旗 9 个旗县，年末总人口分别为 52.09 万人、47.7 万人、40.15 万人、34 万人、30.57 万人、29.23 万人、25.26 万人、24.79 万人和 21.24 万人。人口超过 10 万人的旗县主要有锡林浩特市、巴林右旗、阿拉善左旗、杭锦旗、乌拉特中旗、鄂温克族自治旗、乌审旗和达尔罕茂明安联合旗 8 个旗县。人口在 5 万 ~ 10 万人的有 9 个旗县，其余 7 个旗县不足 5 万人口。牧区现代化试点阿巴嘎旗和新巴尔虎右旗 2018 年末总人口分别为 4.38 万人和 3.52 万人，分别比 2001 年增长了 1.33% 和 8.85%。

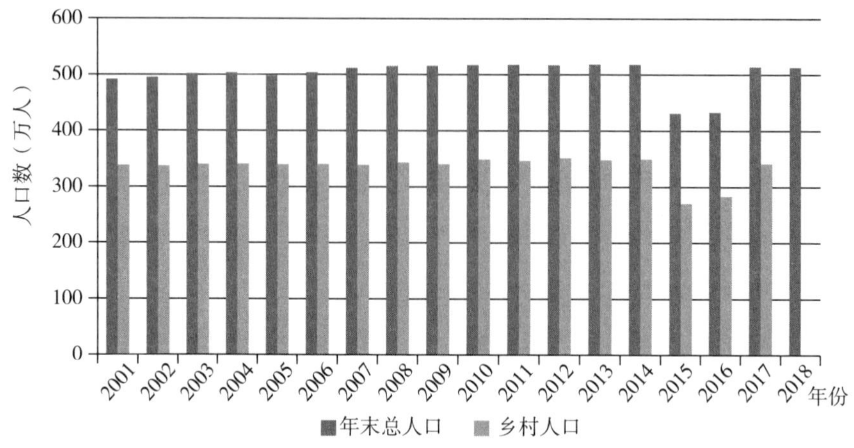

图1-6　2001—2018年内蒙古牧区人口

2. 牧区城镇化率普遍低于全区平均水平

2017 年，内蒙古城镇化率为 62.02%，33 个牧业旗县中只有鄂温克族自治旗、陈巴尔虎旗、额济纳旗和苏尼特右旗 4 个旗县城镇化率超过全区水平，分别为 78.73%、72.66%、66.28% 和 65.08%。阿拉善左旗、阿拉善右旗和鄂托克旗 3 个旗县城镇化率接近全区平均水平，分别为 60.88%、60.83% 和 60.25%。达茂旗、乌拉特后旗等 5 个旗县城镇化率介于 50% ~ 60% 之间，克什克腾旗、苏尼特左旗等 7 个旗县城镇化率介于 40% ~ 50% 之间，其余 13 个旗县城镇化率介于 10% ~ 40% 之间，阿巴嘎旗和新巴尔虎右旗城镇化率分别为 54.48% 和 47.18%。如图 1–7 所示。

3. 牧民收入与消费水平逐渐提高

随着城镇化、现代化进程的不断推进，使得内蒙古牧区经济有了长足的发展，牧民生活水平和收入水平也逐渐提高。从全区农民、牧民与城镇居民人均可支配收入的统计数据看，城乡居民收入均呈现逐渐增长的趋势，城镇居民收入增长最快，牧民次之，农民收入低于城镇与牧民，并且城乡收入差距逐渐扩大。2017 年，内蒙古牧

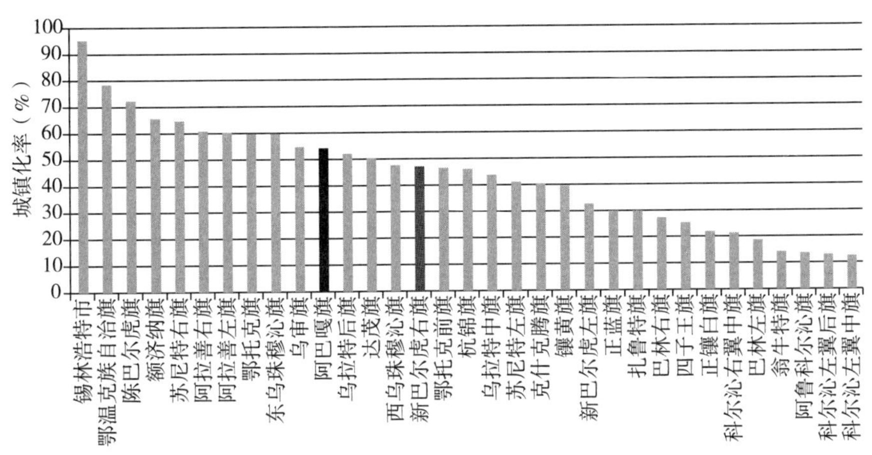

图1-7　2017年内蒙古牧区城镇化

民人均可支配收入为 18058 元，是 2000 年的 5.38 倍，年均增长率为 10.41%，城镇居民与农民人均可支配收入分别为 35670 元和 12584 元，分别是 2000 年的 6.92 倍和 6.73 倍，年均增长率分别为 12.05% 和 11.87%。牧民收入与城镇居民收入差距由 2000 年的 993 元扩大到 17612 元。如图 1-8 所示。阿巴嘎旗城镇居民人均可支配收入和农村牧区居民人均可支配收入 2018 年分别为 37653 元和 25877 元，2017 年分别为 34994 元和 23589 元。新巴尔虎右旗城镇居民人均可支配收入和农村牧区居民人均可支配收入 2018 年分别为 30694 元和 21596 元，2017 年分别为 28632 元和 19704 元。

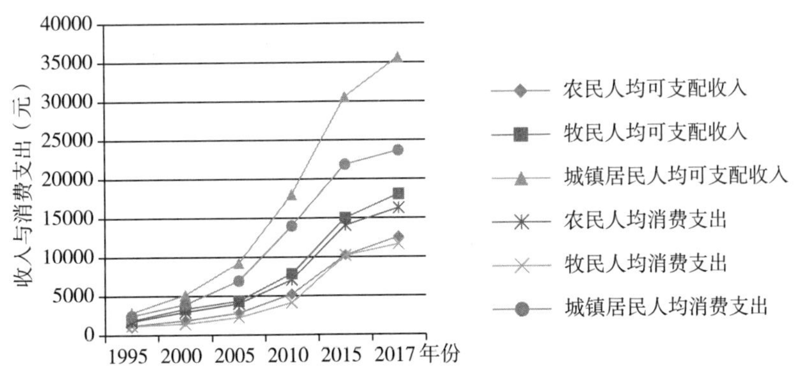

图1-8　内蒙古居民收入与消费水平变动情况

随着人民收入的逐渐增长，消费水平出现同步增长，且农牧民消费水平的增长速率高于收入增长速率，2017 年内蒙古牧民人均消费支出为 16269 元，是 2000 年的 5.5 倍，年均增长率为 10.55%，比牧民人均可支配收入年均增长率高出 0.14 个百分点。农民人均消费支出为 11650 元，是 2000 年的 8.08 倍，年均增长率为 13.08%，比农民人均可支配收入年均增长率高出 1.21 个百分点。城镇居民人均消费支出为 23638 元，是 2000 年的 6.02 倍，年均增长率为 11.13%，比城镇居民人均可支配收入年均增长率低 0.92 个百分点。

4. 牧区医疗能力逐渐提高

2018 年内蒙古每万人有医院、卫生院病床 58.79 张，每万人有卫生机构数 9.71 个，每万人有医生数 29 人；牧区每万人医院、卫生院病床 53.16 张，每万人有医生数 60.59 人，牧区医务人员配置高于全区平均水平，但卫生机构设施低于全区水平，有待加强。2016 年，牧区共有医疗机构 5200 所，是 2001 年的 4.57 倍，年均增长率为 11.03%。2016 年，牧区拥有医院和卫生院分别为 124 所，比 2001 年增加了 20 所，床位数由 2001 年的 11208 张增加到 2016 年的 17629 张，2018 年达到 27269 张，年均增长率为 5.37%。2001 年，卫生技术人员数为 16961 人，2018 年达到 31082 人，年均增长率为 3.33%。如图 1–9 所示。2018 年，阿巴嘎旗卫生机构有 214 张床位，比 2001 年增加了 40 张，卫生技术人员数为 253 人，比 2001 年减少了 18 人；新巴尔虎右旗卫生机构有 117 张床位，比 2001 年减少了 9 张，卫生技术人员有 364 人，比 2001 年增加了 58 人。

5. 牧区教育资源向城镇集中

2001—2010 年，受撤点并校政策的影响，内蒙古牧区的中小学学校数逐渐减少，小学由 2001 年的 2480 所减少到 2010 年的 603 所，接近于2001年的1/4，普通中学由2001年的446所减少到2010年的225所，减少了近一半。针对撤点并校后学生上学路途变远、交通安全隐患增加、寄宿学校不足、家庭负担增加等诸多问题，2012年9月国务院办公厅下发《关于规范农村义务教育学校布局调整的意见》，2010—2014年小学和中学学校数有部分恢复性增加。2015年以后，受到中小学生源的持续下降、乡村师资力量不足以及教育布局调整带来的人口被动转移等因素影响[8]，乡村学生多被送到城镇学校上学，小学和中学又降至较低水平，2018年牧区小学和普通中学学校数分别为411所和195所。如图1-10所示。2016年，牧区小学和中学专任教师数分别为2.07万人和1.66万人，分别比2001年减少了37.29%和16.07%。小学和初中在校学生数分别为22.22万人和9.79万人，分别比2001年减少53.29%和62.31%，高中在校学生数为6.67万人，比2001年增加了19.64%。阿巴嘎旗和新巴尔虎右旗小学校分别由2001年的13所和18所，均减少到2018年2所，学龄儿童入学率均为100%。

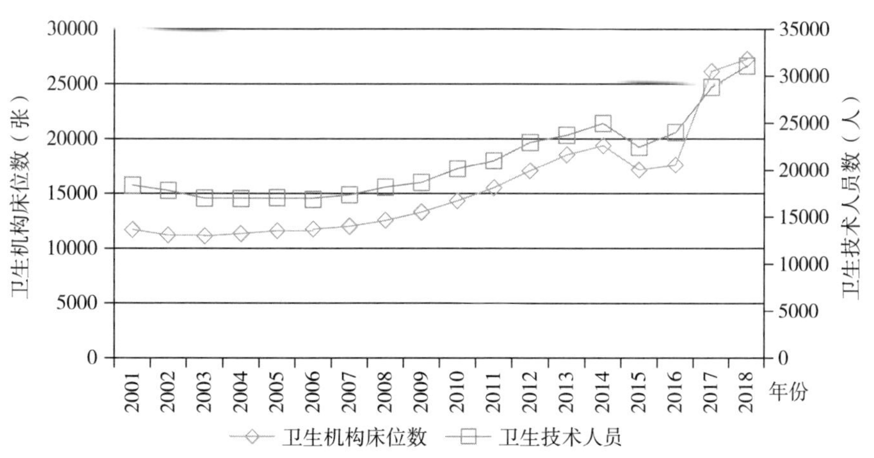

图1-9　2001—2018年内蒙古牧区卫生机构床位数和技术人员数

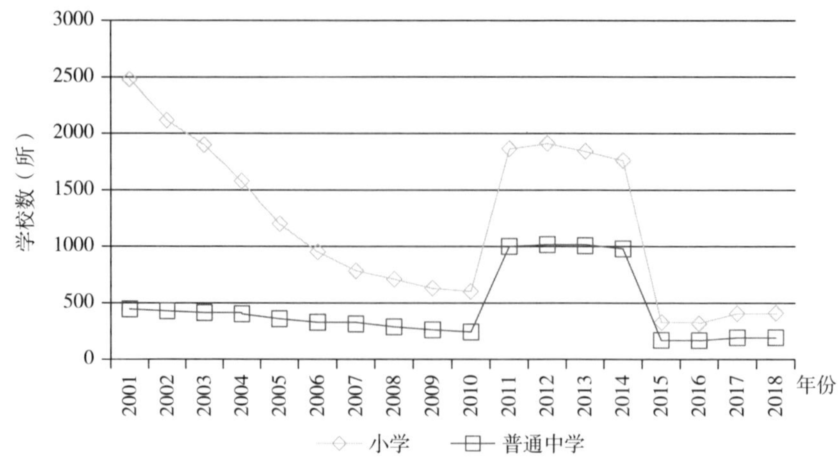

图1-10　2001—2018年小学和普通中学学校数

6. 牧区交通与通信日益便捷

2016 年，内蒙古牧区公路总里程数为 80974 公里，是 2001 年的 2.71 倍，年均增长 6.87%，牧区公路里程数占全区的 46.84%。2016 年，牧区邮电业务总量为 487350.37 万元，是 2001 年的 9.96 倍，年均增长 13.81%，邮电业务总量占全区的 17.6%。如图 1-11 所示。2018 年，全区邮政行业业务总量完成 44.35 亿元[9]，邮政寄递服务业务收入累计完成2.8亿元，快递业务收入完成29.91亿元，快递服务营业网点3359处，其中设在农村的 683 处。2018 年，锡林郭勒盟和呼伦贝尔市邮政行业业务总量分别为 1.57 亿元[10]和 4.57 亿元[11]，分别占全区邮政行业业务总量的 3.54% 和 10.3%，邮政寄递服务业务收入分别为 2049.79 万元和 2688.34 万元，分别占全区邮政寄递服务业务收入的 7.32% 和 9.60%，快递业务收入分别为 0.98 亿元和 1.93 亿元，分别占全区快递业务收入的 3.28% 和 6.45%，快递服务营业网点分别为 243 处和 257 处，设在农村的分别为 105 处和 116 处。

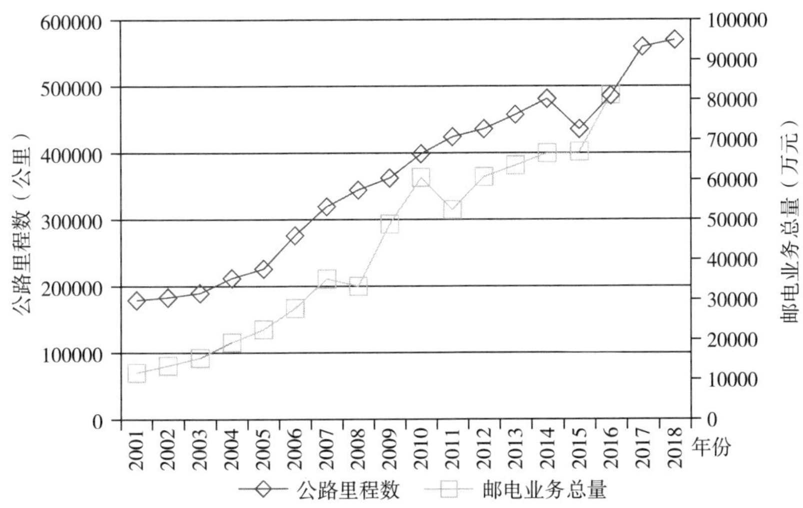

图1-11　2001—2018年内蒙古牧区公路里程数和邮电业务总量

阿巴嘎旗2016年公路里程数和邮电业务总量分别为1935公里和4509万元，分别是2001年的2.68倍和5倍，年均增长率分别为6.8%和11.33%。新巴尔虎右旗2016年公路里程数和邮电业务总量分别为1117公里和6007万元，分别是2001年的5.15倍和13.68倍，年均增长率分别为11.54%和19.05%。

7. 牧区文化繁荣发展

内蒙古牧区的图书馆、文化站、艺术表演团体、博物馆、文物保护机构等文化文物资源丰富，敖包祭祀、火神祭祀、圣山祭祀、那达慕等民俗代代相传，独具特色的民歌、民艺、服饰、餐饮等文化艺术元素在牧区取之不尽，草原牧区文化是世界文化宝库的瑰宝。内蒙古33个牧业旗县共有国家级非遗项目35项，国家级非遗代表传承人29人。

8. 牧区治理水平不断提高

牧区以基层党建为抓手的自治、法制、德治、综治水平不断提升。“党支部＋协会＋牧户”“党支部＋合作社”“党支部＋项目＋贫困牧户”等基层党建创新工作模式得到积极探索与推广，嘎查两委建设、嘎查村规民约的制定、嘎查牧民议会制度的建立日渐完善，民主法制示范村、星级文明户、最美家庭等牧民法制与文明示范的典范逐渐树立起来。通过牧民参与自治、建规立制、文明德治等多措并举，牧区综合治理能力不断提高。

（三）牧区生态环境基础

1. 草地面积有所增加

随着退耕还草等政策的落实，以及人工饲草地面积的增加，牧区草地面积有所增加，2016 年，33 个牧业旗县草地面积合计为 96562.22 万亩，其中天然草原面积 95539.76 万亩，人工饲草地面积 1022.46 万亩。2016 年草地面积合计比 2010 年增加了 856.3 万亩，33 个牧业旗县中有 14 个旗县草地面积增加，其余 19 个旗县草地面积均有不同程度的减少。如图 1–12 所示。2016 年，阿巴嘎旗草地面积为 4076.61 万亩，其中天然草原面积为 4076.47 万亩，人工饲草地面积为 0.14 万亩，草地总面积比 2010 年减少了 30.63 万亩；新巴尔虎右旗草地面积为 3420.24 万亩，其中天然草原面积为 3414.42 万亩，人工饲草地面积为 5.82 万亩，草地总面积比 2010 年减少了 2.1 万亩。

2. 禁牧区和草畜平衡区草原生态好转

据全区禁牧区和草畜平衡区的草原生态环境监测结果显示，2017 年禁牧区草原植被盖度为 38.27%、地上生物量为 50.17 公斤 / 亩，分别比 2009 年提高了 3.58% 和 10.52 公斤 / 亩；凋落物盖度和凋落物量分别由 2009 年的 10.3% 和 12.62 公斤 / 亩增加到 2017 年的 12.39% 和 15.19 公斤 / 亩；植被高度和物种数量分别由 2009 年的 16.06 厘米和 6.18 种 / 平方米分别提高到 18.34 厘米和 7.82 种 / 平方米，裸地面积比例减少了 10.46%。2016 年草畜平衡区植被盖度和植被高度分别比 2009 年提高了 7.7% 和 0.74 厘米，凋落物盖度和凋落物量分别比 2009 年提高了 3.02% 和 1.43 公斤 / 亩，地上生物量和物种数量分别比 2009 年增加了 2.34 公斤 / 亩和 0.08 种 / 平方米，裸地面积比例下降了 9.26%。

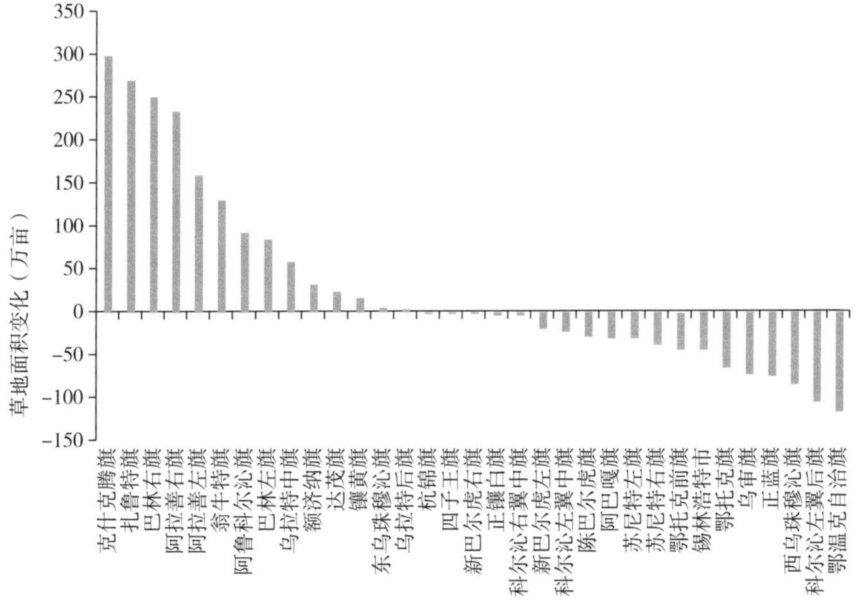

图1-12　2016年相对2010年牧区草地变化情况

3. 牧区适宜载畜量较上年有所增加

随着人工草地产草量、青贮以及农作物秸秆加工转化率的提高，牧区冷季可食饲草储量提高，适宜载畜量增加。2018 年，33 个牧业旗县冷季可食饲草储量为 841946.04 万吨，如图 1–13 所示，适宜载畜量为 2278.75 万羊单位，分别比 2017 年增加了 192560.25 万吨和 694.88 万羊单位。2018 年冷季适宜载畜量大于 100 万羊单位、50 万 ~ 100 万羊单位和 10 万 ~ 49 万羊单位的旗县分别有 8 个、11 个和 14 个。2018 年阿巴嘎旗冷季可食饲草储量为 40632.08 万吨，适宜载畜量为 110.11 万羊单位，新巴尔虎右旗冷季可食饲草储量为 48252.61

万吨，适宜载畜量为 116.55 万羊单位，阿巴嘎旗和新巴尔虎右旗冷季适宜载畜量分别比 2017 年增加了 33.39 万羊单位和 35.24 万羊单位。

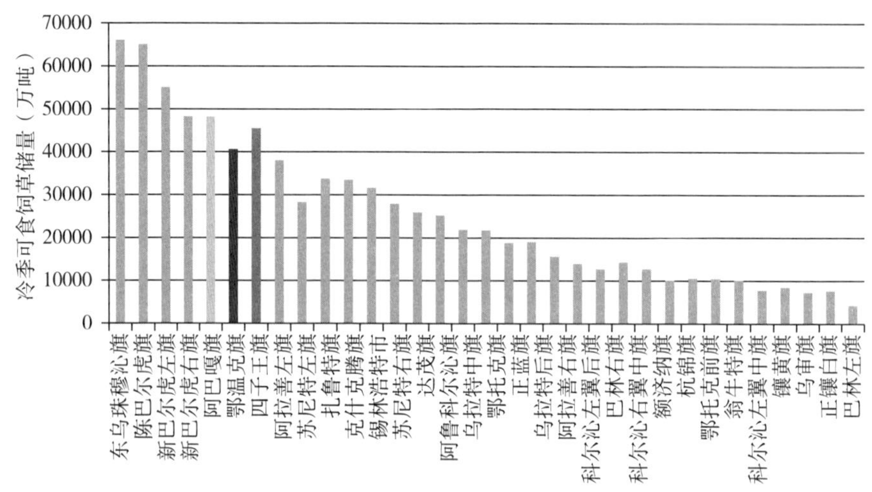

图1-13　2018年牧区冷季适宜载畜量

综上所述，近 20 年来牧区的经济、社会快速发展，三次产业生产总值持续提高，产业结构由一产为主向二产为主转变，农畜产品生产能力和综合效益不断提高，进而牧区社会也出现了可喜的变化，牧区交通、通信更加便捷，医疗与教育保障能力不断加强，农牧民的生产、生活环境发生了较大改变，收入与消费水平持续提高。随着退耕还林还草政策、草原生态奖补政策、粮改饲等政策的实施，内蒙古牧区草原面积有所增加，禁牧区和草畜平衡区草原生态有所好转，适宜载畜量有所增加。

三、牧区现代化建设面临的主要问题

从国内外、区内外经济社会现状和内蒙古牧区现代化业已奠定的发展基础来看，实现牧区现代化有众多有利条件，诸如草畜种类齐全、文化旅游与区域对外开放优势明显等良好的资源禀赋为实现牧区现代化提供了物质基础。国内外宏观形势的深刻变化，工业化、城镇化、信息化的进程加速为推进牧区现代化创造了新的机遇，生态优先、绿色发展的全新战略调整和国家及自治区一系列新的方针政策为加速牧区现代化注入了新的动能，当代科学技术的研发与应用为牧区现代化建设提供了强力支撑。但当前牧区经济社会发展相对落后、草原畜牧业现代化转型步履艰难、牧民增收乏力，有机生态系统建设短腿和短板众多等问题和挑战仍不容忽视。

（一）牧区经济社会发展起点与水平低

牧区现阶段自然经济、工业化或信息化初期交织、混沌特征比较明显，需要进一步调整产业结构、转变生产方式、提高综合生产能力和协同发展水平。从基础设施建设和生产生活条件方面看，在中央、自治区、盟市、旗县各级政府的积极努力下，虽然对牧区的水、电、路、信等基础设施建设的投入不断增加、牧民生活的便捷程度得到了较大改善，但由于各种条件限制，投资效益不尽如人意，距离牧区现代化的发展需求仍有很大差距，加之草原生态恶化趋势明显、生态保护任务加重，制约了牧区生活与生产条件的持续改善。2018 年，牧区公路网密度为 1171.54 公里 / 万平方公里，是全区平均水平的 68.39%，如图 1–14 所示。2018 年，牧区自来水受益村、通有线电视村和通宽带村分别占牧区总嘎查村的 51.81%、72.13% 和 55.97%，而同期农村自来水受益村、通有线电视村和通宽带村分别占农村总村数的 89.61%、93.31% 和 92.3%，牧区与农村基础设施建设差距较大。

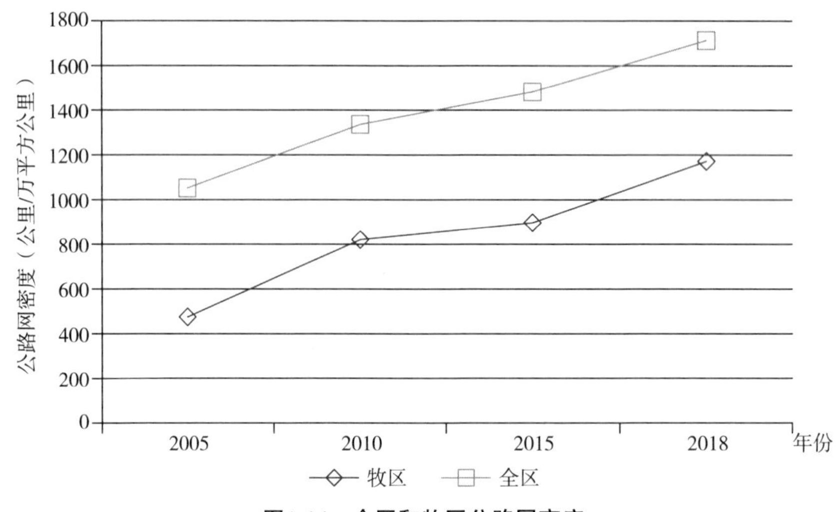

图1-14　全区和牧区公路网密度

（二）牧区生态环境依然非常脆弱

草原资源调查显示，全区有草原退化、沙化、盐渍化（“三化”）面积 6.96 亿亩，占全区草原面积的 61.16%；其中重度“三化”面积 0.8 亿亩、中度“三化”面积 2.69 亿亩、轻度“三化”面积 3.47 亿亩，分别占全区草原总面积的 7.03%、23.64% 和 30.49%[12]。如图 1–15 所示。草地退化面积占草地总面积的 43%，草地沙化和盐渍化面积占草地面积的比重分别为 14% 和 4%。草原生产力大幅削减，20 世纪 80 年代全国第一次草原调查时，内蒙古草原生产力为 1 035 公斤 / 公顷，到 2011 年内蒙古草情监测生产力为 600 公斤 / 公顷，下降 40% 左右[13]。内蒙古草原年均退化 1.67 万平方公里，生态系统服务功能价值损失 32 亿元。若按 30 年计，生态系统服务功能价值损失是内蒙古草原畜牧业 50 年总产值的 1.42 倍[14]。

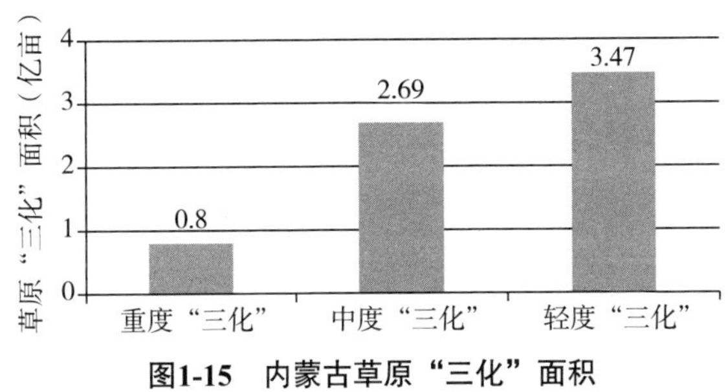

图1-15　内蒙古草原“三化”面积

（三）牧区牲畜超载问题仍很突出

2017 年，全区冷季可食饲草总储量 3577.95 万吨，冷季适宜载畜量合计为 7972.77 万羊单位，2017 年末实际大牲畜和羊总头数为 6936.6 万头（只），折算为 10233.9 万羊单位，超载 2261.13 万羊单位。2015 年和 2016 年草食牲畜超载量分别为 2953.21 万羊单位和 2558.46 万羊单位，2017 年内蒙古冷季超载率为 28.36%，仍高于全国平均水平（我国草地平均超载率估计为 20%[15]）。如图 1-16 所示。长期超载过牧，使得草种多样化程度降低与蛋白质流失、畜种种源退化和种群品质下降，生态成本不计入生产成本甚至生产成本转嫁（包括外部性带来的间接转嫁）到生态成本。已有研究表明在其他因素不变的情况下，内蒙古牧区和半牧区平均草地放牧程度每增加 1 个单位，草地退化率将增加 0.037[16]，2018 年，阿巴嘎旗冷季超载率在 10% 左右，新巴尔虎右旗大约有 60 万羊单位需要购买饲草 [17]。

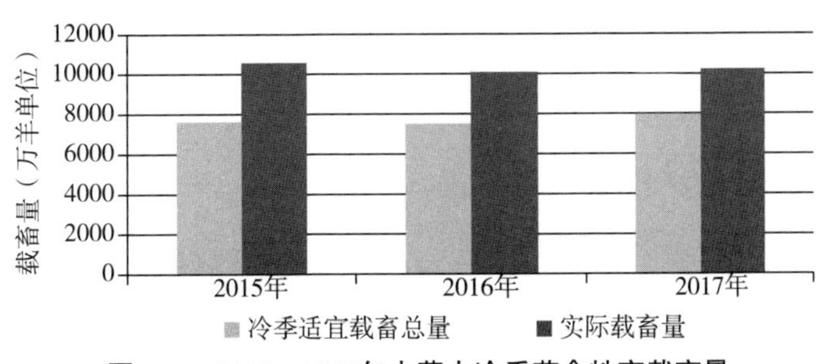

图1-16　2015—2017年内蒙古冷季草食牲畜载畜量

（四）牧区人口增加的压力越来越大

随着牧区人口的增加，人均草地面积逐年减小，在“草畜双承包责任制”和“以草定畜”制度下，牧民赖以维持生计的草场不能满足需求[18]。据统计，牧区人口密度平均由2001年的6人/平方公里增加到2018年的6.33人/平方公里。2018年，33个牧业旗县中科尔沁左翼中旗、巴林左旗和翁牛特旗人口密度分别高达54人/平方公里、53人/平方公里和40人/平方公里，人口密度在10人/平方公里以上的旗县还有科尔沁左翼后旗、阿鲁科尔沁旗、扎鲁特旗、巴林右旗、科尔沁右翼中旗、锡林浩特市、克什克腾旗、正镶白旗和乌审旗9个旗县，如图1-17所示。2018年，牧区的乡村从业人员有100.58万人，其中农业从业人员占34.27%，牧业从业人员占49.69%，工业从业人员占1.55%，建筑业从人员占2.5%，交通运输、信息传输、批发零售等非农产业从业人员占比不足10%。人口密度增大，并且有86.64%的人收入依赖于农牧业，必然导致对草原的利用强度加大，破坏草原生态的风险随之增加。牧区现代化试点阿巴嘎旗和新巴尔虎右旗人口密度分别为1.59人/平方公里和1.42人/平方公里。

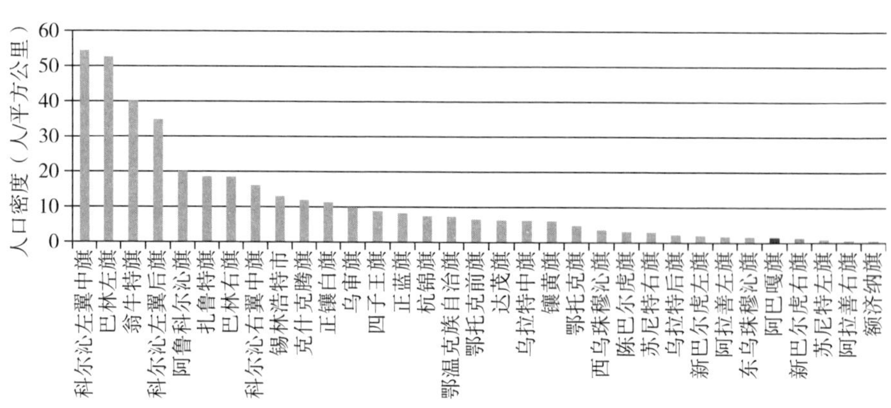

图1-17　2018年内蒙古33个牧业旗县人口密度

（五）草原畜牧业现代化转型设计缺乏系统性

草原畜牧业的战略定位、价值提升和系统开发问题涉及面很广，是涵盖经济社会发展、边疆人文进步和生态环境保护的综合性问题，而主导产业现代化转型设计缺乏系统性，是牧区有机生态系统协同演化的主要瓶颈。具体表现为：牧区在工业化、产业化、城镇化转型过程中采取的一些具体措施缺乏整体设计，战略层面与战术层面衔接不畅，致使主导产业没有形成互利共赢、紧密结合的上下游产业协调发展关系，协会和合作社等中介机构未能有效发挥桥梁纽带作用，企业和牧民之间没有形成良好的沟通、制衡和利益联结机制，畜牧业与文化旅游产业融合发展手段匮乏，以及牧区现代金融服务模式与物流模式创新明显滞后，等等。因此，科学确定牧区现代化的历史方位、进行与牧区现代化有机生态系统密切相关的体系化综合设计迫在眉睫。

（六）草原牧业第一、第二、第三产业融合发展严重滞后

在第一产业发展方面，初级生产和次级生产的草种多样化程度降低与蛋白质流失、畜种种源退化和种群品质下降，生态成本不计入生产成本甚至生产成本转嫁（包括外部件带来的间接转嫁）到生态成本，牧民组织化程度低、销售方式原始（提供原材料给加工企业或在活畜市场交易）、人口外流造成职业牧民越来越少；在第二产业发展方面，企业分散弱小、技术装备较低、人才资金短缺、精深加工不足、销路不畅、单季屠宰成本高，以及销售囤货成本持续增加，为了解决牧民与企业的销售困难，在促进牧民直接进入市场、加工企业拓宽销售渠道、发展电子商务方面，牧民、企业、政府采取了诸多措施，但由于高端销路不在本地，本地产业链供给端只做原料或半成品输出，造成定价权缺位、商业资本流入与金融保险植入不畅，商流信息流资金流

在产业链中不能有效传导，利益联结机制又不能按政府和牧民意愿快速形成，致使微薄的利润在产业链内部成员和组织间被激烈争夺，牧户始终处在产业链最薄弱的位置。

（七）牧区缺乏有力的产业公共支撑服务体系

解决草原畜牧业的定位和系统进化方向，关键在于解决牧区经济发展的产业支撑服务问题，由产业支撑服务体系及其新型经营主体来发挥牧区社会化服务的主要功能，即：设计符合内蒙古牧区发展实际的现代化经济体系模型、产业链模型、公共支撑体系模型和创建服务型新型经营组织，这是牧区现代化建设的第一要务。概括地讲，第一产业的草场退化、畜种单一化趋势、经营成本高等问题，第二产业的专业化、高端化、新增产业链、延长价值链与科技渗透问题，第三产业的销售通路搭建与金融植入问题，都可以用公共支撑服务体系的扩繁工业化、公共智能资源库、牧区金融服务等构成的服务平台来系统解决。因此，公共支撑服务体系是产业生态的核心，并与自然生态、产品、市场、科技、金融、人文和政策等的建设具有高度的关联性。

（八）牧区各经营主体综合素质较低

牧户、家庭牧场、合作社和企业是牧区现代化建设的主体，是有机生态系统中要素与行为主体的基础部分。用现代科学技术与管理理念塑造与现代化社会相适应的新型牧民，建立符合牧区现代经济发展的新型经营主体、产业化联合体，用网络化、智能化手段促进牧民和企业员工实训体系建设，以此来带动牧民和产业链整体素质的不断提高、收入的持续增长，是优化牧区有机生态系统和实现牧区现代化的重要内容。在工业化、信息化、知识化过程中，产业链组织形态的现代化，塑造适应未来5G物联网时代的新型经营主体，更是牧区现代化的题中应有之义。自治区目前包括加工企业在内的畜牧产业全产业链上的各类经营组织，其管理制度相对粗放、业务流程不甚合理、财务归集缺少规范，不仅影响了组织管理效率，也成为组织进入资本市场的主要障碍。

（九）牧区科技生态发育不足

内蒙古牧区在优质畜种的安全保护、强化育种创新基础和新技术应用等方面，应该引起足够的重视。国家畜禽遗传资源保护名录品种阿拉善白驼、苏尼特羊及其保护核心区，以及其他地理标志性品种，需要各级政府部门在具体保护和开发措施上，加强与国家相关优惠扶持政策的衔接和配套工具的完善，同时也要注重改变目前主要牧草种子、优质种牛精液和胚胎等依赖国外进口的尴尬局面，以及对外来畜种安全监测评估薄弱的现状。因此，从相关机制建设来看，以优势特色科研院所、高等院校和高科技企业为依托来搭建专业化、智能化科技服务支撑平台，推进良种重大科研联合攻关、产品质量和精深加工技术攻关，实施良种现代化提升工程、产品高端化工程，承接国家重点研发计划、国家科技重大专项，并通过政府投资参股或购买服务等方式，建立一产“育繁推”一体化企业、二产“科工贸”融合型企业，并使其成为公共支撑服务体系的重要主体，是发挥主导产业优势必须采取的关键举措。

综上所述，牧区生态环境依然脆弱，人口增加的压力加大，但城镇化水平较低，依赖草原生存的农牧民持续增加，由于农牧民缺乏科学指引、盲目追求增产增收目标，使得牧区牲畜超载问题一直没得到有效遏制，草原畜牧业现代化转型设计缺乏系统性，牧区第一、二、三产业融合发展滞后，经营主体综合素质较低，科技生态发育不全等问题是牧区现代化发展之路上必然要逾越的障碍。特别是自然和市场两方面带给牧户和企业的风险与不确定性、天然放牧与定居舍饲的纠结、不断增加的成本与持续低迷的收入增长，使牧区有机生态系统在自然、产品、产业、市场及政策实施等方面困境重重。内蒙古牧区既有一定的发展基础，又面临诸多困难，牧区现代化究竟处于什么发展阶段？该向哪个方向发展？

四、牧区现代化发展水平评价指标体系

（一）评价指标体系构建

1. 评价指标构建的基准

以中共中央、国务院印发《乡村振兴战略规划（2018—2022 年）》[19]、《国家现代农业示范区建设水平评价办法》（农办计〔2013〕79 号）、《数字农业农村发展规划（2019—2025 年）》[20]、《新型农业经营主体和服务主体高质量发展规划（2020—2022 年）》[21]、《全国农业现代化监测评价指标体系方案》（中国农业科学院）[22]、《国家生态文明建设示范市县建设指标》（环生态〔2019〕76 号）[23]、《内蒙古自治区乡村振兴战略规划（2018—2020 年）》（内党发〔2018〕16 号）等国家与内蒙古确立的相关指标体系为基准，参考国内外相关研究成果，结合牧区发展特点与趋势建立的指标体系。

2. 评价指标体系构建的基本原则

（1）科学性原则。要求设计的指标体系能够客观、全面地反映牧区现代化的内涵，并能客观评价牧区现代化的发展程度和水平。

（2）可操作性原则。要求评价指标可量化，数据可获得，易于

评价分析牧区现代化水平。

（3）简约实用原则。尽量选取最核心、最关键、最综合的引领性指标，为消除量纲不同的影响，以相对指标和平均指标为主，保持可比性和连续性[24]。

（4）动态性原则。牧区现代化是一个动态的发展过程，评价指标既要考虑当前的发展状况，又要着眼于未来，随着影响牧区现代化的关键因素的变动而增加或减少某些指标。

3. 评价指标体系的构成

牧区现代化评价指标体系构成如表 1–1 所示。

表1-1　牧区现代化评价指标体系

序号	主要指标	单位	指标来源
1	农牧业劳动生产率	万元/人	《内蒙古乡村振兴战略规划（2018—2020年）》
2	农林牧渔服务业产值占农业总产值比重	%	《新型农业经营主体和服务主体高质量发展规划（2020—2022年）》
3	草原综合植被盖度	%	《全国农业现代化规划（2016—2020年）》
4	牧民人均可支配收入增幅	%	《全国农业现代化监测评价指标体系方案》
5	牧区居民恩格尔系数	%	《内蒙古乡村振兴战略规划（2018—2020年）》
6	具备条件的建制村通硬化路比例	%	《内蒙古乡村振兴战略规划（2018—2020年）》
7	牧区互联网普及率	%	《数字农业农村发展规划（2019—2025年）》
8	牧区居民教育文化娱乐支出占比	%	《内蒙古乡村振兴战略规划（2018—2020年）》
9	人均受教育年限	年	王欢，黄健元《我国人的现代化指标体系的构建》
10	嘎查集体经济强嘎查村占比	%	《内蒙古乡村振兴战略规划（2018—2020年）》
11	刑事案件发生率	%	唐天伟，曹清华，郑争文《地方政府治理现代化的内涵、特征及其测度指标体系》

（二）评价方法及结果

1. 评价模型

牧区现代化发展水平评价采用多指标综合指数法，测算指标得分为指标现状值与基本实现牧区现代化目标值的比值乘以权重，综合得分为各测算指标得分之和。其数学表达式为：

$$AT_i = \sum_{i=1}^{n} W_i B_i \tag{1}$$

式中，AT_i 为牧区现代化发展水平综合指数，W_i 为指标权重，B_i 为指标计算值，T_i 为评价年份，n 为指标个数。

2. 熵权法确定指标权重

（1）数据标准化处理

$$\text{正向指标：}X_{ij}^{'} = \frac{X_{ij} - \min(X_j)}{\max(X_j) - \min(X_j)} \tag{2}$$

$$\text{负向指标：}X_{ij}^{'} = \frac{\max(X_j) - X_{ij}}{\max(X_j) - \min(X_j)} \tag{3}$$

（2）计算第 i 年份第 j 项指标的比重

$$Y_{ij} = \frac{X_{ij}}{\sum_{i}^{m} X_{ij}} \tag{4}$$

（3）计算指标信息熵

$$e_j = -k\sum_{i=1}^{m}(Y_{ij} \times inY_{ij}) \tag{5}$$

（4）计算信息熵冗余度

$$d_j = 1 - e_j \tag{6}$$

（5）计算指标权重

$$W_j = \frac{d_j}{\sum_{j=1}^{n} d_j} \tag{7}$$

（6）指标权重测算结果

由于牧区现代化是一个多目标多领域的宏观整体评价，涉及不同部门来源的指标较多，受数据可获得性限制，我们以牧区现代化试点阿巴嘎旗所提供的 2009—2018 年数据为样本进行牧区现代化综合指数的测算，结果见表 1–2。

表1-2　　　　指标权重测算结果表

序号	主要指标	单位	权重
1	农牧业劳动生产率	万元/人	6.76
2	农林牧渔服务业产值占农业总产值比重	%	5.05
3	草原综合植被盖度	%	4.03
4	牧民人均可支配收入增幅	%	12.83
5	牧区居民恩格尔系数	%	11.67
6	具备条件的建制村通硬化路比例	%	3.94
7	牧区互联网普及率	%	17.94
8	牧区居民教育文化娱乐支出占比	%	7.40
9	人均受教育年限	年	8.83
10	嘎查集体经济强嘎查村占比	%	17.34
11	刑事案件发生率	%	4.20

3. 预测目标值

以阿巴嘎旗 2009—2018 年的各指标数据为基础，测算各指标的年均增长率，进而通过测算的年均增长率估算各指标 2025 年预测值，结果见表 1–3。

表1-3　　　　阿巴嘎旗牧区现代化指标现状值与2025年预测值

序号	主要指标	单位	2018年现状值	2025年预测值	年均增长率（%）
1	农牧业劳动生产率	万元/人	6.16	10.67	8.17
2	农林牧渔服务业产值占农业总产值比重	%	0.87	1.26	5.50
3	草原综合植被盖度	%	56.30	76.75	4.53
4	牧民人均可支配收入增幅	%	9.70	14.09	5.48

续表

序号	主要指标	单位	2018年现状值	2025年预测值	年均增长率（%）
5	牧区居民恩格尔系数	%	31.00	25.52	–2.74
6	具备条件的建制村通硬化路比例	%	65.82	100	18.63
7	牧区互联网普及率	%	19.88	63.06	17.93
8	牧区居民教育文化娱乐支出占比	%	6.37	9.85	6.41
9	人均受教育年限	年	10.24	10.79	0.75
10	嘎查集体经济强嘎查村占比	%	2.82	7.43	14.87
11	刑事案件发生率	%	0.165	0.11	–5.67

4. 评价结果

经测算，阿巴嘎旗2009—2018年牧区现代化综合指数（AT_i）呈现波动上升趋势（见表1–4）。借鉴全国农业现代化的阶段划分标准，将牧区现代化的标准划分为发展起步阶段（综合指数得分为0 ~ 60）、转型跨越阶段（综合指数得分为60 ~ 75）、基本实现阶段（综合指数得分为75 ~ 85）和全面实现阶段（综合指数得分为85以上）[25]，目前阿巴嘎旗的牧区现代化进程处于转型跨越阶段。

表1-4　　阿巴嘎旗2009—2018年牧区现代化综合指数

年份	牧区现代化综合指数
2009	52.81
2010	67.08
2011	75.89
2012	68.73
2013	65.80
2014	65.74
2015	59.52
2016	63.58
2017	69.84
2018	67.65

按照“产业兴旺、生态宜居、乡风文明、治理有效、生活富裕”的乡村振兴战略20字方针，我们选择了11个评价指标构建起牧区现代化评价指标体系，以阿巴嘎旗2009—2018年的数据为基础，运用熵权法进行指标权重的测算，用多指标综合指数法计算牧区现代化的发展水平。经测算，阿巴嘎旗已进入了转型跨越阶段，由现状值与目标值的差距看，加强交通和通信基础设施建设、增强集体经济实力、提高农牧业劳动生产率有助于牧区现代化进程的快速推进。

五、内蒙古牧区现代化的历史方位及建设重点

（一）牧区现代化的历史方位

受数据可得性的限制，本项目未能对内蒙古33个牧业旗县的现代化水平进行评价，以阿巴嘎旗的评价结果来衡量内蒙古牧区的整体情况。通过牧区现代化发展基础分析可知，阿巴嘎旗属于自治区经济基础较好的牧区，处于牧区现代化的转型跨越阶段，参考专家学者对农业现代化的已有观点，总的来看，内蒙古牧区现代化建设仍处于起步及转型跨越阶段，畜牧业的市场化、商业化、集约化、专业化、工业化、机械化、自动化等发展仍不充分，也就是从传统农业向初级现代农业、从自给型农业向市场化农业的转型还不完善。牧区发展的社会环境、技术环境、经济环境、生态环境均发生了深刻的变化，牧区现代化建设进入新时代，应抓住信息化、智能化的历史机遇，补齐内蒙古牧区第一次现代化的短板，实现弯道超车，快速跨入第二次农业现代化阶段，逐步实现从追赶达到前沿的过程。

（1）牧区现代化是全面贯彻落实“五位一体”总体布局和“四个全面”的战略布局，践行“创新、协调、绿色、开放、共享”发展理念，实施乡村振兴战略的实践进程。

（2）牧区现代化的根本任务是围绕国家对内蒙古经济社会发展的定位，探索生态优先、绿色发展为导向的高质量发展新路子，完成这一历史性任务，是为全国牧区现代化建设提供示范样板。

（3）牧区现代化是自然生态、产品、产业、市场、科技、金融、人文、政策系统集成、协同推进的过程。依托科技进步推动目标集成、政策集成、效果集成，实现生产力的解放和生产关系再造及社会治理体系优化和人的全面进步，是内蒙古牧区现代化建设的时代任务。

（4）顺应世界正在进入以信息产业为主导的经济发展时期的历史趋势，以智慧牧区、数字牧区的建设为总抓手，在新一轮科技革命和产业变革中推动牧区经济社会发展方式转变是推进内蒙古牧区现代化的现实必然选择。

（二）牧区现代化发展系统构建

保持和加强生态文明建设的战略定力，探索以生态优先、绿色发展为导向的高质量发展新路子，是对内蒙古经济社会发展、乡村振兴和牧区现代化建设的“量身定制”。生态优先理念要求摒弃过多依赖资源消耗、经济运行粗放扩张的现行发展模式，绿色发展则是当今科学技术和产业变革的主攻方向，是衡量经济社会发展是否达到高质量的重要维度，而高质量发展就是要满足人民日益增长的对美好生活的向往，以此实现公共产品服务的优质化和均等化、民生福祉的持续增长和人与自然的和谐共处。从牧区现代化和乡村振兴，第一、第二、第三产业融合发展的综合性来考量（如第一产业的生态建设和环境保护、第二产业的绿色发展和循环经济、第三产业的食品安全和人民健康以及供给侧结构性改革和全产业链的价值链建设），着力构建起由以下 8 个子生态系统构成的牧区现代化建设的“有机系统”。

1. 自然生态系统

牧区独一无二的草原生态功能和草原生态经济价值能够完美体现“绿水青山就是金山银山”的理念。兼顾经济社会发展和生态环境保护并把生态环境保护放在优先地位，重视和坚持共建共享，以生态资源要素的系统表达来指导优势主导产业发展的方向和结构优化路径，突出内蒙古区域发展特点和区情实际，注重发挥自身优势，并通过对牧区生态空间、生产空间、生活空间的科学规划和合理布局，完善天空地一体化网络监管建设，制定形成生态环境保护行动计划、绿色生态产业发展规划以及扶持措施等“一揽子”政策框架体系，积极促进生态产业发展，可为实现生态和经济互促共赢的高质量发展开拓更广阔的空间、提供更多的发展机遇。

2. 产品生态系统

牧区第一产业的初级生产（草原生态）和次级生产（畜牧产品）所提供的品种以及文化旅游产品等，尤其是以原始草种及其多元化为依托的内蒙古牧区九大地理标志性产品为核心的优质畜种，都具有独特性、高品质性、不可复制性和稀缺性特征，极具文化生态品性和世界级有机无抗产品的特质。用区域公用品牌来展现牧区自然生态和产品生态，用高科技展示产地、质量等追溯信息，展示产业专业化、特色化、高端化发展方向，展示经济效益、社会效益、生态效益的可观前景，吸引区内外各类资本、技术和人才，是引领产业结构优化调整、形成新型产业生态的必要条件。

3. 产业生态系统

依据自然生态系统和产品生态系统，立足转变产业发展模式来构建新型产业生态系统，是全区经济发展、牧区现代化和牧区振兴的重要内容。新型产业系统建设强调多要素和资源的跨界融合，尤其是在网络化、数字化和智能化时代，以业态复合、中台支撑、人才主导、科技驱动、金融保障为显著特征的产业生态系统正在或即将成为农村牧区新的产业发展格局。牧区产业生态系统需要构建与其特性相匹配的公共支撑服务体系，需要持续强化政府的扶持和推动来打造产业生态圈，促进振兴实体经济、新旧动能转换和建设牧区现代化经济体系。

4. 市场生态系统

牧区市场生态系统建设应主要着眼于由资金资源型招商向人才市场型招商转变，按照现代化经济体系“要素和经济行为主体 + 结构 + 机制 + 环境”的四个维度，吸引资金、技术、人才、信息等资源及相关的大学、科研机构、企业等行为主体的参与来盘活存量市场、开发增量市场，提高产业生态和现代化经济结构的要素配置效率，健全协调机制、动力机制等运行机制，并在打造公平竞争市场环境、营商和法治环境、政策环境、创业文化环境等运行环境的建设上下狠功夫。

5. 科技生态系统

当前在科技进步方面，先进技术要素在内蒙古牧区经济社会发展中的扩散与渗透力不强。由于草原畜牧业存在自然和市场双重风险，因此许多社会资本和先进成熟的技术生产要素在畜牧业发展中的融入进程缓慢，尤其缺乏高端科技人才、产业融合型人才，抑制了现代科学技术和管理技术对全产业链的有效支撑。大力推广和引入生物工程技术、互联网技术、区块链技术、物联网技术、航天技术和地理遥感技术等，是牧区现代化建设的内在要求。实现现代先进科技与畜牧业的融合发展，应探索建立以新型经营主体为核心、以市场为导向、产学研用结合、科技资源共享、技术优势互补的产业科技创新体系，实行科技渗透型的产业融合策略，形成与产品生态、产业生态水乳交融的科技生态圈。

6. 金融生态系统

金融生态系统建设的创新目标是，形成政府、牧民、企业、金融机构以及供给侧和需求侧等多方共赢的良性互动格局，取得实体经济和金融深度融合（回归金融本质）并盘活全产业链的结果；创新重点是依托产业生态系统中的公共支撑服务体系及其质量追溯系统、区块链智能合约管理系统、公共仓储及标准、产品及产业标准体系等，以区块链为底层技术搭建核心信用平台，整合商流、资金流、物流、信息流，并根据产品生态的产销规律提供精准的科技金融服务，为牧区现代化保驾护航。

7. 人文生态系统

人文生态系统是自然生态系统、产品生态系统、产业生态系统等的集中反映，也是牧区社会文明现代化转型的体现。对于外部因素的介入和刺激，牧区具有较强的文化调适和自我更新能力。工业化、产业化、城镇化和信息化的实践表明，城乡之间、产业链各环节各主体之间需要采取良性互动的协同发展方式。在网络化、数字化、智能化日益发展的当代，牧民传统智慧与现代科技的融合、繁荣牧区文化与创新社会治理、保持特色优势与共建共享共赢，是牧区有机生态体系的题中应有之义。

8. 政策生态系统

在坚持基本制度、市场导向、因地制宜和落地见效的原则基础上，科学制定和综合运用多种政策工具，在生态保护、产权变革、公共设施建设、金融保险和民生福祉等方面形成相互衔接有序、功能发挥有效的政策体系，健全政策执行评估机制，并通过智能政务建设使政策在有机生态系统中充分发挥顶层设计和集成服务作用，是在牧区现代化建设中贯彻“创新、协调、绿色、开放、共享”理念的重要保障。

上述有机系统建设是一个协同演化的过程，必须坚持以习近平新时代中国特色社会主义思想为指导，对牧区现代化建设进行整盘思考，在生态建设、产业联动、要素集聚、技术渗透、机制创新等方面统筹兼顾，提出有针对性、实效性、融合性、系统性的中长期发展规划和各类具体方案，循序渐进、一体建设。

（三）牧区现代化建设的目标

建设牧区现代化要看“目标集成、政策集成和效果集成”，牧区有机生态系统开放而复杂的机制与变量众多的特点，督促我们在研究和探索中，努力把政策理论和实践经验结合起来，根据系统的层次与网状结构，把宏观研究、中观研究和微观研究综合起来。

以对牧区有机生态系统进行综合优化为目标，使系统各要素集合成一个开放系统，并以系统为对象进行深入的研究、提出针对性强的政策建议，必须分阶段、分层次地把对象在系统形式中进行分析与综合。以“系统集成、协同高效”的思想作为指导，建设牧区现代化有机生态系统，需要一个政策集成、科技集成、销路集成、公共支撑体系项目集成、产业链优质项目群集成、产业金融集成的长期实践过程。在集成实践中，政策集成将引导各项政策精准落地，技术集成推动产业创新升级，销路集成推进利益联结机制快速形成，产业金融集成加快实体经济与金融深度融合，以政府投资为主的公共支撑体系项目集成将为保护民生和产业发展起到压舱石和定心盘的作用、产业链优质项目群集成则促进资金资源型招商向人才市场型招商转变。因此，以牧区现代化有机生态系统为主要对象的各类集成创新与高效协同，将通过蓝图规划、资源导入和体系化运营，积极发挥对诸如促进税收增长、就业增加和实现经济社会全面发展等的“目标集成、政策集成、效果集成”的功能，为实现内蒙古牧区现代化建设的总体战略目标作出贡献。

展望内蒙古牧区现代化的未来，到2025年，按照乡村振兴战略和建设现代化经济体系的要求，农村牧区在继续推进工业化、产业化、城镇化和信息化发展的基础上，以供给侧结构性改革为核心，促进产业融合发展、实体经济与金融深度融合，进一步强化科技渗透以提高产业基础能力和提升产业链整体水平，推进牧业数字化、智能化和牧区产业互联网建设，系统理顺生产关系、建立健全体制机制、构筑完善政策体系，牧业发展方式转变取得积极进展、牧业综合生产能力得到稳步增强、产业产品结构更加优化、产品质量和安全水平大幅提高、生态资源保护水平与利用效率显著提升，现代牧业发展总体上取得阶段性成果，数字牧区建设获得显著成效。到2035年，在我国农业现代化的宏伟目标实现的同时，内蒙古广大牧区的可持续发展会打下坚实基础，将形成生态系统稳定、自然风光美好、资源利用高效、基础设施先进、产业环境良好、供给保障有力、公共服务完备、社保体系健全、文化形态丰富、人民生活富裕，即自然生态系统、产品系统、产业系统、市场系统、科技系统、金融系统、人文系统与政策系统有机统一、协同演化的新型发展格局，最终实现人与自然和谐共生的现代化。

（四）牧区现代化经济体系建设的方向

1. 立足于我国已进入向高质量阶段转型、建设现代化经济体系的关键阶段，提出牧区经济现代化的更高目标

我区以工业化、产业化、城镇化拉动牧区经济现代化所取得的成就，促进了牧区生产方式由传统草原畜牧业向现代畜牧业的转变、社会形态由传统社会向现代社会转变的进程。改革开放四十多年来，工业化对传统草原畜牧业的专业化、设施化、科技化和组织化改造，产业化对推动畜牧业经济转型、牧区经济区域化布局、企业组织专业化生产、畜牧业产业链条的延伸与完整化起到了引导作用。城镇化对带动牧民生活方式的改变以及与工业化的协调互动，形成以苏木镇为核心的政治、经济、科技、教育、文化、卫生、信息、交通格局，发挥了重要作用。因此，在新发展理念的指引下，在进一步促进工业化、城镇化、产业化发展的基础上，推动畜牧业向信息化、知识化、高端化迈进，推动经济发展的“三大变革”，是牧区经济现代化的更高目标。

2. 必须贯彻新发展理念，坚持质量第一、效益优先，推动经济发展“三大变革”、构建“三有机制”

按照新发展理念和质量第一、效益优先的原则，针对牧区主导产业高端产品供给不足、实体经济与金融融合乏力、微观主体结构不够合理、劳动力供求矛盾突出、科技创新对实体经济转型升级支撑不足的现状，持续不断地推动经济发展质量变革、效率变革、动力变革，是建设现代化经济体系、迈向高质量发展阶段的主要途径。“三大变革”将带来实体经济的不断振兴、科技渗透的持续有效、牧区金融保障功能的大力提升、人力资源的结构优化，促进重塑牧区经济新的竞争优势，并不断创造新的产业链、建设牧区经济新型经营主体，破解资源环境约束，实现经济社会协调发展。振兴实体经济是强牧之本、科技进步是强壮筋骨、金融供给是增强供血、人才资源是创新基因，在此四大支柱的关键性支撑下，合理化结构以形成市场机制有效、微观主体有活力、宏观调控有度的“三有机制”。

3. 明确牧区现代化尤其是牧区经济现代化的主要任务，深化供给侧结构性改革，推进创新驱动发展战略和乡村振兴战略的实施

供给侧结构性改革的主攻方向，一是要全面提升产品和服务质量，坚决迈向畜牧业的中高端，迈向数字牧业的新境界；二是以顶层设计、政策引导着力优化市场主体结构来带动更多社会主体参与到牧区现代化的进程中来；三是加强基础设施网络建设，塑造知识型、技能型、创新型人才队伍。要大力破除无效供给，降低全社会、全产业链整体成本，推动传统产业优化升级，特别注重发展现代服务业和促进公共支撑服务体系建设，培育新动能，坚持通过立足实际、勇于创新来增强牧区经济现代化的动力。

在牧区经济现代化的任务中，产业兴旺始终是战略制高点，必须坚决抓住国家关于农村牧区发展“一个优先”（其中包括“要素配置优先满足、资源条件优先保障、公共服务优先安排”）的政策要点及其提供的战略机遇，努力构建“产业体系、生产体系、经营体系”三大体系、继续深化“土地制度、集体产权制度、支持保护制度”三项改革，一体推进、协同发展。

4. 有效资源配置，发挥政府政策引导作用，促进牧区公共支撑服务体系建设

（1）政府加大投资是加快牧区现代化进程的前提和保障，实现牧区经济繁荣发展的根本动力在于建立起内在的科学发展机制，形成实现经济现代化的自我发展能力。

在我国社会主义制度和市场经济条件下，加大政府的投入是牧区加快现代化进程的最重要的外源性动力，特别是公共支撑服务体系的建立和健全，离不开国家加大在道路交通、城镇建设、教科文卫、生态建设、民政扶贫等多个领域的投资力度。要按照新发布的《政府投资条例》中关于"政府投资资金应当投向市场不能有效配置资源的公共领域项目、以非经营性项目为主"的规定，发挥政府投资"压舱石、定心盘"的功能，在牧区保障与服务体系建设尤其是产业链公共支撑服务体系项目建设上加大投资力度，促进完善科学的利益联结机制的构筑，以创新服务内容为重点、人才导入为核心、政府购买服务为保障，锻造以运营公共支撑服务体系为主导的新型经营主体和产业化联合体，达成公共支撑服务体系良性运作的目标。

（2）要整合地区资源、实现地区资源有效配置，达到优化配置和合理配置的平衡。

优化配置指的是市场在资源配置中的决定性作用，体现为高效率；合理配置则是指区域经济布局的战略性调整，是政府宏观政策的安排。牧区发展的特殊性，决定了牧区资源配置及内部生产要素的配置不能完全依靠市场手段来完成，需要从实际出发综合运用市场和政策手段实现资源的优化合理配置，因此在促进牧区现代化的过程中，应积极争取国家的多种优惠政策支持，最终形成科学的经济运行机制和自我发展机制，调动内外部的积极因素以加快牧区经济现代化进程。

（五）牧区现代化的建设重点

内蒙古自治区人民政府《关于推进数字经济发展的意见》中提出："以'数字内蒙古'建设为核心，以'数字产业化'为推动，以'产业数字化'为主战场，以数字技术应用为重点，坚持创新引领、突出特色、政府推进、市场主导、多元共治、依法安全的发展原则，加快经济社会各领域数字化转型步伐，推动国家大数据综合试验区建设，促进数字经济深入发展，为自治区高质量发展提供有力支撑。"培育数字牧业、促进数字牧区建设将为内蒙古自治区牧区振兴注入新的强劲动能，统筹推进数字牧业牧区发展、着力构建牧业牧区数字资源体系，是内蒙古按照国家乡村振兴战略和数字乡村战略目标定位，全面实现牧区振兴的必然结果。

1. 加大资源投入促进牧区信息基础设施建设步伐

一是在现有基础上提升网络设施水平，加快宽带通信网、移动互联网、数字电视网和牧业产业互联网发展。二是完善信息终端和服务供给，积极开发符合"三牧"特点的信息终端、技术产品、产业互联网应用软件，推动民族语言类信息技术研发应用。三是促进基础设施数字化转型，包括牧区水利、交通、电力、冷链物流以及畜牧产品生产加工等基础设施的数字化、智能化转型。四是加快推广云计算、大数据、物联网、人工智能在牧业生产经营管理中的运用，促进新一代信息技术与扩繁育种、防疫治疫、产品精深加工等全产业链各环节的深度融合与应用，促进建设智慧牧场和精准化牧业作业、高端化产品作业，为实现牧区"产业兴旺"打下坚实基础。

2. 创新牧区产业服务体系、市场服务体系和经营体系

一是通过产业公共支撑服务体系包括公共扩繁中心、公共仓储与

公共智慧物流配送中心、公共品控、公共精深加工、公共饲草料中心、区域公共品牌运营中心建设及其数字赋能，深化信息技术与牧区产业融合发展，以推动供给侧改革和发展高科技牧业、创意牧业、观光牧业等新业态，并围绕公共支撑服务体系重点加快新型经营主体建设和产业化联合体建设步伐。二是优化牧业科技信息服务，推动产学研用合作，形成完善的牧业科技成果转化网络服务体系，建设牧区、牧业科技信息服务平台，逐步构筑牧区牧业大数据平台和产业互联网运用大格局。三是提升草原牧区生态保护信息化水平，通过建立智能化绿色资源空间管理体系和牧区生态系统与自然灾害监测平台，全面提升草畜平衡动态管理、遏制草原进一步沙化、牧区水资源管理和保护以及防灾减灾的整体水平，并在此基础上促进形成牧区绿色生活方式、打造“生态宜居”的可持续发展环境。

3. 繁荣发展牧区“数字文化”

一是加强牧区网络文化阵地建设，以互联网助推牧区文化振兴，利用现代信息技术促进草原传统文化和现代文化的相互涵化，保护优秀文化资源、促进文化传承。二是要充分认识到文化资源的“数字化生存”是建设乡风文明的重要内容，要通过正确引导和大力支持“三牧”题材优质网络文化内容创作，促进优秀游牧文化、当代牧区牧民文化生活不断进步的形象塑造与传播。三是通过网络深入开展国家有关民族政策、宗教政策和边疆稳定政策的宣传普及工作，通过加强网络监管，遏制封建迷信、抵制低俗文化，使社会主义的核心价值观占领牧区文化生活和“乡风文明”的高地，促进人文生态的优化。

4. 推进牧区治理能力现代化

一是通过“互联网 + 党建”“互联网 + 教育”，建设和完善牧区基层党建数字化信息平台。二是以数字化、信息化、智慧化提高牧区社会综合治理的精细化、现代化水平，推动牧区治理的规划化、法制化。三是提升政务服务的数字化水平，依托建立、完善一体化在线政务服务平台和不断提升其服务功能，深化政务服务改革、促进政务服务的体制机制模式创新，加快实现牧区“治理有效”。

5. 数字化提升民生保障服务水平

一是推动牧区教育信息化，加快实施学校联网攻坚行动，实现牧区小规模学校和苏木镇寄宿制学校宽带网络全覆盖；实施新型职业牧民培育工程，为牧民提供优质的线上线下相结合的智能实训服务。二是推进全面覆盖牧区的社会保障、社会救助系统建设，加快实现牧民基本医疗保险异地就医直接结算、社会保险关系网上转移接续，支持苏木和嘎查级医疗机构不断提高信息化水平。三是要完善面向牧区孤寡和留守老人、留守儿童、困境儿童、残障人士等特殊人群的信息服务体系。四是充分利用信息技术完善对牧户、家庭牧场、嘎查、苏木以及合作社的网络平台资源、营销渠道、金融信贷、人才培训等多项普惠性政策服务，以信息流带动资金流、技术流、人才流、物资流等要素合理归流牧区。五是以信息技术助力打赢脱贫攻坚战，充分运用大数据平台开展对脱贫人员的跟踪及分析，不断提升贫困群众生产经营技能，激发贫困人口内生动力，为全面实现“生活富裕”目标夯实根本。

参考的政策性文件

1.《中共中央　国务院关于加快发展现代农业进一步增强农村发展活力的若干意见》（2012 年 12 月 31 日）

2. 中共中央、国务院《关于全面深化农村改革加快推进农业现代化的若干意见》（2014 年 1 月 19 日）

3.《中共中央关于全面推进依法治国若干重大问题的决定》（2014 年 10 月 23 日）

4. 中共中央、国务院《关于加大改革创新力度加快农业现代化建设的若干意见》（2015 年 2 月 1 日）

5. 中共中央、国务院《国家创新驱动发展战略纲要》（2016 年 5 月 20 日）

6.《全国农业可持续发展规划（2015—2030 年）》（2015 年 5 月 28 日）

7.《国务院办公厅关于发挥品牌引领作用推动供需结构升级的意见》（国办发〔2016〕44 号）（2016 年 6 月 10 日）

8. 中共中央办公厅、国务院办公厅《国家信息化发展战略纲要》（2016 年 7 月 27 日）

9. 国务院《全国农业现代化规划（2016—2020 年）》（2016 年

10月17日）

10. 中共中央办公厅、国务院办公厅《关于完善农村土地所有权承包权经营权分置办法的意见》（2016年10月30日）

11.《中共中央　国务院关于稳步推进农村集体产权制度改革的意见》（2016年12月26日）

12.《中共中央　国务院关于深入推进农业供给侧结构性改革加快培育农业农村发展新动能的若干意见》（2016年12月31日）

13. 中共中央办公厅、国务院办公厅《关于加快构建政策体系培育新型农业经营主体的意见》（2017年5月31日）

14.《中共中央　国务院关于加强和完善城乡社区治理的意见》（2017年6月21日）

15.《中共中央　国务院关于开展质量提升行动的指导意见》(2017年9月5日）

16. 中共中央办公厅、国务院办公厅《关于创新体制机制推进农业绿色发展的意见》（2017年9月30日）

17.《中共中央　国务院关于实施乡村振兴战略的意见》（2018年1月2日）

18.《农业农村部关于加快推进品牌强农的意见》（2018年6月26日）

19. 中共中央、国务院《乡村振兴战略规划（2018—2022年）》（2018年9月26日）

20.《中共中央　国务院关于建立更加有效的区域协调发展新机制的意见》（2018年11月18日）

21. 国务院《关于加快推进农业机械化和农机装备产业转型升级的指导意见》（2018年12月21日）

22. 中共中央办公厅、国务院办公厅《关于促进小农户和现代农业发展有机衔接的意见》（2019 年 2 月 21 日）

23.《政府投资条例》（国令第 712 号）（2019 年 4 月 14 日）

24.《中共中央　国务院关于建立健全城乡融合发展体制机制和政策体系的意见》（2019 年 4 月 15 日）

25.《中共中央　国务院关于深化改革加强食品安全工作的意见》（2019 年 5 月 9 日）

26. 中共中央办公厅、国务院办公厅《数字乡村发展战略纲要》（2019 年 5 月 16 日）

27. 中共中央办公厅、国务院办公厅《关于加强和改进乡村治理的指导意见》（2019 年 6 月 23 日）

28. 中央农村工作办公室等《关于实施家庭农场培育计划的指导意见》（2019 年 9 月 9 日）

29.《国务院关于促进乡村产业振兴的指导意见》（国发〔2019〕12 号）（2019 年 6 月 28 日）

30. 农业农村部等《数字农业农村发展规划（2019—2025 年）》（2020 年 1 月 21 日）

31.《中共中央关于坚持和完善中国特色社会主义制度、推进国家治理体系和治理能力现代化若干重大问题的决定》（2019 年 10 月 31 日）

32. 国务院办公厅《关于加强农业种质资源保护与利用的意见》（2019 年 12 月 30 日）

33.《中共中央　国务院关于抓好“三农”领域重点工作确保如期实现全面小康的意见》（2020 年 1 月 2 日）

34. 内蒙古自治区人民政府《内蒙古自治区绿色矿山建设方案》

（内政发〔2020〕18号）（2020年12月17日）

35. 内蒙古自治区人民政府《内蒙古自治区人民政府关于推进自治区文化旅游融合发展的实施意见》（内政发〔2017〕133号）（2017年10月10日）

36. 内蒙古自治区人民政府《关于进一步实施商标品牌战略的意见》（内政发〔2017〕142号）（2017年11月20日）

37. 内蒙古自治区人民政府办公厅《内蒙古自治区大数据发展总体规划（2017—2020年）》（内政办发〔2017〕185号）（2017年12月28日）

38.《内蒙古自治区党委自治区人民政府关于实施乡村振兴战略的意见》（2018年2月13日）

39. 内蒙古自治区人民政府办公厅《内蒙古自治区大数据与产业深度融合行动计划（2018—2020年）》（内政办发〔2018〕25号）（2018年4月29日）

40. 内蒙古自治区人民政府办公厅《关于推进电子商务与快递物流协同发展的实施意见》（内政办发〔2018〕38号）（2018年6月7日）

41.《内蒙古自治区人民政府关于探索建立涉农涉牧资金统筹整合长效机制的实施意见》（内政发〔2018〕24号）（2018年7月10日）

42.《内蒙古自治区人民政府办公厅关于促进少数民族聚居地区繁荣发展的意见》（2018年7月18日）

43.《内蒙古自治区人民政府办公厅关于创新管理优化服务培育壮大经济发展新动能加快新旧动能接续转换的实施意见》（内政办发〔2018〕51号）（2018年8月1日）

44.《内蒙古自治区优化营商环境行动方案》（内政发〔2020〕9号）（2020年6月24日）

45.《内蒙古自治区人民政府办公厅关于金融支持乡村振兴战略的指导意见》（内政办发〔2018〕66号）（2018年10月25日）

46.《内蒙古自治区人民政府办公厅关于促进县域创新驱动发展的实施意见》（2018年12月6日）

47.《内蒙古自治区政府投资基金管理暂行办法》（内政办发〔2018〕100号）（2018年12月30日）

48.《内蒙古自治区人民政府关于加快推进农牧业机械化和农机装备产业转型升级的实施意见》（内政发〔2019〕12号）（2019年11月4日）

49.《内蒙古自治区人民政府关于推进数字经济发展的意见》（内政发〔2019〕23号）（2019年12月31日）

参考文献

[1] 谢玉清. 我国农村流通现代化评价指标体系研究[D]. 江门：五邑大学，2011.

[2] 西里尔·布莱克. 现代化的动力[M]. 段小光，译. 成都：四川人民出版社，1988.

[3] 塞缪尔·亨廷顿. 变动社会的政治秩序[M]. 上海：上海译文出版社，1989.

[4] 谢立中. 西方社会学名著提要[M]. 南昌：江西人民出版社，1998.

[5] 魏后凯. 深刻把握农业农村现代化的科学内涵[J]. 农村工作通讯，2019（2）：1.

[6] 吴海华，王德成. 论社会转型与农村现代化[J]. 农业现代化研究，2004（6）：406-409.

[7] 李鸥. 草业、草业新村与牧区现代化——试论我国牧区发展道路[J].中国草业科学，1988（5）：21-24+28.

[8] 刘小燕. 内蒙古农村牧区人口布局调整对农村牧区社会保障工作的影响及政策建议[J]. 经济研究导刊，2010（1）：56-58.

[9] 内蒙古邮政管理局. 2018年全区邮政行业发展统计公报[Z]. http：//nm.spb.gov.cn/xytj/tjxx/201905/t20190528_1842414.html.

[10] 锡林郭勒盟邮政管理局.2018年锡盟邮政行业发展统计公报[Z]. http：//nmxlgl.spb.gov.cn/xytj_1755/tjxx/201905/t20190530_1844445.html.

[11] 呼伦贝尔市邮政管理局. 2018年呼伦贝尔市邮政行业发展统计公报[Z]. http：//nmhlbe.spb.gov.cn/xytj_1595/tjxx/201905/t20190530_1843725.html.

[12] 内蒙古自治区农牧业厅. 内蒙古自治区“十三五”时期草原保护建设规划（2016-2020）[Z]. http：//nmt.nmg.gov.cn/gk/zfxxgk/xxgkml/ghjh/201703/t20170302_150679.html.

[13] 侯向阳. 可持续挖掘草原生产潜力的途径、技术及政策建议[J]. 中国农业科学，2016，49（16）：3229-3238.

[14] 张新时. 内蒙古草原陷入发展困境[J]. 瞭望，2005，23：58.

[15] 沈海花，朱言坤，赵霞，耿晓庆，高树琴，方精云. 中国草地资源的现状分析[J]. 科学通报，2016，61（2）：139-154.

[16] 王云霞. 内蒙古草地资源退化及其影响因素的实证研究[D]. 呼和浩特：内蒙古农业大学，2010.

[17] 内蒙古自治区研究室. 牧区现代化试点工作调研报告[Z]. 2018.

[18] 乌音嘎，呼格吉勒图，海山. 锡林郭勒盟牧区牧业人口承载量研究[J]. 地理科学研究，2017，

6（2）：72-78.

[19] 中共中央，国务院. 乡村振兴战略规划（2018—2022年）[Z]. http：//www.gov.cn/zhengce/2018-09/26/content_5325534.htm.

[20] 农业农村部. 数字农业农村发展规划（2019-2025年）[Z]. http：//www.moa.gov.cn/gk/ghjh_1/202001/t20200120_6336316.htm.

[21] 农业农村部. 新型农业经营主体和服务主体高质量发展规划（2020-2022年）[Z]. 2020.

[22] 中国农业科学院关于《全国农业现代化评价结果》的公示[Z]. http：//jiuban.moa.gov.cn/fwllm/hxgg/201711/t20171117_5903945.htm.

[23] 关于印发《国家生态文明建设示范市县建设指标》《国家生态文明建设示范市县管理规程》和《“绿水青山就是金山银山”实践创新基地建设管理规程（试行）》的通知[Z]. http：//www.mee.gov.cn/xxgk2018/xxgk/xxgk03/201909/t20190919_734509.html.

[24] 张燕生，梁婧姝. 现代化经济体系的指标体系研究[J]. 宏观经济管理，2019（4）：17-24.

[25] 中国农业科学院. 全国农业现代化监测评价指标体系方案.

[26] 贺有利，卫静静. 我国牧区一二三产业融合发展的探讨：兼论我国牧区“绿色化、工业化、服务化”的融合发展[J]. 草原科学，2018，35（12）：3028-3033.

[27] 韩念勇. 草原的逻辑（上）[M]. 北京：民族出版社，2018.

第二章

牧区现代化草原生态保护与可持续发展研究

一、牧区生态现状

（一）牧区生态构成

1. 牧区生态构成体系

依据区域内土地自然综合体的地貌特征、水分性质以及植被特点，内蒙古牧区生态构成可分为 9 个土地单元（见表 2–1）。其中，草地占 56.98%，裸地及戈壁占 17.76%，沙地占 13.02%，耕地占 4.74%，林地占 3.02%，灌木占 2.12%，城镇用地占 0.05%，水域占 0.67%，未利用地占 0.90%（包括盐碱地和沼泽地等）。草地是内蒙古牧区生态的主体。（数据由课题组根据实际遥感影像计算得出。）

表2-1　　内蒙古牧区土地覆被类型面积统计

土地利用分类	面积（km^2）	占比
草地	436910.40	56.98%
裸地及戈壁	136214.11	17.76%
沙地	99827.60	13.02%
耕地	36346.22	4.74%
林地	23177.46	3.02%

续表

土地利用分类	面积（km^2）	占比
灌木	16233.40	2.12%
未利用地	6916.86	0.90%
水域	5132.79	0.67%
城镇用地	2108.34	0.05%
合计	766806.62	100%

注：数据来源于实际遥感影像计算结果。

内蒙古牧区以蒙古高原为主，地貌复杂多样，由呼伦贝尔高平原、锡林郭勒、巴彦淖尔、阿拉善及鄂尔多斯等高平原组成，西端有沙漠，分布有黄土丘陵和石质丘陵，间杂有低山、谷地和盆地。地带性土壤以栗钙土为主，占 23.63%，其次为棕钙土，占 14.03%；非地带性土壤类型有风砂土，占 24.42%，受地理位置、气候环境等影响，有明显土壤地带性分异规律。

牧区水资源短缺。理论上牧区水资源总量近 240 亿立方米，和土地面积一样占全区总量的 1/2 左右，但在地区、时程上分布很不均匀，近 80% 的水资源分布在呼伦贝尔市和兴安盟区域，中西部水资源不足 20%。呼伦贝尔高原和西辽河流域水量分别占牧区水资源的 39%、25.9%，鄂尔多斯高原占 5.7%，乌兰察布丘陵区只占 1.7%，阿拉善大部分地区更少。目前，全区水资源利用率为 70%，牧区为 30%，全区大部分为农田用水，生态用水已经跃居第二位。

牧区草原面积近 5000 万公顷，约占全自治区草原面积的 57%。由东到西分布有草甸草原、典型草原、荒漠草原、草原化荒漠及荒漠五大类型。牧区人均草原可利用面积为 9.11 公顷，全自治区人均为 2.86 公顷。由于海拔高度和立地条件的差异，植物区系比较丰富，草群组成和结构与草群营养都具有明显的地带性分布差异。从东到西，单位平方米物种数量从 20 种下降到 5 种以下，植被盖度从 75% 下降到

10%，鲜草产量从 3000kg/hm^2 下降到 300 kg/hm^2 以下，草地蛋白质含量从 6.63% 增加到 14.78%。

牧区草地植物资源丰富，据调查数据，内蒙古牧区草地植物有 1200 种，占全区植物总数的 50%。其中，重要的优良牧草有 200 余种，禾本科和豆科占 1/3，其他的有菊科、藜科、蔷薇科、百合科、莎草科等植物，大多都是较好的物种资源。

2. 与国外比较异同

世界草地均由不同环境因子影响而形成不同的地带性草原。水、土、气、生物、人等不同生态因子与要素直接影响着生物环境，制约着草地的陆地分布。而现代化的草地畜牧业和草原建设是牧区经济发展的重要组成部分，与国外发达国家草地的生态生产功能比较，内蒙古牧区草原具有明显差异性。

一是自然气候条件差异。世界草地主要分布在北美洲的普列立（Prairie）、南美洲的盘帕斯（Pampas）、非洲草地凡尔德（Veid）、大洋洲的荒漠草地、欧亚大陆的普施它（Puszta）和亚洲中部草原。在自然气候差异上，只有亚洲中部降水最低，为 100~500 毫米，其他草原降水为 600~800 毫米，内蒙古牧区由西向东降水为 50~400 毫米。长期的降水限制是内蒙古牧区草原生产力降低、草原退化沙化的主要原因之一。

二是生产水平差距。国外天然草地生产潜力的充分发挥，有赖于建立人工草地，二者相互结合，草地畜牧业的优质、高产主要表现在畜产品的优质和数量的不断增长。就草地载畜量而论，畜牧业发达国家 0.1~0.25 公顷草地养一只成年羊，而我国牧区平均 1.5 公顷以上养一只成年羊。从畜群周转、产品率及家畜生产水平来衡量，差距更大。人工草地保有面积也仅为天然草地的 2%~3%。因此，实现牧区草地畜牧业现代化，必须要达到草地资源得到充分地合理利用，提高草地生产力水平，使牧业产值占到农业总产值的一半以上。

三是管理水平不同。依据各国自然条件及生产发展和管理水平不同，国外草地经营管理方式主要有四种类型：一是采用现代先进技术经营利用草地走高度集约化的国家，如英国、法国、德国、荷兰、丹麦等多数欧洲国家，培育草地的方法主要是变天然草地为人工草地；二是草地资源丰富，粗放管理，国家整体实施草地改良计划，如美国；三是机械化程度高，集约化经营，草地明确区分放牧地和人工培育草地，如新西兰和澳大利亚，人工培育是天然草地的 9~15 倍；四是经营粗放，生产力不发达，主要是亚洲国家，如蒙古、沙特阿拉伯、叙利亚等，放牧地得不到水源保障。内蒙古牧区草地管理虽达不到集约化发展水平，但也基本走出了传统粗放的经营模式，划区轮牧和适度家庭牧场培育是主要发展方向。

3. 生态功能特点

内蒙古牧区草原不仅担负着自然承载的生态功能，也是牧民赖以生存的生产基础。十年九旱、生态脆弱是它的基本特征。牧区草原生态功能大于其生产功能。

一方面，草原生态服务功能凸显重要。独一无二的草原生态功能和草原生态经济价值能够完美体现“绿水青山就是金山银山”的理念。兼顾经济社会发展和生态环境保护，并把生态环境保护放在优先地位，重视和坚持共建共享，以生态资源要素的系统表达来指导优势主导产业发展的方向和结构优化路径，突出内蒙古区域发展特点和区情实际，注重发挥自身优势，并通过对牧区生态空间、生产空间、生活空间进行科学规划、合理布局，完善天空地一体化网络监管建设，制定形成生态环境保护行动计划、绿色生态产业发展规划以及扶持措施等政策框架体系，积极促进生态产业发展，可为实现生态和经济互促共赢的高质量发展开拓更广阔的空间、提供更多的发展机遇。

另一方面，草原生产功能不可或缺。完全依赖天然草地的畜牧业生产方式，难以实现草畜平衡。牧区草原牧草种类丰富、草地类型多样、草群组成和结构地带性差异、草群营养成分具有明显地带性，产草量年度和季节变化大，从而导致牧区畜牧业发展的不稳定性。牧区草原畜牧业是从传统的游牧业的基础上发展到定居放牧，生产方式还基本以利用天然草原为主，四季在同一个区域反复放牧生产畜产品，然而牧草生长期仅有90~120天，其余时间为枯草期，无法完全满足家畜采食和营养需求，决定了草畜不平衡的必然和一定时期内草原局部退化难以遏制。

（二）生态系统服务功能

生态系统服务是指为人类福祉和经济社会发展提供的最终物质资源与服务，主要包括产品提供服务、调节服务和文化服务。国内外学术界通常采用防风固沙、水源涵养、土壤保持、固碳释氧、生物多样性等指标方法开展评估，本书采用欧阳志云（2009）方法。

1. 防风固沙功能

研究表明，牧区草地生态防风固沙功能尤为重要，防风固沙总量约占全区总量的85%。2000年和2015年，牧区单位面积防风固沙量分别为11.10kg/（$m^2 \cdot a$）和7.44kg/（$m^2 \cdot a$），约为全区单位面积防风固沙量的1.25倍和1.32倍；防风固沙总量分别为84.91亿吨和56.97亿吨，约是全区总量的83.95%和88.24%；价值总量分别为2096.43亿元和1406.89亿元，约占全区总价值的83.43%和87.73%（见表2-2）。在空间分布上，西部地区单位面积防风固沙量较高，东部地区相对较低。2000—2015年，牧区防风固沙总量共减少了27.94亿吨，价值量共减少了689.54亿元，降低了32.89%。

表2-2　　2000年和2015年内蒙古牧区防风固沙量

	防风固沙功能	牧区	全区	牧区占比全区
2000年	单位面积防风固沙量[kg/（m^2·a）]	11.10	8.85	1.25倍
	防风固沙总量（亿吨）	84.91	101.14	83.95%
	价值量（亿元）	2096.43	2512.73	83.43%
2015年	单位面积防风固沙量[kg/（m^2·a）]	7.44	5.65	1.32倍
	防风固沙总量（亿吨）	56.97	64.56	88.24%
	价值量（亿元）	1406.89	1603.61	87.73%
2000—2015年变化	物质量（亿吨）	-27.94	-36.58	—
	价值量（亿元）	-689.54	-909.12	—
	变化率（%）	-32.89	-36.18	—

2. 水源涵养功能

2000年和2015年，牧区单位面积水源涵养量分别为62.27毫米和88.91毫米，约为全区单位面积水源涵养量的93%和95%；水源涵养总量分别为278.41亿立方米和426.89亿立方米，价值量分别为2240.38亿元和3435.16亿元，约占全区总价值的57.92%和60.54%（见表2-3）。在空间分布上，牧区东部地区单位面积水源涵养量较高，从东至西呈递减趋势。2000—2015年牧区水源涵养总量增加显著，共增加了148.47亿立方米，价值量共增加了1194.78亿元，占全区总增加值的66.14%。

表2-3　　2000年和2015年内蒙古牧区水源涵养量

	水源涵养功能	牧区	全区	牧区占比全区
2000年	单位面积水源涵养量（毫米）	62.27	66.66	93%
	水源涵养总量（亿立方米）	278.41	480.69	57.92%
	价值量（亿元）	2240.38	3868.12	57.92%
2015年	单位面积水源涵养量（毫米）	88.91	93.49	95%
	水源涵养总量（亿立方米）	426.89	705.17	60.54%
	价值量（亿元）	3435.16	5674.54	60.54%

续表

	水源涵养功能	牧区	全区	牧区占比全区
2000—2015年变化	物质量（亿立方米）	148.47	224.48	66.14%
	价值量（亿元）	1194.78	1806.42	66.14%
	变化率（%）	53.33	46.70	—

3. 土壤保持功能

2000 年和 2015 年，牧区单位面积土壤保持物质量分别为 0.66kg/（m^2•a）和 1.06kg/（m^2•a），约为全区单位面积土壤保持物质量的 29% 和 26%；土壤保持总量分别为 5.07 亿吨和 8.09 亿吨，约占全区总量的 19.41% 和 17.03%；价值总量分别为 54.24 亿元和 86.50 亿元，约占全区总价值的 19.75% 和 17.33%（见表 2–4）。在空间分布上，牧区大部分区域单位面积土壤保持量较低，只有东南部小部分区域相对较高。2000—2015 年牧区土壤保持总量呈上升趋势，共增加了 3.02 亿吨，价值量共增加了 32.06 亿元，提高了 59.48%。

表2-4　　2000年和2015年内蒙古牧区土壤保持量

	土壤保持功能	牧区	全区	牧区占比全区
2000年	单位面积土壤保持量（kg/（m^2•a）	0.66	2.29	29%
	土壤保持总量（亿吨）	5.07	26.13	19.41%
	价值量（亿元）	54.24	274.60	19.75%
2015年	单位面积土壤保持量（kg/（m^2•a）	1.06	4.16	26%
	土壤保持总量（亿吨）	8.09	47.50	17.03%
	价值量（亿元）	86.50	499.21	17.33%
2000—2015年变化	物质量（亿吨）	3.02	21.37	14.13%
	价值量（亿元）	32.26	224.61	59.48%
	变化率（%）	59.48	81.80	—

4. 固碳释氧功能

2000 年和 2015 年，牧区单位面积固碳量为 225.89g/（m^2 • a）和 254.20g/（m^2 • a），约为全区单位面积固碳量的 63% 和 66%；固碳总量为 1.08 亿吨和 1.27 亿吨，价值量分别为 1838.71 亿元和 2164.13 亿元，约占全区总价值的 39.97% 和 42.04%（见表 2–5）。在空间分布上，东北部和中南部单位面积固碳量较高，从东至西呈递减趋势。2000—2015 年牧区固碳量呈上升趋势，共增加了 0.19 亿吨，价值量共增加了 325.42 亿元，提高了 17.70%，占全区固碳功能价值增加值的 59.36%。

表2-5　　2000年和2015年内蒙古牧区固碳功能量

	固碳功能	牧区	全区	牧区占比全区
2000年	单位面积固碳量[g/（m^2 · a）]	225.89	359.58	63%
	固碳总量（亿吨）	1.08	2.69	39.97%
	价值量（亿元）	1838.71	4599.72	39.97%
2015年	单位面积固碳量[g/（m^2 · a）]	254.20	384.92	66%
	固碳总量（亿吨）	1.27	3.01	42.04%
	价值量（亿元）	2164.13	5147.93	42.04%
2000—2015年变化	物质量（亿吨）	0.19	0.32	59.36%
	价值量（亿元）	325.42	548.21	59.36%
	变化率（%）	17.70	11.92	—

2000 年和 2015 年，牧区单位面积释氧量分别为 164.91g/（m^2 • a）和 185.58g/（m^2 • a），释氧总量分别为 0.79 亿吨和 0.92 亿吨，价值量分别为 975.28 亿元和 1147.89 亿元。2000—2015 年牧区释氧量呈上升趋势，共增加了 0.14 亿吨，价值量共增加了 172.61 亿元（见表 2–6）。2000 年和 2015 年牧区大气调节总价值量分别为 2813.99 亿元和 3312.02 亿元，增加了 498.03 亿元。

表2-6　　2000年和2015年内蒙古释氧功能量

	释氧功能	牧区	全区	牧区占比全区
2000年	单位面积释氧量[g/（m^2·a）]	164.91	262.52	63%
	释氧总量（亿吨）	0.79	1.96	39.97%
	价值量（亿元）	975.28	2439.75	39.97%
2015年	单位面积释氧量[g/（m^2·a）]	185.58	281.02	66%
	释氧总量（亿吨）	0.92	2.20	42.04%
	价值量（亿元）	1147.89	2730.53	42.04%
2000—2015年变化	物质量（亿吨）	0.14	0.23	59.36%
	价值量（亿元）	172.61	290.78	59.36%
	变化率（%）	17.70	11.92	—

5. 生物多样性维持功能

2000 年和 2015 年，牧区单位面积生物多样性维持价值分别为 0.31 元 /（m^2·a）和 0.32 元 /（m^2·a），是全区单位面积生物多样性维持价值的 73% 和 72%；生物多样性维持总价值量分别为 1254.13 亿元和 1306.69 亿元，占全区总价值的 45.92% 和 44.33%（见表 2–7）。在空间分布上，呈现由东北向西南递减的分布格局。2000—2015 年牧区生物多样性维持价值量共增加了 52.56 亿元。

表2-7　　2000年和2015年内蒙古牧区生物多样性维持功能量

	生物多样性维持	牧区	全区	牧区占比全区
2000年	单位面积生物多样性维持价值[（元/（m^2·a）]	0.31	0.43	73%
	价值量（亿元）	1254.13	2731.01	45.92%
2015年	单位面积生物多样性维持价值[（元/（m^2·a）]	0.32	0.44	72%
	价值量（亿元）	1306.69	2947.92	44.33%
2000—2015年变化	价值量（亿元）	52.56	216.91	24.23%
	变化率	4.19	7.94	—

（三）生态资产

1. 生态资产指数

生态资产是生产和提供生态产品与服务的自然资源，表达生态系统面积和质量，用生态资产指数来评估。2000—2015 年，牧区生态资产综合指数由 198.77 变化至 212.81，草地生态资产约占总生态资产的 89%，森林生态资产约占总生态资产的 8.5%，灌丛生态资产约占总生态资产的 2.5%（见表 2–8）。草地生态资产占比例最高，说明草地在内蒙古牧区生态资产中占据主要地位。

表2-8　　内蒙古牧区生态资产综合指数

	生态资产综合指数	森林资产指数	灌丛资产指数	草地资产指数
2000年	198.77	16.11	4.60	178.05
2010年	196.31	16.34	4.90	175.07
2015年	212.81	17.83	5.24	189.75

从 2000 年至 2015 年，内蒙古牧区生态资产综合指数提高 14.05，提高率 7.07%。其中，草地生态资产指数提高 11.7，提高率 6.56%；森林生态资产指数提高 1.72，提高率 10.66%；灌丛生态资产指数提高 0.63，提高率 13.76%。草地生态资产虽然指数提高得最多，但提高率相对最小，低于林地和灌木。

从牧区各旗县生态资产综合指数均值看，东乌珠穆沁旗生态资产综合指数最高，约占牧区生态资产的 10%；其次是鄂温克旗、西乌珠穆沁旗、陈巴尔虎旗、新巴尔虎右旗、新巴尔虎左旗、克什克腾旗、阿巴嘎旗等旗县，约占牧区生态资产的 40%；额济纳旗、镶黄旗、正镶白旗、乌拉特后旗等旗县生态资产综合指数相对较低。如图 2–1 所示。

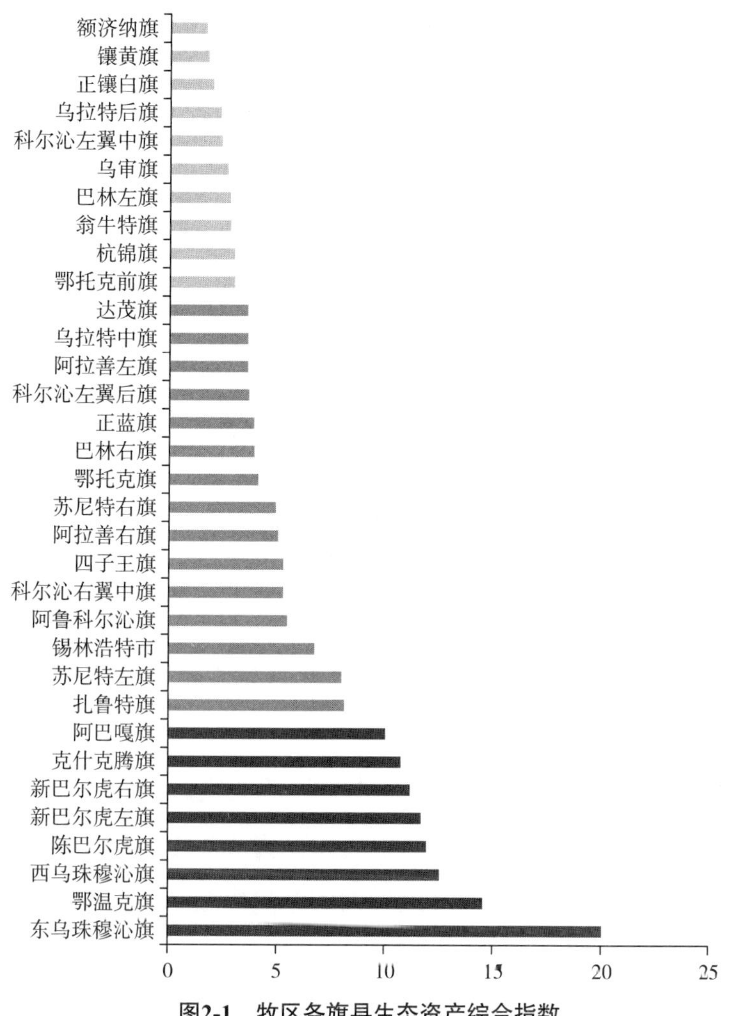

图2-1　牧区各旗县生态资产综合指数

2. 生态资产质量

2000 年、2010 年、2015 年这 3 个年份，牧区草地生态资产优级约占草地区域面积的 3%、良级占 6%、中级占 25%、差级占 26%、劣级占 40%，中级、差级和劣级占区域草地面积的比例较高；森林生态资产优级约占森林区域面积的 10%、良级占 56%、中级占 18%、差级占 12%、劣级占 4.5%，良级与中级占区域森林面积的比例较高；灌丛生态资产优级约占灌丛区域面积的 0.2%、良级占 4%、中级占 6%、差级占 18%、劣级占 72%，劣级占区域灌丛面积的比例较高。

3. 生态资产变化

生态资产实物量变化用以表述不同质量的生态资产期初和期末存量以及在该核算期内发生的变化情况。

2000 年至 2015 年，牧区草地生态资产实物量变化较大，分优、良、中、差、劣五个等级评估。其中，优级面积增加了 4652.73km^2，在区域草地面积占比中提高了 1.07%；良级面积增加了 13368.59km^2，提高了 3.07%；中级面积减少了 79769.26 km^2，降低了 18.19%；差级面积增加了 36494.92 km^2，提高了 8.38%；劣级面积增加了 24520.69 km^2，提高了 5.67%。从结果可以看出，牧区草地生态资产质量优级和良级的比例有一定提高，并有较大面积中级草地退化为差级和劣级。

2000 年至 2015 年，牧区森林生态资产实物量变化：优级面积增加了 368.61 km^2，占区域森林面积的比例提高了 1.35%；良级面积增加了 3052.24 km^2，提高了 11.88%；中级面积减少了 728.83 km^2，降低了 3.68%；差级面积减少了 1529.36 km^2，降低了 6.97%；劣级面积减少了 564.11 km^2，降低了 2.58%。牧区森林生态资产质量优级和良级的比例有一定提高，中级、差级、劣级比例明显降低，说明森林生态资产质量有一定程度提高。

牧区灌丛生态资产实物量变化：优级面积增加了 4.76 km^2，占区域灌丛面积的比例提高了 0.03%；良级面积增加了 597.81 km^2，提高了 3.67%；中级面积减少了 17.20 km^2，降低了 0.14%；差级面积增加了 1181.06 km^2，提高了 7.21%；劣级面积减少了 1685.06km^2，降低了 10.76%。牧区灌丛生态资产质量优级和良级比例有小幅提高，劣级比例有一定程度降低，说明牧区灌丛生态资产质量有一定程度提高。

（四）生态与生产功能比较（GEP/GDP）

1. 生态系统生产总值（GEP）

生态系统生产总值（GEP）是指生态系统为人类福祉和经济社会可持续发展提供的最终产品与服务价值的总和。2015 年，牧区 GEP 为 20883.68 亿元。其中，生态系统产品提供总价值为 787.08 亿元，占牧区生态系统生产总值 3.76%；生态系统调节服务总价值为 18861.23 亿元，占牧区生态系统生产总值 90.32%，调节服务价值占的比例最大；生态系统文化服务总价值为 1235.36 亿元，占牧区生态系统生产总值 5.92%。如图 2–2 所示。2000 年，牧区 GEP 为 13251.34 亿元。2000—2015 年，牧区 GEP 增加了 7632.34 亿元，增幅为 57.60%，其中增幅最明显的为文化服务价值，成倍数增加（见表 2–9）。

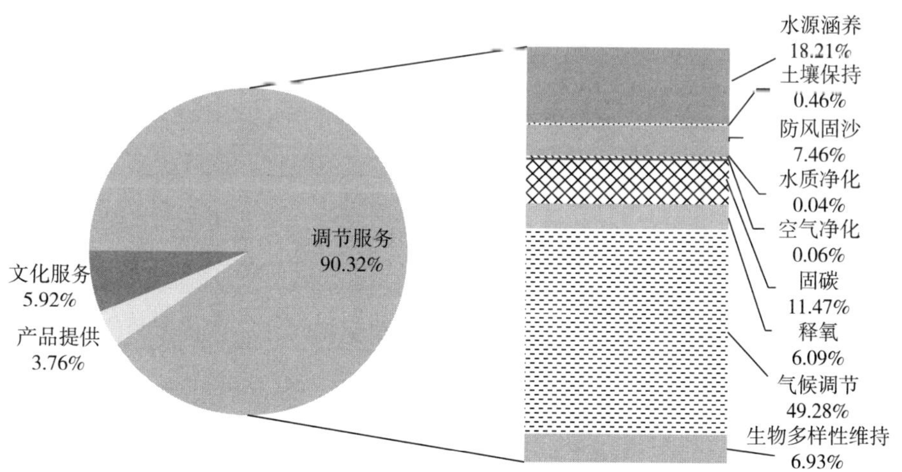

图2-2　2015年内蒙古牧区生态系统生产总值（GEP）构成

表2-9　　2000年和2015年内蒙古牧区生态系统生产总值（GEP）构成

功能类别	核算科目	功能量			价值量							
					2000年				2015年			
		2000年	2015年	单位	价值（亿元）	单项占比	小计（亿元）	占比	价值（亿元）	单项占比	小计（亿元）	占比
产品提供	农林牧渔	—	—	—	150.64	100.00	150.64	1.14	787.08	100.00	787.08	3.76
调节服务功能	水源涵养	278.41	426.89	亿立方米	2240.38	17.13	13078.03	98.69	3435.16	18.21	18861.23	90.32
	土壤保持	5.07	8.09	亿吨	54.24	0.41			86.50	0.46		
	防风固沙	84.91	56.97	亿吨	2096.43	16.03			1406.89	7.46		
	空气净化	94.25	94.96	万吨	11.36	0.09			11.45	0.06		
	水质净化	86.90	82.04	万吨	7.41	0.06			7.00	0.04		
	固碳	10758.06	12662.05	万吨	1838.71	14.06			2164.13	11.47		
	释氧	7854.04	9244.07	万吨	975.28	7.46			1147.89	6.09		
	气候调节	10697.84	21617.49	亿千瓦时	4600.07	35.17			9295.52	49.28		
	生物多样性维持	—	—	—	1254.13	9.59			1306.69	6.93		
文化服务功能	自然景观	—	—	—	22.67	100.00	22.67	0.17	1235.36	100.00	1235.36	5.92
合计					13251.34	100.00	13251.34	100.00	20883.68	51.16	20883.68	100.00

2. 生态系统生产总值（GEP）与国内生产总值（GDP）比较

2015 年，牧区 GEP 是 20883.68 亿元，全区 GEP 总值是 40818.68 亿元，牧区占全区的 51.16%；牧区 GDP 是 4169.26 亿元，全区 GDP 总值是 20559.32 亿元，牧区占全区的 20.28%。牧区的 GEP 是 GDP 的 5.01 倍，全区的 GEP 是 GDP 的 1.99 倍，说明牧区的生态功能要大于生产功能（见表 2–10）。

表2-10　　2015年内蒙古GEP与GDP比较

类别	牧区	全区	牧区占全区
GEP（亿元）	20883.68	40818.68	51.16%
GDP（亿元）	4169.26	20559.32	20.28%
GEP/GDP	5.01	1.99	—

综上，牧区区位特点和生态特征对全区生态安全屏障起了关键作用。近年来，牧区生态资产呈增加趋势，草地在生态资产中占据主要地位。但是草地资产质量仍是差级和劣级占比高，亟须提升草地质量。牧区草地生态最主要的是调节服务功能，其中防风固沙是最重要的生态屏障功能，固沙总量占全区的 88%。整体来看，牧区生态调节功能大于生产提供功能。

二、“土—草—畜—人”关系分析

（一）牧区土—草关系分析

1. 土—草现状

土壤的结构性质直接决定着植物分布的种类和群落。内蒙古草原土壤类型由东向西分布有黑钙土、栗钙土、棕钙土、灰漠土和灰棕漠土等。以栗钙土为主，占 23.63%；其次为棕钙土，占 14.03%；非地带性土壤类型有风砂土，占 24.42%。该区域土壤分布受地理位置、气候环境等影响，有明显的地带性分异规律。牧区东部黑钙土与栗钙土相间分布，黑钙土向栗钙土方向发育，间或分布有草甸和盐化草甸土，局部是盐碱土和沼泽土；中部以栗钙土为主，多为暗栗钙土逐步演变成淡栗钙土，以丛生禾草广泛分布；西部为淡栗钙土为主，西北部为棕钙土，受降水限制，以丛生禾草和小半灌木为主。内蒙古牧区土壤类型见表 2–11。

表2-11　　内蒙古牧区土壤类型面积统计

土壤分类	面积（km^2）	占比	土壤分类	面积（km^2）	占比	土壤分类	面积（km^2）	占比
暗棕壤	9662.07	1.26%	黑土	297.60	0.04%	漠境盐土	1814.06	0.24%
草甸土	35145.75	4.58%	灰钙土	2257.98	0.29%	泥碳土	5.03	0.00%
潮土	10952.02	1.43%	灰褐土	1251.72	0.16%	山地草甸土	43.57	0.01%
冲积土	34.83	0.01%	灰漠土	34819.11	4.54%	石质土	24357.39	3.18%
粗骨土	22008.58	2.87%	灰色森林土	17598.32	2.30%	新积土	860.90	0.11%
风砂土	187291.65	24.42%	灰棕漠土	82161.54	10.71%	盐土	8186.04	1.07%
灌淤土	257.15	0.03%	碱土	1318.57	0.17%	沼泽土	6519.36	0.85%
龟裂土	200.31	0.03%	栗钙土	181201.54	23.63%	棕钙土	107598.59	14.03%
褐土	61.48	0.01%	栗褐土	1216.00	0.16%	棕色针叶林土	926.73	0.12%
黑钙土	26809.62	3.50%	林灌草甸土	1949.11	0.25%			
合计		766806.62 km^2，占比100%						

注：数据来源于遥感影像解译和实地样点验证结果计算。

据 20 世纪 60 年代和 80 年代草原普查数据，内蒙古由东到西牧区草原的有机质含量从 8% 下降到不足 1%，这样的土壤条件只适合草本和灌木半灌木的生长，不适宜农田耕作。在时间变化上，每 10

年有机质含量下降 0.02 个百分点。土壤中营养物质是植物营养元素的主要来源，草原土壤矿质营养对草原起到重要调节作用。

矿质营养主要取决于天然草原土壤和野生饲用植物的矿质元素组成和含量。不同区域草原土壤和植被不同，最终会影响不同放牧牛羊的矿质营养，进一步影响家畜生长和繁育性能。然而目前全区放牧家畜矿质营养现状未知，放牧家畜赖以生存的草原土壤和植被的矿质元素组分和含量也未知。这些基础数据的匮乏，严重制约着对草原土—草关系和平衡的认知。2019 年，祁智在牧区典型区域采样分析表明，内蒙古中西部土壤微量元素不足，导致放牧牛羊生长和繁育效率低。

2. 土—草关系分析

草地作为一个生态系统，在没有人为干扰的条件下是自我维持的，其能量输入主要来源于太阳辐射，物质循环几乎是封闭的。在漫长的自然进化过程中，草地生态系统形成了有利于自我维持的特性，如多种植物、动物组合在一起，通过相互制约，把某一种群爆发或灭绝的机会限制在最低水平。在这样的系统内，截取的太阳能多半用于自我维持，从土壤中吸取各种物质，再通过分解者的分解大半归还于土壤，从而保持相对稳定的能流规模。

草地土壤是初级生产的基础，对于放牧生态系统而言，家畜处于第一消费者的位置，其数量受到人类的控制。如果人们为追求更多的畜产品而无限制地增加家畜数量，过多地消耗第一性产品，并将畜产品、草产品取走，则势必造成生产系统的亏缺而导致生态平衡的破坏。据测算，每年每个羊单位会带走纯氮 3.2~5.3 kg、纯磷 0.3~0.5 kg，以每公顷 1.5 个羊单位计算，每年每公顷草地损失的纯氮为 4.8~10 kg、纯磷 0.5~1 kg。因此草原土壤的退化是造成草原植被退化的重要原因。

由此，草原生态系统的平衡不是一个简单的草原植被问题，实际上是“土—草—畜—人”主食物链的平衡和稳定。它包括自然生产力条件下草原放牧系统的草畜平衡和自然生态的承载能力，也包括发展人工草地前提下的饲草补给，还有更重要的是草地营养平衡。土壤的退化必然导致植被的退化，只有实现草地物质循环、主要水分和营养循环的“闭环”，才是良性循环，是实现健康草地的方向。如果这三个方面的工作都做了，也就挖掘了草原的潜力，实现了恢复草原的途径选择。

3. 存在的问题

科学研判草原生态系统演变规律，研究探索草原退化的根源因素是土壤退化。无限制地利用草地，使草地生态系统年年损失大量营养物质和能量而得不到补充，输入和输出之间失调，超出了生态系统的自身调节范围，如果这一过程持续进行，必然导致整个系统遭到破坏。过去的时间内，内蒙古牧区草地利用中一个最主要的问题，就是不管草地土地资源的负荷力，盲目发展牲畜头数和放牧方式，导致的草原植被退化，因此生态产功能脆弱是必然。

（二）草畜平衡关系

1. 草畜平衡现状

草畜平衡是在一定区域内和时间内，通过草原和其他途径提供饲草饲料量，在保证牲畜所需的同时不破坏草原，达到一种动态的平衡。实现草畜平衡是促进草原生态系统的良性循环、实现可持续发展的基础。目前，我国现行的《草畜平衡管理办法》是根据《中华人民共和国草原法》制定并于 2005 年颁布实施的，主要是根据上一年度草原产草量的测定结果及对其他来源的饲草饲料量的估算，分析、预测区域内当年草原载畜能力，结合实际载畜量来衡量草畜平衡状况。

仅考虑在完全放牧条件下（不考虑补饲）草场的草畜平衡，我们采用学术上通用的草畜平衡指数（Balance of Grassland and Livestock Index，简称BGLI）计算方法，分析牧区草畜平衡现状。2015年，内蒙古牧区天然草地实际载畜量为1578.51万羊单位，理论载畜量为1056.53万羊单位，BGLI为49%，各旗县中有24个旗县BGLI为正值，其中，BGLI > 150%以上的旗县12个，80% < BGLI ≤ 150%的旗县7个，20% < BGLI ≤ 80%的旗县4个，–20% ≤ BGLI ≤ 20%的旗县5个，BGLI < –20%的旗县5个，该区域补饲343万吨饲草，能够达到草畜平衡（见表2–12）。

表2-12　　2015年内蒙古牧业旗县草畜平衡情况

旗县名称	理论载畜量（万羊单位）	实际载畜量（万羊单位）	BGLI	饲草缺口/盈余（万吨）
达茂旗	12.15	27.82	128.97	10.30
鄂温克族自治旗	75.05	36.57	–51.27	–25.28
新巴尔虎右旗	58.94	49.46	–16.09	–6.23
新巴尔虎左旗	69.59	62.22	–10.60	–4.84
陈巴尔虎旗	72.38	44.54	–38.46	–18.29
科尔沁右翼中旗	34.41	77.18	124.27	28.10
科尔沁左翼中旗	13.26	92.64	598.41	52.15
科尔沁左翼后旗	18.93	92.49	388.68	48.33
扎鲁特旗	48.77	103.96	113.15	36.26
阿鲁科尔沁旗	34.95	83.84	139.89	32.12
巴林左旗	14.53	60.26	314.79	30.05
巴林右旗	22.97	49.13	113.85	17.18
克什克腾旗	67.64	60.77	–10.16	–4.52
翁牛特旗	12.45	73.86	493.18	40.35
锡林浩特市	45.11	30.55	–32.28	–9.57
阿巴嘎旗	50.67	45.52	–10.16	–3.38
苏尼特左旗	30.84	32.99	6.96	1.41
苏尼特右旗	18.42	32.02	73.79	8.93

续表

旗县名称	理论载畜量（万羊单位）	实际载畜量（万羊单位）	BGLI	饲草缺口/盈余（万吨）
东乌珠穆沁旗	141.06	85.98	-39.05	-36.19
西乌珠穆沁旗	93.21	49.20	-47.21	-28.91
镶黄旗	6.97	8.90	27.63	1.27
正镶白旗	9.00	16.06	78.39	4.64
正蓝旗	20.71	36.57	76.61	10.42
四子王旗	18.05	34.36	90.37	10.72
鄂托克前旗	9.12	33.52	267.61	16.03
鄂托克旗	11.85	40.04	237.89	18.52
杭锦旗	9.16	49.23	437.43	26.33
乌审旗	10.97	44.47	305.30	22.01
乌拉特中旗	9.23	50.17	443.59	26.90
乌拉特后旗	3.37	15.12	348.56	7.72
阿拉善左旗	6.80	39.68	483.77	21.60
阿拉善右旗	3.39	13.41	296.02	6.59
额济纳旗	2.56	5.98	133.27	2.24

注：本表中实际载畜量值为该旗县统计年鉴中日历年度年末存栏总量，其中，大牲畜按照折算系数5折算羊单位。

2. 草畜平衡分析

（1）理论载畜量下降

从20世纪60年代至今，牧区理论载畜总量呈下降趋势，不同类型草原载畜能力差异显著，实际载畜总量波动增长。随着气候变化和草原生产力波动变化，草畜供求时空利用格局出现失衡，实际上草地面积与家畜数量的平衡，没有充分考虑草地生产力年度与季节性差异，以及冷暖季的空间差异。草畜矛盾凸显，饲草缺口突出。目前，牧区天然草地产草量150万吨左右，实际需求量700万吨左右，饲草缺口较大，迫切需要建设人工草地供给。

从20世纪60年代至今，牧区理论载畜总量呈下降趋势。20世纪 60 年代理论载畜量为 6105.20 万个羊单位，20 世纪 80 年代为 2985.70 万个羊单位，相比 20 世纪 60 年代下降 51.10%。2000 年以后理论载畜总量为 1023.57 万个羊单位，比 20 世纪 80 年代下降 65.72%，比 20 世纪 60 年代下降 83.23%。各牧区旗县的载畜能力变化见表 2–13。

20 世纪 80 年代草原百亩载畜量为 3.91 个羊单位，较 20 世纪 60 年代百亩载畜量 7.60 个羊单位下降 48.56%。其中，温性草甸草原百亩载畜量为 8.24 个羊单位、山地草甸草原百亩载畜量为 11.22 个羊单位、低平地草甸草原百亩载畜量为 8.11 个羊单位、沼泽类百亩载畜量为 10.45 个羊单位，均高于 60 年代百亩载畜量为 7.60 个羊单位的平均水平；温性典型草原百亩载畜量 4.04 个羊单位、温性荒漠草原百亩载畜量 2.00 个羊单位、温性草原化荒漠百亩载畜量 2.00 个羊单位、温性荒漠类百亩载畜量 1.03 个羊单位，均低于 60 年代百亩载畜量 7.60 个羊单位的平均水平。

2000 年以来，草原百亩载畜量 1.56 个羊单位，较 20 世纪 80 年代百亩载畜量 3.91 个羊单位下降 60.09%。其中，温性草甸草原百亩载畜量为 4.00 个羊单位、山地草甸草原百亩载畜量为 5.45 个羊单位、低平地草甸草原百亩载畜量为 2.31 个羊单位、沼泽类百亩载畜量为 1.32 个羊单位、温性典型草原百亩载畜量为 1.58 个羊单位、温性荒漠草原百亩载畜量为 0.63 个羊单位、温性草原化荒漠百亩载畜量为 0.24 个羊单位、温性荒漠类百亩载畜量为 0.14 个羊单位，与 20 世纪 80 年代相比，各草地类型载畜能力均为下降趋势，且下降幅度均大于 50%。因此，草地生产水平下降、水源涵养功能减弱、草畜供求时空利用格局出现失衡，是导致草畜失衡的重要原因。

表2-13　　内蒙古牧业旗县载畜能力变化表

盟市	旗县	年份			变化率		
		20世纪60年代	20世纪80年代	2000年以后	1960—1980年	1980—2000年	1960—2000年
		百亩载畜量（羊单位）			（%）		
呼伦贝尔	陈巴尔虎旗	11.70	10.52	3.52	−10.08	−66.56	−69.93
	鄂温克旗	11.30	8.06	4.39	−28.65	−45.54	−61.14
	新巴尔虎左旗	10.20	5.49	2.57	−46.19	−53.11	−74.77
	新巴尔虎右旗	9.50	3.36	1.62	−64.58	−51.91	−82.97
兴安	科尔沁右翼中旗	10.10	8.13	3.21	−19.49	−60.46	−68.17
通辽	科尔沁左翼中旗	10.20	6.98	2.23	−31.61	−68.08	−78.17
	科尔沁左翼后旗	10.60	8.26	2.27	−22.03	−72.57	−78.61
	扎鲁特旗	10.00	9.37	3.78	−6.33	−59.63	−62.19
赤峰	阿鲁科尔沁旗	10.10	5.17	2.89	−48.84	−44.09	−71.40
	巴林左旗	9.10	6.89	3.14	−24.34	−54.41	−65.51
	巴林右旗	9.30	4.50	2.03	−51.59	−54.98	−78.20
	翁牛特旗	8.30	4.17	1.53	−49.75	−63.29	−81.55
	克什克腾旗	12.60	5.07	3.35	−59.77	−33.82	−73.38
锡林郭勒	东乌珠穆沁旗	10.90	5.85	2.32	−46.35	−60.39	−78.75
	西乌珠穆沁旗	10.80	7.73	2.71	−28.45	−64.90	−74.89
	正蓝旗	7.80	8.58	1.88	10.03	−78.09	−75.90
	锡林浩特市	11.40	4.81	1.82	−57.80	−62.16	−84.03
	阿巴嘎旗	11.40	2.55	1.22	−77.62	−51.99	−89.26
	正镶白旗	11.40	5.94	1.29	−47.86	−78.23	−88.65
锡林郭勒	镶黄旗	8.90	3.25	1.09	−63.52	−66.42	−87.75
	苏尼特左旗	6.80	1.38	0.66	−79.68	−52.33	−90.31
	苏尼特右旗	7.30	2.17	0.68	−70.34	−68.76	−90.73
乌兰察布	四子王旗	5.50	2.61	0.67	−52.57	−74.41	−87.86
包头	达茂旗	6.40	2.02	0.58	−68.40	−71.23	−90.91
巴彦淖尔	乌拉特中旗	4.50	2.81	0.43	−37.49	−84.87	−90.54
	乌拉特后旗	4.50	1.36	0.20	−69.86	−85.33	−95.58

续表

盟市	旗县	年份			变化率		
		20世纪60年代	20世纪80年代	2000年以后	1960—1980年	1980—2000年	1960—2000年
		百亩载畜量（羊单位）			（%）		
鄂尔多斯	乌审旗	8.30	4.33	1.08	-47.78	-75.05	-86.97
	杭锦旗	6.90	4.25	0.60	-38.42	-85.86	-91.30
	鄂托克旗	6.60	3.03	0.65	-54.13	-78.60	-90.18
	鄂托克前旗	6.60	3.59	0.83	-45.55	-76.98	-87.46
阿拉善	阿拉善左旗	2.40	1.66	0.25	-30.87	-85.17	-89.75
	阿拉善右旗	1.90	0.95	0.13	-50.19	-86.48	-93.26
	额济纳旗	0.80	1.48	0.29	84.75	-80.71	-64.35

（2）牲畜数量增长

2016年，牧区大小牲畜总载畜量为3117.76万头只，其中大牲畜为421.88万头只，羊为2695.89万只。在33个牧业旗县中，总载畜量最高的是扎鲁特旗，载畜量为218.89万头只。从单位面积载畜量来看，各旗县差异较大，其中科尔沁左翼中旗最高，额济纳旗最低（见表2-14）。

1971年至2016年，牧区各畜种存栏量呈波动性变化，2016年大小家畜存栏量是1971年的2.21倍。45年中，大小牲畜存栏总量最多的年份是2016年，为3118万头只，最少的年份是1986年，为1403.56万头只，如图2-3所示。草原理论载畜量下降，而大部分地区实际载畜量数量上涨，表明牧草供给量无法满足家畜需求，草畜关系失衡。

表2-14　　内蒙古牧区2016年大牲畜、羊年末存栏量

盟市	旗县	2016年		
		大牲畜（万头只）	羊（万只）	单位面积草地羊单位（只/km^2）
包头	达茂旗	5.68	45.08	50.21

续表

盟市	旗县	2016年		
		大牲畜（万头只）	羊（万只）	单位面积草地羊单位（只/km²）
呼伦贝尔	鄂温克族自治旗	13.99	50.76	104.84
	新巴尔虎右旗	9.23	115.03	70.7
	新巴尔虎左旗	17	68.09	86.43
	陈巴尔虎旗	14.57	55.24	87.53
兴安	科尔沁右翼中旗	19.08	135.46	336.1
通辽	科尔沁左翼中旗	41.22	89.43	765.59
	科尔沁左翼后旗	44.7	52.63	468.33
	扎鲁特旗	25.42	193.47	391.34
赤峰	阿鲁科尔沁旗	30.2	109.1	131.48
	巴林左旗	19.63	79.93	643.96
	巴林右旗	10.67	95.52	223.17
	克什克腾旗	20.89	76.89	140.36
	翁牛特旗	24.01	92.63	429.85
锡林郭勒	锡林浩特市	7.18	75.98	79.75
	阿巴嘎旗	12.24	110.59	67.22
	苏尼特左旗	8.13	57.68	30.85
	苏尼特右旗	4.68	70.32	46.64
	东乌珠穆沁旗	10.58	195.98	68.27
	西乌珠穆沁旗	13.6	81.9	73.23
	镶黄旗	2.64	25.16	76.63
	正镶白旗	6.58	19.07	107.48
	正蓝旗	18.25	23.34	159.74
乌兰察布	四子王旗	4.01	83	51.67
鄂尔多斯	鄂托克前旗	3.87	82.3	122.09
	鄂托克旗	2.99	104.8	85.23
	杭锦旗	3.31	133.2	141.9
	乌审旗	8.77	88.1	203.03

续表

盟市	旗县	2016年		
		大牲畜（万头只）	羊（万只）	单位面积草地羊单位（只/km²）
巴彦淖尔	乌拉特中旗	2.41	133.11	89.56
	乌拉特后旗	2.26	40.47	47.45
阿拉善	阿拉善左旗	7.13	87.19	62.08
	阿拉善右旗	4.98	16.15	20.74
	额济纳旗	1.98	8.29	4.99

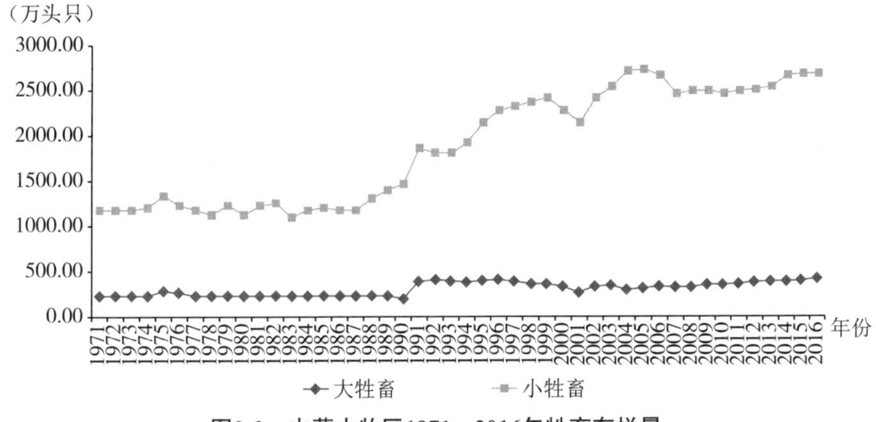

图2-3　内蒙古牧区1971—2016年牲畜存栏量

（3）载畜量对草畜平衡评估的方法有待改进

现行草畜平衡模型仅以每年草地的最大产草量为基础来确定载畜量，并且仅考虑完全放牧条件，没有充分考虑草地生产力的年度和季节性差异、冷暖季的空间差异以及草地生产力与家畜需求的季节性分异，缺乏时空动态性，在技术思路、参数选择和计算等方面存在缺陷，已经不能适应目前牧区新形势，评估模型有待提高。

3. 存在的问题

（1）数量畜牧业的后期影响效应依旧存在

2000 年以前，在传统草地畜牧业观念的支配下，以追求家畜头数为最大目标，采取掠夺式的生产方式，以牺牲生态效益为代价，使草地超载过牧，超过草地生态系统能够自我恢复的弹性阈值，最终导致牧草生产与家畜生产的耦合过程遭到破坏，草畜供给关系失衡。这些影响的后期效应依旧不同程度地存在，生态系统恢复的过程不是几年内就能够完全完成。因此，保护草原生态、实现牧草供应量和家畜需求量的平衡是解决草畜关系的重要途径。

（2）人工饲草供给明显不足

据内蒙古草原监测统计，2019 年全区人工草地总面积为 3210.74 万亩（包括青贮），多年生和一年生（不包括青贮）人工草地总产量为 875.64 万吨。按照日饲喂 1.8 千克牧草计算，2021 年饲草需求 735.86 万吨。增加人工种草面积、提高饲草补给来源是草原牧区实现草畜平衡的重要途径。

（3）草原生态实时动态监测手段有待提升

自 20 世纪 60 年代以来，内蒙古已开展过 4 次较大规模的草原资源普查工作，但由于受到技术条件的限制，草畜平衡监测手段急需提升。还未能实现对草原资源现状及变化信息的及时获取，无法达到有针对性地对草原利用、生产经营方式及草原保护建设措施进行有效的调节。需要建立和完善天地空一体化的草原资源监测体系，利用现代智能遥感技术，搭建草原资源精准解译生产线，绘制全区草原资源图，精准掌握资源现状。

（三）牧区人—地关系分析

1. 人口现状

（1）人口分布

牧区人口分布呈现东南部较密集、东北部和西部较稀疏的特点，胡焕庸线自科尔沁右翼中旗北端到镶黄旗南端，线东南 16% 的土地供养了牧区 61% 的人口；线西北 84% 的土地仅供养 39% 的人口，人口密度比为 8.3：1（见表 2–15）。牧区平均人口密度为 6.94 人 / 平方公里，纯牧业人口密度为 4 人 / 平方公里，低于全国 144.29 人 / 平方公里和全区 21.30 人 / 平方公里的水平。如图 2–4 所示。

表2-15　　内蒙古牧区人口分布

盟市	人口（万人）	旗县	人口（万人）
赤峰	156.05	翁牛特旗	48.13
		巴林左旗	34.71
		阿鲁科尔沁旗	29.78
		克什克腾旗	24.98
		巴林右旗	18.46
通辽	124.07	科尔沁左翼中旗	52.91
		科尔沁左翼后旗	40.55
		扎鲁特旗	30.61
锡林郭勒	68.35	锡林浩特市	18.69
		苏尼特左旗	3.46
		镶黄旗	3.15
		正蓝旗	8.40
		东乌珠穆沁旗	8.14
		西乌珠穆沁旗	8.02
		阿巴嘎旗	4.44
		正镶白旗	7.23
		苏尼特右旗	6.81

盟市	人口（万人）	旗县	人口（万人）
鄂尔多斯	43.44	鄂托克旗	9.79
		乌审旗	11.34
		杭锦旗	14.35
		鄂托克前旗	7.96
呼伦贝尔	27.30	陈巴尔虎旗	5.64
		鄂温克旗	13.94
		新巴尔虎左旗	4.21
		新巴尔虎右旗	3.51
兴安	25.55	科尔沁右翼中旗	25.55
乌兰察布	21.31	四子王旗	21.31
巴彦淖尔	20.13	乌拉特后旗	5.87
		乌拉特中旗	14.26
阿拉善	18.71	阿拉善右旗	2.51
		额济纳旗	1.83
		阿拉善左旗	14.37
包头	11.18	达尔罕茂明安联合旗	11.18

（2）人口年龄结构

牧区人口年龄结构已经完全进入老年型阶段，转变速度稍慢于全国和全区，但牧区总人口抚养负担在大幅下降，一个时期内存在人口

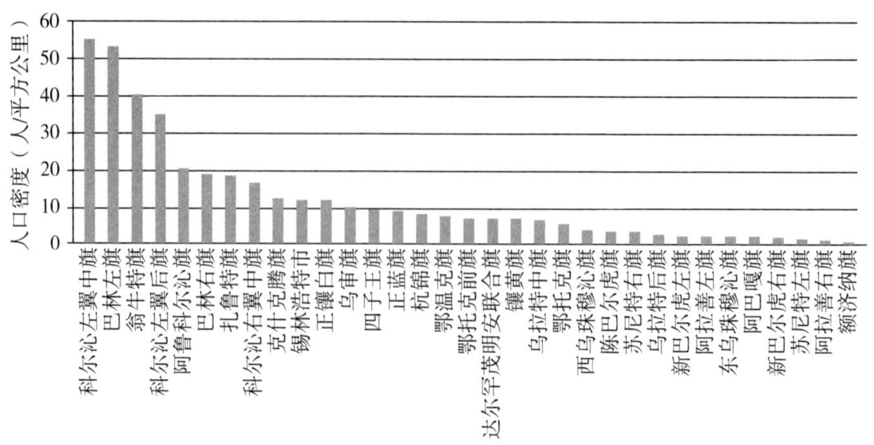

图2-4　内蒙古牧区各旗县人口密度

红利现象。第六次人口普查数据显示，牧区少儿人口为 73.41 万人，占总人口的 15%，低于全国水平（16.62%），高于全区水平（14.10%）；劳动年龄人口为 396.00 万人，占总人口的 79%，高于全国（74.52%）及全区（78.34%）水平；老年人口为 32.29 万人，占总人口的 6%，低于全国（8.87%）及全区（7.56%）水平。如图 2–5 所示。牧区少儿抚养系数为 18.54%，老年抚养系数为 8.15%，人口年龄中位数为 35.75 岁，属于老年型结构。

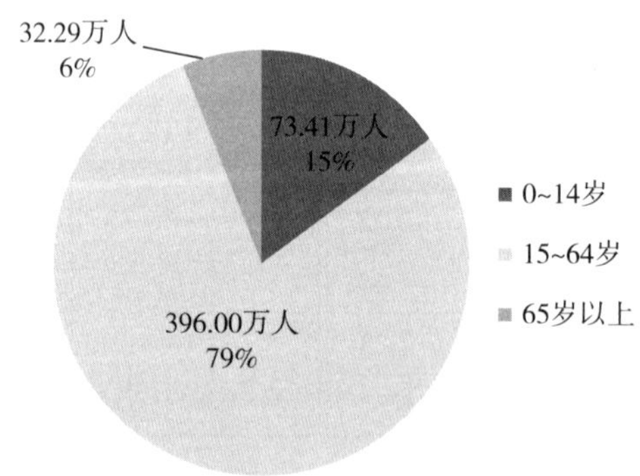

数据来源：内蒙古第六次人口普查。

图2-5　第六次人口普查内蒙古牧区人口年龄结构

（3）人口教育文化结构

牧区人口教育文化水平低于全区平均水平。第六次人口普查数据显示，牧区文盲人口为 24.00 万人，占总人口的 5%，高于全区水平（4.84%）；小学文化人口为 148.72 万人，占总人口的 31%，高于全区水平（26.88%）；初中文化人口为 195.36 万人，占总人口的 41%，与全区 41.47% 的水平持平；高中文化人口为 69.04 万人，占总人口的 15%，低于全区水平（16.01%）；大专文化人口为 25.89 万人，占总人口的 5%，低于全区水平（6.86%）；本科以上人口为 11.89 万人，占总人口的 3%，低于全区水平（3.94%）。如图 2-6 所示。

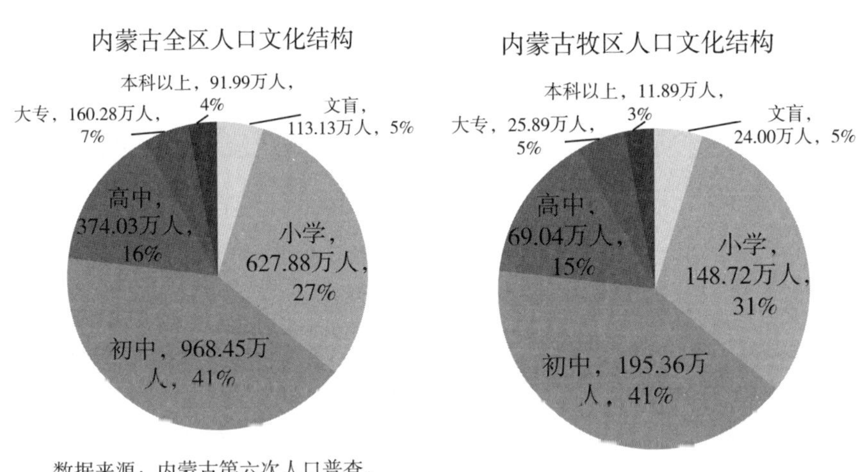

数据来源：内蒙古第六次人口普查。

图2-6　第六次人口普查内蒙古全区及牧区人口教育文化结构

2. 草场流转

草原承包经营权流转是草原承包经营演进的必然趋势。国家《农村土地承包法》《草原法》《内蒙古自治区草牧场承包经营权流转办法》中对草牧场承包经营权的流转作出了规定，草牧场承包经营权可以采取转包、出租、互换、转让、合作等方式流转。改革开放以来，内蒙古在牧区、半农半牧区全面推行草原承包经营责任制，95% 以上草场承包到户。2011 年，配合国家草原生态补助奖励政策的实施，草原承包经营责任制进一步完善，草场全部落实到户或联户。

目前，牧区草场流转总数占草原承包总面积的19.3%。2017年自治区草原监理局抽样调查显示，以牧为主的牧区草场流转率总体较小，锡林郭勒盟总体流转率15.0%，呼伦贝尔市流转率不足10%，阿拉善盟草场流转率最低，为0.05%～0.5%，赤峰市的流转率为45%～60%，通辽市流转率为35%～45%。草原承包经营权流转的方式复杂多样。牧区草原转包面积占流转面积的45.1%，是草场流转的主要形式。草场转让面积占流转面积的23.3%。出租面积占流转面积的31.1%，出租对象包括临近牧户、外来经营者、企业等。草场互换面积占流转面积的0.3%。

据2017年调查数据显示，牧区草原流转规模相对较小，草场流转仍以嘎查内流转为主，向集体经济组织以外人员流转的比重近年来呈逐渐增加趋势。流转合同由口头约定向书面协议日趋规范。牧区草场流转对象呈多元化态势，农业区域逐渐聚焦于发展专业化、集约化、产业化的农牧业生产流转。牧区草场流转逐步向养殖能手和合作社集中。

随着牧区经济的发展，草原流转现象越来越多，草原监管动态数据日趋规范。相关部门积极制定政策，规范牧区草原流转行为，先后制定出台了《关于加强草牧场土地承包经营权流转管理服务的意见》和《草牧场承包经营权流转管理办法》，使草场流转纳入规范化、法制化轨道，促进了草原承包经营权流转有序开展。同时，政府建立草场流转服务平台，提供相关法律宣传、政策咨询、流转信息、合同签订指导、矛盾纠纷调处和档案管理等服务，为科学、规范、有序的草场流转提供保障。

3. 人—地关系分析

（1）人口与草地资源承载力关系

牧区草地资源承载力指数（LCCI）随着人口的增加呈上升趋势。

本书运用土地资源承载力模型计算牧区可承载的最大牧业人口数量，采用LCCI判定牧区牧业人口与草地资源承载力之间的关系（见表2–16）。

表2-16 基于LCCI的土地资源承载力分级评价标准

草地资源承载力 类型	LCCI
盈余	LCCI≤0.875
人地平衡	0.875<LCCI≤1.25
人口超载	LCCI>1.25

2000—2015年牧区草地资源承载力指数介于3~4之间，均大于1.25，人口与草地资源承载关系表现为人口超载，如图2–7所示。

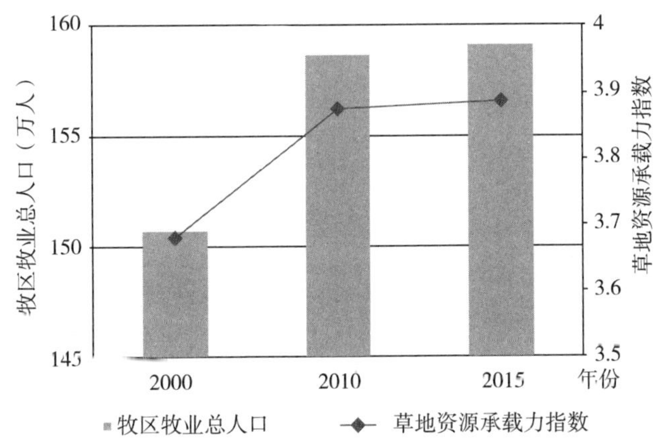

图2-7 2000—2015年内蒙古牧区草地资源承载力

从旗县看，东乌珠穆沁旗、鄂温克旗草地资源承载力指数为0.875 ~ 1.25，处于人地关系平衡状态，新巴尔虎右旗、陈巴尔虎旗、克什克腾旗、新巴尔虎左旗草地资源承载力指数均小于0.875，处于草地资源盈余状态，其余旗县的草地资源承载力指数均大于1.25，处于人口超载状态（见表2–17和图2–8）。

表2-17　　内蒙古牧区各旗县人口与草地资源承载力分析表

旗县	草地资源承载力指数LCCI		类型
科尔沁左翼中旗	44.20	LCCI>1.25	人口超载
科尔沁左翼后旗	34.58		
阿拉善左旗	25.09		
乌拉特后旗	18.60		
翁牛特旗	14.13		
巴林右旗	12.69		
阿拉善右旗	10.93		
额济纳旗	8.28		
正镶白旗	7.49		
杭锦旗	7.25		
镶黄旗	6.50		
阿鲁科尔沁旗	6.48		
乌拉特中旗	6.15		
正蓝旗	6.04		
扎鲁特旗	5.18	LCCI>1.25	人口超载
苏尼特右旗	3.95		
鄂托克旗	3.35		
达茂旗	2.97		
乌审旗	2.81		
巴林左旗	2.78		
锡林浩特市	2.74		
鄂托克前旗	2.49		
四子王旗	2.00		
苏尼特左旗	1.87		
科尔沁右翼中旗	1.83		
西乌珠穆沁旗	1.77		
阿巴嘎旗	1.62		
东乌珠穆沁旗	1.06	0.875<LCCI≤1.25	人地平衡
鄂温克旗	1.02		
新巴尔虎右旗	0.84	LCCI≤0.875	盈余
陈巴尔虎旗	0.81		
克什克腾旗	0.65		
新巴尔虎左旗	0.63		

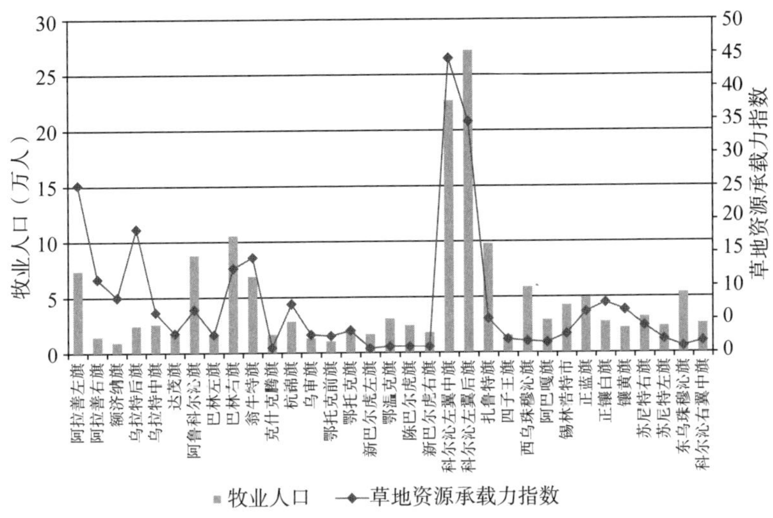

图2-8　内蒙古牧区各旗县人口与草地资源承载力关系图

（2）人口与草地退化关系

牧区草原退化指数随着人口增加呈增加趋势。本书采用草地退化指数表示草地是否退化及退化程度。草地退化指数是评价区域草地植被盖度和同一自然地理带内未退化草地植被盖度的比值，草地退化指数越小，表示草地退化程度越严重（见表2–18）。经计算，牧区草地均存在不同程度的退化，各旗县草地退化指数如图2–9所示。其中，额济纳旗、阿拉善右旗草地退化指数最小，草地退化最为严重，处于极重度退化水平；鄂温克旗、陈巴尔虎旗草地退化指数最高，草地退化程度相对较轻，处于轻度退化水平。

表2-18　　　　草地退化程度分级标准

草地退化等级	草地退化指数（%）
未退化	≥90
轻度退化	80≤指数<90
中度退化	70≤指数<80
重度退化	50≤指数<70
极重度退化	<50

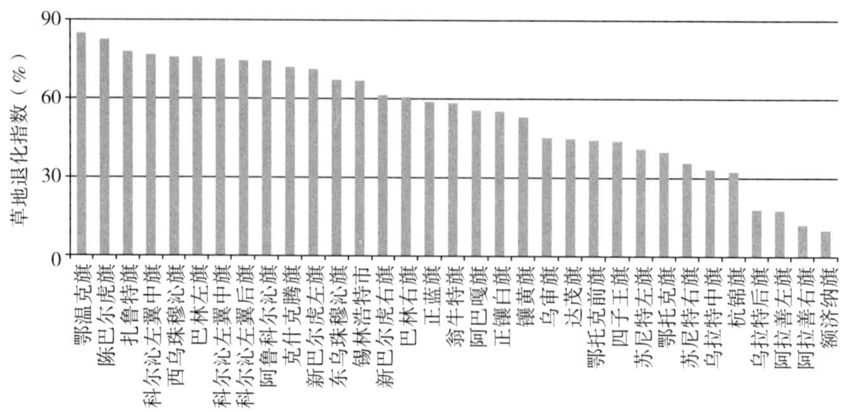

图2-9 内蒙古牧区各旗县草地退化指数

随着人口的增加，人们对草地的利用程度相应增加，超过了草地承载能力，就会造成草地退化。对牧区各旗县人口与草地退化指数进行相关性分析，相关系数为 0.4508，由此可知，人口密度每增加 1 人 / 平方公里，草地退化指数增加 1%，如图 2-10 所示。牧区人口密度为 1 人 / 平方公里，人地关系处于平衡状态；人口密度为 3 人 / 平方公里，草原退化 30% 以上；人口密度为 10 人 / 平方公里，草地退化 55% 以上；人口密度为 55 人 / 平方公里，草地退化 70% 以上，如图 2-11 所示。

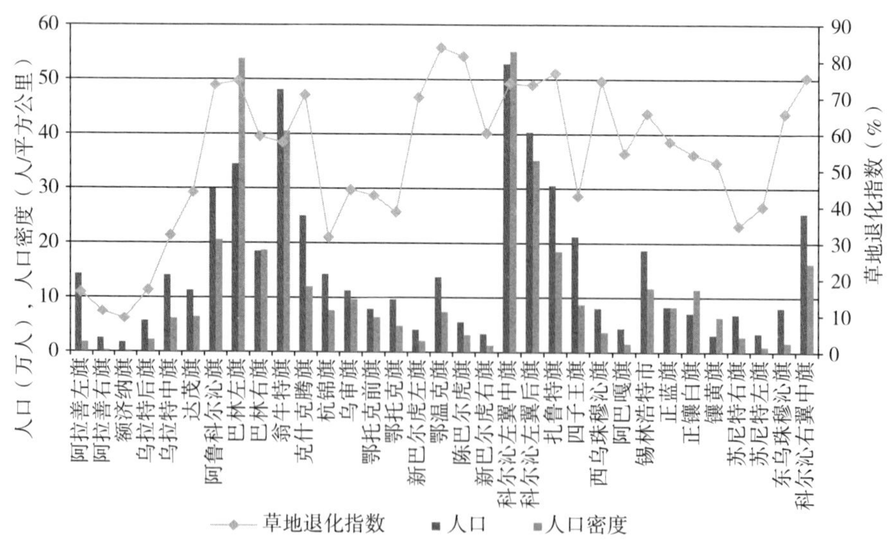

图2-10 内蒙古牧区各旗县草地退化与人口变化关系

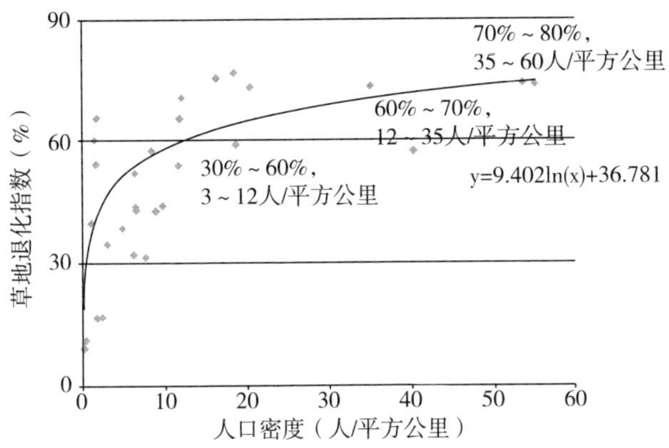

图2-11 内蒙古牧区人口密度与草地退化指数变化

4. 存在的问题

（1）人与资源不平衡

人口超越生态人口容量，就会造成人口与生态的失衡。在人口增长与环境容量的关系以及人与自然资源、生态环境的关系上，人口增长要符合生态系统特定的承载能力。我国北方草原牧区的牧民生活主要依靠牧区的自然资本，自然资源的利用超过资源的再生能力就会导致资本贮量的损耗。但近年来，随着人口容量的饱和，导致了家庭户数分化而家庭牧场不断增多，人均草地面积逐年减小，草场上的人口和牲畜负载加大，使草原植被遭到破坏而发生退化、沙化和荒漠化，人口与草畜矛盾突出，牧区人口的转移势在必行。

（2）人口流动与就业矛盾凸显

近年来，更多牧民人口流动到城市就业。但牧区人口流动的就业主渠道是向非农产业大量转移，受生活环境和文化背景差异的影响，牧民流动人口城镇适应问题逐渐凸显，牧民就业机制不稳定，集中集约集聚人口发展的不明确等问题产生，成为解决牧区人口流动和就业发展的难题。各地方政府多举措助推流动人口返乡择业创业，但受牧民自身条件限制及牧区产业支撑和发展不足，流动人口就业仍是牧区建设的核心任务，“出得去”又能“回得来”的政策制度、社会空间及公共就业服务体系建设仍待完善和突破。

（3）新型牧民培育有待加强

实现牧区现代化，牧民是主体，人才是关键，需要努力培育造就更多爱牧业、懂技术、善经营的新型职业牧民。一是牧区人才引进难，受教育资源、医疗卫生、生活条件及基础设施建设等限制，人才趋向城镇，边远牧区留人难。二是回乡从牧、服务牧区的人才紧缺，新生代青年绝大部分在结束求学后选择“跳牧门”，牧业技能缺乏传承。提升牧区现代化发展的内生动力是关键，加强本地人才培育，开展专业化培训，造就一批扎根牧区的“土专家”“牧秀才”和牧业职业经理人对牧区现代化发展具有重要意义。

（四）典型生态工程

多年来，国家与自治区在生态保护与建设中实施了天然林保护、水土保持、京津风沙源治理、退牧还草、生态补奖、主体生态功能区建设等重点工程，工程实施的效果评价和综合效益评估，对正确把握生态现状和新增工程方向决策、管理和建设具有重要意义。本部分重点对京津风沙源治理和主体生态功能区建设成效进行了评估（本部分与中国科学院地理科学与资源研究所共同完成）。

近年来，国家和自治区实施了天然林保护、京津风沙源治理、退牧还草、生态补奖等重点工程，生态效益显著，生态保护初见成效。京津风沙源工程实施以来，锡林郭勒段植被覆盖度年平均增速 1.45%，是整个京津风沙源区域增速的 5 倍；风蚀量波动下降，风蚀空间得到控制并呈缩小趋势；年固沙量波动上升，平均为14.56亿吨，大于年风蚀量，防风固沙功能明显，区域整体生态功能得到改善。呼伦贝尔设立国家重点生态功能区以来，草原生态综合效益达207.8亿元，其中生态效益占综合效益的80.8%，经济效益占12.7%，社会效益占6.4%，天然草场植被覆盖度显著增加，优良牧草比例增加。草原生态补奖政策对牧区减轻草原放牧强度、促进草原休养生息和生态修复、提高牧民收入起到了积极作用。

1. 京津风沙源锡林郭勒盟治理成效

（1）土地利用变化

1995年至2015年，该区域土地覆被类型组成未发生明显变化。草地一直占据绝对优势，面积占比多年平均值为83.61%，其次为林地（10.89%）、耕地（2.92%）、城乡建设（1.51%）、荒地（0.76%）和湿地（0.31%），荒地和湿地所占比例相对较小（见表2-19）。其间草地的变化率最小，其次是耕地、林地，湿地的变化率最高，其次是荒地，说明在工程治理过程中，林草地面积呈现小幅增加的趋势，且较大幅度地改变了湿地和荒地的土地覆被类型，此外，城镇化建设是改变区域土地覆被的最主要因素。

表2-19　1995—2015年锡林郭勒盟不同土地覆被类型的面积占比及变化

土地覆被类型	最小值（%）	平均值（%）	最大值（%）	变异系数（CV）
耕地	2.92	2.92	2.98	1.68
林地	10.60	10.89	11.32	2.62
草地	83.23	83.61	84.09	0.40
湿地	0.23	0.31	0.53	40.09
荒地	0.67	0.76	0.94	14.67
城乡建设	1.43	1.51	1.54	3.24

（2）植被覆盖变化

2000—2015年，该区域年际植被覆盖度在40.12%～59.05%之间变动，且整体呈波动性增加趋势，如图2-12所示。其中，区域植被覆盖度年均最小值出现在2009年（40.12%），年均最大值出现在2012年（59.05%），多年平均值为47.75%，属于中度荒漠化地区。锡林郭勒盟地区植被覆盖度年平均增速为1.45%，而且年际变化有一定差异性，变异系数为9.90（见表2-20）。

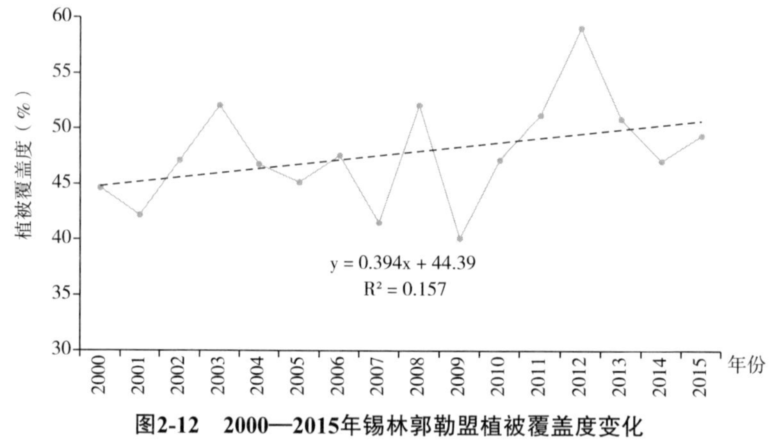

图2-12　2000—2015年锡林郭勒盟植被覆盖度变化

表2-20　锡林郭勒盟2000—2015年植被覆盖度统计特征

区域	最大值（%）	平均值（%）	最小值（%）	变异系数（CV）
锡林郭勒盟	59.05	47.75	40.12	9.90

不同旗县植被覆盖度之间存在明显差异，如图2-13所示。其中，西乌珠穆沁旗、多伦县和太仆寺旗植被覆盖度最高，主要原因是植被类型以林灌为主，且三者年平均值非常接近（65%~67%）；东乌珠穆沁旗、锡林浩特市和正蓝旗以及阿巴嘎旗、正镶白旗植被覆盖度较高，年平均值为45%~63%；苏尼特右旗、苏尼特左旗和二连浩特市植被覆盖度较低，多年平均值分别为24.22%、27.02%和17.84%。

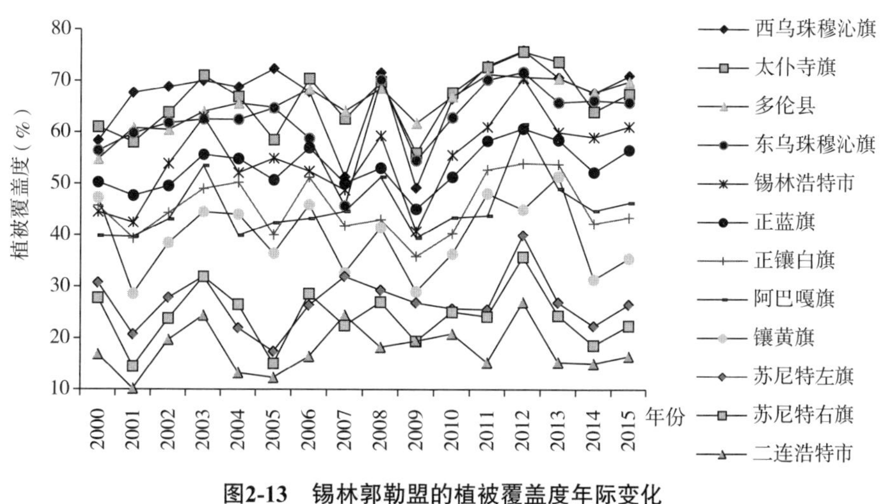

图2-13　锡林郭勒盟的植被覆盖度年际变化

2000—2015 年，锡林郭勒盟地区 62.52% 地域植被覆盖度增加，37.48% 地域植被覆盖度出现下降（见表 2-21）。

表2-21　　2000—2015年植被覆盖度变化区情况

植被覆盖度变化	面积占比	前三位县区及变化率（%）		
		第一位县区	第二位县区	第三位县区
增加区	62.52%	锡林浩特市（16.56）	多伦县（15.08）	西乌珠穆沁旗（12.66）
降低区	37.48%	镶黄旗（–11.81）	苏尼特右旗（–5.39）	苏尼特左旗（–4.20）

植被覆盖度降低区集中分布在锡林郭勒盟地区的西南部，包括苏尼特左旗、苏尼特右旗、镶黄旗、正镶白旗和二连浩特市，其中镶黄旗植被覆盖度降低最明显，其次为苏尼特右旗和苏尼特左旗，植被覆盖度增加居中；锡林浩特市植被覆盖度增加趋势最明显，其次是多伦县和西乌珠穆沁旗，其他地区植被覆盖度也都有所增加。

（3）土壤风蚀与固沙治理效益

①风蚀量：锡林郭勒盟年风蚀量在近 15 年间呈现出波动下降的趋势，且风蚀量的最小值出现在 2012 年，最大值出现在 2005 年，如

图 2–14 所示。

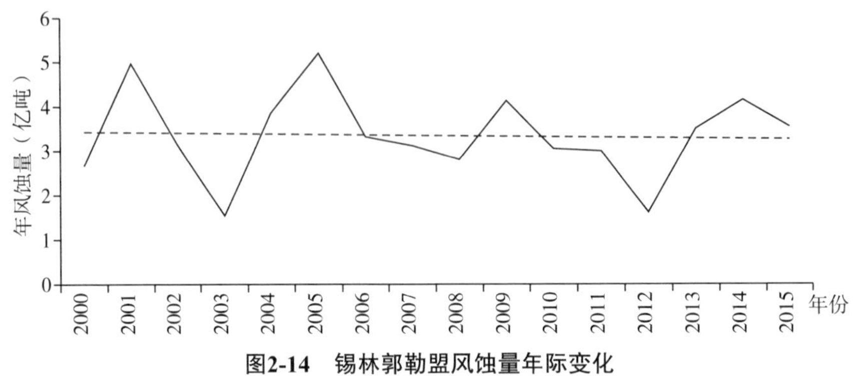

图2-14 锡林郭勒盟风蚀量年际变化

不同旗区的总风蚀量和多年平均风蚀量均存在明显差异。苏尼特左旗年均风蚀量为 1.3 亿吨 / 年，苏尼特右旗年均风蚀量为 1.27 亿吨 / 年，其总风蚀量和年均风蚀量均远远高于其他旗区的风蚀量；阿巴嘎旗、正蓝旗和正镶白旗的年均风蚀量分布在 0.1 亿吨 / 年 ~ 1 亿吨 / 年；太仆寺旗的年均风蚀量最小，为 0.002 亿吨 / 年；其余各旗区的年均风蚀量都较小，均小于 0.1 亿吨 / 年。如图 2–15 所示。

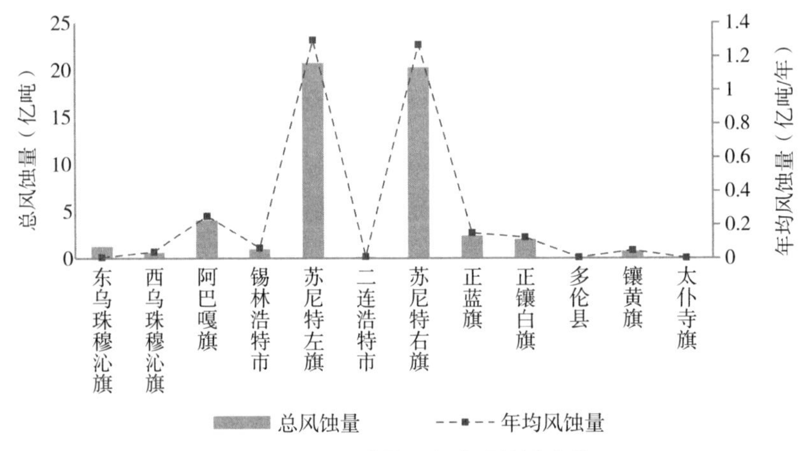

图2-15 总风蚀量和年均风蚀量变化

2000—2005 年风蚀量呈现出增加趋势，2005—2015 年风蚀量呈现出显著下降趋势，且风蚀量较大的区域都分布在锡林郭勒盟的西部，此地区为荒漠草原区，植被覆盖度较低，生物量较少。2000—2015 年风蚀量在空间范围上呈现出缩小趋势，风蚀量较大区域得到控制，整体生态功能得到改善。

②固沙量：区域年防风固沙量变动为 12.39 亿吨 ~ 16.13 亿吨，多年平均值为 14.56 亿吨，且呈现波动性增加趋势，2006 年防风固沙量最高，2001 年最低，年防风固沙量变动系数为 6.49，说明不同年份防风固沙功能有较大差异。此外，锡林郭勒盟地区单位面积植被防风固沙量同样表现出增加趋势，植被防风固沙量最高值为 2006 年，年均防风固沙 81.86 吨 / 公顷，最低值出现在 2005 年，年均防风固沙 67.29 吨 / 公顷，单位面积植被防风固沙量多年平均值为 74.78 吨 / 公顷。如图 2–16 所示。

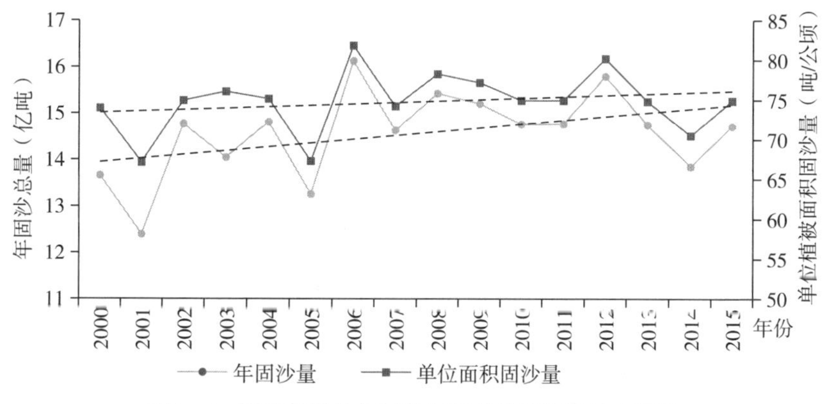

图2-16　锡林郭勒盟年固沙量和单位面积固沙量变化

自 2000 年实施风沙源治理工程以来，锡林郭勒盟的年固沙量就呈现波动上升的趋势，且要远远多于年风蚀量。尤其是 2005 年之后，年固沙量较年风蚀量的差距加大，且年风蚀量近 15 年间呈现动态减少的趋势，而年固沙量呈现动态增加的趋势，侧面反映了当地植被发挥了明显的防风固沙功能。从图 2–17 中可以明显看出，2000—2005 年固沙量在空间范围上呈现降低的趋势，2005—2015 年则呈现出显著增加的趋势。此外，防风固沙量较大区域主要集中在锡林郭勒盟东南部，且固沙量较大区域具有从东南地区向外进一步扩张的趋势，同时，此地区的植被覆盖度呈现出同期增加趋势，说明通过工程治理后，该地区整体防风固沙生态功能得到显著改善。

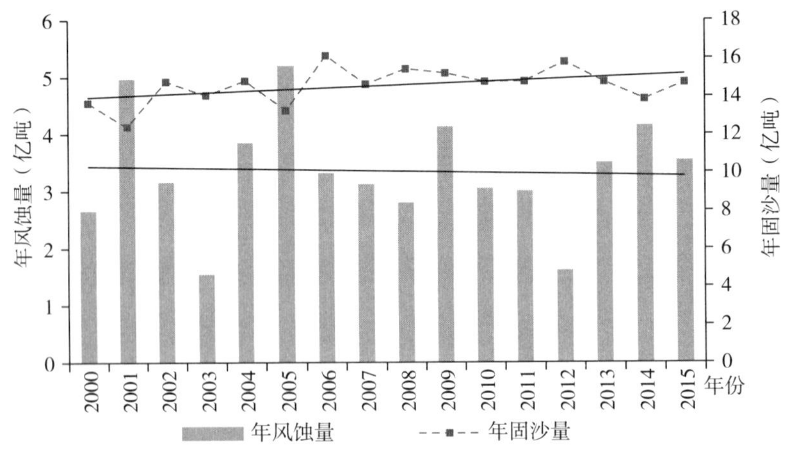

图2-17　锡林郭勒盟2000—2015年年风蚀量和年固沙量变化

2. 呼伦贝尔草甸草原生态功能区综合效益

（1）生态功能区投入情况

2015 年，呼伦贝尔草甸草原生态功能区在重点生态功能区相关领域总投入为 37.46 亿元，包括教育、医疗、环境、农林牧渔业生产等，其中政府财政支出费用占 28.1%，个人投入占 71.9%，暂时没有计算横向生态补偿投入。在政府财政支出中，农林水部门支出最多，占总支出费用的 18.6%；然后是教育和医疗，分别占 4.6% 和 3.5%。在个人支出中，农牧民在生产过程中在农林牧渔业的生产性投入占总费用比例高达 63.1%，教育支出占 5.3%，医疗支出占 3.5%。重点生态功能区建设投入为国家转移支付经费，2015 年为 4045 万元，包括在政府财政支出中。国家重点生态功能区转移支付经费约占包括政府和个人投入在内总费用的 1.1%。详见表 2–22。

表2-22　2015年呼伦贝尔草甸草原生态功能区建设相关领域投入（单位：万元）

项目	新巴尔虎左旗	新巴尔虎右旗	合计	占总费用比例（%）
1. 政府财政支出	49236	56017	105253	28.1
1.1 教育	7349	10005	17354	4.6
1.2 医疗	6553	6462	13015	3.5
1.3 节能环保	374	1750	2124	0.6
1.4 农林水	34510	35273	69783	18.6
1.5 国土资源气象	450	2527	2977	0.8
包括重点生态功能区转移支付	2400	1645	4045	1.1
2. 横向生态补偿	0	0	0	0
3.个人投入	98842	170519	269361	71.9
3.1 教育投入	14270	5718	19988	5.3
城镇	4499	2952	7451	2
农村	9771	2766	12537	3.3
3.2 医疗投入	6619	6353	12972	3.5
城镇	1699	2952	4651	1.2
农村	4920	3401	8321	2.2
3.3 农林牧渔业个人净投入*	77953	158448	236401	63.1
农林牧渔业总投入	90715	163093	253808	67.8
农牧民转移支付收入	12762	4645	17407	4.6
费用	148078	226536	374614	100

*国家补贴和农牧民转移性收入有重复，在农林牧渔业个人投入中减去农牧民转移性收入，得到农林牧渔业个人净投入。

（2）综合效益

①生态效益

2010—2015 年，呼伦贝尔草甸草原生态功能区草地总面积呈减少趋势，降幅为 0.04%，林地面积增加 0.12%，水域湿地面积未发生变化。其中，新巴尔虎右旗林地面积增加 0.11%，草地面积减少 0.04%，水域湿地面积没有发生变化，耕地面积增加 2.44%，荒漠面积增加 52.63%，聚落面积减少 1.01%；新巴尔虎左旗林地面积增加 0.12%，草地面积减少 0.1%，水域湿地面积未发生变化，耕地面积增加 0.23%，荒漠面积增加 10%，聚落面积未发生变化（见表 2–23）。

表2-23　　呼伦贝尔草甸草原生态功能区生态系统规模变化

地区	林地变化率	草地变化率	水域湿地变化率	耕地变化率	荒漠变化率	聚落变化率
新巴尔虎右旗	0.11%	–0.04%	0%	2.44%	52.63%	–1.10%
新巴尔虎左旗	0.12%	–0.10%	0%	0.23%	10%	0%

在生态系统组分结构变化上，与 2010 年相比，2015 年呼伦贝尔草甸草原生态功能区林地面积增加了 $3km^2$，增加率为 0.12%，主要由聚落转变而成；草地面积减少了 $14km^2$，变化率为 0.04%，主要转化为耕地和荒漠；水域面积未发生变化，耕地面积和荒漠面积分别增加了 $3km^2$ 和 $13km^2$，变化率分别为 0.58% 和 25.53%，聚落面积减少了 $5km^2$，变化率为 –0.37%（见表 2–24）。其中，新巴尔虎右旗林地面积增加了 $1km^2$，变化率为 0.11%，主要由聚落转变而成；草地面积减少了 $8km^2$，变化率为 –0.04%，主要转变为耕地和荒漠（见表 2–25）。新巴尔虎左旗林地面积增加了 $2km^2$，变化率为 0.12%，主要由耕地转变而成；草地面积减少了 $16km^2$，变化率为 –0.1%，主要转变为耕地和荒漠（见表 2–26）。

从呼伦贝尔草甸草原生态功能区 2010—2015 年土地利用转移情况来看：新巴尔虎右旗地区主要的土地利用转移类型是聚落—森林、聚落—荒漠、草地—耕地、草地—荒漠。新巴尔虎左旗地区主要的土地利用转移类型是草地—耕地、草地—荒漠。

表2-24　呼伦贝尔草甸草原生态功能区2010—2015年土地利用类型变化情况（km^2）

土地利用类型	2010年	2015年	变化量	变化率
林地	2572	2575	3	0.12%
草地	36064	36050	–14	–0.04%
水域	4380	4380	0	0%
耕地	513	516	3	0.58%
荒漠	49	62	13	25.53%
聚落	1341	1336	–5	–0.37%

表2-25　新巴尔虎右旗2010—2015年土地利用类型变化情况（km^2）

土地利用类型	2010年	2015年	变化量	变化率
林地	927	928	1	0.11%
草地	20728	20720	–8	–0.04%
水域	2600	2600	0	0
耕地	82	84	2	2.44%
荒漠	19	29	10	52.63%
聚落	455	450	–5	–1.10%

表2-26　新巴尔虎左旗2010—2015年土地利用类型变化情况（km^2）

土地利用类型	2010年	2015年	变化量	变化率
林地	1645	1647	2	0.12%
草地	15346	15330	–16	–0.10%
水域	1780	1780	0	0
耕地	431	432	1	0.23%
荒漠	30	33	3	10%
聚落	886	886	0	0

生态系统质量变化可以从植被覆盖度、净初级生产力（NPP）的角度体现，呼伦贝尔草甸草原生态功能区中，中部地区为水域湿地，植被覆盖度较低，生态功能区整体上植被覆盖度从东北向西南逐渐减少，植被覆盖度整体较高。相对于2010年呼伦贝尔草甸草原生态功能区的植被覆盖度，2015年增长了0.69%。其中，新巴尔虎右旗的植

被覆盖度呈下降趋势，减少了 2.04%；新巴尔虎左旗的植被覆盖度呈增长趋势，增长率为 3.23%（见表 2–27）。

表2-27　　呼伦贝尔草甸草原生态功能区植被覆盖度变化情况

功能区	2010年	2015年	增长率
新巴尔虎右旗	0.49	0.48	–2.04%
新巴尔虎左旗	0.62	0.64	3.23%
呼伦贝尔草甸草原生态功能区	0.5481	0.5519	0.69%

呼伦贝尔草甸草原生态功能区的 NPP 分布情况基本与植被覆盖度分布情况相同。中部水域部分 NPP 值最低，东南部 NPP 值最高。相对于 2010 年，呼伦贝尔草甸草原生态功能区 2015 年的 NPP 减少了 6.30%，其中，新巴尔虎右旗减少了 5.13%，新巴尔虎左旗减少了 7.57%。结果显示，五年间呼伦贝尔草甸草原生态功能区的 NPP 在一定程度上减少了，说明该生态功能区的生态系统质量没有明显的改善，并带有恶化趋势（见表 2–28）。

表2-28　　呼伦贝尔草甸草原生态功能区NPP变化情况

功能区	2010年	2015年	增长率
新巴尔虎右旗	22.57	21.64	–5.13%
新巴尔虎左旗	31.84	29.43	–7.57%
呼伦贝尔草甸草原生态功能区	26.81	25.12	–6.30%

2015 年呼伦贝尔草甸草原生态功能区建设涉及领域的生态效益价值为 168 亿元，其中，生物多样性维持价值最高，占生态效益价值的 73.7%，其次是固碳释氧和水源涵养效益，分别占综合效益价值的 11.6% 和 9.0%，土壤保持和防风固沙效益占生态效益价值的比例在 3.0% 以下。根据国家重点生态功能区转移支付经费占总费用的比例，我们计算得出，2015 年呼伦贝尔草甸草原生态功能区建设的生态效益价值为 1.81 亿元，其中生物多样性维持价值最高，为 1.33 亿元，占

生态效益价值的 73.7%（见表 2–29）。

表2-29　呼伦贝尔草甸草原生态功能区建设涉及领域生态效益（单位：万元）

项目	重点生态功能区建设涉及领域生态效益				重点生态功能区建设生态效益
	新巴尔虎左旗	新巴尔虎右旗	合计	占总效益比例（%）	
生态效益	**909524**	**770479**	**1680004**	**100.0**	**18140**
固碳释氧	101909	92539	194448	11.6	2100
水源涵养	64035	87821	151856	9.0	1640
土壤保持	36497	13733	50230	3.0	542
防风固沙	27984	16936	44920	2.7	485
生物多样性维持	679099	559451	1238550	73.7	13374

②经济效益

2015 年呼伦贝尔草甸草原生态功能区建设涉及领域的经济效益价值为 26.45 亿元，其中，农林牧渔业生产经济效益价值最高，占经济效益价值的 70.2%，旅游经济效益相对较低，仅占经济效益的 29.8%。根据国家重点生态功能区转移支付经费占总费用的比例，我们计算得出，2015 年呼伦贝尔草甸草原生态功能区建设的经济效益为 2856 万元，其中农林牧渔业产生的经济效益显著高于旅游（见表 2–30）。

表2-30　呼伦贝尔草甸草原生态功能区建设涉及领域经济效益（单位：万元）

项目	重点生态功能区建设涉及领域经济效益				重点生态功能区建设经济效益
	新巴尔虎左旗	新巴尔虎右旗	合计	占总效益比例（%）	
经济效益	**150388**	**114148**	**264536**	**100.0**	**2856**
农林牧渔业	112688	73148	185836	70.2	2007
旅游	37700	41000	78700	29.8	850

③社会效益

2015 年呼伦贝尔草甸草原生态功能区建设涉及领域的社会效益价值为 13.35 亿元，其中，医疗卫生效益价值最高，占社会效益价值的

72.7%，教育效益相对较低，仅占社会效益的 27.3%。根据国家重点生态功能区转移支付经费占总费用的比例，我们计算得出，2015 年呼伦贝尔草甸草原生态功能区建设的社会效益为 1442 万元，其中医疗卫生的效益显著高于教育效益（见表 2–31）。

表2-31　呼伦贝尔草甸草原生态功能区建设涉及领域社会效益（单位：万元）

项目	重点生态功能区建设涉及领域社会效益				重点生态功能区建设社会效益
	新巴尔虎左旗	新巴尔虎右旗	合计	占总效益比例（%）	
社会效益	**42083**	**91446**	**133530**	**100**	**1442**
教育效益	11490	24968	36459	27.3	394
医疗卫生效益	30593	66478	97071	72.7	1048

④综合效益

2015 年呼伦贝尔草甸草原生态功能区建设相关领域产生的综合效益为 207.81 亿元，其中生态效益价值占综合效益的 80.8%，经济效益占 12.7%，社会效益占 6.4%。根据国家重点生态功能区转移支付经费占总费用的比例，我们计算得出，2015 年呼伦贝尔草甸草原生态功能区建设的综合效益为 2.24 亿元，其中生态效益显著高于经济效益和社会效益（见表 2–32）。

表2-32　呼伦贝尔草甸草原生态功能区建设涉及领域综合效益（单位：万元）

项目	重点生态功能区建设涉及领域综合效益				重点生态功能区建设综合效益
	新巴尔虎左旗	新巴尔虎右旗	合计	占总效益比例（%）	
综合效益	**1101995**	**976074**	**2078069**	**100**	**22439**
生态效益	909524	770479	1680004	80.8	18140
经济效益	150388	114148	264536	12.7	2856
社会效益	42083	91446	133530	6.4	1442

3. 草原补奖达茂旗案例分析

为恢复草原生态，解决草畜矛盾，实现草地生态系统的可持续发展，国家实施草原生态保护补奖政策。政策实施的预期是恢复草原植被，改善生态环境。但是基础设施落后，产业发展滞缓、投入不足、牧民就业安置难以及牧民返迁草场等又是政策实施后凸显的问题。针对问题，内蒙古农牧业科学院、中科院内蒙古草业研究中心联合浙江大学，对达茂旗草原生态保护补奖政策实施绩效与牧民行为选择进行了研究，初步结果如下。

（1）基本情况

包头市达茂旗从 2008 年开始实行围封禁牧政策，是全区最早全面实施禁牧的旗县。从 2011 年开始，这一政策并入国家草原生态保护补助奖励机制实施。全旗禁牧草场补贴标准变化是 2008 年至 2010 年每年补贴额为 4.8 元 / 亩、2011 年至 2013 年为 6 元 / 亩、2014 年至 2015 年为 6.5 元 / 亩、2016 年至今为 7.5 元 / 亩。由于国家第二轮补奖批复的时间问题，2017 年底前执行的依旧是 6.5 元 / 亩，经费在 2018 年底一次补齐。入户调查有效数据是 251 个牧户，研究结果是多模型反复验证得到的一致结果。

（2）政策实施后的植被变化

研究表明：

① 2007 年至 2017 年，达茂旗降水量变化相对稳定，基本保持在 260 毫米。植被覆盖 NDVI 指数由 33% 下降至 24.6%，净初级生产力 NPP 由每平方米 83.17 克碳变化至每平方米 77.64 克碳。降水量对达茂旗草原退化面积和质量变化起到了决定作用。

② 2007 年政策实施前，植被覆盖 NDVI 指数和牲畜量（羊单位）对草场面积的影响显著。牧户草场的植被覆盖 NDVI 指数与牲畜量越大，草场面积越容易减小，牧户认为这个条件更适合放牧，从而导致草原可利用面积减少。

③草场到最近道路的距离和政策实施前家庭总收入这两个因素对植被恢复的影响也显著。距离越大，交通越不方便；总收入越高，牧户放牧的意愿越低，植被恢复效果越好。

④禁牧政策不仅没有促进草场恢复，反而形成了负效应的正反馈，即恶性循环，加速了草场的退化，降水减少将进一步导致草场面积减少和质量降低，人类活动和干扰（放牧）对草场覆盖度和质量有显著的负面影响，大多数牧户对禁牧政策认同感较低。

（3）补贴标准与牧户行为选择分析

从 2011 年到 2016 年，补贴标准虽然提高了，但是仍有 70% 以上牧民重新迁回草场。运用经济学描述性偏好选择和权重二值 logit 回归模型分析，研究表明：

①牧户对不同补贴标准的响应显著。在补贴标准每年 6.5 元 / 亩的基础上，每亩每增加 1 元，牧户不放牧的比例将增加 22% 左右。目前 6.5 元 / 亩的补贴标准下，牧户不放牧的比例仅为 15.25%，如果达到 95% 不放牧，补偿标准要提高到 10.9 元 / 亩，并趋于饱和。图 2–18 为达茂旗不同补偿标准下牧户的响应曲线。

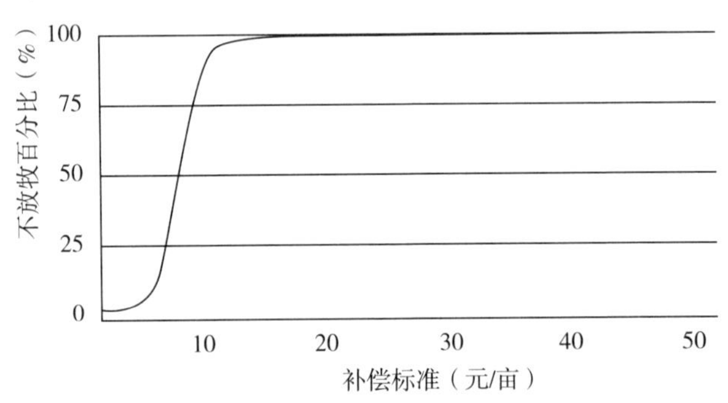

图2-18　达茂旗不同补偿标准下牧户的响应曲线

②牧户对补贴标准的响应与家庭经济情况有显著的非线性效应。户均牧业收入每增加 1000 元，放牧的意愿会增加 0.5%，即牧业收入

越高，牧户越不会轻易放弃草场给自己带来的收益。

③牧户对补贴标准的响应，与重新迁回草场和当初迁出时的牲畜量变化也有显著的相关关系。重新迁回草场时的牲畜量在当初迁出时的基础上每增加 100 头（以羊单位计），愿意重新放牧的牧户数会增加 3.5%。

④牧户家庭成年人平均年龄和非学生成员的平均受教育程度对模型结果也有显著影响。年龄越大，受教育程度越高，牧户越遵守禁牧政策约束，不去放牧。

⑤降水量变化、禁牧前 2007 年牧户草场面积以及牧户社交关系都显著影响着牧户对补偿标准的响应。牧户降水量每增加 1 毫米，牧户放牧意愿减少 0.3%；牧户草场面积每增加 1 平方公里，放牧意愿降低 2.5%；牧户社交关系越好，越容易跟随亲戚朋友重新迁回草场放牧。

（4）达茂旗人类福祉变化

基于基本生活条件、安全、健康、社会关系及选择和行动自由 5 种福祉要素，通过问卷调查、访谈与结构方程模型权重比较分析，总体上，达茂旗牧民福祉在基本生活条件、选择和行动的自由方面呈提高趋势，在健康、安全、社会关系方面呈降低趋势。这可能与禁牧政策实施之后年轻牧民转产就业、牧区人口偏老龄化、健康指数降低、流动人口增加、安全和社会关系指数降低等因素有关。

三、牧区生态研究的初步结论与建议

（一）结论

（1）牧区草原生态功能大于生产功能，牧区生态系统生产总值 GEP 是 GDP 的 5.01 倍。牧区防风固沙功能尤为重要，占全区生态服务功能的85%以上，牧区现代化建设必须坚持生态优先，探索生态现代化的路子。

（2）自然因素影响下，近50年来，牧区气温呈上升趋势，约提高1.4℃，呈暖化现象，牧区降水量相对平稳，但季节分布明显不均。牧畜生长季缺水，9~10月降水集中。

（3）牧区"土—草—畜—人"的主食物链关系分析表明，生态系统物能流不闭环、物质输出大于输入、严重失衡、草原土壤退化是影响植被变化的根本因素。草原生态保护应该高度重视草原土壤质量提升。

（4）以载畜量方法评价草畜平衡在内蒙古牧区存在适用性局限，以畜群动态代替生态平衡监测不科学。但牧区整体饲草缺口仍然较大，年度缺口在400万吨左右。加强人工饲草生产和提升天然草原监测手段是重中之重。

（5）牧区人口增长与草地退化指数呈向上正抛物线关系，人地关系理论平衡状态是1人/平方公里，每增加1人/平方公里，草地退化指数增加1%。目前，牧区草原纯牧业人口密度为3~12人/平方公里，草原退化30%~60%，平均人口密度4人/平方公里是生态承载可控值。草原生态保护要减少第一产业从业人员。

（6）牧区重点生态工程区生态植被明显好转，综合效益显著，牧区生态整体恶化的趋势得到了有效遏制。

（二）建议

1. 加强牧区草原生态保护与修复

基于本章对内蒙古牧区草原生态功能远远大于其生产功能的基本判定，发展牧区现代化，必须加强和重视牧区生态的可持续发展。重视“土—草—畜”生态系统输入和输出之间的平衡关系，重视生态系统物质闭环循环，加强土草平衡、草畜平衡，提高生态系统自我修复能力，增强生态系统的稳定性，促进自然生态系统质量整体改善和生态产品供给能力的全面增强。

一要充分梳理近70年来国家与地方科研机构和大学在内蒙古草原科研上的监测数据累积和技术研发成果，形成系统技术，促进成果转化，构建牧区草原生态保护与修复实现路径。二要打造区域模式，注重科学分区，分区施策，规划布局牧区产业发展集中集约集聚区域和分散牧户的传统生产方式转变，凝练不同类区可复制、可推广的适度家庭牧场培育模式。三要创新机制驱动，探索内蒙古牧区草原保护与修复的机制创新，在生态补偿、草种资源开发以及生态修复工程中“牧民主体、政府引导、企业参与、科研支撑”的有效机制。

2. 加大牧区旱作放牧型多年生人工草地建设

内蒙古草原牧区的特点是牧草供求不平衡，暖季有余、冷季不足，发展草地农业是解决这一矛盾的重要抓手。采取现代农业技术措施，大幅度提高牧草产量，既可补充天然草地的不足，又解决了因季节变化造成草畜供求不平衡的矛盾。任继周院士提出发展“草地农业”的概念，方精云院士提出了“建小保大”草地保护利用模式，人工草地建设规模应当占天然草原面积的10%。畜牧业发达国家人工草地在草地总面积中占有很大的比重，欧洲的人工草地占草地总面积的50%以上，新西兰人工草地约占全部草地面积的70%。

加大牧区旱作放牧型多年生人工草地建设。一要加强草种供种能力。立足我区丰富的草种资源优势，建立完善草种资源保护体系，有序开展草种繁育和推广应用。建议在呼伦贝尔草甸、科尔沁沙地、锡林郭勒典型草原、阴山北麓、黄河流域以及阿拉善荒漠等区域建设种子繁育基地，每区域栽培草种生产田 3000 亩、野生种子抚育 3 万亩，达到年度 300 万斤的供种能力。二要优选人工草地建植地块。基于内蒙古牧区自然条件和水资源的限制，建议在黄河南北岸、土默川平原建设 200 万亩旱作多年生放牧型人工草地，达到年提供饲草 100 万吨，相当于目前全区草产量的一半以上。三要构建区域草牧业模式。根据牧区不同资源条件，以节约水资源为核心，科学测算生态承载能力，改变传统放牧方式，推广冬季母羊禁牧和暖棚补饲技术，节约饲养成本，减轻冷季草场压力，科学监测生态恢复和生产效益，实现可持续发展。

3. 提升牧区生态监测手段

自治区党委政府始终把加强生态草业发展放在突出位置，在草原政策法规的研究、探索、试行等方面，内蒙古为国家提供了大量的成功经验，并率先推出了落实草原“双权一制”等 30 多项制度规范。建设牧区现代化，迫切需要探索建立牧区草原保护建设突破性创新政策。

一要注重草原的整合流转。通过退耕还草和草原奖补工程退、补、奖过程，把草原土地经营权从分散的农牧户整合流转到政府，政府再公开招标做修复或种草，以节约型生态理念实现生态产业化、产业生态化。二要建立牧草收储体系。通过牧草收储实现以丰补歉，调剂牧草年际间平衡。调整牧区的生产方式，以精细、科学、数据化的生产方式，组织多方参与，建立以市场为主体的牧区现代化服务体系。三要改变仅以载畜量为判断草畜平衡手段的不科学和局限性，以土草监测为重点，提升生态监测手段。

4. 构建牧区新型人地关系

充分发挥民族区域自治制度优势，开展牧区现代化建设政策创新、产业发展、技术创新、社会治理等，实现更多创新与突破。依据现有生产方式推算，全区牧区草原人口理论容纳量约为 40.94 万人，而实际约为 159.13 万人。

一要积极稳妥推进农牧区人口向城镇适度聚集，大力促进农牧民转移就业，实施农牧民职业技能提升计划，发展特色农牧业，创新农牧业经营体系。二要创造更多就业机会，把牧籍市民家庭稳定在城镇、不再回流，使牧区富余劳动力在畜牧业内部解决，从而保护草原生态。三要对居住在边境 20 公里范围内的边境常住牧民，加大发放补贴力度，使其生活能够达到城镇中等收入家庭的标准。

5. 投入重点生态工程

基于牧区草原“土—草—畜—人”生态关系链的平衡与稳定，提出生态系统保护与修复重点工程。一是精准草原资源监测工程。建立和完善天地空一体化的草原资源监测体系，利用现代智能遥感技术，搭建草原资源精准解译生产线，绘制全区草原 1∶50000 资源图，精准掌握资源现状、自然资源资产和生态系统服务价值。二是草原测土配方提升地力工程。构建生态系统完整平衡的物质循环，科学分析放牧牛羊处于天然草原的开放系统的矿质营养现状、组分和含量，配方科学饲养技术和全年食物链动态营养，实现生产节约和效益优化。三是草畜平衡增草工程。在农田退耕地和水热充足农区，大力培育旱作多年生放牧型人工草地和高效人工草地，大幅度提高牧草产量，解决饲草供求季节不平衡的矛盾。

6. 加大科技支撑力度

以科技创新引领加快推进牧区发展和治理体系与能力现代化，不断提高生态管理科学化，提供更多优质生态产品。鉴于内蒙古牧区现代化生态保护与建设现有技术储备严重不足的现实，在项目、平台和人才科技三要素的投入和管理不容忽视。

一要部署重大研究示范项目。主要包括四个方面，一是内蒙古牧区现代化基础研究；二是牧区现代化建设关键技术研究与示范；三是牧区现代化监测系统建设；四是牧区现代化的重大生态保护与产业工程体系规划设计。

二要打造科技引领示范平台。建议在牧区现代化试点旗县，建设“科研支撑＋政府主导＋企业参与”的科技引领示范平台，促进科技成果在牧区的研究，边示范、边推广和边完善，总结实践经验与模式，增强牧区现代化建设科技投入水平。

三是组建牧区现代化建设专业队伍。自治区明确主管厅局指导，组建由相关专业管理和技术人员组成牧区现代化科技服务队伍，开展牧区生态保护与修复、牧区生产方式转变和提高牧民生活水平的科技服务工作，建立鼓励机制，促进科技人员扎根牧区，服务现代化建设。

参考文献

[1] 欧阳志云，靳乐山，等. 面向生态补偿的生态系统生产总值（GEP）和生态资产核算[M]. 北京：科学出版社，2017.

[2] 欧阳志云，等. 中国陆地生态系统服务功能及其生态经济价值的初步研究[J]. 生态学报，1999，19（5）：607-613.

[3] 欧阳志云，朱春全，徐卫华，张琰，等. 生态系统生产总值（GEP）的概念、方法和案例研究[C].生态文明指标体系暨首个生态系统生产总值（GEP）项目落地启动会上的报告[EB/OL]. 2013，IUCN 官方网站：http://www.iucn.org/zh/china/?12537/IUCN-China- takes-lead-in-measuring-the-true-value-of-nature.

[4] 谢高地，张钇锂，鲁春霞，等. 中国自然草地生态系统服务价值[J]. 自然资源学报，2001，16（1）：47-53.

[5] 谢高地，鲁春霞，肖玉，等. 青藏高原高寒草地生态系统服务价值评估[J]. 山地学报，2003，21（1）：50-55.

[6] 谢高地，张彩霞，张昌顺，肖玉，鲁春霞. 中国生态系统服务的价值[J]. 资源科学，2015，37（9）：1740-1746.

[7] 谢高地，张彩霞，张雷明，陈文辉，李士美. 基于单位面积价值当量因子的生态系统服务价值化方法改进[J]. 自然资源学报，2015，30（8）：1243-1254

[8] 谢高地. 生态系统服务价值的实现机制[J]. 环境保护，2012（17）：16-18.

[9] 谢高地，鲁春霞，甄霖，曹淑艳，章予舒，冷允法. 区域空间功能分区的目标、进展与方法[J]. 地理研究，2009，28（3）：561-570.

[10] 彭建，赵会娟，刘焱序，等. 区域生态安全格局构建研究进展与展望[J]. 地理研究，2017，36（3）：407-419.

[11] 彭建，杨旸，谢盼，刘焱序. 基于生态系统服务供需的广东省绿地生态网络建设分区[J]. 生态学报，2017，37（13）：4562-4572.

[12] 赵同谦，欧阳志云，贾良清，郑华. 中国草地生态系统服务功能间接价值评价[J]. 生态学报，2004，24（6）：1101-1109.

[13] 彭建，胡晓旭，赵明月，刘焱序，田璐. 生态系统服务权衡研究进展：从认知到决策[J]. 地理

学报，2017，72（6）：960-973.

[14] 黄婷，于德永，乔建民，郝蕊芳. 内蒙古锡林郭勒盟景观格局变化对土壤保持能力的影响[J]. 资源科学，2018，40（6）：1256-1265.

[15] 刘宪锋，杨勇，任志远，等. 2000—2009年黄土高原地区植被覆盖度时空变化[J]. 中国沙漠，2013，33（4）：1244-1249.

[16] 刘宪锋，任志远，林志慧，等. 2000—2011年三江源区植被覆盖时空变化特征[J]. 地理学报，2013，68（7）：897-908.

[17] 欧阳志云，郑华，高吉喜，黄宝荣. 区域生态环境质量评价与生态功能区域[M]. 北京：中国环境科学出版社，2009.

[18] Costanza R, dArge R, deGroot R, Farber S, Grasso M, Hannon B, Limburg K, Naeem S, Oneill R V, Paruelo J, Raskin R G, Sutton P, vandenBelt M. The value of the world's ecosystem services and natural capital[J]. Nature，1997，387（6630）：253-260.

[19] Assesement M M E. Ecosystems and human well-being[M]. Washington DC: Island Press，2005.

[20] Daily GC, Polasky S, Goldstein J, Kareiva P M, Mooney H A,Pejchar L, Ricketts T H, Salzman J, Shallenberger R. Ecosystem services in decision making: time to deliver[J]. Frontiers in Ecology and the Environment，2009，7（1）：21-28.

[21] Kareiva P T H, Ricketts T H, Daily G C, Polasky S, Natural Capital: Theory and Practice of Mapping Ecosystem Services[M]. New York: Oxford University Press，2011.

[22] Palmer M, Bernhardt E,Chornesky E, Collins S, Dobson A, Duke C, Gold B, Jacobson R, Kingsland S,Kranz R,Mappin M, Martinez M L, Micheli F, Morse J, Pace M, Pascual M, Palumbi S, Reichman O J,Simons A, Townsend A, Turner M.Ecology for a crowded planet[J]. Science，2004，304（5675）：1251-1252.

[23] Daily G C, Soderqvist T, Aniyar S, Arrow K, Dasgupta P, Ehrlich P R, Folke C, Jansson A, Jansson B O, Kautsky N, Levin S, Lubchenco J, Maler K G, Simpson D, Starrett D, Tilman D, Walker B. Ecology-The value of nature and the nature of value[J]. Science，2000，289（5478）：395-396.

[24] Kremen C. Managing ecosystem services: what do we need to know about their ecology? [J] Ecology Letters，2005，8（5）：468-479.

[25] Gomez-Baggethun E, de Groot R, Lomas P L, Montes C. The history of ecosystem services in economic theory and practice: From early notions to markets and payment schemes[J]. Ecological Economics，2010，69（6）：1209-1218.

[26] Heal G. Valuing ecosystem services[J]. Ecosystems，2000，3（1）：24-30.

[27] Nelson E, Sander H, Hawthorne P, Conte M, Ennaanay D, Wolny S, Manson S, Polasky. Projecting global land-use change and its effect on ecosystem service provision and biodiversity with simple

models[J]. PLoS One，2010，5（12）：e14327.

[28] 宋富强，杨改河，冯永忠. 黄土高原不同生态类型区退耕还林（草）综合效益评价指标体系构建研究[J]. 干旱地区农业研究，2007（3）：169–174.

[29] 周广胜，张新时. 植被对于气候的反馈作用[J]. 植物学报，1996（1）：1–7.

[30] 朴世龙，方精云，郭庆华. 利用CASA模型估算我国植被净第一性生产力[J]. 植物生态学报，2001（5）：603–608+644.

[31] 朴世龙，方精云. 最近18年来中国植被覆盖的动态变化[J]. 第四纪研究，2001（4）：294–302.

[32] 朴世龙，方精云，郭庆华. 1982—1999年我国植被净第一性生产力及其时空变化[J]. 北京大学学报（自然科学版），2001（4）：563–569.

[33] 苏日娜，俎佳星，金花，朝鲁孟其其格，王志军，查木哈，那亚，李俊清.内蒙古草地生产力及载畜量变化分析[J]. 生态环境学报，2017，26（4）：605–612.

[34] 朱文泉，潘耀忠，张锦水. 中国陆地植被净初级生产力遥感估算[J]. 植物生态学报，2007（3）：413–424.

[35] 宋富强，张一平. 动态物候模型发展及其在全球变化研究中的应用[J]. 生态学杂志，2007（1）：115–120.

[36] 王明玖，马长升. 两种方法估算草地载畜量的研究[J]. 中国草地，1994（5）：19–22.

[37] 咏梅. 达尔罕茂明安联合旗草原监测与载畜能力测算[J]. 草原与草业，2015，27（4）：25–28.

[38] 钱拴，毛留喜，侯英雨，伏洋，张海珍，杜军. 青藏高原载畜能力及草畜平衡状况研究[J]. 自然资源学报，2007（3）：389–397，498.

[39] 毛留喜，侯英雨，钱拴，李锡福，伏洋，张海珍，张艳红. 牧草产量的遥感估算与载畜能力研究[J]. 农业工程学报，2008（8）：147–151.

[40] 万里强，李向林，何峰. 玛曲草地初级生产力及载畜能力的评价[J]. 中国农学通报，2012，28（32）：6–10.

[41] 刘爱军，邢旗，高娃，杨国奇，苏日娜，哈斯，安卯柱. 内蒙古2003年天然草原生产力监测及载畜能力测算[J]. 内蒙古草业，2003（4）：1–3.

[42] 王炳煜，韩天虎，孙斌，冯今，李福，王红霞，唐建明，马隆喜，曹国顺.基于3S技术的夏河县天然草原的载畜能力评价[J]. 中国草食动物，2010，30（5）：46–48.

[43] 李文凤，李龙，张静. 西藏班戈县的草地生产力及载畜能力[J]. 江苏农业科学，2014，42（4）：295–297.

[44] 赵德良，李建伟，范天文. 新疆新源县天然草地生产力变化研究[J]. 草业与畜牧，2015（4）：44–47.

[45] 杨华龙，刘金霞，郑斌. 灰色预测GM（1，1）模型的改进及应用[J]. 数学的实践与认识，2011，41（23）：39–46.

[46] 杨武，曹玉凤，李运起，李建国. 国内外发展草地畜牧业的现状与发展趋势[J]. 中国草食动物，2011，31（1）：65–68.

[47] 杨振海，李明，张英俊. 美国草原保护与草原畜牧业发展的经验研究[J]. 世界农业，2015（1）：36–40.

[48] 闫瑞瑞，杨桂霞，张宏斌等，呼伦贝尔草原牧草产量及载畜力估算[J]. 草业科学，2011（12）：140–147.

[49] 赵有益，林慧龙，张定海，任继周. 基于灰色–马尔科夫残差预测模型的甘南草地载畜量预测[J]. 农业工程学报，2012，28（15）：199–204.

[50] 闫文杰，西北牧区草食畜牧业生产力评价及发展潜力研究[D]. 西北农林科技大学，2017.

[51] 杨淑霞，三江源地区高寒草地生物量和草畜平衡的时空动态及其影响研究[D]. 兰州大学，2017.

[52] 侯向阳，尹燕亭，丁勇等. 中国草原适应性管理研究现状与展望[J]. 草业学报，2011，20（2）：262–269.

[53] 徐斌，杨秀春，金云翔等. 中国草原牧区和半牧区草畜平衡状况监测与评价[J]. 地理研究，2012，31（11）：1998–2006.

[54] 徐斌，杨秀春. 东北草原区产草量和载畜平衡的遥感估算[J]. 地理研究，2009，28（2）：402–408.

[55] 杨理. 草畜平衡管理与草地资源可持续利用[C]. 全国中青年农业经济学者年会，2005，453–461.

[56] 吴良镛，人居环境科学导论[M]. 北京：中国建筑工业出版社，2001.

[57] 章光日，人类生活空间图式变迁研究[J]. 城市规划汇刊，2004（3）：62–65.

[58] C · A · Doxiadis Ecumenopolis：the Inevitable City of the Future[M].Athens Publishing Center，1975.

[59] 林文棋，我国古代人居环境建设初探[J]. 城市规划汇刊，2000（1）：45–47.

[60] 刘滨谊，人类聚居环境学引论[J]. 城市规划汇刊，1996（4）：5–11.

[61] 刘滨谊，毛巧丽，人类聚居环境剖析——聚居社区元素演化研究[J]. 新建筑，1999（2）：14–17.

[62] 李雪铭，刘敬华. 我国主要城市人居环境适宜居住的气候因子综合评价[J]. 经济地理，2003（5）：656–660.

[63] 黄志明，高伟生，我国人居环境中的环境问题及其对策探讨[J]. 城市问题，1998（6）：31–34.

[64] 郭红雨，蔡云楠，人居环境的可控性[J].城市环境与城市生态，2003，16（5）：59–61.

[65] 蒋伶，宁越敏. 可持续发展的南京市人居环境塑造[J]. 现代城市研究，2002（6）：28–33.

[66] 刘颂，刘滨谊. 城市人居环境可持续发展评价指标体系研究[J]. 城市规划汇刊，1999（5）：35-37.

[67] 徐瑞祥，蔡龙等. 南京市区人居环境质量评价研究[J]. 现代城市研究，2003（2）：77-81.

[68] 周志田，王海燕等，中国适宜人居城市研究与评价[J]. 中国人口、资源与环境，2004，14（1）：27-30.

[69] 沈虹，肖青等，区域环评中生态适宜度分析指标体系的探讨[J]. 上海环境科学，2004（4）：156-160.

[70] 李雪铭，杨波等，大连西部居住小区人居环境质量评价[J]. 辽宁师范大学学报（自然科学版），2001，24（3）：319-322.

[71] 翟琇，孙海莲，邱晓等. 内蒙古牧区生态现状与产业发展思考[J]. 畜牧与饲料科学，2019，40（10）：24-30.

[72] 苗静. 内蒙古33个牧业旗市产业结构演进研究[D]. 内蒙古农业大学，2018.

[73] 萨如拉，傅海虹. 内蒙古牧区乡镇卫生院卫生人力资源现状分析[J]. 中国初级卫生保健，2018，32（11）：13-15，28.

[74] 德勒格日玛，韩理，孟雪峰，等. 内蒙古牧区暴风雪风险评估研究[J]. 干旱区地理，2019，42（3）：469-477.

[75] 汪海玲. 内蒙古牧区社会化养老服务存在问题的成因探究[J]. 教育现代化，2018（48）：313-314.

[76] 冯宇，王文杰，刘军会，吴昊，马苏，聂新艳. 呼伦贝尔草原生态功能区防风固沙功能重要性主要影响因子时空变化特征[J]. 环境工程技术学报，2013，3（3）：220-230.

[77] 赵慧颖.呼伦贝尔草原沙化退化成因分析及防治对策[J]. 草业科学，2007（6）：9-13.

[78] 朴起亨，丁国栋，吴斌，屈志强，万勤琴，朴律镇. 呼伦贝尔沙地植被演替规律研究[J]. 水土保持学报，2008，22（6）：180-186.

[79] 谢晓丽，王艳平，王洪丽，苗冬梅. 气候变化对呼伦贝尔草原生态环境的影响[J]. 安徽农业科学，2011，39（12）：7395-7396.

第三章

牧区现代化生产体系研究

党的十九大报告对中国农业现代化建设提出了新要求，明确提出构建现代农业产业体系、生产体系、经营体系的任务，为中国的农业现代化发展指明了前进方向。对于内蒙古牧业旗县而言，就是牧业的现代化。本章以内蒙古33个牧业旗市为研究对象，提出优化生产体系、转变生产方式的思路和主要措施，为自治区推进牧区现代化提供技术支撑。

本章在对新巴尔虎右旗、阿巴嘎旗、乌拉特中旗、四子王旗、正镶白旗等牧业旗县产业发展情况、畜牧业生产方式、农牧民生活情况进行详细调研的基础上，总结认为当前牧区存在如下发展优势：一是草原保护政策的实施和草地利用方式的转变取得了良好成效；二是家畜良种化进程提升，畜牧业生产方式正在逐步转变；三是家畜疫病防控能力不断提升；四是畜牧业功能正在拓展，畜产品加工业、手工业发展初具规模；五是牧民的生产经营理念正在发生变化；六是畜牧业基础设施不断完善，生产效率和抗灾能力不断提高。同时，当前以草原放牧生产为基础的畜牧业生产体系存在如下问题：一是草原的科学利用机制及草畜平衡的生产体系没有形成；二是草地畜牧业生产方式中现代技术渗透应用不够；三是以传统放牧为主导的草原畜牧业增收不稳定，牧民生产性投入持续增加；四是生产体系的组织化程度不高，牧业生产社会化服务存在短板，一二三产业融合不够；五是牧区各类新型经营主体少，组织运营状况不佳。

基于牧区发展优势和存在的问题，本书认为内蒙古牧区畜牧业坚决不能再走“优质低价增量”的老路，坚决要走“生态畜牧业—优质畜产品精深加工—畜产品统—渠道销售—牧区全域旅游”保护生态环境的畜牧业高质量可持续发展之路，要努力实现牧区一二三产业的相互促进与融合发展。实现草地畜牧业可持续发展及牧区的现代化，生产要素（草地、家畜）和生产环节的配套是关键，生产体系和组织体系的构建是重点。

本研究构建的现代畜牧业生产体系是以提升畜牧业生产效率为切入点，从生产体系 5 项基本要素出发，围绕决定劳动生产率的因素，强化组织保障的基础作用，集聚 5 项技术进步的协同作用，形成以组织保障为基础、技术保障为支撑的现代畜牧业生产组织架构。在主体生产方式上，坚持牧民主体地位，构建适度规模家庭牧场、股份合作制联合社；在建设内容上，以旗为单位，强化畜牧业生产支撑和组织保障两大子体系建设。在做好畜牧业生产支撑子体系建设上，提出从 5 个方面做好支撑：做好良种支撑、草原利用及科学放牧制度支撑、优质饲草料供给支撑、家畜疫病防控支撑、现代设施装备支撑。在做好畜牧业生产保障子体系建设上，从 3 个方面做好保障：一是旗政府扶持建立公益性的、政策扶持的、非营利型服务公司，全面开展生产服务保障，聘任职业经理人，企业化经营管理服务公司；二是在嘎查或苏木所辖区域内统一建立牧民协会，作为联结牧民与非营利服务公司的纽带，协会主要负责与牧民的联系、对接工作，确保生产的组织保障；三是加强技术支撑，以政府主导为主，解决生产中的关键技术为目标，设立项目，通过政府购买服务，联合高校、科研院所等加大科技成果转化和推广应用力度，做好生产技术保障。

本章提出要实现畜牧业生产体系的良性运转，应聚焦的主要措施为：一是注重产业化经营；二是注重规划专业化生产布局；三是注重草原畜牧业生产方式转变；四是注重调整品种结构；五是注重调整畜群结构；六是注重转变繁育方式；七是关注农牧区饲草资源互补利用。最后，提出构建生产体系的 8 条政策建议，构建牧区养殖与加工一体化融合发展模式 3 条建议。

总体来讲，草原生态保护、生态文明建设固然重要，但草原除了生态角色外，还是少数民族聚居核心生活区，是牧民赖以生存的重要生产资料，是戍边牧民的唯一生活来源，且草原是文化的载体。研究牧区生产体系构建及实施推进，是一项系统配套工程、一项持续推进工程，任何一项颠覆性生产技术在畜牧业生产中的普遍渗透应用，都是一个循序渐进的过程，因此，牧区生产体系构建要按照支撑和保障两大子体系的设计框架在政策上、投入上、教育和人才配置上、技术示范推广上给予支持，持续推进。

一、现代畜牧业生产体系的认识和国外畜牧业生产体系特征及启示

构建现代畜牧业生产体系是贯彻新发展理念、建设现代化经济体系的必然要求，也是实现产业兴旺、牧区现代化的必然路径，更为实现“生态宜居、乡风文明、治理有效、生活富裕”提供物质基础和保障。

（一）现代畜牧业生产体系的内涵

1. 现代畜牧业定义

现代畜牧业的内涵具有相对性和动态性，随着时间的推移和社会的进步，新的内涵也会不断扩大。相对性具体而言有两方面，一是纵向与传统畜牧业相比，现代畜牧业能解决目前制约畜牧业发展的各种问题；二是横向与发达国家畜牧业相比，现代畜牧业的畜产品在国际上竞争力强，生产与国际接轨。动态性是指现代畜牧业的内涵随着社会的发展、时代的变迁而不断丰富和发展。

从牧区视角看，现代畜牧业可归结为“九化”：生产与环境协调化、畜禽品种优良化、畜群结构合理化、生产技术现代化、防疫体系完备化、生产装备设施化、生产经营产业化、生产管理规范化、生产服务社会化。因此，现代畜牧业的具体内涵是：用现代科学技术装备畜牧业，用产业化经营的思维发展畜牧业，用现代管理方法管理畜牧业，用现代科学文化知识提高畜牧工作者的素质，通过对传统畜牧业的全面、根本的改造，实现畜牧业生产结构从单一、初级向多层次、多元化发展的合理化方向转化，实现畜产品的产出率和商品率的提高，促使畜牧业向高产、优质、高效、可持续方向发展，最终达到满足消费者多样化需求的目标。

2. 畜牧业生产体系的概念

生产体系的概念在工业上使用较多，是指一定地域范围内工业经济的有机联系以及由此形成的空间流的整体，也称为工业系统，其构成还包括具有决策和行政功能的管理单位和附属的发展研究单位，从事原材料采掘、加工或产品修配的厂矿，为生产厂矿服务的物资调运、产品销售服务等辅助单位。

与工业体系类同，对于畜牧业而言，生产体系是指一定地域内各产业内部（羊产业、牛产业、马产业、驼产业、饲草料产业、兽医药产业和畜产品加工业等）、产业之间以及政府部门、科研机构等多环节、多部门相互结合，在结构上具有合理比例、经济上相互联系、技术上协调发展，可合理地利用资源，并具有一定规模、能满足国民经济各方面需要，形成一个系统化生产的有机整体。应该包括从生产资料到最终收益的技术应用、生产组织、经营管理的完整生产过程。

3. 畜牧业生产体系的内涵及外延

目前，学术界对现代畜牧业生产体系的内涵还没有一个统一的认识。本书认为，现代畜牧业生产体系即包括以现代畜牧业“九化”为特征的畜种选择、繁殖、饲养管理、疫病防控、饲料保障直到生产出优质畜产品的过程。其中，生产经营产业化、生产管理规范化、生产服务社会化是保障生产环节实施的基础。

畜牧业生产体系的基本要素为劳动力、资本、土地、饲料以及技术与信息 5 类。

（1）劳动力：就牧区而言，指的是直接从事畜牧业生产的牧民、饲料生产的工人、从事社会化服务的技术人员。

（2）资本：牧民的主要生产资料，牛、马、羊、驼等家畜；棚圈等基础设施；牧业机械设备等。

（3）土地：草原、放牧草地，其中草原也是生产资料。

（4）饲料：青干草、玉米秸秆等粗饲料；玉米、豆粕等商品料等。

（5）技术与信息：繁育技术、营养调控技术、疫病防控技术、饲草料调配等技术及其相关信息；信息还包括生产资料和产品的市场信息。

劳动者与生产资料的结合是畜牧业生产所必须具备的条件，只有在它们进入生产过程并按照一定比例结合起来、创造了产品和服务之后，才变为现实的生产能力。在生产过程中，牧民、工人、社会化技术服务人员等劳动者运用家畜、设施设备、草原资源以及技术与信息，使各类家畜或其后代产生生活所需的肉、乳、皮、毛等动物产品。也就是说生产过程结束时，劳动和劳动对象结合在一起，劳动物化了，对象被加工了，形成了适合人们需要的产品，此时生产要素的所有者才能获得相应的收入。

畜牧业生产中劳动生产率的决定因素为：劳动者的熟练程度、科学技术的发达程度、生产过程的组织和管理、生产资料的规模和效能。畜牧业生产中劳动生产率的提高途径为：不断改进畜牧业生产者的物质技术装备；合理利用和逐步改造自然资源条件；通过教育和培训，提高农牧民的素质；合理组织和配置，调动农牧民生产积极性。本章构建的现代畜牧业生产体系是以提升畜牧业生产效率为切入点，从生产体系 5 项基本要素出发，围绕决定劳动生产率的因素，强化组织保障的基础作用，集聚 5 项技术进步的协同作用，形成以组织保障为基础、技术保障为支撑的现代畜牧业生产组织架构。

4. 对草原畜牧业生产系统的认识

（1）本章以 33 个牧业旗市为代表研究牧区现代化，现代畜牧业即为草原畜牧业的现代化。草原畜牧业生产方式主要是以草原为生产资料，主要采取放牧的生产方式，利用草原牧草资源饲养家畜而获得畜产品的畜牧业。在该系统中，牧草和牲畜都是有生命的生产资料，牲畜要在游牧中采食足够的牧草方能生存和生产，它决定了草原畜牧业对自然的依附性。

（2）草原畜牧业的本质是生态经济，它是自然生态系统和人类社会经济系统复合结构的功能表现。这就要求草原畜牧业作为一种产业，是在符合生态规律的前提下，按照经济规律组织发展生产，以便在实现生态良性循环的同时，提高生态经济的再生产能力和经济、社会、生态效益。

（3）要构建现代草地畜牧业及牧区的现代化，生产要素（草地、家畜）和生产环节的配套是重要措施之一。不能把饲草料供给、放牧制度以及家畜生产分开来研究，不能忽视家畜生产性能、季节性饲草料补给对草地生产力的影响以及外源性饲草、饲料补饲对整个系统的影响。

（4）家畜既是生产资料，又是生活资料，要认识到牧区家畜具有两重性的意义。首先，生产体系中作为主要生产资料的牲畜是核心，其他水、草、圈棚、机械和动力等要素都是保证和支撑因素。因此，发展草原畜牧业生产，先要对家畜实行专业化定向培育，改良品种，提高个体生产能力，同时根据家畜定向培育的需要，重视其他要素的配套提高，才能实现畜牧业经济的稳定优质高产和低消耗；其次，明确认识和区分家畜的两重性，就能依据灾害的程度，重点保护种公畜、适龄母畜、必需的储备畜和处于生产高峰的产品畜，适时适量加快处理即将成为生活资料的牲畜，或加大转移育肥畜，加上其他生产和抗灾措施，就能变被动为主动，同时推进灾后畜牧业生产的恢复和发展。

（5）草原畜牧业现代化为畜牧业注入了新的竞争力。目前的草原畜牧业虽然较好地保持了传统游牧文化，但这种生产方式生产资料投入大、产出未经精深加工及品牌打造的产品导致其在市场中竞争力差，由此带来的效益很难满足牧民维持生活，并且这种生产方式引发了一系列生态问题。草原畜牧业的现代化充分利用科技与信息的手段与力量，通过提升其生产效率、降低生产成本、进行产品精深加工、打造品牌价值、创造附加值等途径，实现以精养细养、优质优价来提升草原畜牧业的竞争力。

5. 构建完善的现代畜牧业生产体系的意义

（1）构建完善的现代畜牧业生产体系是有效推进一二三产业融合发展的客观要求，是克服资源环境约束的根本途径，是加快牧区综合改革创新的战略支点。完善的现代畜牧业生产体系可以迅速优化农牧业要素配置，降低生产成本，不断提高劳动生产率、资源利用率、草地产出率，从而实现牧业增效、牧民持续增收，逐步实现全面小康。

（2）构建完善的现代畜牧业生产体系能够促进农牧业生产结构的优化调整，增加新型职业牧民的培养，保证牧区更好更快发展。加快建立以“生产与环境协调化、畜禽品种优良化、畜群结构合理化、生产技术现代化、防疫体系完备化、生产装备设施化、生产经营产业化、生产管理规范化、生产服务社会化”为特征的现代农业生产体系，为现代牧区提供完备的物质装备、先进的技术支持和完善的人才培养方案，推动现代畜牧业的进步。

（3）构建完善的现代畜牧业生产体系是提高农牧业综合生产力的重要途径。对内蒙古牧区现代畜牧业生产体系的发展进行分析，找出体系中存在的主要问题并总结问题的成因，有针对性地提出解决对策，提高畜牧业的整体发展水平，这对实现内蒙古自治区牧区现代化有着重要的现实意义。

（二）以美国为代表的国外畜牧业生产体系特征

1. 依托资源条件进行产业布局

根据产品与气候特点等，美国将农业生产分为 10 个生产带，专业化生产畜禽、水果、粮食、蔬菜等 1 ~ 2 种特定产品。畜牧业产业布局多与制造业带和粮食主产区重叠。一方面，制造业发达的地方，人口相对密集，对畜产品消费需求较大；另一方面，将牧场建在粮食产地周边，既能保障畜禽有充足的饲料供给，又可以为种植业提供有机肥，减少各种运输成本，缓解环境污染。

2. 大规模与适度规模并存，适度规模特点突出

即便是在美国人均农业资源十分充裕的国家，畜牧业生产也不是一味地追求规模化养殖，适合工厂化生产的生猪、肉鸡以规模化养殖为主，而适合种养结合、放牧散养的肉牛、奶牛以适度规模经营为主。作为基本生产单位的家庭农场，专业化、机械化程度较高，生产能力高效稳定。

3. 重视畜禽品种改良，个体生产水平不断提高

品种改良对美国畜牧业生产贡献率居于首位。以肉牛为例，美国的肉牛繁育体系包括生产和技术服务两部分。其中，生产部分包括负责提供种牛的种牛生产场、提供断奶牛犊的繁育场，另外屠宰场和架子牛饲养场也在肉牛的生产过程中提供了重要的繁育良种价值；技术服务部分则包括提供遗传评定和技术支持的育种协会、与育种协会合作的研究所和大学，美国农业部设立的州立试验站和推广机构，提供优质精液和胚胎的商业公司，以及提供测评和筛选种牛服务的性能测评站。

4. 行业协会和专业组织健全，生产社会化服务程度高

美国畜牧业行业协会在畜牧业生产中具有举足轻重的地位，形成了以服务为中心、以市场为导向的运营方式，为生产者提供了生产前、生产中、生产后全方面系统服务。美国的一些行业协会不仅能制定行业统一标准，规范生产，还可以参与美国农牧业政策的制定，保障会员利益。同时，协会还会为会员提供更多具体的服务，如信息咨询、教育培训、调节内部纠纷、外部争端、开拓市场、组织交流等，为养殖户构架起信贷、金融、保险的桥梁。

5. 订单农业占比高，经营风险防范体系相对完备

2014 年，牛奶订单生产占总产量的 63%；2012 年，火鸡、生猪、肉鸡产品订单销售数量占总销售数量的比重分别为 68.5%、43.5% 、96.4%。订单农业占比高避免了养殖户盲目生产，稳定了养殖收益。

6. 政府在畜牧业生产中发挥着重要的推动作用

美国畜牧业的发展不仅得益于得天独厚的自然条件，更离不开美国政府对畜牧业的扶持与推动。概括来说，美国政府对畜牧业的推动作用主要体现在法规体制建设、科技投入、行业协会扶持、风险防范几个方面。

（1）在政府主导下，美国畜牧业管理法规健全。美国联邦和各州对养殖业的饲料、兽医产品、养殖、加工、运输、销售等各方面设立了完善的法律法规。

（2）各级政府用强大的财力支持农业技术。美国农业科技对农业增长的贡献率达到 80%，农业科技成果推广率已达 85%。国会要求各州应提供与联邦赠款数额相等的资金用于该州的农业科技推广，这对美国的畜牧业生产的科技推广经费提供了法律上的保障。总体上看，联邦政府提供的经费占所有经费的 30% ~ 35%、各州提供的经费占 40% ~ 45% 、县级拨款占 15% ~ 20%，其余 3% ~ 5% 为社会捐助。稳定多源的经费保障了美国畜牧业生产、培育等各环节的科技研发工作平稳进行，也培养了一支稳定高效的畜牧科技人才队伍，持续发挥科技对畜牧业生产的推动作用。

（3）政府扶持协会组织。美国政府重视行业协会对畜牧业乃至整个农业的推动作用，因而对行业协会的设立、运营和管理都提供了较为宽松独立，积极促进的环境，最主要的手段就是税收减免、政府采购和政府推动。虽然美国政府对畜牧业的组织协会提供了大量的财政优惠，但在经济来源上，美国的畜牧业组织协会基本都采用“会费养会”的方式，因而保持着运营管理的独立性，政府也只是发挥鼓励作用而无干涉。

（4）政府关注畜牧业生产风险控制。一是政府长期对主要畜产品生产、消费、贸易情况进行监测，定期发布中长期生产消费预测报告，引导全国畜牧生产，避免出现大幅供求失衡。二是鼓励养殖户购买养殖保险，并提供相应的保费补贴。比如在牲畜价格保险（LRP）中，美国政府对精饲肉牛、育肥肉牛和生猪的保费补贴 13%；在牲畜收益保险（LMP）中，美国政府对奶牛的保费补贴 18% ~ 50%。

（三）国外经验对推动我区现代畜牧业生产体系建设的启示

一是紧密结合农业资源条件和市场需求，布局畜牧业生产。从自身生产特点、饲料饲草资源禀赋、环境承载能力、加工与消费带动能力等多个层面考虑，确定不同畜种优势发展区域和潜力增长区，力求畜牧业生产取得最佳的生态、经济和社会综合效益。

二是区分不同畜种生产特征，确立规模化发展方向。从自然生长规律、经济效益、鲜饲草资源的依赖程度，研究测算不同畜种的适度经营规模。牛羊对鲜饲草资源依赖程度高，比较合适放牧、半放牧养殖，以适度规模为主，规模化不一定就是现代化。

三是提高生产物质和技术装备水平，提高畜牧业生产效率。与国外相比，目前内蒙古畜产品成本较高的一个重要原因是人工和饲料成本偏高，必须加强畜牧业生产的物质装备水平，通过机械化、自动化减少劳动力的投入，降低人工成本；建立以良种、技术为核心的内涵式畜牧业生产方式，进一步提高科技对畜牧业生产的贡献率，提高畜种个体生产水平和饲料转化率。

四是合理发挥市场、协会、政府对畜牧业生产的引导、自律、保障与调控作用。从美国畜牧业发展来看，政府扮演着重要角色，政府负责提供法规制度保障、生产消费信息采集与发布、科技支撑、行业规范与管理等宏观调控工作。推进当前牧区的现代化，必须要认识到，在相对闭环、盲区的牧区范围内，市场的作用有限，政府和基层党组织要扮演起推动产业成体系化建设发展的重要角色，这是生产体系良性持续运作的关键。同时，鼓励大力发展专业合作组织和行业协会，加强行业协会的自我管理能力，提高养殖户在畜牧业发展中的话语权，切实保障养殖户权益。最终把“养什么、怎么养、谁来养”交给市场。

二、牧区草原畜牧业的发展现状

内蒙古33个牧业旗县地处祖国北部边疆，拥有广袤的草场，是蒙古族主要聚居的地方，是游牧文化的摇篮和传承载体，是我国能矿、生物、旅游等资源富集的地区，特别是发展畜牧业的天然基地。如今，33个牧业旗县成为我国重要的生态功能区，肩负着构筑北方生态屏障的重任。33个牧业旗县因其自身所具有的生态、文化、社会、经济价值与多样的发展潜质，在内蒙古社会经济发展中占有特殊的战略地位。

（一）草原畜牧业的发展基础

1. 牧区的底色是绿色，生态功能和生态经济价值具有独一无二性

内蒙古草原面积为8800万公顷，占全区土地总面积的74.39%，

可利用草地面积占比为77.27%，而森林面积只有2487.9万公顷，森林覆盖率也仅为21.03%。33个牧业旗县草原面积约6300万公顷，占整个内蒙古草原面积的72%，草原类型主要以草甸草原、典型草原和荒漠草原为主。草原在牧区扮演着重要角色，具有独一无二的生态、生产、生活、经济等价值。

草地资源是牧区畜牧业经济发展的重要保证，草原的饲草价值是草原的使用价值之一。草原是牧民赖以生存的生产生活资料，也是牧民生存生产活动的主要场所，但草原更为重要的价值在于它的生态功能。其一，草原是陆地上面积仅次于森林的第二大生态系统，具有强大的水土保持和抵御风蚀能力，通过植物的光合作用还发挥着净化空气、固碳释氧、存储碳等生态功能。其二，草原生态功能还孕育着悠久的草原文化。草原文化与游牧文化、农耕文化是我国经济文化区的三大类，它是一种以人为本、崇尚自然，强调人与自然和谐共生、兼容并蓄的文化，具有稀缺性和不可替代性的特点，这是文化价值向经济价值转变的关键，也是牧区经济发展的核心竞争力所在。其三，草原生态功能也孕育着多种生物物种，保证生态系统多样性、物种多样性和草原文化传承性是保护草原生态的价值所在。

2. 牧区的牲畜数量比重大，是发展天然草地畜牧业的传统优势区

2017年，内蒙古牛羊存栏数分别为656.2万头和6111.9万只，共计6768.1万头(只),牛的良种率为52.88%,羊的良种率为39.34%(2016年)。33个牧业旗县牛存栏数从2006年开始持续上升，2017年存栏数约为370万头（只），占全区牛总体数量的56.39%；羊存栏数为2821.6万只，占全区羊总体数量的46.17%，且从2010年至2017年牧区肉羊年均增长约48.7万只。牧区具备发展天然草地畜牧业得天独厚的条件，是内蒙古畜牧业的传统优势区。

3. 牧区是内蒙古最主要的优质畜产品生产加工输出基地

内蒙古畜牧养殖主要以羊为主，因此全区的肉类生产也以羊肉为主。从产量来看，全区牛羊肉产量逐年上升，2017 年羊肉和牛肉均达到最高，为 104.13 万吨和 59.48 万吨；牧区的肉类产品中，2017 年羊肉产量 37.16 万吨、牛肉产量 22.67 万吨，分别占当年全区羊肉和牛肉总产量的 35.69% 和 38.11%。

4. 牧区是典型的少数民族聚居区，也是地缘政治上关注的敏感地带

33 个牧业旗县主要分布在内蒙古 3 个盟和 7 个地级市，从最东部的陈巴尔虎旗到最西部的额济纳旗横跨 4000 多公里，东部、中部和西部均有分布，蒙古族比例超过 70%的有 6 个旗，蒙古族比例为 50% ~ 69%的有 4 个旗、40% ~ 49%的有 5 个旗。而且，33 个牧业旗县大部分处于边疆，在长达 4200 公里的内蒙古自治区边境线上，共有 20 个边境旗县，其中 33 个牧业旗县就有 15 个处于边境线上，属于地缘政治学应该关注的地缘关系敏感地带。

5. 牧区产业结构不断优化，发展水平持续提升

2016 年，牧区第一产业生产总值为 478.25 亿元，第二产业生产总值为 2581.74 亿元，第三产业生产总值为 1214.15 亿元。三次产业结构从 2000 年的 22.8：37.9：39.3，转变为 2016 年的 11.2：60.4：28.4，得到不断优化。但与全区三产结构 8.8：48.7：42.5 相比，牧区第一产业、第二产业产值比例均高于全区，第三产业比值低于全区。

从旗县来看，第一产业产值比例较高的旗县有翁牛特旗、科尔沁右翼中旗、四子王旗，分别为 28.0%、27.7%、26.1%，比例较低的旗县有鄂托克旗、阿拉善左旗、乌审旗，分别为 1.8%、3.2%、3.3%；第二产业产值比例较高的旗县有乌拉特后旗、新巴尔虎右旗、鄂托克旗，分别为 77.6%、77.0%、75.4%，比例较低的旗县有四子王旗、新巴尔虎左旗、科尔沁左翼中旗，分别为 33.3%、33.9%、38.1%；第三产业产值比例较高的旗县有额济纳旗、锡林浩特、新巴尔虎左旗，分别为 54.9%、43.8%、43.7%，比例较低的旗县有乌拉特中旗、西乌珠穆沁旗、乌拉特后旗，分别为 12.4%、15.5%、17.7%。

6. 牧区从业人口持续增加，农牧业生产机械化程度偏低

2006—2017 年，牧区范围内从事牧业的人数稳中有升，由 2006 年的 74.2 万人增至 2017 年的 99.33 万人。2017 年，全区农牧业机械总动力 3484 万千瓦，牧区农牧业机械总动力 907 万千瓦，占全区的 26.03%，机械动力相对较弱，农牧业机械化程度偏低。

（二）牧区草原畜牧业生产发展取得的成效

1. 草原保护政策的实施和草地利用方式的转变取得了良好成效

通过实施草原奖补政策，稳步推进退牧还草、京津风沙源治理等生态保护工程，积极推行季节性休牧、划区轮牧等生产方式，牧草盖度增加明显；部分旗县基于草场保护利用的需求，推进“减羊增牛”“稳羊增牛”等战略，草地生态压力得到缓解，牧民养殖效益增加明显。比如，锡林郭勒盟在全盟推行 1 个月春季休牧政策，地方财政为牧民每亩草场补贴 0.75 元，有利于草场返青。阿巴嘎旗承包草场在 5000 亩以上的牧户大多采取划区轮牧方式，草场面积较小的牧户采取冬营盘和夏营盘的方式轮替放牧。例如，采取划区轮牧的牧民特某某，在实践中摸索草场合理载畜量，承包 5000 亩草场养牛不超过 50 头，选择适宜地块发展打草场，每年纯收入 40 万元，他家的草场在 5 月初就能返青，草场明显好于周边牧户。一些牧户有调整畜群结构的意愿，他们发现养牛省心省事省力，养牛比养羊收益高，对草场的踩踏破坏还小。在调研组走访的 38 个牧户中，有 24 户在近两年开始调整畜群结构，减羊增牛。此外，有些牧民采取“冬季全舍饲”“冷季转场越冬”等多种方式缓解牧场压力，效果明显。

2. 家畜良种化进程提升，畜牧业生产方式正在逐步转变

高产优质种畜选育、畜种改良技术得到推广应用，牛羊的良种改良覆盖率增加明显，肉牛冷配技术得到大面积推广，整体上提升了繁成率。家畜繁殖期补饲调控、放牧 + 补饲育肥、暖季放牧和冷季圈养补饲相结合等技术得到逐步推广，全价营养饲料和舔砖等动保产品在家畜上广泛利用，极大地提升了动物福利和牧民养殖收益。例如，阿巴嘎旗 80% 以上的牛都采用冷配技术繁殖，繁成率稳定在 85% 以上，牛羊的良种改良率达到 95%，地方品种乌冉克羊的良种率提高到 95% 以上。新巴尔虎右旗三河牛、西门塔尔牛占比已达到 75%，地方品种巴尔虎羊的良种率达到 90%。牲畜养殖精细化管理在一些大户推行，例如，牧民刘某实行的 “精管细养冬羔早春羔” 模式，羊的繁成率达到 100%，当年羊羔 6 月就可出栏，上市售价比秋季集中出栏高 25%。

3. 家畜疫病防控能力不断提升

家畜常规防疫制度和规范用药免疫体系基本建立，疫病诊断技术不断改善，为精、准、快地判定动物疫病提供保障。区域疫情监测网络不断完善，动物防疫法规体系的出台，为免疫计划的实施和动物疫病防控提供保障。以 2017 年为例，全区共免疫动物 61573.45 万头，存栏动物始终处于免疫有效保护状态。

4. 畜牧业功能正在拓展，畜产品加工业、手工业发展初具规模

部分家庭牧场在整合畜牧业资源方面发挥作用明显，个别得到农牧业部门认证。肉产品加工业发展趋向规模化、标准化。部分畜牧龙头企业成为带动当地畜牧业发展的重要力量。以家庭作坊、嘎查车间为基本形式的传统奶食品制作业发展较快，正在建起较稳定的消费市场。传统民族服饰、皮雕、皮画、骨雕、毡艺等特色手工业，成为牧民转岗就业、传承草原文化的重要途径。以阿巴嘎旗为例，肉产品加工业发展趋向规模化、标准化，额尔敦、蒙高丽亚、小肥羊等龙头企业成为带动当地畜牧业发展的重要力量。额尔敦与当地20%的牧户建立了订单关系，依托乌冉克羊生产协会，提供稳定和合格羊源，合作牧户肉羊出售价提高15%。

5. 牧民的生产经营理念正在发生变化

一些年轻牧民对未来发展有自己的想法，主动学习接受先进生产营销方式，积极调整畜群畜种结构，努力提高生产经营效益。阿巴嘎旗牧民达某某认为，用机械代替人力是未来畜牧业发展的大趋势，他通过装备牲畜定位系统、监测传感器、远程监控器、补饲传递机、药浴洗羊机等现代化设备，基本实现了牧场的全程机械化、智能化，用心打造“智慧牧场”，生产效益增收明显。新巴尔虎右旗“80后”返乡创业牧民黎某认为，现代营销模式是联结小牧户与大市场的关键，她依托微信朋友圈，借助微商平台建立了新型营销模式，将草原羊肉优质优价销往全国各地，目前正在探索通过网络直播销售自家牛羊肉。

6. 畜牧业基础设施不断完善，生产效率和抗灾能力不断提高

自治区不断加强牧区棚圈、贮草棚、防疫和粪污治理设施、人畜饮水井等设备建设。截至2016年底，牧区过冬畜折合羊单位暖棚面积达到1.1平方米，并建成大型应急饲草储备库101座，饲草储备能

力达到23万吨。2017年，全区仔畜成活率达到98%以上。

以两个示范旗为例，30%左右的牧户拉了网电，其余牧户都有风光互补发电设备。机电井、储水窖等设施覆盖面逐步扩大，人畜饮水困难得到缓解。许多牧户建成了固定住房及移动式篷车住房，个别家庭还安装了无线网络。金融服务得到一定改善，有需求有信誉的牧民基本都能够贷到款，贷款期限从1年延长到了3年。肉羊气象指数保险在两旗启动，肉牛养殖保险在一些养殖大户推行。牧民基本医疗和子女教育得到保障，苏木（乡镇）建有标准化卫生院，部分苏木（乡镇）一级保留着幼儿园，小学集中在旗里。试点地区嘎查两委班子成员大多为30～40岁的年轻人，个别嘎查还有大学本科生担任书记或嘎查长，组织领导和创新合作能力较强。

（三）牧区草原畜牧业生产面临的主要问题

1. 草原的科学利用机制及草畜平衡的生产体系没有形成

一是由于北方草原畜牧业季节性、年份间牧草产草量、牧草中营养价值的供给差异和不可精准预测，草原超载问题仍然存在。以两个旗为例，2018年，阿巴嘎旗冷季超载率在10%左右，一些牧户超载率达40%；新巴尔虎右旗天然草原冷季适宜载畜量为116.55万羊单位，而实际存栏176万羊单位，大约有60万羊单位需要购买饲草。

二是牧民长期以来以超载放牧为主要维持和提高收入手段的生产经营方式，而当前补奖标准对减畜的调控作用十分有限。冯秀等2019年的研究表明：2014年补奖标准应为115.5元/公顷左右才能够补齐减畜损失，而这一时期的奖励标准实际为25.65元/公顷，奖励资金仅为收入损失的22.2%。另从监管角度看，牧户虽然面临着超载被惩罚的风险，但是由于草原面积大、监管困难，牧户因超载被惩罚的概率低，且罚金与超载放牧的收益相比甚少，2019 年的牛羊价格与 2014 年相比，有大幅提高。因此，很多牧户趋向超载的生产方式，以牺牲目前还没有货币化兑现的生态价值来谋取更多的经济利益。

三是牲畜大幅增加，草场压力越来越大。20 世纪 80 年代，阿巴嘎旗和新巴尔虎右旗牧区牲畜分别有 50 万和 80 万头只左右；而目前，牲畜分别达到 94 万和 126 万头只左右。

2. 草地畜牧业生产方式中现代技术渗透应用不够

相比农区快速推进的现代化种植业，牧区畜牧科技推广机制不完善，科技成果转化率低，家畜品种、生产方式、设施和设备标准化水平低，科技含量低。家畜疫病防控技术和现代繁殖技术普及应用不够，基层兽医人员缺乏，与牧区牧户分散、服务半径过大的实际存在矛盾。比如，牧民饲料投入和品种改良专业知识缺乏。牧民对家畜的补饲单一，不能按牲畜营养需求科学补饲，饲养品种近亲繁殖严重，畜种优良遗传性状不能在生产种体现。

3. 以传统放牧为主导的草原畜牧业增收不稳定，牧民生产性投入持续增加

一是畜牧业发展的主导模式以放牧为主，水热条件是影响草原畜牧业第一性生产的重要条件，一年中大约 4 ~ 7 个月在枯草地上放牧，草与畜供需动态变化不同步，导致营养供给与绵羊需求相互脱节，致使放牧家畜生产水平较低而又耗费较高的补饲成本，生产收益极差。

二是受水热条件影响，年份间盈亏差异大，导致牧户持续投入生产但增收不明显，可持续提升改善生活的经济条件不足，受禁牧、限牧政策制约以及旱灾、雪灾等自然灾害影响，导致饲料成本在牧民生产经营性总支出中的占比不断增大。

三是生产、生活成本持续增加。生产环节，冬季补饲草料成本成为最大负担。受禁牧、限牧政策制约以及旱灾、雪灾等自然灾害影响，牧民舍饲养殖的时间不断延长，牲畜从吃“免费草场”到吃“有偿饲料”，饲料成本在牧民生产经营性总支出中的占比不断增大，一旦遇到灾年，饲草料支出可“吃”掉大部分畜牧业收入。比如，当发生严重旱灾，一吨干草售价达到 1200 ~ 1400 元，一吨青贮也要 450 元甚至更高，牧民购买饲料成本大幅增加。调研对象中的一个牧户预计年纯收入 6 万元，但购买饲草料成本已经大约花了 5 万元，另一牧户预计年纯收入 2.4 万元，购买饲料成本就要花掉大约 3 万元，入不敷出现象极为严重。生活方面，由于摩托车、皮卡车、轿车等交通工具在牧区的普遍使用，在提高生产效率、生活质量的同时，也增加了生活成本。就拿单纯燃油费一项来讲，牧民每年到市中心办事及日常采购的交通燃油费少的要 1 万元，多的高达 2 万 ~ 3 万元。

4. 生产体系的组织化程度不高，牧业生产社会化服务存在短板，第一、第二、第三产业融合不够

一是牧户依靠养牧和打草等牧业活动获得的收入占家庭收入的 80% 以上，收入结构单一。二是牧户按照生产体系要素组织分工合作不够，集体经济的作用发挥不够。三是大部分牧区在牧资供应、打草供水服务、产销对接、信息交流、物流管理等方面的综合性服务组织基本空缺。在第一产业上，牧区基础设施建设（如水、电、路、通信等）方面仍存在较大短板，无法满足现代饲养管理要求。在第二产业上，畜产品精深加工不够。在第三产业上，牧区金融惠牧工作还有待加强。

5. 牧区各类新型经营主体少，组织运营状况不佳

以两个旗县为例，阿巴嘎旗合作社 197 家，入社牧户 1000 多户，约占全部牧户的 15.9%；新巴尔虎右旗合作社 175 家，入社牧户 900 多户，约占全部牧户的 15.3%，大多数牧户仍旧以单家独户生产经营为主，组织化程度低。与此同时，大多合作社经营水平不高，名义上成立了合作社，而实际并不能按合作社规范市场化运行，主要是缺少有凝聚力的能人、带头人，因此真正意义上的合作社仅有10%。并且带动力强的龙头企业少。

尽管牧区在生态文明建设和畜牧业发展上取得了进步，但从产业发展视角看，还面临着诸多问题，构建符合牧区生产实际、操作性强的现代畜牧业产业体系是牧区现代化建设的前提。

三、优化生产体系的基本思路和主要措施

（一）生产体系构建的基本原则

一是坚持生态优先。把保护草原生态放在优先位置，坚持以草定畜，全面落实草原生态保护制度，正确处理生态环境保护与牧业生产、牧民增收之间的关系，坚持保护与发展并重，治理与建设协同，形成人与自然和谐共生的良好局面。

二是坚持生产、生活、生态“三生”统筹，经济效益、社会效益、生态效益“三效”统一。实施牧区经济结构的战略性调整，加大力度实现牧区产业生产经营方式及饲养管理方式的转变，尽快实现家畜品种优化、畜群结构改善，使草原牛羊生产走上高效、优质、适度集约化发展道路。

三是坚持牧民主体地位。以维护广大牧民群众根本利益、促进共同富裕为出发点和落脚点，充分尊重牧民意愿，充分调动牧民积极性、主动性和创造性，不断激发牧区振兴的内生动力。

四是坚持改革创新驱动。将体制机制改革和科技创新作为两大动力源，持续深化草牧场三权分置、集体产权制度、人才发展机制等牧

区综合改革，坚持科技兴牧、质量兴牧、品牌强牧，提高现代畜牧业全要素生产率。

（二）生产体系构建的思路和规划性建设目标

梳理内蒙古牧区以牧畜牧业为基础的产业，牧区的产业体系构成主要有肉牛产业、肉羊产业、马产业、骆驼产业、畜产品加工业、草原文化旅游业、乳品产业、特色手工业等。但是作为大部分农牧民主导性收入产业的主要是肉牛、肉羊产业。特别是阿巴嘎旗、新巴尔虎右旗的牛羊产业是90%以上牧区生活牧民的支柱收入来源。本部分重点研究肉牛、肉羊生产体系的构建。

（1）目标：构建现代畜牧业生产体系，实现生态良好、生产发展、生活富裕。

（2）牧区主体推行的生产方式：适度规模家庭牧场、股份合作制联合社。

（3）建设内容：围绕家庭牧场和股份合作制牧场，以旗为单位，做好生产支撑和组织服务保障两大体系建设。

从5个方面做好生产支撑：一是做好良种支撑（生产贡献率40%）；二是做好草原利用及科学修复支撑（15%）；三是做好饲草料供给支撑（20%）；四是做好家畜疫病防控支撑（15%）；五是做好现代设施装备支撑（10%）。

从3个方面做好服务保障：一是旗政府扶持建立公益性的、政策扶持的、非营利性服务公司，全面开展生产服务保障，聘任职业经理人，企业化经营管理服务公司；二是在嘎查或苏木所辖区域内统一建立牧民协会，作为联结牧民与非营利性服务公司的纽带，协会主要负责与牧民的联系、对接工作，确保生产的组织保障；三是加强技术支撑，以政府主导为主，以解决生产中的关键技术为目标，设立项目，通过政府购买服务，联合高校、科研院所等加大科技成果转化和推广应用力度，做好生产技术保障。

两大子体系的关系：生产支撑子体系是现代畜牧业生产体系得以实现的手段、措施，是生产体系目标实现的要素；服务保障子体系是现代畜牧业得以实现的前提先决条件，保障着牧区现代化两种生产模式、五大支撑要素的有序运行，是实现牧区产业现代化的基础。如图3–1所示。

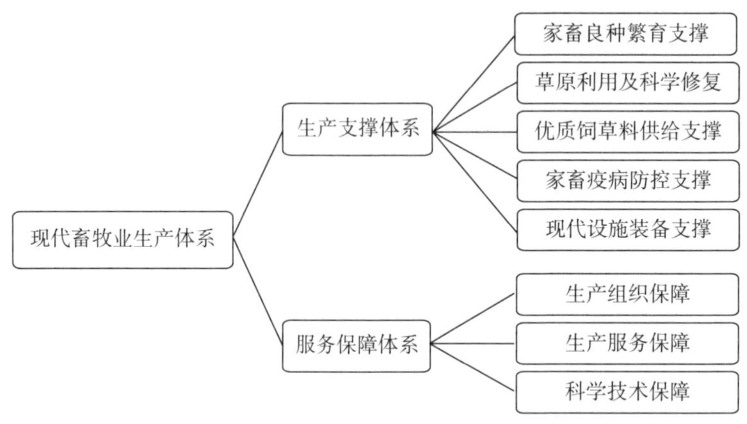

图3-1 现代畜牧业生产体系

（三）生产体系各要素的功能定位及建设规划

1. 从五个方面做好生产支撑子体系的措施

（1）做好家畜良种繁育支撑

①由政府主导、企业参与，建立现代化的家畜繁育体系及核心育种场和良种供种基地。

②发挥本地品种优势，完善种公羊核心群，建立本品种选育及良繁体系，进行本地优良蒙古羊品种的提纯复壮。

（2）做好草原保护与科学放牧利用支撑

①根据不同旗县草原的特点，将草原划分不同区域，有针对性地

明确核定载畜量和草原保护的主攻方向和建设任务，分区域推进草原生态保护建设工作。

②全面执行冷季禁牧政策，通过禁牧和季节性休牧改善草地生产力和生态系统。

③通过补奖政策获得的转移性收入，鼓励牧户在畜牧业生产环节增加饲草料补给。

④通过补奖政策加快家庭畜牧业转型发展，改变超载驱动增收的传统生产方式。

⑤加快发展草原畜牧业第一、第二、第三产业融合，分流牧区剩余人口和劳动力，减少牧民生活需求对草原的压力，缓解人畜矛盾，解决草畜矛盾，破解草原过度放牧难题。

（3）做好饲草料供给支撑

①建立旗、嘎查两级饲草储备中心，旗和苏木要建中心草库，嘎查要根据集体经济实力，以集体、合作组织或大户为单位建立草库。

②旗服务公司和嘎查合作联合社要树立饲草料订单式采购的理念，实现饲草料按照家畜饲养标准订单式设计补饲配方，订单式统一低市场流通采购。

③建立农牧互补的饲草料利用供给体系。

④全面推广饲料加工调制和饲草储备技术，做好技术支撑。

（4）做好疾病防控体系支撑

①建立旗县、苏木乡镇和嘎查村的三级疫病防治体系，强化防控物资保障、兽医科技推广、兽医人才培养建设等。

②加大财政投入，加强动物防控基础设施建设，建立一支功底扎实、训练有素、作风过硬的专业技术队伍，提高动物疫病防控能力。

（5）夯实现代畜牧业设施装备支撑

①强化现代家庭牧场畜牧业配套设施现代化，在风光互补发电、提水设备、饲料粉碎机、全日粮饲草料搅拌机（TMR）、饲喂槽、标准化贮草棚、太阳能保温暖棚、药浴设备、清圈设备等基础畜牧业机械设备上补缺腿。

②强化饲草料生产、加工、储备现代化，配套的机电井、节水灌溉设备，天然草原牧草的割、搂、捆、装、运、储机具设备，人工草地和青饲料种植的耕、整、播、收、加工、节水灌溉、病虫害防治等基础畜牧业机械设备是必须具备的。

2. 从三个方面做好服务保障子体系建设

第一，做好旗县和嘎查两级生产组织保障

①在嘎查或苏木所辖区域内统一建立牧民协会，作为联结牧民与非营利性服务公司的纽带，协会主要负责与牧民的联系、对接工作，确保生产的组织保障。

承担如下功能：一是组织牧民统一购置生产资料；二是搭建畜产品销售渠道，集中统一销售畜产品；三是统一组织联户生产；四是与政府、非营利性服务公司和其他社会服务机构对接。

②旗政府扶持建立公益性的、政策扶持的、非营利性服务公司，全面开展生产服务保障，聘任职业经理人，企业化经营管理服务公司。

承担如下功能：一是为全旗在重大发展战略上提供政策保障和重大发展战略的实施，比如饲草料应急储备、旗一级种畜基地构建、农技人才技能培训、区域公共品牌打造等；二是对接大型饲料企业、加工企业，组织全旗饲料等生产资料的统一采购、牲畜的统一购销；三是指导牧民联合组织运营。

第二，做好生产环节社会化公共服务保障

①建立牧草收获、打捆、运输等打草社会化服务合作社。

②建立牧区供水服务组织。

③建立商业化疫病防控（防疫、免疫、寄生虫防控、洗羊）及繁殖技术上门服务社会化组织。

④建立苏木镇一级的活畜交易市场、优质种畜交易市场。

⑤建立苏木镇一级的农畜产品市场销售推广机构。

第三，做好现代畜牧业技术支撑和示范保障

①重视与高校、科研院所合作，加强技术供需对接，加大科技成果转化和推广应用力度。

②强化现代农牧民培育，加快优质绿色高效技术快速进嘎查入牧户。

③推进畜牧业生产机械化；重视智能畜牧业建设。

3. 优化生产体系、转变生产方式的主要措施

内蒙古牧区畜牧产业坚决不能再走“优质低价增量”的老路，坚决要走“生态畜牧业—优质畜产品精深加工—畜产品统—渠道销售—牧区全域旅游”保护生态环境的畜牧业高质量可持续发展之路；要努力实现牧区的一二三产业的相互促进与融合发展。

第一，注重产业化经营。一要充分认识牧区与农区产业组织化的本质区别，重视畜牧业生产组织化。农牧业产业化是现代农牧业发展的方向，但是牧区的产业化组织不能完全套用农业产业化中以龙头企业为主体、以龙头企业为核心推进产业化、组织化。如果完全依靠引入外援资本、引入企业发展牧区的组织化，最终真正的受益主体可能不是牧民。牧民在其中扮演的依然是弱势群体，是市场化对牧区资源与牧民利益的双重掠夺。牧区的产业组织化必须以牧民为主体，在挖掘培养牧民内部的组织能力、视野上下功夫，同时要想保证牧民的主体地位，旗县一级政府和党的基层组织在其中必须扮演重要角色，这是牧区畜牧产业组织化与乡村农业发展中组织化最大的区别。要政府牵头，在支持、引导、整合、组织、赋能上做到首当其冲站位，在旗县构建政府扶持的非营利性牧区生产服务公司，在嘎查发挥基层组织作用，构建党支部 + 合作社的牧民合作组织，两级组织体系协同做好全旗生产组织保障。二要抓好基地和以嘎查、苏木为核心，集中连片发展的区域中心建设。根据区域内草牧场类型、交通条件等，建设优势牛羊生产区域集聚中心，推动生产向区域化、规模化、专业化、集约化、标准化方向发展[3]。三要注重畜产品加工企业重组和扶持龙头企业。我们在调研中发现一个旗县内多家中小规模畜产品加工企业单打独斗、割据发展现象普遍。因此，要围绕打造“一个旗市一个品牌、一种畜产品一个品牌”的理念，实现企业整合重组或构建紧密合作的联盟式协同发展机制，引导龙头企业在较大范围整合资源，扩大规模，增强市场竞争力。

第二，注重规划专业化生产布局。当前牧区普遍存在畜种结构不够合理的现象，表现在牧户中饲养的牲畜品种杂，虽然整个地域内饲养的牲畜头数很多，但没有形成区域化和专业化的优势[3]。一要选择有比较优势、草场立地条件和市场潜力的畜种作为主攻方向，进行区域化布局，根据旗县地域和草场类型，以牧民牧户为主体，重点支持合作社及联合社发展，构建“宜羊则羊、宜牛则牛”的苏木镇区域发展布局。二要在布局专业化与技术应用的协同化上下功夫，集中集聚区域化推行母畜的低成本养殖、冬季舍饲夏季放牧养殖技术、母子一体化养殖、羔羊的放牧 + 补饲技术等。三要因地制宜发展青贮玉米、苜蓿、燕麦等优质牧草种植，实现种植和养殖业相互促进，形成种养优势互补与良性生态循环的局面。四要在沿河、沿湖或公路沿线天然草原风景区，充分挖掘草原特色畜牧业生产，建立产业联合体，将家畜饲养和草原生态游、休闲体验、民族奶食品加工结合，促进一二三产业融合[14–15]。

第三，注重草原畜牧业生产方式转变。传统的草原畜牧业，是利用4 ~ 5个月的暖季放牧和7 ~ 8个月冷季枯草地长距离放牧，并以25% ~ 35%的体重损失为代价，维持着生命循环和低水平的动物生产[3]。金海课题组研究表明：冷季肉羊放牧每天行走至少10公里，消耗能量4903.5千焦，折合成中等质量青干草，相当于消耗413克青干草；每天饮用3公斤冰水，由0℃升高到体温37℃，消耗能量464.65千焦，相当于消耗100克青干草；在 –20℃条件下放牧采食，热增耗消耗195克青干草。以上三项累加，即一只繁殖母羊在 –20℃的草地每天长距离放牧游走10公里，饮冰水，相当于一天消耗708克青干草。因此，冷季放牧完全是一种浪费，且是一种生产效率较低的生产模式，从生态效益、成本投入和动物福利上均不合算。在牧区分区域全面推进家畜“暖季放牧、冷季舍饲”生产模式，推广保温蓄热福利型暖舍和家畜暖舍低成本养殖技术，可以使草原得以休养生息，缓解草原生态压力。

第四，注重良种繁育体系建设。90%的牧区草场都存在超载过牧的现象，我们要在提高牧民收入和压缩牲畜头数的两难选择中，实现双赢目标、实现家畜品种的优化，提升单产是必然[3]。在肉牛上，加强良种繁育体系建设，推进地方品种与肉用品种杂交育种，强化草原安格斯牛、草原夏洛莱牛、科尔沁肉牛培育，注重安格斯高档牛肉供给，抓好育成牛培育保护，补齐肉牛育肥短板是关键。在肉羊上，要加快提纯复壮乌珠穆沁羊、苏尼特羊、察哈尔羊、呼伦贝尔羊等地方优良肉羊品种，选育方向上要聚焦单产产羔、增重效益，同时要关注草原短尾羊、戈壁短尾羊品种在减脂降成本上的优质生产性能，利用现代繁育技术和引入国外优质肉用公畜，在非保种区开展经济杂交，提升供肉能力。

第五，注重调整畜群结构及繁育方式。一是根据不同畜种的繁殖特性，合理确定畜群内部基础母畜、后备母畜和种公畜的比例，是控制牲畜头数、加快畜群周转、提高经济效益及减轻冷季草场压力的关键。二是推进标准化饲养，改善繁殖期母畜营养状况，运用催情补饲调控、人工催情和同期发情等技术，缩短繁殖周期，增加繁殖次数，开展“两年三产”或“三年五产”密集型繁殖模式，提升母畜单产。三是注重在地方优良品种中选择具有多羔遗传性能羊进行扩繁，改变 1 年 1 茬羔、1 次产 1 羔的繁殖方式。对具有单、双胎基因的公母羊进行不同组合的配种，提高双羔率。单胎公羊配双胎母羊双羔率为 51.58%，双胎公羊配单胎母羊双羔率为 38.27%，双胎公羊配双胎母羊双羔率为 52.43%。采用双胎公羊配双胎母羊，可显著提高双羔率，因此，合理选配是提高繁殖力的有效措施。四是注重用多胎品种与地方品种羊杂交，是快速、有效和简便易行的提高繁殖力的方法，在此基础上，再进行羔羊早期断奶、分群饲养、短期育肥，通过缩短出栏时间，提高经济效益[3]。

第六，注重农牧区饲草资源互补利用体系建设。区域性利用率不足与季节性秸秆过剩问题是秸秆综合利用中存在的突出问题。调研中，呼伦贝尔牧区通过冬季牛羊转场到农区（岭南地区），利用农作物秸秆过冬的模式消耗部分秸秆就是很好的农牧互补模式。一要关注“北畜南移，转场过冬”模式，政府协调建立牧区牲畜转场农区过冬的生产体系，为转场牧民及牲畜创造更加便利的条件，鼓励更多牧户冬季转场农区。首先，大小兴安岭地区冷季通过北部畜群南调，减少了对天然草原的依赖，让草原得到休养生息，有效保护了草原生态；其次，牧区牲畜在农区越冬产生的粪便作为有机肥直接还田利用，对提高地力、改良土壤有机质具有很好的效果；最后，农区秸秆被饲料化利用，减少因焚烧秸秆造成的大气污染。二要加强中部产区秸秆综合利用基地建设，实现农区秸秆进牧区，解决牧区粗饲料不足的严峻问题。三要分区域建立秸秆收储中心，通过资金补贴，鼓励农民统一集中将秸秆运送到收储中心，再由中心向周边地区及秸秆需求企业调运。四要扩增牧业机械补贴名录，加大补贴力度。当前，牧业机械存在轻简化设备开发不够、产业化程度低、牧民购买无法享受补贴等问题，需要加大力度进行技术革新和设备研发。

四、构建牧区现代化生产体系的政策建议

（一）构建生产体系的政策建议

（1）盟市统筹，旗县组织，整合运用产业补、改良补、生态补、流转补和保险补等各类补贴政策，集约打捆放到建立的服务保障体系中的非营利性服务公司，聘请和培养旗县服务公司职业经理人，全方位协作服务畜牧业生产。结合正在实施的乡村振兴战略，把发展草原畜牧业与发展家庭牧场旅游业，依托电子商务的绿色乳畜产品加工和工艺品生产等结合起来，多管齐下促发展、增效益、提收入。

（2）建立现代畜牧业经营主体发展基金。培养支持一批具有大专以上文化水平、扎根牧区从事合作社、联合社组织经营的新型牧民，为全面推进牧区现代化和牧区基层治理储备人才，打好发展基础。

（3）出台政策，加快推广系列草原生态保护及推进草原畜牧业

生产方式转变的现代技术。例如，推广“冷季低成本舍饲休牧”生产模式、保温蓄热暖舍、放牧家畜科学补饲技术等。

（4）旗政府引导推进牧区第一、第二产业融合发展，例如促进养殖业与加工业一体化融合发展。

（5）在政策性补贴保险上着力，加大休牧期休牧补贴；在现有气象指数保险试点的基础上，多视角探索推进草原旱灾保险。

（6）补齐基础设施短板，加快避灾型畜牧业体系建设。重点支持牧民生活用水、生产用电和生活用电、休牧畜热型棚圈、饲草料加工机械设施建设。

（7）在牧区就近农区旗县重点支持“粮改饲”项目，牧区旗县政府与周边农区政府签订合作发展牛羊饲养业合同，实现农牧区畜牧业互动协同发展。

（8）从政策上支持在不同区域建立秸秆收储中心，加大秸秆收获机械设备的补贴力度，实现农区秸秆进牧区，解决牧区粗饲料不足的严峻问题。

（二）构建牧区养殖与加工一体化融合发展模式

（1）科学定位产业布局，制定有关规划。要以规划为先导，统筹考虑和整体谋划发展思路，结合当地的资源禀赋、牧民养殖（种植）习惯、现有加工流通现状等因素，构建“宜羊则羊、宜牛则牛”的苏木镇区域产业发展布局，引导农牧民按照主导产业布局发展，实现资源、资金、技术、市场等要素的有机整合和共享，促进主导产业的集中、集聚和集约发展。

（2）创建牧区养殖加工一体化发展的机制。当前牧民的收入来源单一，其收入主要依靠销售活畜，抗市场风险能力弱。通过养殖与加工一体化发展，让牧民参股加工企业，享受加工增值环节的部分利润，有利于产业的良性发展。

（3）创建“六统一”产销对接机制。以旗县或以饲养的主导畜种为区域，打造构建统一产品、统一包装，统一追溯体系、统一品牌、统一销售渠道的组织机制，建立统一与市场对接的销售机制，实现优质优价。政府主导打品牌，把加工企业联合，构建销售联合体，统一主打“三品一标”，最后打包交给企业运营。

参考文献

[1] 内蒙古自治区统计局. 内蒙古统计年鉴2017[M]. 北京：中国统计出版社，2017.

[2] 内蒙古自治区统计局. 内蒙古统计年鉴2018[M]. 北京：中国统计出版社，2018.

[3] 金海. 内蒙古草原畜牧业可持续发展途径的探讨[J]. 畜牧与饲料科学，2005（3）：21–24.

[4] 贺有利，卫静静. 我国牧区一二三产业融合发展的探讨——兼论我国牧区“绿色化、工业化、服务化”的融合发展[J]. 草业科学，2018（12）：28–33.

[5] 林月辉. 乡村振兴战略背景下社会工作介入旧村改造的问题研究[D]. 江西师范大学，2019.

[6] 戴红武. “美丽乡村”视域下农村社区教育发展思考[J]. 经济研究导刊，2019（34）：14–15.

[7] 徐冉. 地域文化下的村落景观设计创新研究[D]. 沈阳航空航天大学，2019.

[8] 张囡. 淮安市现代农业发展研究[D]. 浙江海洋大学，2019.

[9] 陈继鹏. 乡村振兴战略下的非遗传承村庄规划探索——以苏州市光福镇冲山村特色田园乡村试点规划为例[A]. 中国城市规划学会、重庆市人民政府. 活力城乡 美好人居——2019中国城市规划年会论文集（18乡村规划）[C]. 中国城市规划学会、重庆市人民政府：中国城市规划学会，2019：10.

[10] 赵烨. 基于“多阶段”振兴的我国既有村落性能化规划研究[A]. 中国城市规划学会、重庆市人民政府. 活力城乡 美好人居——2019中国城市规划年会论文集（18乡村规划）[C].中国城市规划学会、重庆市人民政府:中国城市规划学会，2019：8.

[11] 陈雪，丁钰. 浅析苏州特色田园乡村发展现状及培育经验[A]. 中国城市规划学会、重庆市人民政府. 活力城乡 美好人居——2019中国城市规划年会论文集（18乡村规划）[C]. 中国城市规划学会、重庆市人民政府：中国城市规划学会，2019：10.

[12] 钱津. 论新时代推动高质量发展的基本要求[J]. 黑龙江社会科学，2019（6）：1–8.

[13] 余建杰. 新时代视阈下“三农”问题发展路径[J]. 蚌埠学院学报，2019（6）：81–89.

[14] 马永平. 乡村振兴战略视域下的乡村文化建设[J]. 天水行政学院学报，2019（6）：40–43.

[15] 叶中洋. 农业产业结构优化推进乡村振兴的途径研究[D]. 浙江海洋大学，2019.

[16] 苗静. 内蒙古33个牧业旗市产业结构演进研究[D]. 内蒙古农业大学，2018.

[17] 冯秀，李云恒，李平，等. 草原生态补奖政策下牧户草畜平衡调控行为研究[J]. 中国草地学报，2019，41（6）：132–138.

[18] 冯秀. 牧户对草原生态补奖政策的生产决策行为适应研究[D]. 中国农业科学院，2019.

[19] 潘利兵，李增杰，刘晓军，等. 将资源优势转化为经济优势——西藏农畜产品加工业、休闲农业和一二三产业融合发展调研报告[J]. 农业工程技术，2015：12-15.

[20] 张祖群. 草原文化景观的退化机制——基于鄂尔多斯草原与坝上草原对比[J]. 农学学报，2015：3-20.

[21] 范兴月. 内蒙古牧业旗畜牧业可持续研究[D]. 内蒙古师范大学，2019.

[22] 付明哲，许信刚. 陕西省羊病发生特点、流行趋势及防控对策[J]. 畜牧兽医杂志，2016：1-10.

[23] 曹洁，罗今，董立江. 现代生态家庭牧场建设及机械设备使用探究[J]. 内蒙古科技与经济，2018：4-15.

[24] 布和朝鲁. “围封转移”战略的再思考[N]. 内蒙古日报（汉），2005-01-06.

[25] 国务院关于印发全国农业现代化规划（2016—2020年）的通知. 中华人民共和国农业部公报，2016：11-20.

[26] 苗静，盖志毅. 对内蒙古33个典型牧业旗市产业结构演进的思考[J]. 内蒙古社会科学，2018，39（3）：182-189.

第四章

牧区现代化经营体系研究

21 世纪以来，草原畜牧业现代化同工业化、城镇化、信息化的进程差距在不断扩大，弱质化等特征越发明显，在牧区“谁来养畜，畜怎么养”等问题日益凸显。基于此，2012 年党的十八大首次提出要“构建集约化、专业化、组织化、社会化相结合的新型农业经营体系”。2013 年党的十八届三中全会中进一步强调，农业经营方式的创新应坚持家庭经营在农业中的基础性地位，推进家庭经营、集体经营、合作经营、企业经营等多种经营形式共同发展，这为新型农业经营体系的构建指明了方向。2014 年中央农村工作会议进一步明确了构建新型农业经营体系的目标，即以农户家庭经营为基础、合作与联合为纽带、社会化服务为支撑的立体式复合型现代农业经营体系。2015 年中央一号文件对新型农业经营体系的发展及其社会化服务等提出了针对性措施，同年国家出台的“十三五”规划纲要明确指出新型农业经营主体在现代农业建设中的引领地位。随后 2016 年和 2017 年的中央一号文件都对新型经营主体的发展进行了详细部署。党的十九大报告再次从全局的高度明确了新型经营主体在“构建现代农业产业体系、生产体系、经营体系”中的功能定位，将其作为新时期解决“小规模经营如何实现农业现代化”的重要途径之一。2018年的中央农村工作会议再次强调，走中国特色社会主义乡村振兴道路，必须深化农业供给侧结构性改革，积极培育新型农业经营主体，促进小农户和现代农业发展有机衔接。2019年的中央一号文件强调了“突出抓好家庭农场和农民合作社两类新型农业经营主体，完善‘农户＋合作社’‘农户＋公司’利益联结机制，加快培育各类社会化服务组织，深入推进农村集体产权制度改革”。由此可见，在中国要实现乡村振兴战略和农业现代化都迫切需要实现小农户和农业现代化有机衔接，积极培育新型农业经营主体，构建现代化引领性经营体系。

一直以来，草原牧区作为我国特殊的经济和生态区域，在经济社会发展大局中具有重要的战略地位，兼具边疆地区、民族地区与经济欠发达地区三重属性。然而目前牧区的经济社会发展仍远远落后于城市甚至农村，草原生态环境未得到根本改善，牧民收入增长缓慢，畜牧业生产经营主体较为单一，这些问题都严重制约着畜牧业现代化的实现。家庭承包经营是我国农村牧区基本经营制度的基础，牧户是我国畜牧业生产的最基本单元，在今后一段时期内仍然是畜牧业经营的绝对主体，且会长期存在。因此，如何改变牧户的弱势地位实现牧户和现代畜牧业有机衔接，如何支持和引导多元化的新型畜牧业经营主体带动牧户转型发展，成为实现畜牧业现代化的关键问题之一。

基于此背景，作为我国五大牧区之首的内蒙古自治区，提出了发展畜牧业现代化，构建现代畜牧业引领性经营体系。一方面，有利于解决牧区分散生产经营与外部市场不协调的矛盾，增强新型经营主体“以需定供”意识与能力，推动牧区生产要素重组优化，有效带动牧民持续增收；另一方面，有利于引进现代经营理念，吸引人才、技术、金融与社会资本更多流向牧区，提高牧业创新力、竞争力与生产效率。

因此，积极探索和构建内蒙古现代畜牧业引领性经营体系是加快培育牧区发展新动能，实施乡村振兴战略的必然要求，也是实现牧区牧业现代化的关键。

一、牧区新型经营体系的内涵及类型

（一）新型经营体系内涵及特征

结合党的一系列重要文件对现代化经营体系的阐述以及对相关文献的系统梳理，对牧区新型经营主体内涵的理解应分析其提出的背景。新型经营主体是相对于传统的小规模、自给半自给牧户家庭经营提出的，是基于实现牧区现代化的背景提出的，这就要求新型经营主体需要满足牧区现代化的要求，基于此，牧区的新型经营主体的内涵可以界定为：以草原生态环境保护为前提，具有适度的经营规模、较好的物质装备条件和经营管理水平，劳动生产、草地资源利用和产出率较高，以商品化生产为主要目标的畜牧业联合经营组织。

与传统的牧户相比，新型畜牧业经营主体的特征应主要表现在以下几个方面：一是集约化。在牧区草原资源环境约束趋紧和畜牧业劳动力老弱化的背景下，集约化就是要在尊重自然规律的前提下，以适度规模经营，集中投入较少资源要素，运用科学的管理方法，以求获得更高的资源利用率和劳动生产率，从而让牧民获得更高收益。归根到底，集约化是克服草原资源环境约束和畜牧业不可持续的问题，这是现代畜牧业的重要特征。二是专业化。“小而全”的传统牧户的生产经营方式，无法进行专业化生产，随着牧区生产力水平的提高，应该在畜牧业生产经营的各环节开展专业化生产。首先根据不同区域的自然资源禀赋进行自然分工，形成各具特色的专业化产业带；其次在畜牧业养殖、加工、销售等不同环节，由具有专门知识和技能的组织或个体来操作，充分发挥专业化生产提高效益的优势。三是组织化。组织化就是要把分散的牧户组织起来，通过建立有规模、有组织的合作形态来抵御自然和市场的双重风险，经营组织化要解决的是一家一户的小生产和大市场难以对接的矛盾，目的是让牧民以整体力量进入市场，从而争取更多的利益。四是社会化。社会化就是要将一家一户的个体劳动纳入社会化大生产的分工体系中，将一些繁重的、劳动效率低下的生产经营环节外包给专业性的服务公司来完成，这样既可以减轻劳动强度，又可以降低人工成本，从而提高劳动生产率和效益，以此促进畜牧业增效和牧民增收。

在构建新型畜牧业经营体系的过程中，集约化、专业化、组织化和社会化，是一个相互依存、相辅相成的整体，不可以只强调一个，也不可以平均用力，要结合每个地区的发展水平、资源优势以及其他实际情况，整体推进，重点突破，共同发展。

（二）新型经营体系的构成

根据国家的相关文件及文献，新型经营体系的构成包括集体经济组织、专业合作社、家庭牧场（或专业大户）、龙头企业和社会化服务组织。

1. 集体经济组织

集体经济作为我国公有制的重要组成部分，从 1982 年最早出现在《宪法》中，到《物权法》，再到 2019 年最新修订版本的《土地资源管理法》，国家相关法律和政策对集体经济的相关内涵和定义都在不断补充和完善。农村集体经济的法律内涵，即以土地为核心的主要生产资料归集体和村民所有，坚持农村集体经济制度的基础上，依托村级集体经济组织、村民委员会、村民小组等多种经营主体，通过直接经营或间接经营等方式，实现生产、供销、信用、消费等生产经营活动。现阶段，我国出台的各级各类政策均在强调深入推进农村集体产权制度改革，鼓励发展股份合作等多种形式的合作与联合，探索集体经济新的实现形式和运行机制，文件提到农村牧区集体经济组织是集体资产管理的主体，代表成员集体行使资产的所有权和管理权。

2. 专业合作社

《中华人民共和国农民专业合作社法》实施后，牧区也出现了大量牧民专业合作社。专业合作社是指在草原家庭承包经营基础上，由饲养畜群的牧户，畜产品的销售、加工、运输、储藏，畜牧业生产资料采购，有关畜牧业生产技术，信息的提供者自愿联合并组织起来的互助型经济组织。其组织原则是：自愿参加，民主管理，按章程经营和处理成员之间利益关系，实行“风险共担，利益共享”的原则。牧民合作社的选择应与该地区经济发展水平、历史文化条件和畜牧业发展所处阶段相适应。不论发展何种形式的牧民合作社，牧区发展合作社都必须考虑生态环境保护和生产要素的合理配置。其本质特征主要有：一是实现生态环境保护，二是实现专业化生产，三是实现组织化经营，四是提高市场化程度。在实现畜牧业现代化过程中最终能够发挥联系牧户、服务生产、统一经营、对接市场的作用。

3. 家庭牧场（或专业大户）

根据农业农村部《关于促进家庭农场发展的指导意见》（2014 年）、《关于实施家庭农场培育计划的指导意见》（2019 年）、《新型农业经营主体和服务主体高质量发展规划（2020—2022 年）》（2020 年）和《内蒙古自治区家庭农牧场认定工作意见》（2015 年）等文件精神，家庭农牧场是以农牧户家庭为基本组织单位，以家庭成员为主要劳动力，以适度规模的农、林、牧、渔等产业为劳动对象，以高效的劳动、现代化的技术为生产要素，以农牧业经营为主要收入来源，利用家庭承包草牧场或流转草牧场，从事农牧业规模化、标准化、集约化生产经营，实行自主经营、自我积累、自我发展、自负盈亏和自我管理的新型农牧业经营实体，是现代农牧业的主要经营方式。其具有以下五个特征：一是专业化；二是规模化；三是机械化；四是智能化；五是强有力的引领带动作用。

同时，根据农业农村部办公厅《关于做好家庭农场名录系统信息填报和监测有关工作的通知》文件精神，家庭农牧场包括经农牧业部门认定或备案、工商部门注册登记的家庭农牧场和符合条件的规模经营户。规模经营户一般是指：①种植业。种植农作物土地面积 50 亩及以上；设施农业占地面积 5 亩及以上。②畜牧业。生猪年出栏 200 头及以上；肉牛年出栏 20 头及以上；奶牛存栏 20 头及以上；蛋鸡、蛋鸭存栏 2000 只及以上。③渔业。养殖面积达到 10 亩及以上。

4. 龙头企业

龙头企业是指利用资本、技术、人才等生产要素，以畜产品加工或流通为主，通过合同或订单等形式与牧户建立利益联结纽带，促进畜产品生产、加工、处理、运输、销售等环节有机结合，实现小牧户的产供销和贸工农一体化的新型畜牧业经营主体。

根据 2014 年内蒙古自治区党委办公厅、政府办公厅印发的《关于深化农村牧区改革，建立完善龙头企业与农牧民利益联结机制的意见》和 2019 年 4 月中共中央办公厅、国务院办公厅印发的《关于促进中小企业健康发展的指导意见》，在牧区现代化进程中，龙头企业应发挥四个方面的功能与作用，详见表 4–1。

表4-1　　牧区现代化龙头企业的功能与作用

龙头企业功能	具体作用
开拓新市场	利用企业自身优势，对接大市场，及时传导市场信息；通过网络、电商及冷链物流等手段，推进牧区畜产品流通现代化，促进牧区产品销售
开发新产品	采用新技术，推广新标准，开发新产品，引导畜种改良；提高畜产品整体品质，带动牧区产业转型
开展新服务	引领可追溯体系建设，带动牧户采用新技术；助推区域品牌建设；开展产品定制化服务；促进当地牧户培训与就业
增值并分享	创新牧企利益联结方式，产销对接；整合产业链，提高牧区资源利用效率与收益，分享畜牧业产业链增值收益，带动牧民增收

5. 社会化服务组织

《中共中央关于推进农村改革发展若干重大问题的决定》中提出，“加快构建以公共服务机构为依托、合作经济组织为基础、龙头企业为骨干、其他社会力量为补充，公益性服务和经营性服务相结合、专项服务和综合服务相协调的新型农业社会化服务体系”。社会化服务涉及农业产前、产中、产后等多个领域。以种养专业户、家庭牧场为骨干，以牧民合作社为中坚，以龙头企业为引领，以畜牧业社会化服务组织为支撑，综合运用多种政策工具，更好发挥其建设现代畜牧业的引领作用。新型畜牧业社会化服务体系主要由畜牧业科技服务体系、生产服务体系、基础设施服务体系、经营管理服务体系、商品流通服务体系、金融服务体系、信息服务体系、畜产品质量安全服务体系等八个方面构成。本章主要研究为经营主体服务的市场、信息、金融和技术服务体系。

二、内蒙古牧区新型经营体系发展概况及目标

（一）牧区新型经营体系发展概况

内蒙古牧区主要由 33 个牧业旗县构成，其占全区 80 个属于县域

经济范畴旗县（市）的41.3%，其行政区域土地面积占80个旗县（市）总面积的69%以上。内蒙古牧区地域广阔，人口相对稀少、自然资源比较丰富，可利用草原面积约6300万公顷，占整个内蒙古草原面积的92%，人均可利用草原面积达9.11公顷，现探明矿产资源点、矿床等2000多处。然而，由于受自然地理环境与气候变化等多种不确定因素的影响，内蒙古牧区的经济发展水平较为滞后，在现代化建设的进程中面临诸多困境，诸如生产方式相对粗放、产业结构层次较低、新型经营体系发展滞后、科技创新能力较低等。

就牧区新型经营体系而言，近些年自治区各级政府对新型草原畜牧业经营主体的培育工作采取了一系列有效措施，取得了一定成效。现已形成专业大户（联户经营）、家庭牧场、专业合作社、集体经济、龙头企业等多种经营主体并存的格局。具体而言，联户经营、专业大户经过长期发展，现已具备一定的发展基础；就家庭牧场而言，目前全区牧业旗县的家庭牧场数量为10401个，其中呼伦贝尔市2686个、兴安盟2197个、赤峰市1211个、锡林郭勒盟1214个、乌兰察布市251个、包头市49个、鄂尔多斯市967个、巴彦淖尔市303个，阿拉善盟1523个。不过，经调查发现各个地区对家庭牧场的界定标准不完全一致，目前正在逐步推进培育家庭牧场；牧民专业合作社发展较快，数量上已形成一定规模，现全区33个牧业旗县的合作社数量达到18344个，其中呼伦贝尔牧业旗县合作社总数为1084个，兴安盟为3665个、赤峰市为6566个、锡林郭勒盟为2371个、乌兰察布市836个、包头市354个、鄂尔多斯市1980个、巴彦淖尔市786个、阿拉善盟702个。但合作社的发展质量亟待提升，通过调查得知，真正发挥作用的合作社不到10%，且存在内部运行机制不规范、外部缺乏有效监督等问题；全区目前集体经济的运行大致分为资源租赁模式、牲畜资产经营模式、参股发展模式和联合协作模式等几种。其中资源租赁模式和牲畜资产经营模式应用普遍，但从长远发展来看，这两种模式存在诸多瓶颈，主要表现为运营方式单一，发展后劲不足，规模小缺乏长效积累机制，而且集体成员参与度低。就参股发展模式和联合协作模式这两种经营形式而言，目前刚刚兴起，具有摆脱生态环境压力和市场压力的潜质，值得进一步鼓励探索，但也存在不可忽视的问题，其复制推广性还有待观察；龙头企业整体而言发展相对滞后，就国家级、自治区级及盟市级的龙头企业数量而言，总数合计 292 个，其中呼伦贝尔市 4 个、兴安盟 33 个、赤峰市 127 个、锡林郭勒盟 32 个、乌兰察布市 5 个、鄂尔多斯市 33 个、巴彦淖尔市 11 个、阿拉善盟 47 个。这些龙头企业中，国家级的只有 1 家，而且大部分龙头企业对牧民难以发挥真正的带动作用。

总的来看，当前牧区新型畜牧业经营主体培育虽然取得了一定的成效，但依旧存在发展不平衡、不充分、实力不强等问题，面临的诸多短板和制约依然突出，培育工作仍停留在消化政策、探索路径阶段。从新型经营体系自身发展水平看，基础设施落后、经营规模偏小、集约化水平不高、产业链条不完整、经营理念不够先进等问题依然存在。发展区域性不平衡问题比较突出。家庭牧场仍处于起步发展阶段，大部分牧民合作社内部运行不规范，外部也缺乏监督，集体经济组织缺乏活力，龙头企业发展滞后、缺乏带动能力，社会化服务组织服务能力不足、服务领域拓展不够。从外部环境看，各类新型畜牧业业经营主体融资难、风险高等问题仍然突出，财税、金融、用地等扶持政策不够具体，倾斜力度不够，各地畜牧业相关部门指导服务能力亟待提升。

（二）牧区新型经营体系发展目标

未来发展新型经营体系应紧紧围绕“五位一体”总体布局和协调推进“四个全面”战略布局，落实高质量发展要求，充分发挥家庭牧场、牧民合作社、集体经济、龙头企业、社会化服务组织在畜牧业产前、产中、产后等领域的不同优势，最终构建以中小牧户、养殖大户和家庭牧场为基础，以集体经济组织、牧民合作社、龙头企业和各类经营性服务组织为支撑，多种生产经营组织共同协作、相互融合的立体式复合型新型畜牧业经营体系，合力推动牧区畜牧业现代化的进程。

家庭牧场。到2020年，支持家庭农牧场发展的政策体系和管理制度进一步完善，家庭农牧场数量稳步增加，各级示范家庭牧场达到2300家，生产经营能力和带动能力得到巩固提升。

牧民合作社。到2020年，牧民合作社质量提升整旗推进基本实现全覆盖，示范社创建取得重要进展，牧民合作社规范运行水平大幅提高，服务能力和带动效应显著增强。牧民合作社8.2万家，各级示范合作社达到2500多个。

集体经济组织。建立起扶持集体经济发展的长效机制，积极探索集体经济组织的多种发展形式，鼓励民众参与集体经济建设，激活集体经济组织的活力。

龙头企业。通过多种渠道做大做强龙头企业，打造国家级、自治区级以及盟市级龙头企业，引导企业通过多种形式与中小牧户、专业大户、家庭牧场以及牧民合作社等经营主体实现有效对接，形成“风险共担、利益共享、合作共赢”的紧密联结关系。

社会化服务组织。到2020年，服务市场化、专业化、信息化水平显著提升，服务链条进一步延伸，基本形成服务结构合理、专业水平较高、服务能力较强、服务行为规范、覆盖全产业链的畜牧业生产性服务体系。农林牧渔服务业产值占畜牧业总产值比重达到 5.5% 左右，覆盖中小牧户 60 万户。

新型畜牧业经营主体的经营者。高素质牧民培训普遍开展，线上线下培训融合发展，大力开展新型畜牧业经营主体带头人培训。新型畜牧业经营主体的经营者培育工作覆盖所有的畜牧业旗县，培育体系健全完善，培育机制灵活有效，培育条件大幅改善，新型畜牧业经营体系队伍总体文化素质、技能水平和经营能力显著提升。

2020—2025 年，家庭牧场、牧民合作社、集体经济组织、龙头企业、社会化服务组织等新型经营主体每年的数量年均速度增长达到 5%。其间的主要任务是规范、完善新主体的治理体系，提升其水平和能力，提高新型畜牧业经营体系的经营者素质、发挥和强化集体经济的功能。

（三）试点旗新型经营体系概况

本章课题组先后于 2019 年 7 月 21 日至 25 日和 2019 年 8 月 10 日至 15 日前往内蒙古牧区现代化的试点锡林郭勒盟阿巴嘎旗和呼伦贝尔市的新巴尔虎右旗进行实地调研，其中，在阿巴嘎旗共调研了 3 家合作社、6 家大户和家庭牧场、4 家企业、1 家智慧牧业、2 家小牧户；在新巴尔虎右旗共调研了 5 家合作社、7 家大户和家庭牧场、3 家企业、25 家小牧户、11 个嘎查的集体经济情况。同时，课题组成员还与调查旗县的各个部门进行了全面细致的座谈，深入了解牧区旗县各个畜牧业经营主体的发展现状及存在问题。

1. 阿巴嘎旗试点基本概况

阿巴嘎旗地处内蒙古锡林郭勒盟中北部，呈东西窄、南北长的斜长形，东与东乌珠穆沁旗、锡林浩特市为邻，南与正蓝旗接壤，西与苏尼特左旗毗连，北与蒙古国交界，边境线长 175 公里。全境南北长约 260 公里，东西宽约 110 公里，总面积 4124.3 万亩，辖 7 个苏木镇、71 个嘎查。阿巴嘎旗草原类型、植被类型、植物种类、生态类型具有典型性，草原面积 4079.5 万亩，其中可利用草场 4051.9 万亩，全旗草地植被盖度达到 45.6%。累计围栏草场 3821 万亩，95% 的草场实现了围栏化。打草场总面积达到 712 万亩，占可利用草场的 17.5%。草畜平衡制度核定的畜均草场面积 13 亩。全旗户籍总人口 18032 户、43704 人，其中，牧民 6274 户、21247 人，实际从事牧业的 14191 人。2018 年冬季牧业普查存栏羊 81.7 万只、牛 11.7 万头、马 1.1 万匹，拥有“阿巴嘎乌冉克羊”等 3 件地理标志商标；全旗地区生产总值 30.85 亿元，三次产业结构 27.8 ∶ 34.5 ∶ 37.7，财政收入 1.65 亿元，牧民人均可支配收入 25877 元，比全区平均水平高 5910 元。

阿巴嘎旗作为内蒙古自治区推进牧区现代化试点旗之一，选择了别力古台镇、查干淖尔镇、洪格尔高勒镇的 15 个嘎查（每镇 5 个嘎查）先行试点。别力古台镇、查干淖尔镇、洪格尔高勒镇西与苏尼特左旗交界，南与正蓝旗、正镶白旗毗邻，东与盟府锡林浩特市相连，这三个镇的总草场总面积 1711.3 万亩，辖 40 个牧业嘎查，户籍人口 13562 户、31346 人，其中，牧业人口 4907 户、14606 人，常住牧业人口 2999 户、11199 人，具体人口情况见表 4-2。2018 年冬季牧业普查存栏羊 26.5 万只、肉牛 7.94 万头，其中三代以上西门塔尔肉牛 1.25 万头、马 3270 匹。标准化棚圈 1977 处 25.7 万平方米，机电井 1327 眼、大口井 1730 眼，通网电 1327 户、2000 瓦以上风光互补 1525 户，通柏油路 936 公里，通信覆盖率 40%，广播电视综合覆盖率达 97%；幼儿园 4 所，中心卫生院 3 所，嘎查卫生室 22 所，嘎查活动室 42 处；建档立卡贫困户 292 户 809 人、牧区低保户 271 户 421 人，参加社保 4709 人、医保 14958 人；各嘎查均有集体收入，合作社 122 个、家庭牧场 99 户。

表4-2 阿巴嘎旗试点苏木镇的人口与户数

苏木镇名称	总户数（户）	总人口（人）	非牧业人口（人）	牧业人口（人）	牧业人口占比（%）	人口密度（人/km²）
全旗	17980	44190	20679	23511	53.2	1.61
别力古台镇	8710	20340	16483	3857	19.0	4.37
查干淖尔镇	2690	6491	1014	5483	84.5	1.59
洪格尔高勒镇	2091	4977	768	4209	84.6	1.68

2. 新巴尔虎右旗试点基本概况

新巴尔虎右旗地处中俄蒙三国交界，是内蒙古自治区 19 个边境旗（市）和 33 个牧业旗之一，位于呼伦贝尔市西南部；东北部与我国最大的陆路口岸城市满洲里毗邻；北、西、南三面与蒙古国和俄罗斯接壤，总面积 2.52 万平方公里，边境线长 515.4 公里，其中，中俄边境线 48 公里、中蒙边境线 467.4 公里。全旗辖 3 个镇、4 个苏木，有 11 个社区、51 个嘎查（村），常住人口近 4 万人，蒙古族人口占 83%。境内的巴尔虎草原是世界六大最美草原之一的呼伦贝尔大草原的重要组成部分，有效草场面积 3429.6 万亩，可利用草场 3328 万亩，畜牧业从业人口 5862 户、1.7 万人，户均草原面积 5850 亩。2018 年年末牲畜存栏 126 万头只，其中牛 8.2 万头、羊 111 万只，到目前，畜牧业年度牲畜存栏 213 万头只，拥有“西旗羊肉”地理标志。2018 年，地区生产总值完成 58.2 亿元，第一、第二、第三产业结构为 16.2∶61∶22.8；固定资产投资完成 8.7 亿元；一般公共财政预算收入完成 4.4 亿元，财政支出 14.4 亿元；社会消费品零售总额完成 7.5 亿元；城镇常住居民人均可支配收入完成 30694 元；牧区常住居民人均可支配收入完成 21596 元。新巴尔虎右旗选择了 7 个苏木镇的 19 个嘎查为先行试点。分别是宝格德乌拉苏木呼伦嘎查、呼伦镇呼伦诺尔嘎查、阿日哈沙特镇白音乌拉嘎查、克尔伦苏木芒来嘎查、贝尔苏木贝尔嘎查、达赉苏木巴彦布拉格嘎查、阿拉坦额莫勒镇白音陶力木嘎查。

三、集体经济发展分析

（一）集体经济发展现状

通过对内蒙古牧区现代化试点阿巴嘎旗和新巴尔虎右旗实地调研，走访了阿巴嘎旗3个苏木镇15个试点嘎查和新巴尔虎右旗5个苏木镇16个试点嘎查，共计31个代表性嘎查，总结当前牧区集体经济发展，呈现出资源租赁模式、牲畜资产经营模式、参股发展模式和联合协作模式等（见表4–3）。

表4-3　集体经济发展类型及其数量

发展模式	嘎查数量	嘎查名称	所属旗县
资源租赁模式	22	巴彦毕力格图嘎查、阿拉坦杭盖嘎查、奔道尔嘎查、赛罕图门嘎查、阿拉腾锡力嘎查、乌兰图嘎嘎查、查干淖尔嘎查、巴彦淖尔嘎查、乌兰图雅嘎查、呼格吉勒图嘎查、阿拉腾图古日格嘎查、岗根锡力嘎查、伊和宝拉格嘎查、萨如拉图雅嘎查、巴彦洪格尔嘎查	阿巴嘎旗
		青格勒嘎查、耐日莫得勒嘎查、其其格乐嘎查、呼伦嘎查、贝尔嘎查、萨如拉嘎查、巴音陶日穆嘎查	新巴尔虎右旗
牲畜资产经营模式	31	全部嘎查	阿巴嘎旗 新巴尔虎右旗
参股发展模式	1	芒来嘎查	新巴尔虎右旗
联合协作模式	7	山达嘎查、巴音德日斯嘎查、海拉斯图嘎查、赛汗呼热嘎查、西庙嘎查、东庙嘎查、希日塔拉嘎查	新巴尔虎右旗

1. 资源租赁模式

（1）运行特点

①草场资源租赁到户实现集体经济增收

调研的嘎查全部拥有属于资源性资产的集体草场，其中以集体草场租赁获得集体收益的嘎查达到23个，占全部调研嘎查的74.19%。

嘎查对集体草场的利用主要表现为将集体草场作为机动草场以略低于市场价的价格转租给本嘎查有需求的牧户，租金归集体所有，租金使用归嘎查集体使用或者为牧民分红使用，该运转方式最为普遍；个别嘎查如新巴尔虎右旗青格勒嘎查将部分未租用草场建立合作社，解决贫困户脱贫问题。

②集体草场共用共享促进全体牧民发展

值得注意的是，个别嘎查牧户草场面积小，发展受限，将集体草场作为普惠性福利供本嘎查全体牧民轮牧使用，典型代表如新巴尔虎右旗耐日莫得勒嘎查。该种集体经济发展数量较少，且尽管集体资源并未实现经济效益，但促进了全体牧民的发展，殊途同归。

（2）利益联结方式

资源租赁模式的利益联结方式分为两种。其一，在于“取之于民，用之于民”，形成“集体草场租赁 + 全民普惠福利”式的利益联结方式。嘎查集体通过租赁集体草场给本嘎查牧民，获得嘎查集体性收入，嘎查全体牧民表决实现集体收入支配，通过为全体嘎查牧民购买医疗保险等形式实现全民普惠性福利，抑或通过购买牲畜供集体经营实现获利。其二，打造公共性夏季草场，形成集体草场供嘎查全体牧民共享机制，促进全体牧民的共同发展。

2. 牲畜资产经营模式

（1）运行特点

①多渠道资金来源保障集体牲畜资产基础

调研的试点嘎查中几乎全部嘎查都拥有本嘎查的集体牲畜资产，牲畜资产来自如下几方面。一是集体牲畜资产的继承经营。原始牲畜源自 1982 年包产到户政策实施分配所得，后经集体经营不断继承下来，现阶段该渠道来源嘎查数量较少。二是国家政策扶持。特定时期国家部委出台惠牧政策（如国家民委、农业综合开发办等），一些嘎查集体通过申报获得国家专项资金支持，购买种公羊、基础母羊等牲畜供集体经营使用，确保集体经济增收。三是借助集体资源租赁资金盘活集体牲畜经营。集体资源租赁产生的集体收入保证了集体经济运行，为集体牲畜购买和经营奠定了基础。

②多种牲畜资产经营活动促进集体经济增收

嘎查集体通过继承和购买等形式实现牲畜资产的原始积累。嘎查集体对牲畜资产的经营表现如下：一方面，对拥有基础母羊群的嘎查集体采取包产到户和自营模式，既可以通过向牧户收取承包费获得集体经济收入，也可以通过雇用羊倌在集体草场自营获得收益；另一方面，对拥有种公羊群的嘎查集体则采取按需租赁模式，将嘎查集体的优质种公羊租赁给有需求的牧户，并通过收取低于市场价的现金方式或兑换优质羊羔等形式获得报酬。值得注意的是，个别嘎查在牲畜种类方面有差异，基础母牛和种公牛也属经营常见的畜种。

（2）利益联结方式

嘎查集体通过承包、租赁等形式实现牲畜资产向牧户的流转，并通过现金或者优质种畜兑换等形式实现集体经济的积累及集体牲畜资产规模的扩大，确保了集体资产的增值。与此同时，嘎查集体往往以较低的市场价实现对牧户的承包、租赁，亦是对牧民的让利，实现了牧民与集体的双赢。

3. 参股发展模式

内蒙古牧区现代化推进试点中，新巴尔虎右旗拟依托芒来嘎查打造集体经济参股的新型股份制合作社样板，并在全旗其他 8 个嘎查（克尔伦苏木含 5 个试点嘎查，贝尔苏木、阿日哈沙特镇和呼伦镇各包含 1 个嘎查）复制推广，于 2021 年全部运转。

（1）运行特点

①集体经济参股构建新型股份制合作社

芒来嘎查推动集体经济入股新型股份制合作社，现已经形成了《新巴尔虎右旗克尔伦苏木芒来新型股份合作社组建和运行方案》。方案明确了牧民与集体经济的股权关系，指出集体草场、集体牲畜、集体资产等为全体嘎查成员共有，在新型股份制合作社中将集体草场折价入股，利益分红供全体嘎查社员享用。集体草场入股后，便于嘎查内草场整合，更有利于严格执行草畜平衡政策，逐步恢复传统游牧生产方式，达到生态最优化；此外，更加有利于推行集体经营，达到广大牧民集中力量，风险共担、利益共享。

②集体经济发展受能人带动和牧民广泛支持

芒来嘎查有“中国青年五四奖章”“全国农业劳动模范”荣誉获得者米吉格道尔吉同志，其在草原生态保护与现代畜牧业生产经营发展方面积累了有益经验和成功做法，得到了牧民群众的普遍认可。与此同时，该同志还是芒来嘎查支部书记，围绕他形成了芒来嘎查有组织凝聚力和战斗力的嘎查两委班子。牧民对领头人和嘎查两委有较高的认可度，对其发展思路和发展经验亦有较高的认可，促使了嘎查集体经济发展方案得到普遍认可。

（2）利益联结方式

在充分尊重广大牧民群众意见、广泛宣传动员的基础上，以嘎查两委主导，集体草场作为资源型资产折价入股新型股份制合作社，集体牲畜和机械等为全民共享，牧民通过“草场+牲畜”折价入股新型股份合作社，发挥牧民在新型股份合作组织中的主体作用，按照入股分红的模式保证集体经济和牧民的切身利益；采取集体经营方式，实现广大牧民集中力量，风险共担、利益共享。股份合作社成立后将整合牧民草场，逐步恢复传统游牧生产方式，达到草畜平衡。

4. 联合协作模式

内蒙古牧区现代化推进试点中，新巴尔虎右旗拟将位于阿拉坦额莫勒镇的山达嘎查、巴音德日斯嘎查、海拉斯图嘎查、赛汗呼热嘎查、西庙嘎查、东庙嘎查、希日塔拉嘎查 7 个具有各自独立法人公司的嘎查统一规划，打造产业融合发展方案，形成集体经济联合协作的发展模式。

（1）运行特点

①嘎查多元经营主体活跃，奠定集体经济发展基础

调研发现，7 个试点嘎查均为半农半牧生产方式，农牧民人口情况复杂，思想活跃，较之纯牧民拥有更少的资源因而努力经营生计。现已形成了新巴尔虎右旗聚鑫义农牧业发展有限责任公司、金色草原种养殖专业合作社等集体经济组织。积极拓宽生产道路、申请注册自主商品品牌等，在不断提升巴尔虎羊、六村西瓜、蓝旗庙尖椒等地理标识品牌价值的基础上，打造创新品牌；此外，还通过传承和发扬游牧、渔猎、农耕、祭祀等多种文化，积极营造河湖三角洲文化旅游体验长廊，发展“文旅 +”旅游产业等，为集体经济发展奠定了较好基础。

②围绕“人多地少”实际，整合资源促进协作发展

7 个试点嘎查“人多地少”，属于全民共享集体土地。方案提出整合资源，促进协作分工，打造符合当地特色的农牧产业融合发展模式。一方面，提出以绿色发展引领建设工作，加强呼伦湖、克鲁伦河及周边生态自然修复，推动牧区生活方式、生产经营、生态建设与传承游牧文化有机结合，促进人与自然和谐共生；另一方面，以现代牧业为主导，以农牧融合为方向，对畜牧业、有机果蔬两大产业进行培育提升。利用“文旅 +”“生态 +”等模式发展乡村生态旅游，推进农牧业与旅游、文化、康养等产业深度融合，实现第一、第二、第三

产业融合发展。

（2）利益联结方式

创新打造联合发展模式，引入社会资本经营管理机制。该方案重新定义集体经济发展模式和生产经营方式，创新打造集体经济联合发展模式，强调资源共享，产业分工互补。通过集体产权制度改革，登记和整合生产资料归嘎查集体所有，嘎查集体成为综合资源的使用权者和支配者，并与社会资本确立合作关系，以资源入股或重新组建股份制合作企业，规划和推进嘎查集体经济联合体发展。建立以市场为主导，以外来资本为运营主体的经营管理机制，加快实现嘎查集体经济联合体生产资料重组，科学规划农、牧、旅产业布局，实现嘎查集体经济联合发展，全面提升农牧业现代化，逐步提高加工业和旅游服务产业比重，最终建立第一、第二、第三产业融合发展的现代化产业体系。

（二）集体经济发展存在的问题

1. 资源租赁模式和牲畜资产经营模式应用普遍，长远发展存在诸多瓶颈

当前，资源租赁模式和牲畜资产经营模式在牧区集体经济发展中拥有最广泛的接受度，得益于牧区长期以来形成的生产方式基础以及其具有的直接经济效益和社会效应。但从长远来看，其发展存在诸多瓶颈。

（1）集体经济运营方式单一，发展后劲不足

牧区集体经济运行以资源性资产流转租赁和牲畜资产经营为特色。当前，资源性资产发展受国家法律法规以及国家生态政策等多方面宏观政策制约，可利用的空间有限。经营性牲畜资产规模有限，经营性固定资产缺乏竞争力，经济效应普遍较低，导致嘎查集体经济增

值空间被阻隔。教育、卫生、体育等非经营性资产严重缺失。长期来看，牧区集体经济发展后劲不足。

（2）集体经济规模小且缺乏长效积累机制，无法做大

受制于集体草场规模，集体经济规模普遍偏小，缺乏经营性资产的合理经营与增值；由于目前嘎查集体经济普遍采取年现金分红制或为嘎查全民入保（新型合作医疗保险）等方式实现福利分红，加之市场资本的进入受到较大的市场风险和制度风险挑战，导致发展资金无法有效积累，无法进一步做大做强。

（3）嘎查干部决策集体经济发展，集体成员参与度低

调研嘎查的集体经济发展均由嘎查干部决策，民众参与嘎查集体经济发展程度很低。究其原因，一方面在于嘎查集体经济规模有限且发展效果不佳，对牧民的生产生活影响不大，导致牧民参与热情不高；另一方民，牧民长期形成了独户经营的方式，除了养殖大户之外，大部分中小牧民缺乏科学的经营管理和长期的经营规划，多处于跟风状态，对集体经济发展没有明细的思路。这在很大程度上限制了集体经济发展思路。

2. 参股发展模式和联合协作模式崭露头角，可复制推广性有待观察

集体经济的参股发展模式和联合协作模式，具有摆脱生态环境压力和市场压力的潜质，值得进一步鼓励探索，但也存在以下不可忽视的问题。

（1）参股模式可复制性值得考证

究其原因，在于该方案的编制和预计实施中，一方面，包含了该嘎查自身的区位优势和发展基础优势，加之带头人和群众基础好，为方案的实施提供了强有力的发展基础和群众基础；另一方面，自上而

下式的动力机制为该模式集体经济发展保驾护航，即便今后一些制度会建立长效机制，但是来自上级政府的转移支付并不能普惠存在，为后续嘎查集体经济的启动带来难题。

（2）参股发展模式经营管理风险依然存在

调研发现，当前入股的牧民群体中，绝大多数为中小规模户，仍有部分养殖大户尚未加入新型合作社。值得注意的是，中小规模牧户在经营管理方面存在一定不足，若在今后的生产实践中聘用该类牧民，就可能会出现生产管理不到位、生产工作不尽心或者执行落实任务不到位等问题，有增加生产经营方面风险的可能，给集体经济发展带来风险。此外，牧民的素质参差不齐，是否能够做到风险共担，是考验合作社能否长效运行的试金石。

（3）联合协作模式方案尚未得到当地民众广泛接受，推行难度较大

调研发现，当前“集体经济联合协作”方案接受率仅为10%。原因在于：具有想法的大户普遍处于独户经营状态，且常年在外地谋生，该类群体经济收入较好，普遍不愿意参与集体经济发展；独户经营的小户缺乏契约精神，对生产等缺乏必要的热情和经验，也属于不愿意加入集体经济的群体。当前，仅中等规模户有意愿加入合作社，因为其生产规模受限，所以继续扩大生产可以获得更多经济利益，然而该部分人群数量有限，无法左右集体经济方案的全面推行。

（4）联合协作模式缺乏资金支持，嘎查多元经济规模化运营难度大

调研发现，新巴尔虎右旗聚鑫义农牧业发展有限责任公司、金色草原种养殖专业合作社等机构均存在运营资金不足的压力。尽管已有方案对社会资本的注入提供了具体的路径，但由于当前来自各嘎查集

体清产核资、股权确定等方面的工作压力仍未解决，因此无法推动社会资本的快速介入。由于资金的缺乏，各类项目难以启动，多是采取嘎查两委垫付带动项目运行，待有盈利之后受到来自社员的压力而分红，无法形成稳定的运转资金，无法形成长效的规模化运营发展机制。

（三）集体经济发展建议

当前，不管是国家宏观层面的推动还是市场经济发展进入新阶段，都要求集体经济开始起到更为重要的作用。因此，集体经济发展势在必行，但是集体经济的发展也要做到因地制宜和长效有序。针对当前牧区集体经济发展中存在的问题，我们提出以下发展建议。

1. 因地制宜提出集体经济运行方案

对嘎查本身而言，发展集体经济需要量身定制经济运行方案。首先，包括如何实施集体产权制度改革、如何建立股份制经济合作社、如何规划集体经济产业发展方向、如何落实集体经济发展运行的路径；其次，包括可根据自身资源条件选择决定经营管理模式等，如自身成立经营管理团队或者聘请引入职业经理人团队（社会资本等）；最后，甄别出现有的三种模式或者其他创新模式哪个更适合本地实际，进而编制翔实可行的方案促进集体经济发展。

2. 建立扶持集体经济发展的长效机制

对政府而言，推动“集体经济参股模式”“集体经济联合协作模式”推广的重要保障应该在试点项目运行过程中总结经验，建立符合集体经济发展普遍规律的长效机制和制度框架，不断落实相关制度，确保集体经济发展享受到持续的政策红利，能够直面市场上与广大企业的竞争。

3. 积极鼓励民众参与集体经济发展决策

积极鼓励民众贡献智慧，参与集体经济发展的决策，尤其是鼓励返乡农牧民为集体经济发展献策献计。摆脱现有嘎查集体的老龄化思维桎梏，积极向城市、向企业等多个方面拓宽发展思维，鼓励地方政府出台人才返乡相关政策，积极吸引从城市和企业返乡人员参与集体经济建设，用新思维和新方式重塑牧区集体经济发展格局。

4. 积极鼓励外援力量参与集体经济发展

对嘎查集体经济来说，组织成立之后就要面对市场的竞争压力，鼓励诸如外来企业和外来资本注入集体经济发展，既能为其发展带来资金支持，还可以带来先进的技术和管理人才等，培育具有竞争力的产业发展体系、生产体系和经营体系，形成融合发展的模式，才能确保组织在竞争中立于不败之地。

四、合作社发展分析

牧区是以草原畜牧业为基础产业的特殊经济区域，牧区的草原畜牧业兼具生产性与生态保护双重功能，且以草地为基础的草原畜牧业的土地利用方式和以耕地为基础的耕种农业完全不同，因此，牧区的专业合作社的发展与农区也存在不同。据调查，牧区的专业合作社类型主要包括草地联户型、饲养合作型、牧机联合型、购销联合型及资金合作型等几种形态。合作领域主要是以草地资源和畜群整合的生产领域合作，以及对社员提供畜产品流通、市场信息和技术服务的非生产领域的合作。

（一）合作社发展现状分析

通过对两个试点旗县的实地调研，我们走访了阿巴嘎旗的 3 个合作社和新巴尔虎右旗的 5 个合作社，共访谈了 8 个合作社，同时也与相关部门进行了座谈，了解合作社的有关情况。这些合作社均为由所调查旗县的农牧局等部门有关工作人员选取的该旗县比较有影响力的合作社。

截止到 2019 年 6 月末，阿巴嘎旗在工商局注册登记的合作社有 195 家。但是发挥作用的只有 27 家，具体数据见表 4–4。其中发挥作用的合作社从事的行业类型分别为：畜牧业专业合作社 21 家，农机服务专业合作社 1 家，肉类加工销售专业合作社 3 家，文化旅游专业合作社 2 家。

表4-4　　阿巴嘎旗试点苏木镇合作社数量

苏木镇名称	合作社总数	发挥作用的数量	户数（户）
全旗	195	27	
别力古台镇	49	5	32
查干淖尔镇	36	1	5
洪格尔高勒镇	37	4	22

新巴尔虎右旗注册登记的合作社有 180 家。注册资金 38267.39 万元，成员数 2032 人；国家级 2 家、自治区级 4 家、市级示范社 13 家。合作社从事的行业类型包括：畜牧业专业合作社 149 家、畜禽业专业合作社 6 家、农机服务专业合作社 2 家、农作物专业合作社 4 家、肉类加工专业合作社 1 家、畜产品经销专业合作社 2 家、民族服饰加工专业合作社 2 家、文化旅游专业合作社 2 家、草业专业合作社 11 家、林业专业合作社 1 家。

（二）合作社与牧户利益联结方式分析

调研组访谈了部分发挥作用的合作社的负责人及社员，主要通过询问合作社负责人及社员“合作社的股份构成”“理事会的产生”“盈余分配机制和重大事务的决策”“合作社如何为社员服务”等问题来判断合作社的发展状况，以及合作社与牧户的利益联结方式，现将部分典型案例介绍如下。

1.“大户＋中小牧户”型合作社

典型案例一：某牛业专业合作社。该合作社所有者是大户，2009年注册，注册资金400万元，大户一人出资300万元。最初社员有30户，但2014年羊价下跌后，逐渐有社员退出，2015年社员共有9户并稳定下来。合作社的运行模式为社员独立养牛，合作社最主要的服务就是统一购买饲草料、统一出售牛犊。

这种类型的合作社属于销售型合作社，主要是针对畜产品的销售和流通环节而形成的销售者联合。对于小牧户来说，加入合作社的最大好处就在于可以通过联合减少单个牧户的市场销售环节、分摊销售中产生的运营成本，提高牧户的议价能力以降低市场风险。在该合作社中，社员没有重大事务决策权，合作社的所有权基本上由大户控制，其余社员由于没有股份，社员仅是凭借出售牛犊获得收入，他们享受合作社提供的服务，而不享有合作社的收益权。

典型案例二：某草业专业合作社。该合作社2014年注册成立，注册资金166万元。社员共有8户，其中只有3户是以草场入股，其余均以劳动力入股。该合作社的负责人仍然是一个大户。合作社的运行模式为草场联合使用，统一饲养（无草场户无牲畜，从合作社获取劳动报酬），盈余分配方式为大户股份占70%，另外两户以草场入股的社员股份共占20%，其余5户占10%。

这种类型的合作社属于生产型合作社，主要是针对畜产品生产而形成的生产者联合，实行统一经营、统一管理。这种类型的合作社可以将分散的牧户的组织化程度提高并形成一定规模，从而降低单个牧户的生产成本，产生规模经济；还可以带动当地牧户就业，促进牧户经济收入的提高。

2.“股份合作型”合作社

在“股份合作型”合作社中，合作社雇工进行统一生产，并无稳定的惠顾者。“股份合作型”合作社的治理结构与公司没有太大区别，合作社社员多为合作社的股东而非惠顾者。

典型案例三：芒来畜牧专业合作社。该合作社是在旗政府的倡导下，由嘎查书记牵头成立、嘎查内牧户加入成立的合作社。全嘎查共有 115 户牧户，其中有 93 户加入合作社。合作社经营畜牧业，实行雇工经营，社员以草场入股，每 20 亩为一股，每户股东按全部入股草场的草畜平衡条件下以羊的数量限额入股，只能是用已繁育的基础母羊或种公羊入股，入股牲畜以市场现价评估测算，为反映牲畜实际价值，以入股前三年牲畜的平均价格为入股版权价格。

股东入股的牲畜与草场整合后成为合作社股份制资产，不再从属每个股东，所有生产与经营按合作社章程及合作社规章制度运行。在该合作社中，股东是合作社的所有者，该合作社实际上是个资本公司，因此该类型合作社为“股份合作型”合作社。

综合来看，不同类型的牧民合作社因合作的环节不同而发挥的作用有所不同，但在带动牧户融入现代畜牧业上都发挥了一定的积极作用。

第一，合作社成立后，部分牧户分别在草场利用、饲料购买以及出售等环节进行了协作与联合，这有利于降低畜牧业的生产经营成本。

第二，牧民合作社可以成为联系牧户与龙头企业的重要中介平台，合作社可以代表牧户的利益与企业进行谈判并对牧户行为产生一定的监督作用，促使双方的行为都能得到有效监督，减少交易成本。但是就目前而言，大部分牧民合作社运行不规范的问题影响了其带动牧户的能力。

（三）合作社发展存在的问题

虽然已成立运转的牧民合作社逐渐显现出一定的引领作用，但就目前试点旗县的牧民合作社总体发展情况而言，还是存在诸多问题，具体表现在以下几个方面。

1. 牧区合作社多为“空壳社”

根据调查，两个试点旗县中，在地方政府的支持和牧民利益的驱动下，合作社成立的多而真正运行的少。有一部分“空壳社”，当初成立合作社的目的就是获取项目资金，真正运行的合作社仅有 10% 甚至更少，这显然难以促进现代畜牧业的发展。即便是发挥作用的合作社，多数也存在规模小、服务水平低、竞争力差的问题，与成员利益联结比较松散，辐射带动能力不强，整体经济效益和社会效益偏低等问题。

2. 合作社内部运行不规范

根据调查，目前已经运行的合作社多数综合实力较弱。从内部运行机制来看，内部组织结构不规范，缺乏有效的监督和管理制度，并没有形成社员主导的民主管理机制、决策机制、利益分配机制。多数加入合作社的牧户，仅仅是将合作社当成销售自家产品的渠道，当产品销售情况较好时，往往自行销售，当产品滞销时，才会通过合作社解决销售问题。

3. 合作社外部联结机制松散

根据调查，从外部来看，多数合作社没有与当地龙头企业形成利益联结机制，当市场出现波动时，合作社牧民并没有明显优势。总体而言，目前试点旗县的合作社多数仍仅处在互助合作阶段，或许在降低生产成本、增加收入方面能起到一定作用，但在创收方面没有太多的利润可言。

4. 合作社经营人才极度缺乏

合作社要想在激烈的市场竞争中生存和发展，就必须有相应的管理、技术和营销人才。一般来说，合作社人才素质的高低关系到其未来的发展层次，其领办人在一定程度上决定着合作社的发展方向。尤其是合作社的领办者，应能从思想上认识到合作的重要性及优越性，并身体力行致力于把从事畜牧业及相关产业的个体组合起来，并将其作为自己的事业来打理经营，在充分利用资源的同时也带动大众获利。然而目前牧区缺少的就是这类人才。

（四）合作社发展建议

合作社的优势就在于可以解决传统畜牧业分散化的问题，可以通过组建合作社形成发展合力、扩大生产规模，从而更加有效地对接市场。然而目前牧民合作社发展不规范的问题较为严重，尤其是“空壳社”的现象大量存在，严重阻碍了畜牧业现代化的实现。“空壳社”的出现，并不意味着合作社的模式在畜牧业现代化的进程中是无效的，只是表明现有的多数合作社没有深刻认识到合作社的真正意义，并没有真正的合作意愿。因此，未来对合作社的规范引导势在必行。

1. 强化宣传培训力度，促进合作社的良性发展

首先，要大力宣传专业合作社的相关知识。鉴于牧民的文化水平总体不高、有些牧区的牧民不懂汉语等具体情况，要依靠基层组织，通过多种形式（如与牧民展开座谈会、一对一交流等）逐步宣传合作社相关知识及法律法规。

其次，要积极组织实施示范合作社建设行动。政府应抓典型示范，以点带面，积极组织实施示范合作社建设行动。通过示范带动牧民，让牧民在参与中形成正确认识，发挥其主观能动性。

最后，要加大对牧民的教育培训力度。合作社的建立与发展过程就是牧民学习牧业现代化知识、培养团队精神与合作意识的历程。政府相关部门要尝试通过灵活、适合于当地牧民的方式使合作社成员了解现代牧业以及合作社的经营管理新知识。有条件的地方可对合作社社员实行轮训制度，特别是要着力培养牧民合作社带头人、经营管理人员、技术人员等。及时培训现有管理人员的技能，要开展以规范财务和民主管理为核心的辅导培训，注重针对性的培训力度，通过定期或不定期的培训、考察、现场交流等形式提升合作社领办者及社员的综合能力。

2. 强化合作社能力建设，提升辐射带动能力

虽然外部环境对合作社的发展至关重要，但是起决定作用的还是合作社自身的发展。因此迫切需要强化合作社的自身能力建设，才能提升辐射带动能力。

首先，要完善合作社规章制度，规范内部运行机制。现代化背景下的合作社应引入企业管理机制，同时吸引合作社以外的优秀人才进入管理层，以帮助合作社提高运行效率。在决策时应健全决策机制，践行“一人一票”的决策方式，让更多社员参与其中，体现牧民的主体地位，实现民主管理。鼓励合作社执行财务会计制度，设置会计账簿，建立会计档案，规范会计核算，公开财务报告。依法建立成员账户，加强内部审计监督。

其次，改进利益分配方式，提高牧民参与积极性。合作社与社员之间不存在纯粹的利益关系，而是良好的合作关系，通过给社员提供服务、股金分红的方式让社员也获得利益。除了以价格获利之外，牧民还应从赢利中获得二次收益，把利润按比例再分配给牧民，从而改进合作社的利益分配方式，提高牧民参与的积极性，使两者利益共享，共同承担市场风险。

最后，强化内外监督。在内部监督中，充分发挥理事会、监事会以及社员的监督作用，明确并公开账目及财务动向，定期进行核算检查，规范管理人员的行为，杜绝徇私舞弊现象。管理层还要定期做述职报告，对工作中出现的问题及时修正，加强内部监督。在外部监督中，主要是由上级政府和审计部门监督合作社的经营和资产情况，通过审计，理事会将报告下达到每一位社员，这样保障了社员的知情权，从而达到外部监督的作用。

3. 优化合作社发展环境，健全支撑体系

首先，建立循环扶持机制。目前政府对合作社的支持力度在逐渐加大，但由于缺乏监督，导致国家的财政资金得不到有效利用。因此，应对财政资金进行有效管理，建立财政资金的循环扶持机制。在这种机制下，财政扶持资金是有使用期限的，当合作社在财政扶持下获得良好发展，就会有计划地收回相应的资金，去帮助还不成熟的其他合作社，使财政资金得到有效利用，形成循环扶持。

其次，应设立合作社发展专项基金。专项基金用于合作社的技术科研、人才培育、新品种的研发，扶持牧民自发形成的、有良好社会发展需求的牧民专业合作社。同时采取优先发展战略，将合作社重点项目纳入政府畜牧业发展范围进行专项扶持，优先支持牧民专业合作社的技术创新与发展。

最后，强化金融保险等支持力度。引导金融机构、保险机构为合作社发展提供资金支持，以缓解合作社资金短缺及风险防控等问题。同时鼓励龙头企业为合作社提供担保，解决资金问题。

4. 加强政府监督管理，促进多种形式联合

加强政府对专业合作社的管理和监督。不同地区可以根据发展环境、经济水平以及实际需求等的不同去鼓励和引导合作社的建立与发展，特别是鼓励引导行业内的同质性合作社、不同行业的合作社进行联合，建立合作社联合社，以此来扩大合作社的规模，提高合作社在市场上的地位和竞争力。

综上所述，鉴于合作社的自身特征，牧民专业合作社将成为未来牧区的引领性经营主体之一，只要合作社能够良好运转，就能积极发挥组织优势和规模效益，在一定程度上规避市场风险、推动产业化经营，同时畜牧业专业合作社的发展是保护生态环境的最理想选择之一，大力发展合作社，也有利于实现当地草原生态环境的不断改善。

五、家庭牧场发展分析

家庭牧场是我国小规模畜牧业生产主体在快速工业化和城镇化背景下自然演化的结果，是我国现代农业经营模式的一种创新。据监测数据表明，大量家庭牧场本身源于传统牧户，但并不是对传统牧户的简单替代，其经营形式的基本脉络为：传统牧户—专业户—专业大户—家庭牧场。与传统牧户相比，家庭牧场更倾向于市场经济主体。不过，家庭牧场仍是草原畜牧业的生产主体，也是保障重点农畜产品供给的主要力量。

（一）家庭牧场发展现状分析

通过两个试点旗县的实地调研，课题组共走访了13家家庭牧场，其中阿巴嘎旗有6家，新巴尔虎右旗有7家，基本情况见表4–5。课题组同时与两个旗县相关部门的负责人进行了座谈了解家庭牧场发展的有关情况。13家家庭牧场均为由试点旗县相关部门遴选出来的相对较好的家庭牧场。

阿巴嘎旗共有家庭牧场305家，占牧户总数的4.86%，其中现代化建设试点地区有99家。这些牧场主要是普通的养殖牧场，但同样存在其他类型的家庭牧场如廷巴特尔家的生态家庭牧场、闫红建家的智慧家庭牧场以及敖登高娃家提供旅游服务的休闲家庭牧场等。新巴尔虎右旗共有家庭牧场108家，占牧户总数的1.67%，牧业现代化试点地区有13个，尽管数量并不算多且基本都是养殖家庭牧场，但部分家庭牧场销售奶制品、提供旅游服务等。此外，还有2家自治区示范牧场，分别是米吉格家庭牧场和海森蒂瑜伽家庭牧场。

表4-5　　调研样本基本情况

地区	牧场主	草场面积（亩）	养畜规模（头只）	配种方式	销售方式	生产收入（元）
阿巴嘎旗	哈达巴特尔	2923	51牛	冷配	微信+中间商	25万
	廷巴特尔	5926	50牛	本交	中间商	30万
	敖登高娃	6880	70牛300羊	本交+冷配	中间商	30万
	特古斯	11432	130牛	本交	中间商	35万
	玛希巴图	20148	90牛300羊	冷配	中间商	30万
	闫红建	23000	74牛110羊	本交	中间商	30万
新巴尔虎右旗	陈海华	11049	50牛350羊	本交	中间商	30万
	莲花	10500	400羊	本交	中间商	25万
	红秀莲	17150	1000羊10马	本交	中间商	40万
	乌苏日勒图	20500	27牛230羊130马	本交	中间商	31万
	米吉格	26000	20牛900羊	本交	中间商	50万
	苏贵芳	38000	110牛2500羊	本交	中间商	90万
	召无	49048	230牛700羊	本交	中间商	100万

数据来源：调研数据整理所得。

近年来，家庭牧场在现代化中的作用越来越明显，特别是在畜牧业生产方面，扮演着极其重要的角色。

1. 促进畜牧业生产规模化

畜牧业生产规模化强调适度规模经营。相关文件指出，家庭牧场将是引领牧区适度规模经营、推进牧区现代化的生力军之一。一方面，家庭牧场适度规模会带动牧区草场流转，提高草场资源的利用率，减少超载过牧，达到保护草原生态绿色发展的目标；另一方面，家庭牧场能够整合生产要素，引导牧民调整养殖结构，实现较高的经济效益。

2. 促进畜牧业生产专业化

试点地区的家庭牧场虽然草场规模差异较大，但在使用上均表现为划区轮牧。家庭牧场主根据养殖经验、草地情况将整个草场面积进行划分，实行专业化养殖，这不仅提高了生产资源的利用，而且缓解了草场面临的生态压力，同时促进了牧户收入水平的提高，实现“三赢”。以廷巴特尔生态家庭牧场为例，草场面积共 5926 亩，养殖 50 头基础母牛。廷巴特尔将整片草场划分为 8 大块，包括冬春草场 1700 亩、夏季草场 1626 亩、秋季草场 700 亩、打草场 300 亩、牛犊放牧草场 300 亩、备用草场 800 亩、经济区 400 亩、住宅区 100 亩，这种划区放牧的专业化生产经营显著改善了草地生产力，提高了草场利用率，促进了草地资源的价值发挥。

3. 促进畜牧业生产机械化

机械化是畜牧业现代化的物质基础和重要标志，家庭牧场的发展需要具备配套完善的机械设备。调研发现，相比传统中小牧户，试点旗县的家庭牧场普遍机械化水平较高，绝大部分家庭牧场都购置了打草机、大型拖拉机等机械设备，这大大促进了畜牧业生产的机械化。而机械化水平的提高，又有利于促进畜牧业生产高质量发展，为畜牧业现代化提供有力支撑。

4. 促进畜牧业生产智能化

科技的广泛应用是畜牧业现代化的重要体现，家庭牧场借助新一代物联网和移动互联技术，对畜牧养殖、防疫、检疫、畜产品安全、重大疫病预警等进行在线监管服务，逐步变为智慧牧场，实现畜牧业的资源整合、数据共享和业务协同。据调研，智能化设备对畜牧业的推动作用主要体现在劳动强度降低、生产效率提高、养殖成本降低及问题提前预判等方面。与发达国家相比，我国在此领域还处于起步阶段，而未来智慧牧场的发展将有利于促进畜牧业生产的智能化。

5. 强有力的示范引领带动作用

家庭牧场在畜牧业结构调整、转变生产经营方式、销售畜产品等方面对中小规模牧户的示范引领作用愈发明显。有些牧场主具有积极意识，对于先进技术和优良品种等勇于接受和尝试，主动拓宽销售渠道，能有效促进邻近牧户和嘎查周边牧户转型升级，特别是帮助他们繁育地方良种、调整品种结构、畜疫病防治、销售牲畜等。以阿巴嘎旗廷巴特尔家庭牧场为例，每年都有大量牧民前往廷巴特尔家参观学习并接受培训，大部分牧户都会调整养殖结构，减羊增牛，最终实现生态保护和增收的双重目标。

综上所述，家庭牧场在现代化进程中的作用不可忽视，已然成为实现畜牧业现代化进程中的引领性经营主体之一。当然，在这个过程中，家庭牧场也不可避免地存在诸多困难与挑战。

（二）家庭牧场发展存在的问题

为规范家庭牧场发展，各盟市按照国家及自治区文件制定了家庭牧场认定标准，但由于注册标准与认定标准不统一，试点旗县现有的家庭牧场部分达不到认定标准，且示范牧场几乎没有，这对现代畜牧业的发展带来不利影响，由于试点旗县家庭牧场认定工作未完成，因此在发展过程中存在一些共性与个性的问题。

1. 经营管理方式粗放阻碍家庭牧场的规范发展

在现代化过程中，家庭牧场想提高生产效益、增加经营收入就需要较为精细和科学的经营管理，需要学习科学养殖技术。调研发现，牧场主多为普通牧民，在实际牧场经营管理当中，更多的还是依赖以往经验，缺乏标准的牲畜产犊记录、防疫记录及死亡记录等；财务管理方面更是随意而为，没有完整的记账活动；管理制度缺乏，不符合现代化经营，也不利于政府监管。调研中的 13 户家庭农场仅有 3 户采取冷配方式，其他都沿用本交的方式，养殖技术较为落后。

2. 草场流转机制不健全制约家庭牧场的长远发展

适度规模是家庭牧场最基本的特征之一，由于牧民自身拥有的草场面积可能无法满足发展家庭牧场的条件，因此需要通过流转草场达到自身发展的需求。据调研，牧户流转草场的意愿无法得到满足，主要有两方面的原因。一是工业化城镇化水平不足以满足牧区人口的转移，牧民担心相应的就业、医疗等无法得到保障，不得不继续选择放牧。二是草场流转不规范，长期稳定性不确定，且容易产生纠纷。不健全的草场流转机制，在一定程度上制约了家庭牧场的发展。

3. 经营管理人才匮乏制约家庭牧场的持续发展

家庭牧场可持续发展是推动牧区现代化的主要动力，而经营人才是家庭牧场可持续发展的关键因素，未来，谁会成为家庭牧场主、谁来进行畜牧业养殖，值得重点关注。据调研，目前牧区经营人才严重匮乏，具体表现在以下两个方面：一是牧场主自身能力有限，部分家庭牧场经营者仍旧根据自己的养殖经验发展畜牧业，对先进的管理方式、科学技术等持怀疑态度，思想观念僵硬。二是严重缺乏人才，缺乏懂经营、会经营、能经营的人才创办家庭牧场。

（三）家庭牧场发展建议

目前家庭牧场在管理环节依旧存在问题，距离现代化程度存在一定差距，主要是由于家庭牧场没有有效认定，在对其进行登记、管理、培育和扶持的过程中导致家庭牧场发展产生不同程度的问题，需要逐步解决问题，促进家庭牧场现代化。

1. 规范经营管理方式，加强监督管理

家庭牧场现代化发展需要先进经营管理方式的支撑。应加大宣传及交流或培训的力度，宣传财务管理理念和知识，让牧场主掌握先进的经营管理方式，学会对生产经营活动进行完整的财务收支核算，在生态优先、绿色发展的基本前提下实现畜牧养殖的利润最大化等。有条件的地区可安排嘎查负责人和牧场主走出去，学习先进经验和知识。

同时政府应该做好监督和服务工作。以旗县为单位，健全家庭牧场名录系统，及时把名录管理的家庭牧场纳入系统，实现随时填报、动态更新和精准服务。根据本地区劳动力状况、生产力水平、农业区域特色、家庭牧场经营类别，依据经营管理能力、物质装备条件、适度经营规模、生产经营效益等因素，合理确定示范家庭牧场评定标准和程序，加大示范家庭牧场创建力度，加强示范引导，探索系统推进家庭牧场发展的政策体系和工作机制。积极开展区域性家庭牧场协会或联盟的创建，根据种养品种等行业特点和不同行业、区域的需求，有序组建一批带动能力突出、示范效应明显的家庭牧场协会或联盟，逐步构建家庭牧场协会或联盟体系。鼓励本地金融机构针对家庭牧场开发专门信贷产品，开展家庭牧场信用等级评价，对资信良好的发放信用贷款。促进家庭牧场规范化、现代化发展。

2. 促进畜牧业劳动力转移与草场流转协同发展

工业化和城镇化发展有利于促进畜牧业劳动力转移，进而促进草场流转，有利于家庭牧场扩大规模，促进家庭牧场发展。

首先，应建立草场流转与人口转移对接的保障体系，确保牧民在移居到城镇地区后所获得的社会保障力度不低于流转前水平，把草场流转与医疗和子女教育资质等挂钩。

其次，健全草场流转与人口转移对接的市场机制。通过市场化机制来规范草场流转程序，保障草场流转过程中的牧民合法权益，让牧民从草场流转增值收益中分红获利，促进其对待流转的态度转变。建立健全旗、苏木、嘎查三级土地流转服务中心，做好政策咨询、信息发布、价格评估、合同签订等服务工作。

最后，完善草场流转与人口转移对接的支撑体系。应完善草场流转配套法规制度及多元化的纠纷解决机制；同时相关部门可加强普法宣传教育，强化牧户契约意识，提高维权能力。

3. 提高牧民教育水平，健全经营者培训制度

首先，要提高牧民教育水平。特别是注重牧区年轻人的培养，政策上向有意经营家庭牧场的年轻人倾斜。对于不到 45 岁的畜牧业从事者，可以为他们提供去农业学校、先进牧民家等研修的机会。

其次，健全家庭农场经营者培训制度。旗县相关部门要制订培训计划，采取长期培训和短期培训相结合的方式，时长和次数可因地而异。培训内容要具有针对性，可根据牧民需求开展不同的培训，如经营管理方式和理念、品种选育、牲畜防疫等。支持各地依托涉农院校和科研院所、农业产业化龙头企业、各类农业科技和产业园区等，采取田间学校等形式开展培训。此外，政府应多种措施并行，引进一批有文化、懂技术、会经营的优秀人才加入建设家庭牧场的队伍中。

综上所述，家庭牧场将会成为未来牧区的引领性经营主体之一。有效认定家庭牧场有利于提高农牧户加大投入技术、资本等生产要素的积极性。发展适度规模经营，有利于提高农牧业的集约化、专业化和社会化经营水平。培育发展和壮大职业农牧民队伍，有利于加快中小规模牧户向家庭牧场转变的步伐。

六、龙头企业发展分析

畜牧业是两个试点旗县的主要产业，畜产品加工企业作为对接市场的主要环节，其发展状况必然影响着牧区现代化的进程。

（一）试点旗县畜产品加工企业发展现状

阿巴嘎旗是纯牧业旗县，2018 年阿巴嘎旗肉羊存栏 178 万只，同比减少 26.3 万只；肉牛存栏 16.98 万头，同比增加 1.04 万头；出栏牲畜 96 万多头只。资源优势带动了当地畜产品加工业的进一步发展。阿巴嘎旗现有肉食品加工企业 5 家，分别是阿巴嘎旗额尔敦食品有限公司、阿巴嘎旗蒙高丽亚食品有限公司、锡林郭勒盟达尔汗牧业有限责任公司、内蒙古绿色大地农牧业有限公司、阿巴嘎旗蒙元牧工商有限公司，其中规模以上加工企业 3 家。5 家企业年加工能力可达 140 万只羊单位，2018 年共屠宰加工 28 万只羊、700 头牛。阿巴嘎旗近几年逐渐注册、引进一些小规模乳制品加工企业，通过 SC 认证的企业主要有阿巴嘎旗照富经贸有限责任公司、阿巴嘎旗牧人恋乳业有限责任公司以及内蒙古伊澌格生物科技有限公司等，其余乳制品加工作坊有 22 家。2018 年，照富公司加工马奶酒 70 吨，牧人恋公司加工奶制品 79.9 吨，伊澌格公司加工酵素片 18 吨。全旗加工累计销售奶制品 342 吨、马奶酒 302 吨、酵素片 18 吨。

新巴尔虎右旗 2018 年末牲畜存栏 126 万头只，其中牛 8.2 万头、羊 111 万只，当年出栏牲畜 85.5 万头只，其中羊 81.43 万只、牛 3 万头、马 1.1 万匹。现有肉类加工企业 10 家（其中 9 家正常运行），以牛、马、羊屠宰、加工、销售业务为主，年屠宰加工能力可达 71 万头只羊单位，2018 年共屠宰加工 27.2 万只羊。其中，草原行肉类食品有限责任公司为自治区级龙头企业；先达肉类加工有限公司、广大肉食品有限责任公司、赛那肉类食品有限责任公司、贝尔苏木天绿食品有限公司、缘隆肉食品有限责任公司 5 家为市级龙头企业。新巴尔虎右旗目前尚未引进规模生产的乳类加工企业，只有 20 多家乳制品加工作坊分布在各苏木镇。

目前，牧户与中间商进行活畜交易占到 50% 以上，来自各地的中间商主动上门收羊，解决了偏远牧户交通不便的困难，但也分流了当地加工企业的羊源，加工企业肉羊的屠宰加工量只占到出栏量的 30% 左右。阿巴嘎旗相较于新巴尔虎右旗草场质量较差，牲畜承载力较低，南部三个试点苏木镇户均草场面积相对较小，推行“减羊增牛”发展策略，牛的占比增多，当地加工企业也相应配备了肉牛加工生产线。但由于牧区气候寒冷，不利于牛的育肥，牧户大部分以出售牛犊为主，由中间商运往农区进行育肥，当地屠宰量很少。新巴尔虎右旗加工企业则基本上以屠宰加工羊为主。

表 4–6 为 2018 年牧区现代化试点旗县主要牲畜屠宰加工情况。

表4-6　　2018年牧区现代化试点旗县主要牲畜屠宰加工情况

<table>
<tr><th colspan="3">基本情况</th><th>阿巴嘎旗（万头只）</th><th>新巴尔虎右旗（万头只）</th></tr>
<tr><td rowspan="4">牲畜产量</td><td rowspan="2">牲畜存栏量</td><td>羊</td><td>178</td><td>111</td></tr>
<tr><td>牛</td><td>16.98</td><td>8.2</td></tr>
<tr><td rowspan="2">牲畜出栏量</td><td>羊</td><td>88.34</td><td>81.43</td></tr>
<tr><td>牛</td><td>7.84</td><td>3</td></tr>
<tr><td rowspan="4">屠宰加工</td><td colspan="2">运行加工企业数量</td><td>5家</td><td>9家</td></tr>
<tr><td colspan="2">年加工能力</td><td>140（羊单位）</td><td>71（羊单位）</td></tr>
<tr><td rowspan="2">实际屠宰量</td><td>羊</td><td>27.08</td><td>27.2</td></tr>
<tr><td>牛</td><td>0.20</td><td>—</td></tr>
</table>

数据来源：各旗县农牧业局提供。

（二）牧企利益联结方式

1. 零散收购，现收现付

加工企业零散收购散户或中间商的活畜，按市场白条价格即时进行结算。双方不签订合同，自由买卖，价格参考成交当日市场价格。目前，这种交易方式仍占当地加工企业收购量的1/3左右。牧区牲畜集中出栏，常有前来售卖的牧户需排队两三日才能屠宰牲畜的情况。有些企业为吸引散户前来售卖，尝试为牧民提供免费食宿，以解决牧户牲畜当日不能屠宰的牧民食宿困难。即便如此，很多牧户仍嫌不便，更愿意与中间商交易活畜，省时省力。这种情况在新巴尔虎右旗尤其突出，因当地屠宰企业规模相对较小，日屠宰能力低。

2. 合同预约收购，价格随行就市

为稳定收购源，加工企业与牧户签订年度收购合同，企业承诺不低于市场价格进行收购，牧户承诺将牲畜卖与企业。但企业基本无法与牧户约定违约措施或按约定执行违约条款，这与牧区牲畜交易基本处于卖方市场状态、羊源有限等因素有关，也与牧区营商环境不佳、牧户合约意识差有关。

3. 与其他组织合作，支付服务费

加工企业与行业协会或合作社合作，稳定收购源。企业通过协会或合作社向牧民传递收购信息、提供运输服务，支付一定的服务费，将牧户应支付的费用部分转嫁给自己，虽付出额外成本，但可保证屠宰量以分摊运营成本，牧户也可在获取合理价格的同时，承担远低于自行售卖的运输成本。例如，额尔敦公司与乌冉克羊业协会的合作，协会通过畜牧帮 App 收集牧户牲畜销售信息，为会员提供运输服务，会员支付 1/4 左右的运费，按距离每只羊仅需 1 ~ 2 元不等，协会雇用某些会员车辆将牲畜运到额尔敦公司，向公司收取 6 元 / 只的服务费，最终将这些收入用于支付车辆租用费及其他运营费。

4. 结合国家项目，分红返利

利用国家扶贫项目，贫困户将扶贫资金入股加工企业。企业每年按比例给贫困户进行分红，并收购贫困户牲畜，也可解决部分贫困牧民的工作问题。例如，额尔敦公司吸纳扶贫资金，为 95 户 600 多名贫困牧民每年分红 75 万元，同时按市场价收购贫困牧民的牲畜，再额外给予贫困户每只羊 8 元的补助，还为有一定技能的贫困牧民提供适当岗位。

5. 利用中介或社会关系，提成返利

加工企业通过公司员工、中间人或亲朋联系收购，并给予一定的返利。例如，绿色大地公司通过一些经纪人或有威信的牧民联系收购，公司以 1 万只羊为基础，每只羊返利 1 元现金或给予同等价值的代金券。有些为牧民提供运输服务的司机也会帮忙联系业务，公司还会给予 200 元 / 车的油费等返利。加工企业利用这种模式稳定羊源，保证屠宰量，分摊运营成本。

6. 探索“赊销 + 利息”模式，缓解资金压力

部分企业尝试与相对稳定的客户进行赊销，以缓解企业资金周转压力，但同时会按不同的赊销期支付不同的利息。这需要企业与牧户之间有较强的信任关系，或者通过熟悉的牧户对其他牧户进行邻里担保，增强信任感。

（三）龙头企业发展中存在的问题及原因

相较于牧区现代化对各经营主体的要求，龙头企业还存在一定的差距与问题。

1. 牧企利益联结关系松散，利益分享渠道不畅

牧区牲畜饲养方式以放牧为主，畜产品品质较好，需求旺盛，牧户有一定的销售主动权，牲畜售卖处于卖方市场状态。从目前的牧企利益联结方式看，多为简单买卖关系，牧企利益关系松散，利益分享渠道不畅，龙头企业带动牧民增收的作用有限。利用长期销售合同联结牧企利益关系，往往受制于牧民的法律意识与牧区的社会环境，毁约现象时有发生。牧区整体营商环境不佳，牧户对企业信任程度低。企业为保证生产安全，一般安排牧民通过视频观看牲畜屠宰过程，并按白条肉总重量与牧民进行结算。有些牧民觉得通过视频不好区分各家牲畜，而屠宰手法好坏又直接影响白条肉的斤两，甚至电子称重也可能被作假。牧区地广人稀，交通不便，牧户更喜欢当场钱货两清的简单交易方式，多与中间商进行活畜交易，占到当地牲畜出栏量的 50% ~ 60%。这种交易方式牧户虽承担一定价格风险，但省时省力，不必负责运输，也不会遇到排队问题，在企业如不能及时屠宰，牲畜两三天内就会掉膘，有些牧户甚至担心企业优先安排老客户，因此，牧户宁可出售活畜。

2. 资金压力影响精深加工，产品附加值低

在牧区，牲畜短期集中出栏，企业收购时流动资金需求量非常大，经常每天需要 200 万 ~ 300 万元的流动资金。然而本地贷款金额、期限有限，信用社贷款利率较高，无法及时、足额满足企业所需。企业资金压力大，影响收购能力，进而影响库存及加工能力，甚至影响销售谈判能力。因此，快速周转资金成为同类企业竞争的关键，企业不得不迅速完成订单，快速回流资金，致使大部分企业没有能力大量囤积存货，进而无力开展更多的精深加工业务，往往只能进行简单的分割和包装，尽快出售大宗散货，头蹄下货等产品开发不足，产品附加值低，靠销量增加收入。部分企业尝试向牧户进行预付款或赊销，缓解资金压力，稳定收购量，但牧户对企业缺乏信任，使得这种方式很难奏效。

3. 加工能力利用不均衡，产品持续供给能力差

目前，试点旗县加工企业整体加工能力基本可匹配当地牲畜出栏量。但草原羊集中出栏且羊源分流严重，一方面导致企业旺季满负荷运转，淡季开工不足，不能有效均衡加工能力和分摊运营成本；另一方面也导致企业收购数量不稳定，产品持续供给能力不足。每年的8—10月，企业每日屠宰量陡增，经常满负荷运转，而12月至次年7月，牧区羊源大幅度减少，企业屠宰线往往停工歇业，偶尔会对少量库存冻肉进行分割加工。企业不能均衡利用加工能力，运营成本和固定成本不能合理分摊。这个现象在新巴尔虎右旗更为严重，当地加工企业数量虽多，但规模普遍偏小，往往在牲畜出栏季应接不暇，为快速回流资金，只能以销售大宗散货为主，不能大规模囤积存货慢慢进行精深加工，产品溢价能力低。

另外，试点旗县羊源分流严重，存在阿巴嘎旗企业“吃不饱”、新巴尔虎右旗企业“吞不下”的现象。阿巴嘎旗尤其是南部试点苏木镇临近锡林浩特市，羊源被锡林浩特屠宰企业分流，加之偏远牧户多倾向于与中间商进行活畜交易，企业羊源收购源不足或不稳定的现象时有发生。新巴尔虎右旗加工企业规模普遍偏小，集中出栏季虽满负荷运转，仍无法完全吸纳本地羊源，2018 年实际屠宰加工量不到本地出栏量的 35%，大量羊源因价格差异外流至海拉尔甚至锡林浩特。这都导致企业收购数量不稳定，产品持续供给能力差。与此同时，草原羊并非标准化养殖，分量、体型参差不齐，进一步增加了企业完成批量定制化订单的难度。以上影响都限制了企业利用网络电商开展线上销售业务和定制化服务。

4. 多数产业链过短，新市场、新业务拓展不足

草原羊因其良好的饲养环境和品质，深受消费者喜爱，在销售终端价格较高，市场需求量大，区域优势及品牌效应有所显现。牧区加工企业多从事屠宰、分割和包装的简单加工业务，一方面受牲畜集中出栏和资金压力大的影响，无暇开展产品深加工和精细加工业务，以批发大宗散货为主，产品附加值低。另一方面受餐饮订单标准化加工制约，加工企业利润空间进一步被压缩，无法分享销售终端带来的价值增值。这些都迫使传统屠宰加工企业，效仿额尔敦模式，延伸产业链，拓展线上、线下零售业务，加强品牌建设，开发新业务，探索新市场。

5. 奶食品加工规模小，供应链上下游业务有待开拓

目前，两个试点旗县都没有较大规模的牛奶制品加工企业，基本都是传统的手工作坊，市场销售范围窄，产品技术含量低，增值空间有限。阿巴嘎旗利用“阿巴嘎策格”“阿巴嘎黑马”等地理标志，发展马奶加工产业。现有两家企业生产策格饮品和马奶保健品，但马的养殖数量较少，马奶产量低，采集过程较长但保质期很短，对储存和运输条件要求较高，且目前马奶的收购仍以散户为主，品质和数量都很难保证。因此，企业的发展受制于奶源与质量安全。同时，消费者对马奶的功效认知有限，甚至不习惯马奶的口味，马奶制品市场仍有待开拓，企业还面临着销路问题，市场前景尚不明朗。

（四）牧区现代化龙头企业发展对策

1. 把控牧企合作关键点，加深利益联结

目前，牧区整体营商环境不佳，牧民契约意识淡薄，对企业缺乏信任。通过销售合同联结牧企利益，首先应从改善牧区法治环境、牧企契约意识着手，强化合同效力，加大违约执法力度，营造诚信营商环境。通过股权模式联结牧企利益，可根据不同主体把控不同关键环节，确保合作稳定。一方面，企业可吸纳其他组织资金，合作共赢，降低交易成本。如可充分利用嘎查集体经济、股份资本合作社、行业协会乃至扶贫项目等资金与服务进行增资扩股。企业既可以解决资金压力问题，又可以通过这些组织解决收购问题。这种做法目前已经有一些企业在尝试，初见成效。但前提是这些经济组织的稳定运营，不会因为经营不善或财产和利益分配出现问题而分崩瓦解，不会因为国家政策的变化而出现资金断流，进而成为企业的负担。另一方面，企业可吸纳牧业大户或家庭牧场入股，实现增资扩股、稳定羊源，同时尝试推行预付款或赊销的形式，缓解收购资金压力，增强资金周转活力。但关键在于建立合理的利益分配和风险分担机制，能够真正带动牧户保收入促增长，同时有效对接市场，带动牧户采用新技术、新品种，更好地满足市场需求。企业甚至可以成为加工服务商，开展定制化服务。

2. 打造企业绿色品牌，参与建设区域品牌，开拓高端市场

无论是牲畜的饲养方式、生长环境，还是牲畜肉质安全与口感，草原牛羊肉都具有天然的优势，受广大消费者的喜爱，但由于不易辨识等原因，经常出现产品假冒现象。企业应充分利用这一点，打造企业绿色品牌，并加强品牌维护，保证产品产地与品质，同时积极参与区域品牌的建设，配合政府做好草原优良畜产品的识别与保护，防止假冒伪劣产品流入市场。另外，应对草原羊肉的稀缺，应弘扬生态保

护、绿色有机理念，开拓高端市场，产品可追溯，精选优制，食用便捷，走定制化发展之路。

3. 加强产品精深加工，提高附加值，延伸产业链

调研发现，加工企业与牧户按白条肉的价格进行结算，销售时以牲畜各部位的分割价格进行结算，但由于大多为批发大宗散货，因此利润空间很小，基本只赚一些加工费。以羊为例，综合计算下来，头蹄下货销售额基本上是企业屠宰加工一只羊的净利润。因此，短期内，企业应加强肉类尤其是头蹄下货的精细加工，拓展利润空间；在长期，企业应着力开发新产品，提高产品深加工能力，增加产品附加值，并将市场信号通过利益联结有效传递给牧户，产销结合，共同开拓新的零售市场业务，通过上下游产业的内化与共享，延伸产业链，以规避受制于客户订单的缺点，充分获取销售终端的利润，摆脱产品代加工的尴尬身份。

4. 助力畜产品可追溯系统建设，开展电商与定制化业务

产品可追溯能够大大提升消费者对品牌的信任度和购买力，产品来源及后续流通的绿色、安全将成为消费者最关注的环节。当前网络、通信和媒体技术的发展程度，使得打造可追溯系统所面临只是资金问题而非技术问题，加工企业凭借远超于牧户或合作组织的资金、技术实力，不应将视野仅仅限于加工环节，应主动投资和介入可追溯系统的建设与构建，也可凭此加深与牧户的利益联结，共同开拓市场，充分利用现有电商、物流技术，开展定制化服务，凸显产品优势，实现应有的市场价值，实现利益的分享。

5. 渗入社会化服务，影响牧户养殖与经营

在向下游延伸产业链、谋求发展空间的同时，加工企业也应注意渗透适当的社会化服务，加强与上游养殖环节的联系，及时向牧户或牧业组织传递市场需求信息、提供所需技术及服务，如畜种改良与繁育、运输、马奶站、购销信息服务等，主动打通产品增值分享渠道，从与养殖户讨价还价的买家逐渐转变为提供服务、降低成本的利益共同体，共同为最终消费者提供优质产品。

通过上述对牧区现代化龙头企业发展的调查研究，本部分分析了试点旗县肉类加工企业发展存在的问题及原因，并给出了对策，如图 4–1 所示。

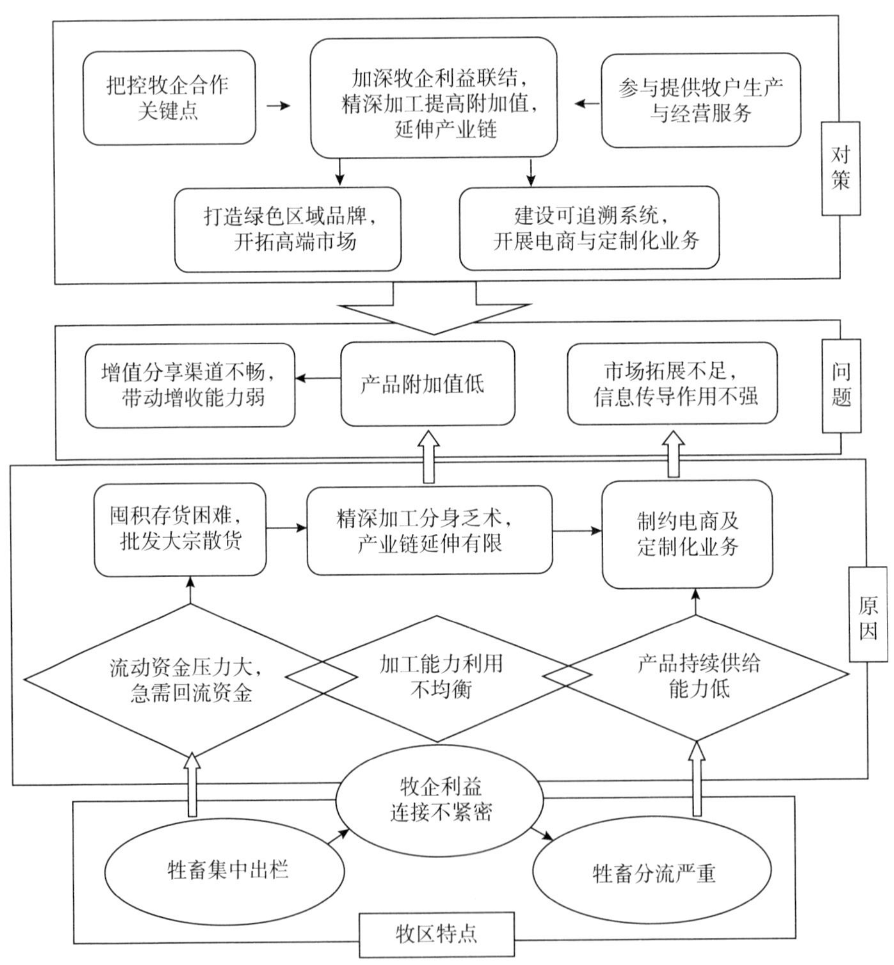

图4-1　试点旗县肉类加工企业发展分析

七、社会化服务组织发展分析

牧区社会化服务的内容已经从最初中央文件中强调的“产前、产后的社会化服务”扩展到产前、产中、产后各环节的社会化服务。一般而言，这些服务可分为五个类别：生产资料和畜产品流通服务、畜牧生产辅助服务、畜牧业技术研发与推广服务、畜牧业信息服务、畜牧业金融服务。新型畜牧业社会化服务体系与新型畜牧业经营主体体系是彼此相依、并行发展、分工互惠、合作共赢的两个支柱。如果没有新型畜牧业社会化服务体系的服务支撑，新型畜牧业经营主体体系的生产经营就会严重受阻，社会化服务组织作为社会化服务体系发展的载体，建设尤为重要，2019 年中央一号文件明确要求加快培育各类社会化服务组织。

（一）新型畜牧业社会化服务体系的构建

建立和完善畜牧业社会化服务体系是推进畜牧业社会化服务体系建设的重要组成部分，也是深化牧区集体产权制度改革的重要内容。要加快构建新型畜牧业社会化服务组织，必须明确政府和市场在新型畜牧业社会化服务组织构建中的责任和职能。从内部结构来看，新型畜牧业社会化服务组织是由公益性畜牧业服务组织、准公益性畜牧业服务组织、经营性畜牧业服务组织有机联系所构成的复杂系统。

其中，公益性畜牧业服务组织主要由改良站、兽医站、畜牧站、市场监管局、气象服务机构和生态环境监管机构等组织机构提供品种改良、养殖技术、疫病防治、畜产品质量安全监测、气候信息和生态保护等服务。他们提供的这类畜牧业服务不仅所需要的投资规模大，而且具有广泛的经济外部性、基础性、社会性和战略性特征；准公益性服务组织主要由科研院所、龙头企业、协会和供销合作组织等主体提供人才培训、科技服务、生产资料等服务，他们提供的这类畜牧业服务兼有经济效益性和社会性；经营性畜牧业服务组织主要由专业冻精配种公司、专业牧业公司和金融服务组织等服务主体提供育种、饲草料、农业机械、畜产品流通、畜牧业金融保险等服务，他们提供的这类畜牧业服务，其成本和效益边界清晰。概括起来，适应畜牧业现代化发展要求的新型畜牧业社会化服务体系组织的结构框架，如图4–2所示。

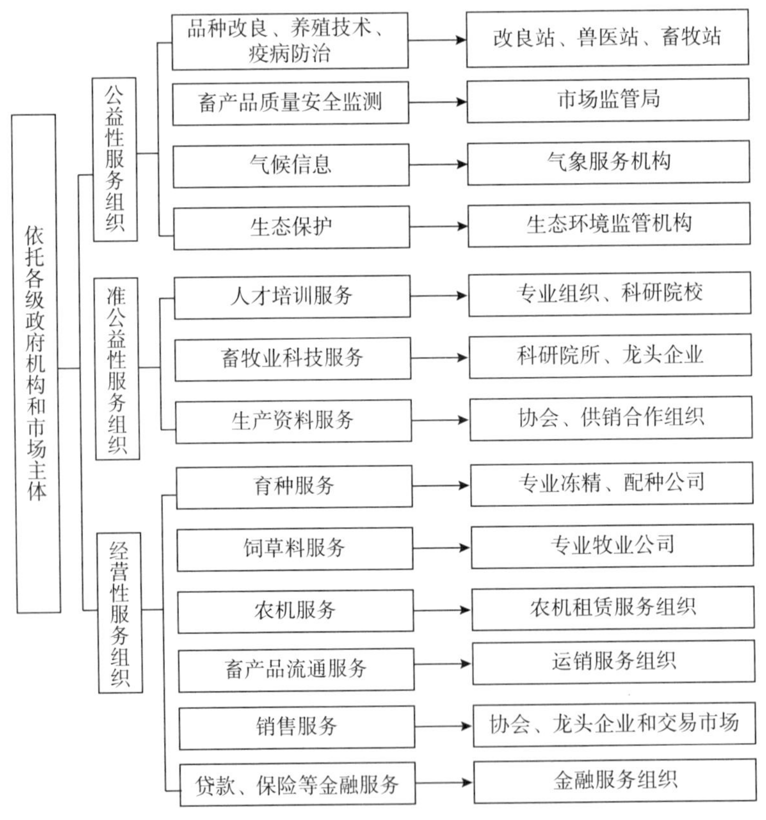

图4-2　新型畜牧业社会化服务体系组织的结构框架

在新型畜牧业社会化服务组织的结构框架中，公益性、准公益性和经营性服务体系是相辅相成的。公益性和准公益性畜牧业服务体系为经营性服务体系提供了良好的基础条件。例如，没有良好的品种改良、生态保护、气象、基础设施等公益性和准公益性畜牧业服务，育种、畜产品流通等经营性畜牧业服务的有效需求就会不足，经营性服务主体就难以发展。公益性、准公益性畜牧业服务需要经营性服务对其补充和延伸。若没有经营性畜牧业服务体系的支撑，公益性和准公益性畜牧业服务就无法发挥应有的作用。公益性和准公益性畜牧业服务具有基础性、社会性、战略性，以追求社会效益为出发点；而经营性畜牧业服务具有经营性、效益性、短期性，以追求经济效益为出发点，它们的社会分工目标不同，这正是处理好政府和市场在新型畜牧业社会化服务组织构建中的关系、责任与分工的关键之所在，因而新型畜牧业社会化服务组织的内部结构之间是相互依存、相互补充的关系。

（二）社会化服务组织发展现状

发展和完善畜牧业社会化服务体系是现代畜牧业的基本要求，对牧民收益增加、风险减少有着举足轻重的作用，是现代社会发展的必然要求。社会化服务组织（主要包括政府相关职能部门、行业协会和其他服务实体等）作为社会化服务体系建设的载体，为牧民产前、产中、产后提供着系列化配套服务。

1. 基本情况

课题组调研的社会化管理或服务机构主要有：动物疫病预防控制中心、草原工作站、兽医站、动物卫生监督所等，共计 11 个单位，职工总数 83 人。其中，专业技术人员 62 人，本科及以上学历有 37 人，大专学历有 36 人，中专学历有 4 人。阿巴嘎旗为着力解决牧民饮用水问题，积极推广储水窖和送水服务项目。一是由嘎查或受益户组建送水服务队，购置送水罐车，专人负责送水，有效解决了远距离拉水问题，不仅降低了用水成本，还解放了劳动力；二是大力实施储水窖项目，通过“一事一议”项目已经建设完成了容积为 30 吨的储水窖 67 个。此外，实施“牧区储水窖工程项目”，降低牧民自筹款，将牧民自筹比例由原来的 40% 降低到 30%，储水窖配备太阳能提水设备，容积为 20 吨。同时在旗政府的领导下，组建了劳务合作社、打草服务队等服务组织，促进社会化服务组织从公益性到经营性转变。

2. 牧户对不同社会化服务的需求现状

课题组调查涉及 5 种畜牧业社会化服务的牧户需求状况，结果见表 4-7。从抽样调查的情况看，牧户对社会化服务的需求有以下特征：第一，畜牧业社会化服务需求总量尚未饱和，仍有进一步提升的空间。对信息服务无需求的牧户数量占调查总数的 22.92%，对金融保险服务无需求的牧户数量占调查总数的 20.37%，对技术服务无需求的牧户数量占调查总数的 32.50%，对农机服务无需求的牧户数量占调查总数的 33.33%，对农资供应服务无需求的牧户数量占调查总数的 31.58%，说明畜牧业社会化服务需求总量尚未达到饱和，仍有进一步提升的空间。第二，需求强度存在差异。牧户对畜牧业产中、产后服务的需求较强烈，对其他的社会化服务需求程度较低。对于金融保险服务（含信贷服务和牲畜保险服务）、信息服务（含政策信息、气象信息和销售信息）和技术服务（含品种改良、防疫、养殖技术培训服务）在内的 3 种涉及畜牧业产中、产后的社会化服务，具有需求的牧户数量占调查总数的比重分别达到 70.37%、62.50% 和 55.00%，而具有农机服务和农资供应服务需求的牧户数量占调查总数的比重相对较低，分别为 43.33% 和 52.63%，表明牧户对不同种类的畜牧业社会化服务需求强度不同，偏重于畜牧业产中、产后服务，这与畜牧业生产经营受气候影响大、养殖风险高和不同牲畜品种间差异显著等因素有关（见表 4–7）。

表4-7　　　　　　　　牧户社会化服务需求程度

社会化服务种类	需求程度		
	有需求	一般	无需求
信息服务	62.50%	14.58%	22.92%
金融保险服务	70.37%	9.26%	20.37%
技术服务	55.00%	12.50%	32.50%
农机服务	43.33%	23.34%	33.33%
农资供应服务	52.63%	15.79%	31.58%

数据来源：根据实地调研数据统计整理得出。

3. 牧户对不同社会化服务效果的评价现状

为了解牧户对 5 种畜牧业社会化服务效果的满意度，借鉴李克特量表对社会化服务效果进行划分，整理得出表 4–8 的结果，有以下特征：第一，牧户对畜牧业社会化服务满意度较低。牧户对社会化服务的满意度可视为对其质量的评价。对信息服务满意的牧户数量占调查总数的 20.00%，对金融保险服务满意的牧户数量占调查总数的 30.56%，对技术服务满意的牧户数量占调查总数的 30.44%，对农机服务满意的牧户数量占调查总数的 28.57%，对农资供应服务满意的牧户数量占调查总数的 25.00%，说明畜牧业社会化服务质量总体不高，有待进一步改进和提高。第二，经营性服务的满意度高于公益性服务的满意度。具体来说，金融保险服务、农机服务（含牲畜运输）等由市场组织提供的经营性服务满意度要明显高于信息服务等公益性服务。

表4-8　农业社会化服务满意程度

社会化服务种类	满意程度		
	满意	一般	不满意
信息服务	20.00%	25.00%	55.00%
金融保险服务	30.56%	25.00%	44.44%
技术服务	30.44%	34.78%	34.78%
农机服务	28.57%	14.29%	57.14%
农资供应服务	25.00%	33.33%	41.67%

数据来源：根据实地调研数据统计整理得出。

（三）社会化服务组织利益联结模式分析

调研发现，试点旗县社会化服务组织获得较快发展，除政府提供公益性的服务外，还探索出了一些其他比较典型或较为成功的牧业社会化服务组织利益联结模式。总体可以归纳为四类：政府主导服务模式、个体服务组织模式、新型主体的“抱团发展”型联合模式、企业主导的复合型供给模式。

1. 政府主导服务模式

政府主导服务，主要是公益性社会化服务。具体包括由兽医站、畜牧站、市场监管局、气象服务机构和生态环境监管机构等组织提供养殖技术、疫病防治、畜产品质量安全监测、气候信息和生态保护等服务。他们提供的这类畜牧业服务不仅需要的投资规模大，而且具有广泛的经济外部性、基础性、社会性和战略性特征。

2. 个体服务组织模式

个体服务组织，即单个服务组织独自为牧户提供所需服务，服务组织之间不合作且无任何关联。通常情况下，这些服务组织由实力较强的牧户或者个体在完成自家必要的劳务后，有偿为其他牧户提供服务，如打草服务、送水服务等。通常情况下，牧户和服务组织各方都需要花大量的时间和精力去搜寻对方，信息获取成本高，且服务组织与牧户之间属于一次性交易关系。

3. 新型主体的“抱团发展”型联合模式

抱团发展型服务组织，是指相关组织在有一定资金、服务能力和企业实力积累的基础上，为获得进一步发展，由某一个组织发起，与服务组织在某一方面或某几方面每间隔一段时间多次进行合作的一种第三方组织模式。这种模式有利于单个服务组织突破资源、能力、技术和人才方面的限制，打破发展瓶颈。目前，在试点旗县较为典型的基于“抱团发展”需要而形成的牧业社会化服务组织，当属乌冉克羊协会，采取“龙头企业 + 行业协会 + 牧户”的联合模式。额尔敦食品有限公司是当地屠宰加工的龙头企业，通过与乌冉克羊协会合作，间接与牧户对接进行牲畜的购买，大大降低了交易成本。同时，协会也为牧户提供饲草料的代购、价格谈判、活畜运输等服务，即有利于降低牧民的生产支出，又有助于提高牧户经营性收入。

4. 企业主导的复合型供给模式

该模式主要是指具有一定资金、管理和经营实力的企业，通过把外部的牧业社会化服务资源内部化（独资、控股、参股等），然后建设和培育资源与能力优势互补的下属单位，为牧户提供多种类和多层次服务的供给组织模式。目前，在新巴尔虎右旗较为典型的是由政府领导成立的兴牧公司复合型供给模式。

（四）社会化服务组织存在的问题

调研发现，试点旗县社会化服务得到较快发展，基本满足经营主体的需求，但是与现代畜牧业社会化服务相比，公益性畜牧业服务、准公益性畜牧业服务、经营性畜牧业服务均存在一定的差距。

1. 牲畜看病难，品种改良难度大

（1）兽医需求大，有资质人员不足

从畜牧兽医服务人员来看，阿巴嘎旗各个苏木镇畜牧兽医站均设有自己的兽医服务站，其宗旨是方便养殖户就近防治疫病。然而具有从业资格证的兽医数量不多，难以满足需求。而大多官方兽医具有从业能力，由于执业兽医师资格考试难度较大，未考取从业资格证书，不能从事动物疾病的预防、诊断、治疗和动物绝育手术等活动。

新巴尔虎右旗兽医队伍承担着为畜牧业发展保驾护航的重任，但面临以下问题：兽医专业人员不足，专业技术水平不高；在编兽医人员老龄化；工作涉及面积大，任务重，人员严重不足；急需建设集中无害化处理场地和动物隔离场地；部分兽医站室的防疫车辆无法满足日常工作需要，均已经报废，车辆状况非常差，严重老化，维修成本高，存在严重安全隐患，无法正常使用；基层防疫员工作条件艰苦，待遇低，队伍不稳定，无社会保障机制，导致了基层动物防疫队伍越来越不稳定，人员流动频繁，人才流失严重。

（2）“品种改良”发展动力不足

试点旗县牲畜品种改良处于探索阶段，由于发展时间不长，技术方面还存在较多问题。在进行品种改良时，相关工作人员对该技术缺乏明确认识，技术水平有限。同时，加上资金的缺乏，品种改良工作也难以得到有效落实。

2. 机械化、信息化、技术现代化发展滞后

（1）畜牧业生产机械化普及程度不够高

机械化程度的提高，不但可以大大解放劳动力，而且单位产出价值也会跟着提高。然而，试点旗县除了屠宰加工企业、打捆草以半机械化为主，其他领域（如供水、通风、清粪、挤奶等）很少应用机械操作，畜牧业生产机械化普及程度不高。

（2）技术培训理论与实际联系不紧密，效果不明显

据调研发现，课题组访谈的牧民大多数接受过旗上或苏木镇里的相关技术培训（如养殖技术、繁殖防疫技术和品种改良技术等），但是培训内容过于偏重理论而轻实践，讲解晦涩难懂的专业知识，不易理解不易操作，指导性不强，致使技术培训理论与实际联系不紧密，不能够达到预期效果。

牧民更需要与实际生产经营相适应的培训，如怎么合理补饲、如何防止牲畜掉膘等知识。

3. 金融保险要素市场发展受制约，畜产品销售单一

（1）贷款难度大，融资需求得不到满足，联户担保贷款权责难均衡

目前，金融部门给予畜牧业发展提供了一定的资金扶持，但金融部门过多盯着实力强的大户和企业，而对小微企业、牧民信贷扶持力度不够。调研发现，绝大多数经营性主体都有信贷需求，但大都缺乏银行所需的有效抵押品，他们拥有的牲畜、服务设施（如农业机械、棚舍等）没有政府颁发的产权证，因而银行不愿意接受抵押，导致融资十分困难，难以满足畜牧业发展的融资需求。虽然通过相互承担连带保证责任可以得到生产所需贷款，但是由于金融机构对联户担保贷款监控难度大，使得联户小组内部权责难均衡，如果其中一户违约，则会连累其他牧户。

（2）投保信息具有不对称性，保险品种难以满足实际需求

畜牧业保险作为农业保险的重要组成部分，是促进畜牧业健康发展的重要保障。从调研结果看，保险在试点旗县推行过程主要存在以下两方面问题：①保险公司与牧户间信息具有不对称性。新巴尔虎右

旗牧民反映肉牛养殖险只有达到50头规模才允许投保，其实不然，这仅是保险公司早期的标准，现在早已取消，然而牧民并不知道。这种信息不对称，给养殖规模不足50头且有意愿购买保险的牧户带来了不便。②目前保险的服务品种单一，与牧户需求具有不适应性。具体来说，当前保险主要有天气指数保险和养殖保险两种类型，分别以天气指数和牲畜死亡率作为理赔的依据，但是对牧民养殖收益影响最大的价格波动风险却不在理赔范围内。因此，适度发展畜产品价格指数保险是为牧户提供价格下降风险的重要保障。

（3）畜产品销售缺乏专业化、常态化渠道

调研发现，试点旗县畜产品销售缺乏专业化、常态化的渠道。目前多数企业、养殖大户和家庭牧场、牧户主要靠进批发商贩上门收购、进零售市场、熟人介绍等渠道销售畜产品，少数企业、牧户通过网络、电商等途径销售部分产品。农产品电子商务专业人才缺乏，电子商务补贴项目申报难，牧区物流急需财政补贴、急需加强商标注册和“三品一标”认证。

（4）经营性畜牧业社会化服务组织发展活力未被完全激活

从牧户对不同社会化服务效果的评价发现，经营性服务的满意度高于公益性服务的满意度，然而试点旗县的经营性社会化服务组织活力并没有完全释放，发展不稳定，保障不健全。

（五）社会化服务组织组建的对策建议

1. 完善兽医队伍建设，稳步推进品种改良

兽医队伍承担着为畜牧业发展保驾护航的重任，完善兽医队伍建设，是推进畜牧业发展的重要保障，要加大基层兽医队伍建设，加大从业人员保障力度，编制分配给予倾斜。品种改良是促进畜牧业发

展的重要渠道，加大相关投入（如建立专业的品种改良技术站），做好品种改良的宣传推广工作，对有需求的经营主体给予足够的帮助。

2. 加大政府购买力度，推动技术服务社会化

通过政府购买畜牧业技术服务等方式加强与大学、科研机构的合作，加大对畜牧业技术人员、新型牧业经营主体和普通牧户的技术培训力度。制订本土牧业技术人员发展计划；通过政府购买科技等一条龙、全方位的牧业技术服务等方式，加强本土化的、接地气的牧技小院、牧业科技服务公司建设，推动牧业生产各环节的专业化发展。

3. 创新金融保险品种和体制机制，优化金融保险服务

一是建立健全畜牧业保险体制机制，确保经营主体充分了解保险政策。已有研究表明，保费补贴对畜牧业保险的需求发挥着催化剂的作用。政府可以对畜牧业保险给予一定的保险费补贴，建立畜牧业保险费率调整机制，保险经办机构应当在充分听取政府畜牧业部门和牧民代表意见的基础上，合理确定费率水平和补贴标准，构建普惠性畜牧业保险体系。二是加大畜牧业贷款风险补偿和合作防范力度。提高市、区两级融资风险补偿基金的补偿比例，精简补偿流程，降低银行畜牧业贷款风险，采用多种形式的助保贷，加强畜牧业贷款风险保障。

4. 大力引导和支持畜产品电子商务发展

加强品控风险防范，保障畜产品品质，加大对商标注册以及开展无公害畜产品、绿色食品和畜产品地理标志认证的奖励力度，放大市场品牌效应。建立专项资金引导发展专门的电子商务服务机构，建立区域性电商企业，培训电子商务人才，加强地域特色畜产品电子商务宣传。电子商务补贴主要向牧业企业、牧民专业合作社、电子商务公司倾斜，减少销售中间环节。

5. 进一步释放经营性畜牧业社会化服务组织的活力

经营性社会化服务组织提供的畜牧业服务具有竞争性和排他性，能够有效满足社会需求。政府可以大力引导、鼓励经营性畜牧业社会化服务组织的发展，适当给予一定的倾斜优惠，促进经营性畜牧业社会化服务组织的活力得到进一步释放。

6. 加快培育农业社会化服务组织

按照主体多元、形式多样、服务专业、竞争充分的原则，加快培育各类服务组织，充分发挥不同服务主体各自的优势和功能。支持农村牧区集体经济组织通过发展农牧业生产性服务，发挥其统一经营功能；鼓励农牧民合作社向成员提供各类生产经营服务，发挥其服务成员、引领农牧民对接市场的纽带作用。

八、构建牧区现代化引领性经营体系的政策建议

未来的牧区现代化引领性经营体系一定是一个多元主体并存的格局。集体经济组织、合作社、家庭牧场（专业大户）、龙头企业以及社会化服务组织等新型畜牧业经营主体的出现，顺应了当前畜牧业发展的新趋势，在坚持和发挥家庭生产经营优势的基础上，既能有效破解未来畜牧业经营主体稳定性和持续性难题，又能通过适度规模经营，以集约化、商品化促进畜牧业增效和牧民增收。因此，应在坚持家庭经营的基础上，实现各经营主体的多元互动、多元互补，着力培育新型畜牧业经营主体，构建集约化、专业化、组织化、社会化相结合的新型畜牧业经营体系。鉴于目前内蒙古牧区的新型畜牧业经营主

体的发展还处于初级阶段，面临的问题及挑战较多，无论是集体经济，合作社，还是家庭牧场或者龙头企业，社会化服务体系，普遍都存在发育不足、人才缺乏、运行不规范、带动力不强等问题，因此，如何构建新型畜牧业现代化经营体系，发挥其在畜牧业生产、社会化服务等领域的引领作用，实现牧户和现代畜牧业发展的有机衔接显得意义重大。

（一）明晰基本思路，界定新型经营主体的功能定位与自身优势

牧区现代化要坚持和完善党在农村牧区的基本经营制度：家庭承包经营为基础、通分结合的双层经营体制，即坚持草原集体所有，家庭承包经营，发展集体经济。在坚持基本经营制度的基础上，促进草原家庭承包权和经营权的分离，加快经营权的流转，通过市场化的协作、联合、重组，实现规模化生产、产业化经营、合作化发展。在这个前提下，培育扶持新型畜牧业经营主体是构建新型畜牧业经营体系的重中之重。家庭牧场（专业大户）、合作社、集体经济组织、龙头企业和社会化服务组织等经营主体在不同牧区、不同产业和不同环节，有各自的适应性和发展空间，应充分突出各类主体的特色与优势，发挥对中小牧户的示范带动作用，夯实建设现代畜牧业的微观基础。

（1）传统牧户是新型经营主体扩大规模的基础和源泉

从目前畜牧业发展实际情况看，传统牧户在相当长的时间内仍然会在畜牧业生产中占有相当比重，作为畜牧业生产经营的重要基础，他们必将与各类新型畜牧业经营主体共同构建现代畜牧业经营体系。因此，目前在构建现代畜牧业经营体系的过程中，新型畜牧业经营主

体不可能完全取代传统牧户，但传统牧户会随着工业化、城镇化的发展而逐渐发展成为专业大户、家庭牧场等。

（2）家庭牧场（专业大户）是适度规模化养殖的主体

随着牧区城镇化、工业化的发展乃至牧区老龄化问题的出现，家庭牧场（专业大户）作为规模化生产经营的主体，承担着畜产品生产商品化的功能，它们具有家庭经营和规模经营的双重优势，能够采用先进的科技和生产经营手段，聚集现代畜牧业生产要素，提高集约化水平，对中小牧户的生产也具有很好的引导效果。因此他们将成为适度规模化养殖的主体。

（3）合作社和集体经济组织是连接各类畜牧业经营主体的关键组带

牧民合作社具有组织散户、带动大户、对接企业、联结市场等多项功能，在目前已经具备一定规模的基础上，未来可以成为引领牧民进入市场的主要经营组织之一，发挥提高牧民组织化程度的功能。另外，集体经济组织在某种程度上也具备上述的部分功能。因此，牧民合作社或集体经济组织将会成为带领家庭经营主体参与市场竞争的中坚力量，同时也会成为连接不同畜牧业经营主体的纽带。他们应发挥提升牧民组织化程度的作用，带动中小规模牧户、组织家庭牧户（专业大户）、对接企业、联结市场，最终成为连接各类畜牧业经营主体的主要经营组织。

（4）龙头企业是对接社会化大市场的重要平台

龙头企业具有资金、技术、人才、物资等方面的比较优势，是诸多先进生产要素的集成体，要进一步促使其在产业链中更多地承担畜产品加工和市场营销等方面的作用，并积极为中小户提供产前、产中、产后各类生产经营性服务。它将是带动其他类型经营主体分享产业链增值收益的核心力量，也将成为未来牧区分散经营有效对接社会化大市场的重要平台。

（5）社会化服务组织是新型经营主体健康发展的根本保障

社会化服务组织在现代化畜牧业中应为中小牧户及其他经营主体提供产前、产中、产后的各类生产性服务。它们是保障各类畜牧业经营主体健康发展不可或缺的支撑力量，也是促进现代畜牧业持续发展的根本保障。

总而言之，在构建现代畜牧业经营体系的过程中，不同经营主体的功能定位是不一致的，各经营主体应发挥自身的服务优势，彼此之间要取长补短，它们之间是互补关系，而非竞争关系。政府培育扶持新型经营主体的过程应该是一个循序渐进的过程：积极引导中小规模牧户向专业大户转变，促进大户的规范、稳定发展，最终向家庭牧场转化；鼓励专业大户、家庭牧场联合，创建专业合作社，开展社会化服务，充分发挥社会服务功能；鼓励龙头企业与专业大户、家庭牧场建立长期、稳定、紧密的利益联结关系。建立形成联合养殖大户、联合家庭牧场、家庭牧场 + 养殖大户、家庭牧场 + 合作社、家庭牧场 + 集体经济组织、龙头企业 + 家庭牧场、合作社（集体经济组织）+ 龙头企业等多种经营模式，在坚持家庭经营的基础上，实现规模化生产、产业化经营的运行机制。

最终构建以中小牧户、养殖大户和家庭牧场为基础，以集体经济组织、牧民专业合作社、龙头企业和各类经营性服务组织为支撑，多种生产经营组织共同协作、相互融合的新型畜牧业经营体系，合力推动牧区畜牧业现代化的进程。现代畜牧业经营体系演变历程见图 4–3。

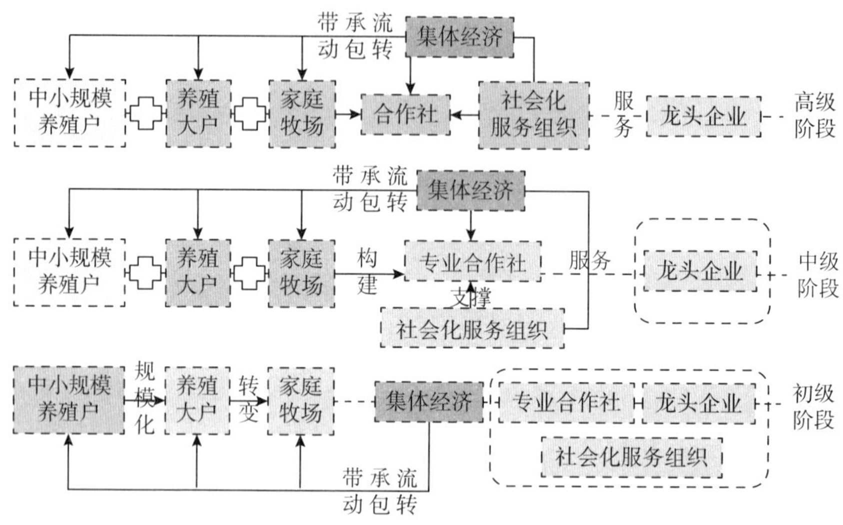

图4-3 现代畜牧业经营体系演变历程

（二）积极培育扶持，增强新型经营主体的发展活力和引领作用

当前和今后一个时期，要围绕新型现代畜牧业经营体系的重点领域和关键环节，以夯实微观基础、推进机制创新、发挥组织纽带、强化服务支撑为重点，加快培育扶持新型经营主体。在培育扶持的过程中，要立足长远发展，坚持基本原则：坚持发展新型经营主体和扶持传统牧户并重，坚持培育新型经营主体与促进劳动力转移协调发展，坚持推进适度规模经营与社会化服务同步发展。

第一，在牲畜饲养环节，应重点培育家庭牧场（专业大户）。他们作为规模化生产经营的主体，对中小牧户的生产也具有很好的引导示范效果。未来在牲畜饲养环节，应重点培育以家庭成员为主要劳动力、以牧业为主要收入来源，从事专业化、集约化生产的家庭牧场，使之成为引领适度规模经营的有生力量。

开展示范家庭牧场创建活动，发挥典型带动作用。引导牧户采取出租（转包）、入股等方式流转草场经营权，鼓励牧户在自愿前提下采取互换并地方式解决草场细碎化问题，发展适度规模经营的家庭牧场。建立健全家庭牧场管理服务，分级建立示范家庭牧场名录。鼓励家庭牧场使用规范的生产记录和财务收支记录，提升标准化生产和经营管理水平。

具体而言，因为养殖业是自然再生产与经济再生产相互交织的过程，其经营的对象是活牲畜，需要经营者能够付出辛苦，能够及时应对自然环境发生的变化，及时掌控生产经营过程中可能发生的一切风险。在这个过程中，以家庭为基本经营单位，家庭内部劳动力的利益高度一致，劳动的主动性较高，责任心也较强，同时还能节约监督成本，因此家庭牧场或专业大户优势较为明显；与此同时，根据我国的国情，广大的传统牧户仍将会是未来一段时间内畜牧业养殖的经营主体，随着牧区人口老龄化以及大量年轻劳动力转移等现象的出现，将会在传统牧户的基础上逐渐产生若干养殖大户或家庭牧场等经营主体，这既能发挥家庭经营的自身优势，又能克服传统牧户“小而全”的劣势，使畜牧业的养殖环节具有旺盛的生命力。

第二，在畜牧业生产资料购置、畜产品销售以及畜牧业生产性服务环节，应鼓励和支持合作经营方式，未来培育重点应是牧民合作社、集体经济组织以及各类社会化服务组织。

合作社的发展关键在提升合作社发展质量，推动合作社以土地、资金、劳动、技术、产品为纽带，采取共同出资、共创品牌、共享利益等方式联合与合作。鼓励牧户通过共同使用农业机械、开展联合营销等方式发展联户经营。开展示范社建设行动，推进合作社质量提升整旗县推进试点。提升农牧民专业合作社经营管理能力，推进各级农牧民专业合作社示范社实施标准化生产，建立生产记录台账；推动农牧民专业合作社培育自主品牌和“三品一标”认证。加强合作社监管和指导，对被列入企业信用信息公示系统经营异常名录、在抽查抽检中发现异常情形、经群众反映和举报存在其他违法违规问题的合作社进行清理整顿。要积极探索“芒来模式”的股份制合作社，找到劳动合作与资本合作有机结合、按劳分配外与按股分红相结合的新模式，总结经验，循序推广。具体而言，从国际及国内经验看，除了少数合作社直接从事畜牧业生产外，绝大多数合作社的作用应该是为畜牧业生产经营提供服务。可以在畜牧业生产资料的统一购买、畜产品销售、基础设施建设等畜牧业产前、产后领域发挥作用。

社会化服务组织发展关键在于：加大各类服务组织的培育力度，加强规范管理，指导服务组织与农牧户规范签订服务合同，建立和完善服务台账和档案，提高服务组织在牧业生产薄弱环节和关键领域的服务水平。探索建立社会化服务主体名录管理制度，将承担社会化服务项目的主体纳入名录，对于服务能力强、服务效果好、群众认可的组织予以重点扶持。引导生产性服务组织与牧户以合作、承包、托管、半托管、参股、互助联营等形式，带动小牧户积极参与标准化生产。加强总结牧业生产托管典型经验，加大宣传力度，推广创新做法，充分发挥典型的示范引领作用，努力营造托管服务发展的良好氛围。着力优化公益性农业服务体系，引导其逐步从经营性领域退出，在基础性领域开展服务，如畜牧业技术开发、病虫害统防统治、大型水利工程、畜产品质量检测、技术指导、咨询、市场信息、教育培训等方面；积极培育经营性服务组织。通过降低准入门槛，加强监督管理，加大经营性服务组织发展的扶持力度。专门围绕产后服务这一短板，重点支持专业化畜牧业服务公司、专业服务队等发展。采取多种有效方式，对畜牧业经营性服务组织在畜产品加工、储藏、包装、品牌、信息、融资、保险等方面给予支持；大力促进社会化有效服务模式的示范推广。挖掘实践有效的服务模式，总结各地在“公共服务机构＋农资农技服务公司＋农牧户”“专业合作组织＋社会化服务组织＋农牧户”“龙头企业＋农牧户＋基地”“农资经营公司＋农牧户＋基地”等服务模式开展中的经验与教训，积极推广制度完善、程序规范、形式多样、内容丰富的社会化服务。

集体经济的发展关键在于：首先，发展集体资源利用型经济模式，积极引导发展现代牧业项目，通过转包、出租、入股等方式流转草原经营权，发展养殖业；通过兴建肉类屠宰加工、冷库等牧业设施，增加集体收入；依托自然风光、森林资源、民俗风情、游牧文化等积极发展乡村休闲观光旅游；采取“政府补助、银行贷款、市场运作、集体收益”的模式，大力发展风力发电和光伏产业。鼓励嘎查以集体名义对区域内有较大影响的特色农畜产品、地理标志、非物质文化遗产等注册商标，通过出让商标使用权获得集体收入。其次，发展有偿服务型经济模式，支持嘎查集体创办便民劳务合作服务实体，建设电商孵化平台，为各类市场主体提供加工、流通、仓储等有偿服务，促进牧业由生产环节向产前、产后延伸。发展牧业生产性服务业，为牧民提供物资采购、品牌注册、技术指导、统防统治、集中运输、产品销售等综合性服务。鼓励围绕劳务承包组织牧民开展家政、文化、餐饮、旅游等服务，探索金融、保险、通信、快递等便民代理服务。再次，发展物业管理型经济模式，建立健全集体资产使用权有偿承包制度，以嘎查集体经济组织为投资主体，按照“统一规划、统一建设、统一经营、收益归村”的模式，盘活改造嘎查活动阵地、旧校舍、厂房等各类闲置或低效集体资产，兴办商铺、农贸市场、牧家乐经营管理服务中心等。最后，探索混合经营型经济模式，鼓励嘎查集体经济组织按照保底分红、按股分红的方式，将集体资产和财政扶持资金等参股到牧民合作社和经营稳定、发展前景较好的工商企业。支持和鼓励当地乡贤、在外经商者回嘎查投资，将嘎查集体经营性资产以股份或份额形式量化到嘎查集体成员，明确嘎查集体产权，联合开发建设市场前景好、嘎查集体缺乏开发实力的项目，实现嘎查企共赢发展。量身定做集体经济方案，建立扶持长效机制，鼓励民众与外援参与集体经济建设。

第三，在畜产品加工以及物流环节，应该重点鼓励和发展产业化龙头企业，使其成为引领性经营主体。龙头企业的发展关键在于打造绿色品牌建设，加强产品精深加工、建设畜产品可追溯体系、开展电商与定制化业务，优化利益联结机制等。

具体而言，在这些环节和领域，公司制经营具有较为明显的优势。应该鼓励社会资本投资畜牧业，为牧户、家庭牧场以及合作社提供产前、产中、产后服务，引领其他经营主体发展产业化经营。关键是应通过多种渠道做大做强龙头企业，增强其辐射带动能力，引导企业通过多种形式和途径（如订单收购、二次返利、股份合作等）与牧户、专业大户、家庭牧场以及牧民合作社等经营主体实现有效对接，形成“风险共担、利益共享、合作共赢”的紧密联结关系。

总而言之，除了积极发挥各类新型经营主体自身功能优势，构建新型畜牧业经营体系还要主动探索建立各类经营主体协同发展，如图 4–4 所示。

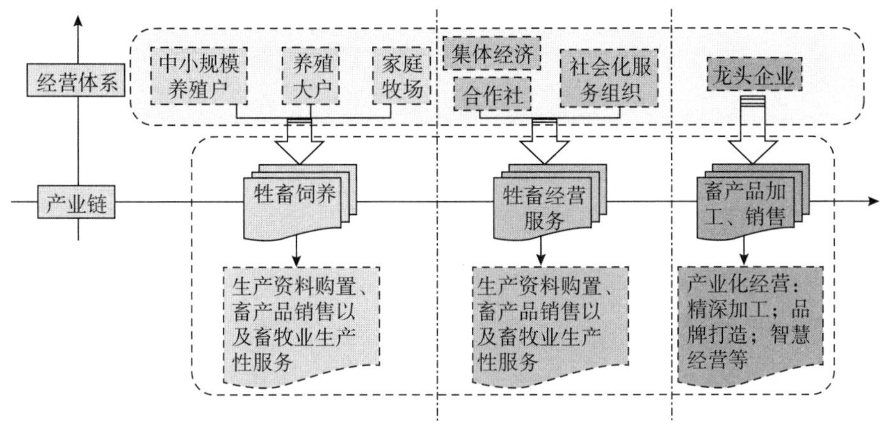

图4-4　牧区现代化新型经营体系

（三）创新支持方式，激发新型经营主体的内在动力和经营活力

新型畜牧业经营主体是构建新型畜牧业经营体系的生力军，也是传统牧户转变畜牧业发展方式的引领者。因此应从构建新型畜牧业经营体系和推进畜牧业发展方式转变的战略高度，加强和创新对新型畜牧业经营主体发展的政策支持。为培育上述各种类型的新型经营主体，政府应创新政策支持体系。

第一，建立草场流转有效机制，发展多种形式的适度规模经营构建牧区新型经营体系要从实际出发，因地制宜发展多种形式的适度规模经营（草原确权工作已完成），加强草场承包管理信息化建设，按照依法、自愿、有偿的原则，采取出租（转包）、入股或其他方式，促进草场经营权向畜牧业新型经营主体流。在这个过程中，要注意草场流转在一定时期内不能太快，草场流转时间不得超过剩余承包期限，经营规模也不能太大，绝不能操之过急，尤其不能搞行政干预，替牧民决策。

第二，完善扶持方式，提高新型经营主体发展效率。各级政府的强牧惠牧政策要不断扩大规模、拓宽领域。由于历史、地理、交通等诸多客观原因，牧区的基础设施建设极为滞后，这严重阻碍了牧区现代化的实现，因此应继续完善政府的扶持方式。一方面，需要继续加大对畜牧业基础性、平台性设施等公共投入和政策扶持力度，完善畜牧业公共政策和公共投入的绩效考核；另一方面，对特定的畜牧业扶持政策和措施，应尽可能直接下达或落实到新型畜牧业经营主体。此外，根据实际情况，允许基层对畜牧业财政扶持资金和政策进行梳理和整合，提高畜牧业扶持政策效率。

第三，创新对新型经营主体的补贴方式。加强对畜牧业的生产性服务补贴和保险补贴。畜牧业生产性服务可以有效解决畜牧业公共服务机构服务供给不足的问题，还可以帮助新型畜牧业经营主体有效规避因自我提供服务而形成的资金占用和资源浪费。因此应实行畜牧业生产性服务补贴制度，支持市场化的畜牧业服务组织。同时还应加强畜牧业保险补贴力度，特别是巨灾保险补贴力度。加大畜牧业生产性服务补贴向新型畜牧业经营主体的倾斜力度。通过发挥新型畜牧业经营主体在畜牧业生产性服务消费方面的示范带动作用，增强新型畜牧业经营主体对传统牧户转变畜牧业发展方式的辐射。

第四，引导新型畜牧业经营主体加强联合和合作。鼓励引导新型经营主体开展品牌创建、基地或产品认证等工作，积极探索现代畜牧业提质增效节本升级的路径，实现联合抵抗风险，增强市场谈判能力与竞争能力，让牧户得到更多的利益。同时引导运作较为成熟的新型畜牧业经营主体融入区域优势特色畜牧业发展的试验示范活动，加强产学研用合作，并与金融、保险、农机等方面有效对接。

（四）加强人才培育，提供新型经营主体的后备力量和智力支撑

畜牧业经营模式的创新离不开高素质的牧民。当前，家庭牧场（专业大户）、牧民专业合作社等新型畜牧业经营主体的主要负责人普遍文化素质偏低、管理技能弱、战略思维不足，难以支撑经营模式创新，急需实施人才培育工程。基于客观实际情况，牧区新型经营主体的主要来源应该是投资畜牧业的企业家、返乡的外出务工牧民、基层创业的大学生以及牧区内部的带头人等。政府要营造牧区创业和就业的良好环境，引导和鼓励上述人群成为新型畜牧业经营主体。由于他们的学历、工作背景以及各自优劣势不尽相同，需要分类指导和提供有针对性的扶持政策。

第一，从牧区走出去的大学生是新型畜牧业经营主体的重要后备力量。应完善大学生畜牧业创业与就业的政策体系，鼓励大学生“村官”在新型畜牧业经营主体中创业和就业，使他们“下得去、干得好、留得住、有发展”，对相关经营主体给予引入大学生的工资和社会保障补贴。

第二，加强对目前新型畜牧业经营主体的培养。一方面，依托农牧业部门已有的免费培训项目，开展包括经营管理理念、专业技能、电子商务专业知识、畜产品质量控制技术等在内的现代畜牧业经营理念、生产方式的培训，以提升当前家庭牧场主（专业大户）、牧民专业合作社负责人的模式创新能力；另一方面，在创业资金、项目审批、财政奖补、用地指标等方面，制定优惠政策，鼓励掌握一定管理技能、具备一定生产资金的农民工返乡从事涉牧产业创业，以及本地籍涉牧专业大中专毕业生回乡投身畜牧业生产经营，以充实新型经营主体的人才队伍，助推畜牧业经营模式创新。

第三，建设示范点，发挥引领示范作用。鼓励各类人才带头领办或者参与各种类型的经营主体，建立示范点，同时把这些示范点作为重点扶持对象，起到引领示范的效果。

（五）深化体制改革，降低新型经营主体的经营风险和信贷风险

第一，扶持和引导牧区非正规金融机构发展。目前有些地方出现的资金互助组织，采取的是一种信用合作形式，属于合作金融范畴。不同于中小商业银行等正规金融机构，资金互助组织等非正规金融机构植根牧区，更了解家庭牧场等新型经营主体的资信状况，能有效规避正规金融机构在贷款过程中面临的评估成本高、监管难度大等问题，能更及时、便捷地向新型经营主体提供贷款支持。

第二，支持中小商业银行等正规金融机构创新授信模式。地方政府应出资建立针对新型经营主体的信贷风险基金，以政府担保等方式，鼓励中小商业银行试点向新型经营主体发放无抵押信用贷款，以满足其小额资金需求。积极筹建涉牧评估担保公司。为新型经营主体提供信誉担保，以获得中小金融机构的贷款支持，解决新型经营主体大额资金需求难题。

第三，积极探索畜牧业保险体系改革。在继续加大畜牧业保险保费补贴力度的同时，鼓励畜牧业保险机构开拓针对特色畜牧业、牧区旅游业等新型经营模式的保险业务，尽可能地降低家庭牧场、合作社等新型畜牧业经营主体的模式创新风险。

第五章

牧区现代化产业公共支撑服务体系研究

围绕草原畜牧产品的天然高端性和畜牧产业适度经营的基本定位，解决内蒙古草原畜牧业发展的系统进化方向，加速实现牧区现代化，关键在于解决牧区经济发展的产业公共支撑服务问题，即通过产业公共支撑服务系统建设，立足产品质量和区域公用品牌，促进产品、产业和生态的数字化整体运营，是全面对接我国超大内需市场和实现牧区经济“换道超车”的必由之路。

草畜平衡和适度经营决定了产业规模，产品的高端性决定了产业只能选择纵向高端发展。但草原畜牧业落后的产业现状，限制了人才、资金、现代化管理的迅速植入，致使低端屠宰企业超密度发展，利润微薄，局部垄断严重，产业成本巨大，严重违背了纵向高端发展的经济规律。因此，应围绕产业公共支撑服务体系，本着共商共建共享的原则，推动区内外人才、资金、科技、管理等要素向牧区汇聚，并积极参与于此、收益于此、贡献于此。

建设产业公共支撑服务体系及围绕产业支撑服务体系设计的产业链服务型新型经营主体，系统地解决现代牧区产业发展的大量弊端，发挥出数字经济时代牧区社会化服务的主要功能，即：设计符合内蒙古牧区发展实际的现代化产业经济体系模型（产业链模型、公共支撑体系模型）与产业链服务型新型经营组织建设，这是牧区现代化建设的第一要务。概括地讲，一产的草场退化、畜种单一化趋势、经营成本高等问题，二产的专业化、高端化、新增产业链、延长价值链与科技渗透问题，三产的产业互联网销售通路搭建与金融植入问题，都可以用公共支撑服务体系的扩繁工业化、加工仓储资源库、数字化区域公用品牌运营、现代牧区产业金融服务等构成的服务平台来系统解决。

一、构建开放共建型的牧区现代化产业经济模型

构建牧区产业经济模型要进行实证分析，从牧区现代化建设有机生态系统的现存存量结构、经济现象间相互依存的关系出发，通过科学分析、判断和预测，确定产业发展的趋势和产业升级的方向。开放共建型产业经济模式建设应主要偏向于以现代信息技术的数字赋能促进生产力创新和生产关系解放，立足于产业实体经济、产业基础能力建设和重塑产业链价值，重点突出产业链模型、产业公共支撑服务模型、政策体系模型及相关的体制机制建设与良性运转。因此，牧业现代化产业经济模型构建是一个理论和实际相结合的过程，是“有机生态系统的系统化”设计与运作过程。内蒙古牧区现代化产业经济模型可分为纯牧业、半农半牧、农牧工结合三类，每一类都包括“产业链模型、产业公共支撑服务模型、政策体系模型”三部分，应根据实际情况因地制宜，重视普遍性与特殊性的结合，具体问题具体分析。

（一）构建牧区现代化产业经济模型的基本思路

1. 做好以产区优势定位、产品价值定位和产品生态文化传播模型定位为核心的产区战略定位

一是通过科学检测检验定位内蒙古主要畜牧业主产区畜种的独特性和畜牧产品质量的高品质性；二是根据草原生态条件确立适度经营规模，根据质量、产量和需求分析定位以稀缺性为特征的产品价值；三是找到产品高品质特性与牧区生态及草种多样性关联要素，为畜牧产品产地不可复制性提供科学依据，从而出台产区、产品分级管理办法；四是以科学和文化两个维度建立完整的产区、产品的文化与生态模型，塑造区域公用品牌统一传播形象。

产区优势定位、产品价值定位、产品生态文化传播模型定位“三位一体”，是设计牧区现代化产业经济模型的价值基础，是认知牧区自然生态、产品生态、产业生态等价值的基本定位。

2. 通过对牧区现行产业经济模式，特别是产业链断点分析、产业短板分析及其科技需求分析，以市场需求创新产品结构与产业技术结构，为牧区现代化产业经济模型建立提供综合支撑框架

牧区现行产业经济模式分析要从产品结构、产业要素结构、市场主体结构及市场环境等多方面、多因素考虑，在得出优势产业发展的客观结论的基础后，以牧区经济现代化和现代化产业经济模型建设的现实需求，推导出短板补齐和结构升级的路径，再以优势实体产业发展战略为核心设计第一、第二、第三产业融合发展战略。

（1）现行产业链断点和短板简要分析

从第一、第二、第三产业融合发展的角度分析现行产业链存在的诸多断点和各类短板，就可以明显地看到现行产业链的先天不足。

一是鉴于草原产品生态的核心价值在第一产业，草原的不可复制性（草种多样性）、畜种的独特性、产品的稀缺性及高品质性构成了产品的核心价值，所以补齐工业扩繁（保种、育种、扩繁）的产业短板是首要任务。

二是由于第一产业的工业扩繁（保种、育种、扩繁）体系缺失，传统的草原生态畜牧业无法完成“五同生产”（同期配种、同期产羔、同期饲养、同期防疫、同期屠宰），出栏不统一、商品羊体型差异大等因素，制约了第二产业工业化步伐，很难建设整条的自动化生产线，导致第二产业发展动力不足，因此与工业扩繁相适应，补齐公共资源库（公共仓储）及产品分级标准、精深加工等环节的技术短板，是提高第二产业灵活应对市场需求能力的关键。

三是补齐公共扩繁、公共加工、公共资源库（公共仓储）等公共支撑服务单元后，可以为牧户、家庭牧场、合作社提供质量、区域公用品牌、全产业链生产的“一条龙”服务，摆脱只能生产初级产品的状况，使其能够更多参与市场前端销售通路建设，并通过分享诸如牲畜头蹄、骨血、羊尾、皮毛等在精深加工、保健品、化妆品、生物制药等新产业链条的建设和延伸，来达到产品生态价值的充分体现和产品利润率的大幅提升。

四是由于缺少现代物流软硬件服务，制约了产业互联网直销通路平台建设，致使高端销路不通畅，垂直平台（邮政、阿里、京东等）的现代仓储、物流、金融服务、产品广告传播通道也无法与产地环节全面对接，影响各类产业要素向主产地聚集，因此，产地产业互联网销售通路、数字化品牌运营中心和数字化金融服务平台建设势在必行。

（2）形成新的产业技术结构

围绕有机生态系统中产品生态及现行产业链在初级产品生产、产品精深加工、市场销售以及在现代化经营组织形式和相应的机制建设等方面的缺失，找到产业结构优化升级的顺序及协同机制，形成新的产业技术结构。

一是从质量第一、效益优先入手，对产业各环节的问题和短板形成共识，并以提升产业链质量为目标，补齐实体经济产业短板，从产业要素、市场主体结构、外部市场环境等多维度改造产业技术结构；二是以提高产业基础能力和服务质量为导向，以提高产业协同能力为目标，以现代信息技术为支撑完善现代物流管理、产业链标准管理、产业链金融服务、产业大数据分析。以质量、效益为导向的产业技术结构，是形成产业协同体系和产业升级的基础。

（3）确立产业升级方向，确定科技支撑重点

通过权威认证机构等的检测与资质证明，明确牧区产品生态尤其是主要畜牧产品在高端食品、生物制药、保健食品、高端化妆品等方面的广阔市场前景，制定产业生态现代化转型与升级方案。方案应主要考虑以下几方面的内容：一是政府相应的产业政策、区域政策、财政政策、金融政策支持导向；二是与政策相配套的产业全过程分析软服务及建设产业公共支撑服务设施重点，包括产业要素配置结构和产业培训体系结构，以及产业链标准运营配套设施、产业大数据服务平台配套设施、产业互联网数字化销售平台的建设与导入、区块链产业链金融服务等；三是与产业分配体系相关的产权结构（实体和数字资产、产业数字资产是产业未来发展的核心资源，属公共资源）、产品生态结构（决定公共资源配置结构）、企业所有制结构及产业化联合体结构等相关内容。

（二）牧区现代化产业经济模型构成要件

1. 重构产品生态和产业生态，打造世界级的内蒙古草原生态品牌，推动产业高质量发展

重构以畜牧优势主产区产品品种的独特性、高品质性、稀缺性和不可复制性为依托的牧业高端产品结构、产业技术结构、产业体系结构。产业组合管理需要建立基于区块链、人工智能等技术上的软基础设施，现代化产业经济模型是现代产业组合管理和产业支撑服务体系实体构成的有机整体，要立足于牧区自然生态、产品生态、产业生态，通过牧区产业经济模型的整体性、系统性、科学性设计，突破当前牧区经济与信息技术应用相对游离的现状，用产业模型思维、系统科学思维塑造牧区经济的“高端产品结构、产业技术结构、产业体系结构”相统一的有机形态，使其为现代化牧区经济可持续发展支撑起“四梁八柱”。

2. 以可信大数据生态及信息技术驱动的协同体系是牧区现代化产业经济模型的“社会协同之手”

5G、大数据、云计算、物联网、区块链、人工智能等现代前沿技术可形象地组合成我国十四亿人口共同使用的一台“大 PC”：云存储构成存储器，云计算构成运算器，5G、物联网技术和国土面积构成主板（总线结构），人工智能（AI）构成输入输出系统，区块链多中心共享共治的数据平台构成控制器。解决产业生态微观经营主体间的协同，特别是解决其协调机制、运行机制、动力机制以及与政策法制环境间的协同，都需要依靠现代信息技术。当前牧区产业信息被孤立、隔离在不同的主体、系统、地域，而随着智能化发展，可以利用区块链技术将数据连接、耦合、关联、活化，释放信息的红利和价值。这将彻底改变过去孤立、分散的数据生产资料的所有制结构，构筑面向智能社会的数字经济，使不同参与主体、行业的数据交互有了技术支撑，把原来的信息互联网变成价值互联网，完成一种深刻的转型和变革。因此，数字驱动协同本身将成为继市场“看不见的手”和政府“看得见的手”之后的“社会协同之手”，而建立牧区现代化产业经济模型正是要利用好这只“社会协同之手”来推动牧区现代化尤其是现代化经济体系建设。

3. 多中心共享共治数字驱动的支撑体系和实体经济科技创新体系构成牧区现代化产业经济模型和完善产业生态的“一虚一实”双轮机制

产业体系是现代化经济体系的核心，构建区域经济产业模型是信息技术在实体经济应用的前提，没有模型的探索和建设就形不成实体经济的体系化数据生态结构。只有以市场、问题、目标为导向，通过区域经济产业模型的建立，设计出科学技术创新、现代金融支撑、人力资源开发的系统方案，并建立其多中心共享共治数字驱动的支撑体系和实体经济科技创新“一虚一实”的双轮机制，才能形成符合实体经济发展需求的数字经济协同生态。“实”是实体经济软硬件配套设施建设，“虚”则是指产业协同体系软硬件配套设施建设，两套设施都有软硬需求。其中协同体系的软硬件配套是提升产业基础能力的关键，是产业协同的物质基础，例如：现代物流体系包括库资源与数据管理，现代金融体系必须有库资源和产业标准运营下的质量支撑。“有虚无实”会出现诸多问题，很难推广应用，反之亦然。只有“虚实一体”交相呼应并落到实处，才能让产业生态建设更具生命力，从而支撑经济社会的可持续发展。图 5-1 为牧区产业补链、增链、强链示意图。

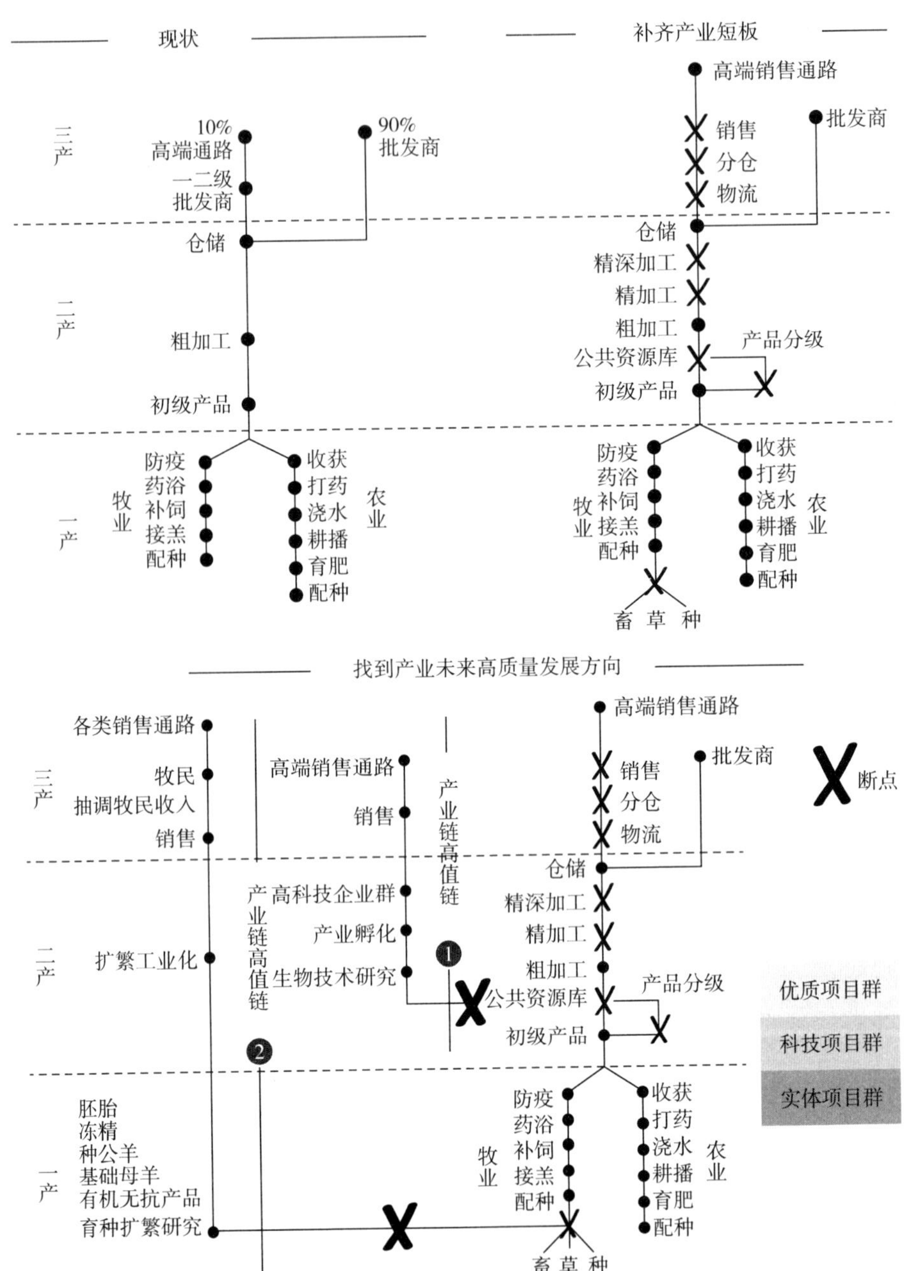

图5-1　牧区产业补链、增链、强链示意图

二、产业公共支撑服务模型设计

产业公共支撑服务模型设计是牧区现代化产业经济模型设计的核心，模型运作产生的功能将贯穿牧区有机生态系统的各个子系统，而围绕产业公共支撑服务体系形成的各类产业链服务型新型运营主体，可承接牧区社会化公共服务体系的主要任务。

（一）产业公共支撑服务模型主要内容

产业公共支撑服务模型包括产业链标准支撑服务层、产业链信息支撑服务层、产业链金融支撑服务层、数字化区域公共品牌运营层、政府监督服务层。其中产业链标准层、信息层、金融层、区域公共品牌运营层构成数字化产业协同体系和动力机制，政府监督服务层构成数字化产业市场的协调机制，人才培训层构成人力资源保障机制。如图 5-2 所示。

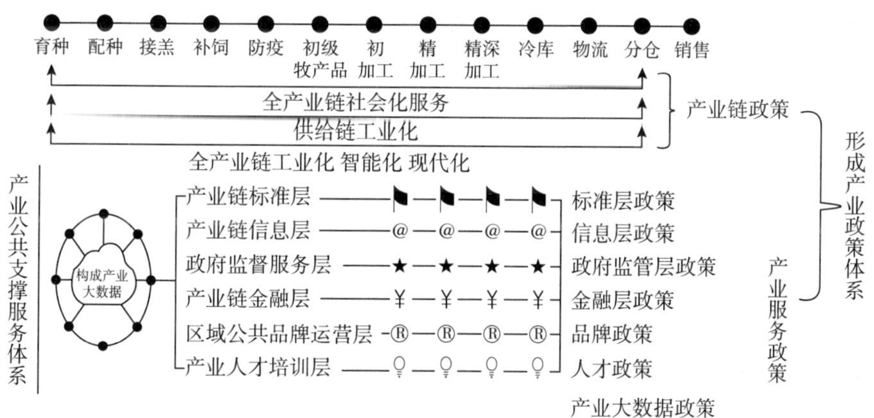

图5-2　产业公共支撑服务模型

1. 产业链标准支撑服务层

产业链标准支撑服务层包括公共扩繁、公共育种、公共防疫、公共草库及相关第一产业社会化服务环节；公共加工、公共仓储、公共检测、授权委托物流等第二产业环节；以上环节可构建全产业链质量指标体系，是全产业链的标准运营的实体支撑环节。

2. 产业链信息支撑服务层

产业链信息支撑服务层通过全产业链信息采集，属于大数据边缘计算部分，建立基于产品生态的产业可信大数据生态，为各类数据服务业务提供有效性保障。

3. 产业链金融支撑服务层

围绕产业链标准层和信息层关于公共仓储质押的金融属性，结合区块链产业链智能合约管理，建立产业支撑服务体系的第三层产业链金融支撑服务层，提供全产业链金融服务，建立基于全产业合约管理的全产业链自动分润体系，实现利益联结机制智能化。

4. 数字化区域公用品牌运营层

产业链标准运营、产业链金融服务、现代物流仓储管理、产业互联网平台支撑下的区域公用品牌授权运营系统构成数字化区域公用品牌运营层。

5. 政府监督服务层

通过产业数据共享共建，建立以大数据分析为基础的政府监督服务层，提高政府产业调控能力和完善市场环境的监督服务。

6. 人力资源导入与培训服务层

根据人力资源的实际需求建立第六层人力资源导入与培训服务层。

（二）以三个体系为核心实现产业经济模型和公共支撑服务模型体系化良性运转

1. 工业扩繁体系的构成及功能

（1）工业扩繁体系的构成

工业扩繁体系包括：保种及育种中心，工业生产扩繁，饲草种植、饲料生产及公共草库，社会化服务评测中心，职业技能培训中心。

（2）工业扩繁体系的功能

一是实现保种、育种功能和建立基因溯源体系基础；

二是生态调节、抗灾防灾、稳定牧户收入，当草原发生自然灾害时，公共扩繁中心规模化补饲池和公共草库可成为牧户提供补饲服务，以调节生态压力，起到抗灾和稳定牧户收入的作用；

三是推动畜牧业工业化，公共扩繁中心为牧户提供高水平基础母羊和商品羔羊，在提高牧户收入的同时降低劳动强度，并可以加速同期出栏水平，为产业生态中第二产业的工业化提供基础保障；

四是提高牧民职业水平、扩大就业，通过牧民职业技能培训中心和扩繁体系建设完成相关目标；

五是通过建立社会化服务评测体系，促进提高牧区社会化服务系统的整体水平。

2. 公共仓储服务体系的构成及功能

（1）公共仓储服务体系的构成

公共仓储服务体系包括公共加工、公共仓储、公共检测、授权委托物流和生产加工技能培训系统。

（2）公共仓储服务体系的功能

一是提高第一产业市场组织化程度，为牧户、家庭牧场、合作社及其他新型经营主体提供仓储、精深加工、产品化、物流服务；

二是提高各类销售通路对接牧户、家庭牧场、合作社及其他新型经营主体的能力；

三是通过仓储功能提高销售对产品淡旺季的应对能力，刺激第二产业的生产创新积极性；

四是公共仓储服务体系培育品牌溢价能力，是区域公用品牌授权体系的重要支撑；

五是公共仓储服务体系是产业链金融创新及分润体系形成的物质基础。

3. 数字化区域公用品牌运营体系的构成及功能

（1）数字化区域公用品牌运营体系的构成

包括数字化区域公用品牌信息化标准运营、产业链金融服务运营、数字化区域公用品牌物流授权运营、数字化品牌授权管理中心及数字化区域公用品牌产业互联网平台运营中心。

（2）数字化区域公用品牌运营体系的功能

数字化区域公用品牌运营体系将完整展现牧区自然生态、人文生态、产品生态和产业生态的集体面貌和内在品质，是促进牧区市场生态建设、实现内外资源对接、进一步强化内生动力的重点支撑。

（三）围绕产业体系化运营培育产业链服务型新型运营主体

1. 建设产业链服务型新型经营主体的意义

无论是区块链还是产业金融抑或区域公用品牌等新技术、新理念的应用，都是针对产业链整体服务的，而服务于产业链整体的新型经营主体就是产业链服务型新型经营主体。产业公共支撑服务体系是一个综合度极高的有机整体，对人力资源的集成度要求很高，只有大力培育服务型新型经营主体，才能推动形成产业公共支撑服务体系高水平运营，因此，这种新型经营主体的建设就是以加强产业基础能力和提升产业链质量为主要目标的。随着服务型经营主体的不断壮大，产业链会形成体系化良性发展的势态，极大地提高产业链的稳定性及自愈性。所以在众多类型的农牧业新型经营主体中，首先应加大力度培育产业链服务型新型经营主体，以提供多赢、开放的全产业链服务，用产业链运营的真实逻辑推动政策目标的实现。产业链服务型新型经营主体的培育过程中，政策支持是基础、人才导入是核心、技术支撑是保障、服务内容是重点、产业盈利是目标。

2. 产业链服务型新型经营主体的构成

产业链服务型新型经营主体包括产业社会化服务评测、互联网实训、社会化服务、产业标准建设、区域公用品牌、区块链产业金融、产业大数据等方面的运营主体。

（1）以农牧业科研单位为主体，结合 5G 互联网、大数据等技术，建立牧业全产业链数字化第三方评测机构，用以评测针对牧户、合作社等各类服务主体的服务质量，配合相关政府职能部门加强监督检查，防范产品质量安全等行业事故，持续提升各类社会化服务经营主体的服务能力和质量，渐少产业风险，提高牧民和其他产业组织对社会化服务的满意度。

（2）以畜牧业科研单位和有实力的农牧业服务单位为核心，结合 5G 互联网、大数据等技术，针对畜牧业社会化服务环节建立数字化实训类产业服务型新型经营主体，把成体系的实践经验标准化、互联网化、实训化，服务于更多的牧户、合作社，持续提高牧户的职业化水平，提高牧户收入。

（3）结合产业链各环节质量标准，引入第三方检测检验机构成立产业标准运营新型经营主体，推动畜牧业产区、产品分级，建立畜牧产品优质优价的标准体系。

（4）区域公用品牌运营主体，推动区域经济结构的进一步调整。

（5）产业金融服务运营主体。

（6）产业大数据服务运营主体。

3. 产业服务型新型运营主体的导入办法及合作机制

产业链服务型新型经营主体应结合产业化联合体的相关政策进行系统设计。牧户提高自身组织化程度、形成牢固的利益共同体，是产业化联合体建立和发挥作用的基础，也是在产业体系中合理分润的前提。现代意义上的合作经济应以产业链服务型新型经营主体为纽带来形成组织力和竞争力。牧区有机生态系统的自然生态、产品生态、产业生态等蕴含着大量经营利润，开发价值巨大，各级政府必须通过设计灵活的产业合作机制（如混合所有制、产业联合制）促进新型产业化联合体建设，通过所有权、运营权、经营权分离，构建完整的利益联结机制、监督运营体系，并确立科学的产业发展目标，精算出利润及分润办法，并以此吸引外部资金、人才技术向产地聚集，形成竞争力。

三、数字化区域公用品牌建设

数字化区域公用品牌建设是区域经济建设的重要组成部分，国家高度重视区域公用品牌和企业品牌的创建与发展。商务部推动电子商务进农村工程相继在内蒙古 40 多个旗县拨专项资金，推动旗县级区域公用品牌建设，但收效甚微。经过大量实证分析可以看出，内蒙古牧业区域公用品牌建设存在不少认识误区亟须调整，需要在确立正确的区域公用品牌理念基础上找准区域公用品牌战略定位、设计生态文化传播模型、实现内外资源有效对接。

（一）区域公用品牌建设的内涵与价值

1. 农畜产品区域公用品牌建设的内涵

农畜产品区域公用品牌是一个综合概念：首先是产业管理概念，政府需健全品牌发展法规制度，完善扶持政策、净化市场环境，创新管理和服务方式，充分发挥区域公用品牌引领结构调整、整合产业资源的作用；其次是产业平台概念，根据产业特点构建新型经营主体，完成团队创新和推进运营培训工作，推动产业链联合运营及产业金融应用、增强科技创新支撑、推动产品体系与营销管理创新，为企业品牌发展提供持续动力；再次是标准概念，完善标准体系，提高计量能力、检验检测能力、认证认可服务能力、质量控制和技术评价能力，不断夯实质量技术基础，并需要提出高于国家标准的区域产业产品标准，推动畜牧产品“对标达标、优质优价”；最后是产业融合概念，推动文旅、金融与实体产业融合。

2. 回归牧区区域公用品牌的独特价值

牧区产品生态往往同时拥有产区不可复制性、品种的独特性、产品的稀缺性和高品质性，背后有很强的生态和独特的文化背景，产业利润潜力巨大。要树立正确的产品意识，回归牧区区域公用品牌的独特价值，以其为桥梁接通产业与质量、产业与文化、产业与市场，并把区域公用品牌数字化设计与传播看作区域产业、文化传播的战略制高点。要科学运营牧区区域公用品牌，必须加强相关管理和规范的制定完善，坚决遏制透支、回归本质，反对一系列打着内蒙古蓝天白云旗号的企业（区内一些知名企业至今竟无一款真正意义上的、世界级品质的草原奶、草原肉产品）在滥用地理标志商标的同时，不与牧民构筑真正的利益联结，并继续对牧区经济发挥后发优势产生恶劣影响。

（二）数字化区域公用品牌建设机制

1. 四个战略定位是区域公用品牌设计的基础和前置条件

（1）自然生态价值定位：按主体功能区规划、区域资源禀赋和生态保护战略目标赋予。

（2）产品生态价值定位：产品质量强度分析是定位核心，并可按此确定产业发展和升级方向。

（3）产品标准定位：主要体现在产区分级与产品分级上。

（4）产品文化定位：产品文化及生态传播标准模型设计，系统涵化牧区自然生态、人文生态、产品生态和产业生态的内在价值及其天然联系。

2. 牧区区域公用品牌文化生态模型常规内容设计

四个战略定位也是品牌内容的核心，围绕核心设计牧区区域公用品牌文化生态模型的常规内容，包括区域公用品牌产品体系规划、产品标准描述、产业链节点应用设计以及产品区域共用品牌传播规划。内容设计要对牧区有机生态系统的环境底色、文化品性、要素组合、产品工艺等相关信息做综合集成和分层呈现，通过数字化设计，形成集综合设计、创新设计、实用设计于一体的管理与运营体系。

品牌标志设计要凸显区域文化基因，找准“自然生态、产品生态、人文生态与品牌价值的核心联结”是树立内蒙古牧区区域公用品牌形象、构筑完整价值体系的关键。因此，标志设计应首先考虑产业特性、环境特性、产品特性的内在活力和永久生命力；其次应考虑产业链形象设计，包括牧民、加工企业、质量标准、溯源、物流等全产业要素；再次则考虑标志在产业链各环节上的应用，包括专卖店、网店、产品包装等渠道应用设计，否则就会造成品牌短视，削弱品牌核心竞争力。

3. 制定和实施长远的战略规划

品牌建设需有长远的战略规划，并推进制定品牌使用的标准体系、管理体系，厘清区域公用品牌与企业品牌的孵化与支撑关系，规范区域公用品牌推广内容，优选企业品牌加入标准体系；在产地分级、产区定位、产品分级的基础上，设立产区产品分级标准，在公共仓储建设中配套产地分级库，分级分步实施推广，保证核心品类在市场中的份额，提高区域公用品牌的识别性、市场公信力和竞争力。

4. 品牌数字化销售通路平台体系化对接外部资源

由云计算、大数据、物流、电商、实体销售、金融传播所构成的综合销路建设将是主要表现形式。产业大数据支撑下的数字化区域公用品牌运营体系将充分提供与网络垂直销售平台（如阿里巴巴、京东、顺丰等）、多媒体网络平台（如抖音、快手等）的数字化接口，形成以产地产业数据 + 消费互联网的产业互联网。与数字化销售平台的体系化对接是区域公用品牌运营的长期动态的工作。

（1）区域公用品牌与知名物流平台公司建立品牌传播互生系统，设计物流平台性服务公司和优质的区域公用品牌构成的全产业链联合标志识别系统，将大规模降低广告费用，提高品牌认知度和产品复购率。

（2）建立区域公用品牌互联网传播系统阐释目标产业，加速人才、技术、信息和资金导入。

四、区块链牧区金融服务体系构建

（一）内蒙古牧区金融服务存在的问题

一是牧区金融机构服务实体经济的功能不健全，主要体现在服务设施不到位、网点收缩集中在旗县城区；二是服务方式落后，业务相对单一，在支持牧业产业开发上投入不足，现代化科技支撑水平低，现代金融软硬件开发和利用滞后；三是普遍缺乏风险防范、分散和转移机制，牧业保险的缺位不适应牧区经济社会现代化、市场化发展的要求，特别是涉及牧民、家庭牧场和合作社等的贷款风险担保机制、信用担保机制还未有效建立起来；四是联合社基础薄弱，改革与发展处于半停滞状态，法人治理结构不健全，管理能力低下，服务手段落后，业务创新动能不强；五是民间金融尤其是高利贷问题突出，导致牧民返贫现象不断，严重影响了牧民增产增收和牧区全面进入小康社会目标的实现。

（二）牧区金融服务体系创新方向

1. 建设科技金融基础设施，缓解与实体经济的信息不对称

以产业公共支撑服务体系形成的质量追溯体系、区块链智能合约管理系统、公共仓储及标准、产品及产品标准等要素再现真实贸易场景，以区块链为底层技术搭建基于产业公共支撑服务体系的公共核心信用平台，整合商流、资金流、物流、信息流。

2. 重构可靠的产业链信用体系

借助区块链可信任的特性，整合多级供应链融资体系，革新风险管理操作模式，解决供应链上下游企业资金流短缺、错配的问题，帮助重构可靠的产业链信用体系，依托产业链建立高层次开放型金融服务体系。

3. 各类资金做到“盯得住、放得下、收得回”

根据牧业产品的生产规律提供金融服务，在让牧业产品的时间价值及空间价值回归牧民的同时，有效解决小微企业、牧民的融资难、

融资贵的顽头头是顽瘴痼疾，全面降低全产业链融资成本，盘活整个产业链条。根据产业链实际情况，在为政府各类扶持资金、政策性银行低息贷款提供精准发力点的同时，建立完整风控体系，使各类资金做到“盯得住、放得下、收得回”。

4. 区块链产业链金融服务的应用场景

现代金融服务实体经济的关键不是改造金融，而是将实体经济的产业支撑服务体系无限接近金融信用体系，构建在产业公共支撑服务实体上的区块链可信大数据生态为产业运营增信，公共仓储、产品、数字合约的标准化是区块链产业金融服务的前提，本地的公共仓储的存货质押、保险及金融保理业务才能植入。区块链产业链金融跨地区服务是以产业公共支撑体系与京东、阿里的云仓服务的数字化对接为前提的。发挥区块链技术不可篡改的优势，将产业公共支撑服务体系的各层区块链化是产业链公共支撑服务体系形成征信的前提。所以，区块链产业链金融建设涉及政府、银行、保险、产业主体、标准、仓储、合约等方方面面的协作，根据发达地区的成功经验，区块链项目都是以示范区、先导区的方式，通过多方参与—调研—设计—评价—再调研—实施—不断修正的循环过程，从宏观、微观找准区块链产业链金融服务的应用的场景，才能取得综合示范项目的成功。

（三）深化牧区金融服务改革的具体措施

1. 积极培育牧区金融生态的协同服务机制

一是要突出政策性金融的主导作用，积极配合财政政策加大其在牧业产业科技进步、公共支撑体系建设等方面的支持力度，扩充资金来源渠道，开发政策性金融债券和牧业现代化发展基金等现代金融产品；二是要继续深化商业银行的改革，推动其继续促进做好贷款结构调整，拓展代理保险、委托理财和信息咨询等服务内容，根据牧业产业发展综合性、高效性金融品种，并不断增强盈利能力；三是要积极发挥银行的网络资源，通过改革进一步促进金融服务回流牧区，建立回血机制，促进良性循环；四是要通过吸引社会资本（包括外资）兴办为“三牧”服务或有商业取向的多种所有制金融组织；五是进一步强化联合社金融主体作用，在明晰产权基础上切实转换经营机制、开发新的市场资源、推出新的支牧信贷产品；六是要促进各类金融机构建立健全风险防范长效机制，进一步完善违规行为与失职行为的责任约束和追究体系；七是支持各类金融机构实现管理现代化、经营网络化、服务智能化，通过数字赋能不断提高服务功能、提升竞争力。

2. 建立健全牧业保险体系及担保机制

一是要改善牧业保险的政策环境，加强对牧业保险的政策扶持，通过保险专项风险补偿金、保费补贴、免征保险营业税等具体措施，支持牧区保险业的发展；二是要按照政府支持、商业化运作的原则，探索牧区保险服务的新模式；三是推动牧业保险多元化投入机制的形成，鼓励牧民参加诸如商业养老保险、健康保险和意外伤害保险等险种，提高牧区牧民抵御疾病与自然灾害的能力；四是推进建立牧业再保险体系，积极争取财政补贴支持牧业保险部分费用和经营亏损，强化再保险支持，并通过完善数据系统建设和推进数字化管理，增强牧业保险的承受力。

五、牧区产业公共支撑服务体系运行机理

（一）牧区产业公共支撑服务体系的建设流程

由于产业公共支撑服务体系是产业服务的结构化、流程化的系统

设计，要形成线上、线下的综合服务，其建设流程分为以下几步。

1. 全产业链线下服务

实体部分建设是围绕补齐产业短板，提升产业基础能力的设计，形成公共育种、补饲、加工、仓储、物流等全产业链线下服务。

2. 产业线上服务协同和可信产业大数据分析服务

通过政府监管服务部门，体系内产业协同部门、金融服务部门、第三方合作机构多方参与，由大数据、云计算、物联网、基因数据、区块链等技术搭建的产业数据生态，形成了共享共治产业网络生态环境，通过参与方责、权、利实时上线，进而围绕产业链形成产业线上服务协同和可信产业大数据分析服务。

3. 公共支撑服务体系三个运营系统

通过产业链线上服务的组合应用形成产地产业互联网销售服务平台、产业公共支撑服务体系质量控制平台、产品基因溯源平台。通过产业支撑服务体系的整体授信，形成产业金融服务平台。最终通过产业公共支撑服务体系的内部管理逻辑，建立工业扩繁服务系统、加工仓储服务系统、数字区域公用品牌三个运营系统。

（二）牧区产业公共支撑服务体系的精准服务

产业公共支撑服务体系针对草原生态保护、草原抗灾、产业分配体系、产业生产体系、产品销售体系、现代金融服务等问题都能够做到精准解决。如针对政府部门产业宏观调控和市场环境治理提供实时上线监管服务和可信大数据分析；通过产地产业互联网销售服务平台、产业公共支撑服务体系质量控制平台、产品基因溯源平台、产业金融服务，使人才、资金、管理等要素向产地聚集，大力激活产业经营主体的市场竞争活力，促进提高产地税收和产地就业。

1. 产业公共支撑服务体系数据生态建设

产业公共支撑服务体系数据生态建设，是指产业服务环节、政府产业相关管理部门、金融、保险、第三方物流合作方等产业参与方，通过区块链技术构建区块链网络，通过涉及牧区现代化的信息技术应用于产业公共支撑服务体系进行全产业数据采集，如图 5-3 所示。通过多中心区块链网络，在所有参与方共同见证数据采集过程的同时，形成各参与方的参与数据，由产业数据和参与数据分布式构建新数据的过程被称为数据生态建设。数据生态建设是一个动态的过程，是按照时间顺序分布式建立的、多方参与的、不可篡改的可信大数据建设，所有参与方既是可信数据的使用方，又是可信数据的建设方，见证与监督同时存在，使用和服务同时存在，参与方之间存在百分之百协同率。现代产业协同、产业金融服务、产业互联网都是建在这样的数据生态基础上的。

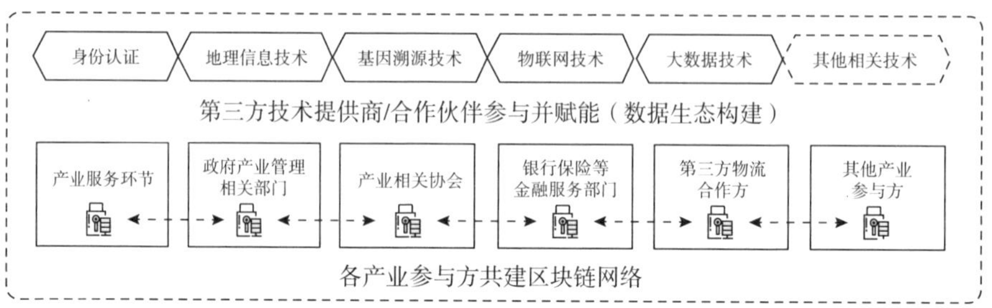

图5-3　产业公共支撑服务体系数据生态建设示意图

（1）产业公共支撑服务体系服务于草原生态保护

草畜平衡制度是我国草原管理和生态保护的基本制度，但在实施中难以达到“草畜平衡”的目的。草畜平衡制度在实施中问题产生的根源主要来自草场生态过程和牧民行为两个方面。一方面，干旱半干旱草场存在一定的非平衡生态系统特征，承载力管理不一定能实现草场的可持续利用；另一方面，牧民对载畜量的控制是一个多因素影响下的综合决策，并受到市场、畜牧业生产周期、生计需求的限制。当前现实是绝大多数草场都已经进入市场体系，被最大化利用。现行的草畜平衡制度通过简单化、标准化的休牧、禁牧等手段，难以真正平衡基层牧区的载畜量问题。牧民的放牧行为表面上受到生态政策的制约，但他们还是可以通过其他方式使用到草场，草场的生态压力没有得到根本的缓解。

根据草畜平衡目标确定牧民的载畜配额，通过检测检验实现产品分级，通过产业互联网实现产品分级、价格分级销售，通过公共支撑服务体系对牧民产品精细化、品牌化的全程服务和产业互联网实现了牧户、家庭牧场、合作社与高端销售通路及消费者点对点的销售，实现产品优质优价，推动在载畜配额内的单位收购价格远高于配额外市场价格。同时借助基因溯源和区块链技术，可以有效地保证牧民产品个体的品质和配额控制，有助于较好控制牧民的放牧行为，使其将焦点由羊群的“量”向羊群的“质”转变，以达到“草畜平衡”的目的。

（2）产业公共支撑服务体系服务于草原抗灾

当草原灾害来临时，扩繁厂规模化补饲池和公共草库可为牧户提供补饲服务，以调节生态压力，起到抗灾和稳定牧户收入的作用，而不是通过提前出栏这种政府补贴、牧民损失的传统办法。

2. 基于产业数据生态形成政府监管和大数据服务

大数据、云计算、物联网、人工智能、区块链、基因溯源技术的应用，形成了新的产业数据生态，产业数据形成是在政府管理部门的见证下形成的，由于政府部门的参与，产业监督数据又成了产业大数据的一部分，这就形成了政府的监督管理服务和大数据服务，进而提高政府产业精准管理服务能力，监督数据又为产业数据增信，这必然加快治理机制的演进创新，最终推动牧区现代化新范式革命。

3. 产业组合服务平台体系化服务

（1）产地产业互联网销售服务平台

一是产业互联网销售服务平台是产品销售、品牌输出的核心基础设施，区块链技术整合了产业数据，通过产业互联网销售服务平台与外部销售网络对接，形成以产地为核心的分布式销售网络，在区块链可信大数据和全产业链金融扶持下，牧民、合作社、企业等直接面对消费者点对点销售，从而省去了中间环节，提升了效率，降低了价值交换成本，加速销售模式创新。

二是产业公共支撑服务体系为产业互联网销售服务平台提供产业可信数据，与消费互联网平台的数据对接，形成产业互联网，形成以生产者为用户、以生产活动为应用场景的互联网应用。加速需求侧对各产业的生产、交易、融资、流通等各个环节的改造与交融，形成以互联互通为平台的新产业生态，产业互联网必然趋势是回归实体、回归产业、回归产地，形成定制化的采购倒逼生产，形成点对点服务消灭中间环节；通过采购和销售的同时在线化实现分销管理扁平化，提高效率；通过单品的大数据整合，实现品牌聚焦推广，提高产业利润。

三是通过产业互联网销售服务平台与外部市场的对接，解决了产品品质不稳定、技术创新含量不足、附加值低、不安全、不环保、信誉与信用缺失等畜牧业产品的基本问题。只有这样，产业互联网才能真正打通生产者与消费者的信用承诺关系，重构农牧业企业商业模式，提升农牧业企业内部运营效能与农牧产品附加值，真正回归客户价值，形成为社会提供安全、环保、可追溯的优质产品的跨界农牧业产业新生态。在此潮流下，产业的驱动要素真正回归到了人才、技术、品牌、管理等资源上。过去的互联网时代只解决人与人之间的问题，而现在的产业互联网时代，人与人之间、人与物之间、物与物之间都要相互认识，死数据要变成活数据，这对于草原生态畜牧业意味着脱胎换骨的转变。

（2）产业公共支撑服务体系的质量控制服务

一是检测检验服务。通过对畜牧产品进行全面营养指标的理化检验、重金属与农残的安全检验以及对生产加工过程中的菌群检验，来完成对畜牧产品的产地分级与产品分级，进而在市场消费端释放草原羊的高品质性，以提高畜牧产品溢价能力，同时对活畜市场准入和打假抑假提供有力支撑。

二是品控服务。通过对畜牧产品在屠宰、初加工、排酸、仓储、精加工、精深加工等环节的全过程操作工艺进行追踪与管理，全面提高生产加工水平与高质量产品溢价能力，推动畜牧产品完成“对标达标”。

三是品牌授权服务。不断完善并严格执行区域产业的产品标准，通过多环节检验检测为质量标准合格的畜牧产品提供产地分级、产品分级并附品牌认证的服务，推动畜牧产品实现“优质优价”。

（3）产品基因溯源平台

将基因溯源科技与区块链技术相结合，在上链前采用基因溯源科技对上链数据进行保真，之后通过区块链贯穿于产业的各个环节达成对基因溯源数据的信任。并且可以随机在各环节的节 / 端点对数据进行基因验证，利用区块链与区域产业集成全链条无死角的有效对接，形成农牧产品基因溯源平台。

作为在基因层面上对区域农牧食品产业产品溯源保真的技术平台，农牧产品基因溯源平台具有以下三个特性。

广泛性：DNA 是生物体最主要的遗传物质之一，其存在于生物体中绝大部分的组织和器官当中，取材十分广泛、简便。

保守性：基因是位于 DNA 上携带遗传信息的碱基序列，在遗传上相对比较保守，这是生物能够稳定遗传的基本保障。

特异性：基因位点的差异是生物个体与个体之间本质性的差异，特征基因位点是每个生物样本所独有的生命特征。

因此，对于区域农牧食品产业产品的溯源保真，基因溯源平台是最有效的终极保真技术支撑。基于基因溯源平台服务的广泛性，其不仅可以溯源保真区域产业产品个体整体，而且产品个体所有的部位组织均可以实现溯源保真。由于生物体的 DNA 分子比较稳定，使得某些以农牧个体的部位组织为原料的加工产品也有可能通过基因溯源平台得以实现鉴定保真。

4. 产业金融服务

（1）以产业公共支撑体系的整体授信和业务服务为抓手，为产业经营主体、市场经营主体提供围绕产品的金融服务，快速锚定牧民、小型经销商等具有强融资需求且具有良好履约信用的金融客户。

（2）以供应链业务场景为通道，实现普惠金融、扶牧助牧、精准扶贫等多种金融产品的安全落地，满足多样化的融资需求，释放全产业链的融资势能。

（3）产业金融服务全部实现线上流转，降低业务边际成本：业务流程信息线上流转，降低实操人员核验工作强度及工作难度，为小微经销商实现跨地域金融服务，实现以金融服务刺激产品销售。

（4）产业公共支撑服务体系与保险公司商定的优惠保险价格，可为牧民、合作社、家庭牧场、工厂、销售商等提供优惠的保险服务。

（5）产业公共支撑服务体系可植入灵活、高效的保理业务。

（6）提供完善的隐私保护和权限控制机制，实现安全可控的链内信息共享，保障业务数据流转过程中的真实有效，为业务过程中的风控及合规工作提供数据支撑。

5. 产业公共支撑服务体系与产业分配体系

（1）产业公共支撑服务体系植入大量专业管理人才、团队，推动产业利润向产地聚集，使产业公共支撑体系能够以市场公允价吸引人才、专业管理团队向产地聚集，形成产业高质量可持续发展。

（2）通过区块链智能合约，实现全产业链线上交易，按照合约实时分配利润。

（3）政府的各类扶持资金，通过产业公共支撑服务体系实现线上全产业链精准分配。

（4）产业公共支撑服务体系是公共资源，由政府投资，政府在未来运营中有大量产业收益，可依据精准扶贫等相关政策实现产业利润多次分配。

（三）牧区产业公共支撑服务体系的建设策略

现存的产业问题集中表现在：产业协同、产业宏观调控、市场环境治理中的权力和利益界定不清，或者相互之间不匹配和不均衡。需经过多方参与—调研—设计—评价—再调研—实施—不断修正的循环过程，从宏观、微观共同着眼才能找准问题与解决问题的办法，结合信息时代产业数据生态建设特点，产业公共支撑服务体系建设的基本策略应包括以下几点。

（1）软硬兼顾：硬件与软件需要匹配，涉及产业组合管理的组织和单位的业务、技术、管理、人才同步进行，责、权、利相互匹配、相互协同。

（2）虚实一体：产业公共支撑服务体系需要引入“一虚一实”两套东西，“实”是指相关的软硬件配套设施建设，“虚”则是指区块链数字化产业服务环境，二者密不可分，缺一不可。

（3）点面结合：项目实施和整体规划相结合，需要按照产业公共支撑服务体系的设计逻辑，在实现规划目标的框架下实施具体项目，避免形成产业数据断点，并实现整体布局和信息共享。政府应建立产业公共支撑服务体系建设统筹协调机构，改变各机构各部门自行其是的现象。机构内部的各种资源的配置要从整体优化的角度考虑，资金、设备、技术、人员、信息等要素的投入要实现低投入、低消耗、高效率的可持续使用，从全局上把握建设的方向及目标，通过制定战略目标、项目建设重点和策略来协调各部门、各单位的活动，使之形成合力，实现项目高效率运转及目标长远规划。

（4）长短兼顾：长远规划和短期计划相互兼顾，两者要能很好地结合，产业公共支撑服务体系是长期的系统工程，长远规划必不可少，短期计划亦然，与点面结合有不同的功效，以实现持续滚动的效果。

（5）竞合并行：产业公共支撑服务体系的建设中，提高专业团队植入的竞争门槛与加强产业协作同等重要，为了提高产业服务质量，必须提高专业团队的竞争门槛，为了市场竞争，必须加强产业协作合作，只有合作才能更好地竞争。

（6）术略同步：战术和战略需要同步实施，产业公共支撑服务体系有两个层面的理解，一是战术层面提高协作效率，二是战略层面建立产业大数据分析，两者结合起来，在战略层面融合，催生更多产业服务的集成创新。

六、产业公共支撑服务体系针对重点问题的部分解决方案

1. 产业公共支撑服务体系实体服务

产业公共支撑服务体系为所有经营主体提供质量监督、区域公用品牌、全产业链生产服务。主要包括质量监督服务层、人力资源服务层、全产业链生产服务层、品牌服务层，如图 5–4 所示。

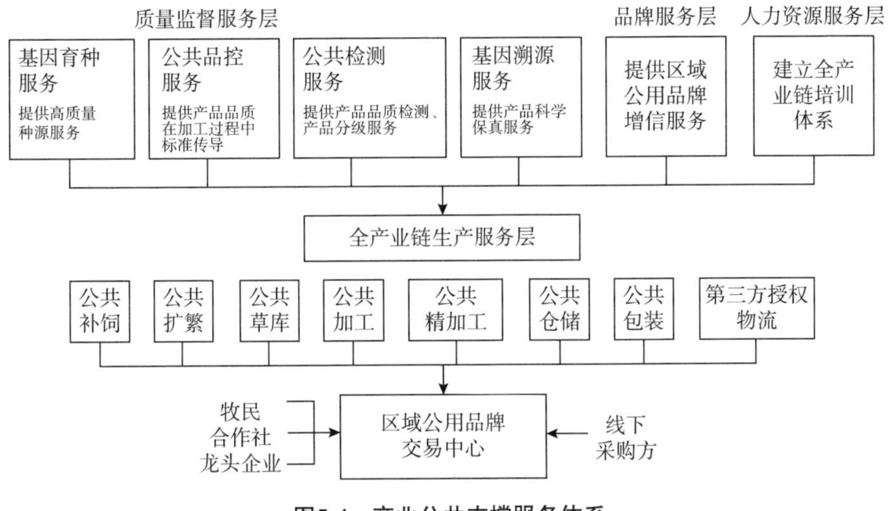

图5-4　产业公共支撑服务体系

2. 产业公共支撑服务体系解决人才、资金、管理的导入问题

服务体系属于公共资源配置薄弱环节，又是产业现代化建设的核心环节，需政府投资。可借鉴国企改革“1+N”政策体系，将产业公共支撑服务体系的所有权、运营权、经营权分离，所有权归国资，国资做优、做强、做大，将运营权授权于拥有产业集成能力的运营主体，组成混合所有制企业。将实体运营单元通过经营权招标实现专业团队植入，使人才、资金、管理向产地聚集，实现产业现代化。

3. 解决跨地域、跨国家的产地产业互联网服务与产业数字金融服务问题

通过大数据、云计算、区块链、基因测序、地理信息、草原遥感、气象空间管理等技术的应用和政府管理部门、经营主体、协会、金融机构、保险等多方参与，构建完整的区块链可信大数据生态。通过数据的上下行，使参与方成为数据的建设者和使用者，形成去中心化、分布式账本、智能合约、不可篡改的区块链可信数据生态，形成多中心共建共享共治的产业中台化管理。通过产业公共支撑服务体系的整体授信，形成产业银行保险等现代金融服务、产地产业互联网服务，推动产业公共支撑体系本地服务向跨地域、跨国家线上服务迈进，推动产业要素向产地聚集，增加产地就业，提高政府税收。重塑牧区产业公共支撑服务，推进牧区数字经济建设。推动产业发展质量变革、效率变革、动力变革，形成牧区产业协同，形成微观主体有活力、市场机制有效、宏观调控有度的“三有”数据生态和经济体制。

4. 通过产业公共支撑服务的产业协同，达成新型草畜平衡机制

通过产业公共支撑服务体系的现代科技在服务单元的应用，使运用现代产业组合管理解决草畜平衡问题得以实现。通过基因溯源技术和区块链技术完成对羊群及羊产品在产业链的精准定位；依托公共检测完成产品、产区分级管理；依托区域公用品牌运营确立高等级产品的牧民载畜配额数量；政府对载畜配额进行重点补贴，提高载畜配额内的单位收购价格；依托区域公用品牌运营调整高等级产品推广力度和价格；实现高等级产品优质优价；以市场需求引导牧民饲养焦点向提高个体品质和配额控制转变，由“量”向“质”转变，这样通过产业协同达到了“草畜平衡”目的。

5. 通过产业公共支撑服务体系解决产品质量、溯源、品牌整体运营问题

产品质量、溯源、品牌一体化封闭流程包括：产品—基因育种—公共检测—公共品控—品牌授权—委托物流—消费者。

这样的封闭流程是阿里、京东、顺丰等垂直平台“梦寐以求”的，根据在北上广、江浙沪等地区长达六年的调研，大量的事实表明，影响价格的主因有三个：其一是草原产品假货充斥，在2015年、2016年海口市31家实体店中销售真货的只有一家，而且品质不稳定。笔者曾为苏尼特左旗与阿里总部、顺丰总公司做了长达一年半的谈判，问题的焦点从来不是价格，而是产品的保真体系建设，为此顺丰轻松答应投资苏尼特左旗1500万元共建现代化仓储物流管理体系，阿里集团农业事业部的负责人止步于草原的落后产业体系。其二是政府的保真体系的建设与销售市场建设关联不大、与牧民的利益联结松散。其三是政府官员产业观陈旧，对现代信息技术知之甚少，对产业联动、产业协同、产业组合管理没有认识或认识混乱，需集中专项培训，而不是“蜻蜓点水式”学习。

第六章

牧区现代化治理体系研究

加强和创新社会治理是中国特色社会主义发展进入新时代提出的重大命题。党的十八届三中全会通过《中共中央关于全面深化改革若干重大问题的决定》，用社会治理的概念取代了以往的“社会管理”概念，明确提出“推进国家治理体系和治理能力现代化”是全面深化改革的总目标。党的十九大进一步强调，加强和创新社会治理，打造共建共治共享的社会治理格局，完善党委领导、政府负责、社会协同、公众参与、法治保障的社会治理体制。中共中央、国务院《乡村振兴战略规划（2018—2022年）》提出，乡村振兴，治理有效是基础。党的十九届四中全会通过的《中共中央关于坚持和完善中国特色社会主义制度、推进国家治理体系和治理能力现代化若干重大问题的决定》要求“健全党组织领导的自治、法治、德治相结合的城乡基层治理体系”。根据中央要求，结合内蒙古牧区实际，推进牧区现代化治理体系建设具有重要的现实意义。

在新时代背景下，结合内蒙古牧区现代化试点旗的调研，对牧区现代化治理体系进行专题研究。本章由定位、定标、对标、定法四部分内容构成。第一部分，定位，在阐述加强和推进牧区治理重要意义的基础上，界定牧区现代化治理体系的时代内涵，即“党建＋四治”（自治、法治、德治、综治），就是在党组织的领导下，遵循“源头治理、系统治理、协同治理和依法治理”的目标，统筹发挥牧区治理中自治、法治、德治、综治的各自优势，规避单一治理方式的固有短板，达到融合效应，进而形成善治的牧区现代化治理体系。第二部分，定标，依据国家政策和文件精神，拟定牧区现代化治理体系的评估指标，由“党建＋四治”（自治、法治、德治、综治）构成。第三部分，对标，通过实地调研，在梳理总结内蒙古牧区现代化试点旗——阿巴嘎旗、新巴尔虎右旗牧区治理的实践经验及其成效的基础上，对标分析两旗牧区治理中存在的问题，主要包括牧区基层治理任务重、难度大、经费不足的问题；牧区基层党组织统筹组织能力、嘎查“两委”领导班子和干部队伍建设急需加强；“党建＋四治”的有机融合、联动机制和牧区现代化治理体系尚未真正形成；牧区自治、法治、德治、综治“四治”微观层面的问题依然存在。第四部分，定法，提出完善牧区治理体系的相关建议，从牧区实际出发推进基层治理创新，强化牧区党建的人才支撑和经费保障；以“党建＋”等多种“融合党建”模式，促进党建与业务工作的协调融合；完善“四治融合”的基层治理体系，建设共建共治共享的牧区治理共同体；着力创新方法手段，全面提升“四治”治理水平，推动“数字政府”和“智慧牧区”建设。

一、牧区现代化治理体系的核心要义

牧区是以绿色草原为主体生态景观、以草原畜牧业为基础产业的特殊经济区域。我国的牧区是一个非常广阔的地域，其面积达 400 多万平方公里，约占国土面积的 42%。在国家治理体系中，牧区治理始终处于基础性地位，牧区治理直接影响国家治理体系和治理能力现代化的进程。没有牧区治理现代化，就没有国家治理体系和治理能力的现代化。满足人民日益增长的美好生活需要与不平衡不充分的发展之间的矛盾在牧区表现更为突出，牧区治理现代化的过程就是解决处理社会矛盾的过程。全面建成小康社会和全面建设社会主义现代化强国，最艰巨最繁重的任务在牧区。总之，牧区政治经济社会的特殊性和重要性决定了牧区治理体系的地位和特征。

（一）加强和推进牧区治理的重要意义

治国安邦重在基层，基层稳则国家稳。我国牧区主要分布于内蒙古、新疆、西藏、青海和甘肃等中西部地带和边疆民族地区，地域面积广大，在我国经济社会发展大局中具有重要的战略地位。牧区不仅是国家治理的基础单元，更是国家治理的敏感地带；然而，由于自然、地理、历史等原因，草原牧区仍然是全国经济发展的滞后区、民生改善的薄弱区，更是国家治理的薄弱区。

1. 牧区治理是国家治理的基础

经过对比分析近 20 年来牧区人口数量及牧区人口所占总人口比例，我们发现：从 2001 年到 2009 年，牧区人口数量呈现减少趋势，牧区人口净减少 37.14 万人，减少了 20%，占自治区总人口的比例从 7.83%降低到 6.15%；2010 年以来，牧区人口数量又重新增长，所占自治区总人口的比例又上升为 7%左右，牧区人口数量从 149 万增加到 180 万左右。牧区从业人员数量也在不断增加，虽然牧区人口数量 2018 年较 2001 年减少了 17 万人，但是 2018 年的牧区从业人员较 2001 年增加了 20.13 万人，从 2001 年的 80.45 万人增加到 2018 年的 100.58 万人，增幅 25.02%（见表 6–1）。

表6-1　　2001—2018年牧区人口变动表（单位：万人）

年份	自治区总人口	牧区人口	牧区人口所占比例	牧区从业人员
2001	2377.5	186.16	7.83%	80.45
2005	2386.4	171.52	7.19%	85.92
2007	2405.1	150.10	6.24%	79.73
2009	2422.1	149.02	6.15%	80.60
2013	2497.6	180.56	7.23%	96.54
2014	2504.8	186.17	7.43%	96.21
2015	2511.0	185.96	7.41%	99.21
2016	2520.1	184.98	7.34%	97.97
2017	2528.6	178.93	7.08%	97.03
2018	2534.0	169.16	6.68%	100.58

注：以上数字均来源于相应年度的内蒙古自治区统计年鉴。

通过上述对比分析我们发现，一方面，牧区是自治区经济社会发展的稳定器和蓄水池，在经济社会发展较好的时期，牧民外出打工较多，牧区人口数量呈减少趋势；但是，当经济社会发展困难、出现就业困境的时期，牧民可以返乡继续从事畜牧业，牧区人口也随之增加，确保了牧民的基本生计和经济社会发展的总体稳定。另一方面，伴随着牧区的开放化程度提高，越来越多的外来人员进入牧区，他们带来发展资源的同时，也对牧区基层治理提出了挑战。

2. 牧区治理现代化的过程就是解决处理牧区社会矛盾的过程

中国特色社会主义进入新时代，我国社会主要矛盾已经转化为人民日益增长的美好生活需要和不平衡不充分的发展之间的矛盾，这一矛盾在牧区表现尤为突出，牧区治理现代化的过程就是解决社会矛盾的过程。牧区民众需求的领域和重心已经超出物质文化的范畴和层次，呈现多样化、多层次的特点，突出表现在民主、法治、公平、正义、安全、环境等方面的要求日益增长。

推进社会公平正义，筑牢社会保障安全网的底线，增加义务教育、就业、社会保障、基本医疗、公共卫生、公共文化、环境保护等基本公共服务的总供给，不仅需要强化政府责任，更需要创新基层治理，组织协调各方力量，发挥他们的主动性和积极性，从而推动主要矛盾的解决。例如，在推进全民“老有所养”的进程中，为解决牧区老年人居住分散、服务半径大、覆盖能力有限等难题，锡林郭勒盟打破常规的养老模式，结合牧区实际，将“养老”与“育幼”结合，全面落实投融资、土地供应、税费减免、建设运营补贴支持等优惠政策，将公租房、廉租房、保障房政策整合起来，积极统筹各方力量，积极探索出了“集中居住、养老育幼、政府扶持、多元运作”的牧区养老服务新模式，统筹解决了牧区养老、孩子上学和牧民进城等问题，既有效推动了牧区养老机构的健康持续发展，又极大地提高了牧区老年人生活的幸福感。

3. 牧区治理有效是全面建成小康社会和全面建设现代化国家的必然要求

全面建成小康社会关键在于补齐“短板”，牧区是全面建成小康社会的最大短板。大多位于我国边疆地区和西部地区的牧区，产业单一，发展起步晚，基础较差，社会资源分布不均，区域总体发展水平长期落后于中东部的发达地区，区域之间、城乡之间的发展还很不平衡。实施牧区振兴是决胜全面建成小康社会的重大历史任务。治理有效是牧区振兴的社会基础，是实现农牧业现代化目标、贯彻新发展理念、解放和发展牧区生产力的保障。按照治理有效的要求加强牧区治理，加快推进牧区治理体系和治理能力现代化，保持牧区社会和谐稳定，不断提高广大牧民的获得感、幸福感、安全感，这是摆在我们面前的一项重要而紧迫的任务。

（二）牧区现代化治理体系的时代内涵

党的十九大报告指出，要加强农村基层基础工作，健全自治、法治、德治相结合的乡村治理体系。《乡村振兴战略（2018—2022年）》对我国乡村治理体系进行了完善的政策布局，如加强基层党组织建设、深化村民自治实践、建设法治乡村、提升乡村德治水平以及建设平安乡村等。党的十九届四中全会通过的《中共中央关于坚持和完善中国特色社会主义制度 推进国家治理体系和治理能力现代化若干重大问题的决定》中，要求“健全党组织领导的自治、法治、德治相结合的城乡基层治理体系”。依据上述文件精神，我们将牧区现代化治理体系总结提炼为“党建＋四治”融合的牧区治理体系。其中，党建为引领，自治为基础、法治为根本、德治为先行、综治为协同。自治、法治、德治、综治既相互独立又密切相关，是牧区治理体系的有机组成部分。党建引领四治的牧区治理体系的终极目标是达到牧区的有效治理，满足牧民群众的获得感、安全感、幸福感。

所谓“党建＋四治”融合的牧区治理体系，就是在党组织的领导下，遵循“源头治理、系统治理、协同治理和依法治理”的目标，统筹发挥牧区治理中自治、法治、德治、综治的各自优势，规避单一治理方式的固有短板，达到融合效应，进而形成善治的牧区现代化治理体系。

1. 强化基层党组织的领导核心地位，夯实牧区治理的组织基础

基层治理必须首先要加强基层党组织这个“龙头”。

（1）加强党的组织建设，以提升组织力为重点，突出政治引领功能，建立健全党组织政治领导的制度机制，引领基层党员干部群众增强政治意识、纪律意识、责任意识。持续用力整顿软弱涣散牧区基层党组织，扩大党在牧区基层各种组织的覆盖面和渗透力，把分散、孤立的群众和社会自治组织联系整合起来。

（2）加强党的作风建设，认真落实好改进工作作风，密切联系群众的各项具体规定，推进党员干部作风持续改善。充分发挥好巡察工作的监督震慑和治本功能，推动巡察工作不断深入。尤其是要持续整治群众身边的“微腐败”问题，坚决纠正、严厉整治损害农牧民利益的行为，以惩治腐败的实际成效取信于民。

（3）选好基层党组织带头人，坚持“德才兼备、以德为先、带头致富能力强”的用人标准，打破地域、行政区划的限制选拔嘎查党支部书记，不断强化党员干部的模范、领导作用。大力推进嘎查村“两委”班子专业化，畅通在职和退休干部、教师、医生等新乡贤到嘎查村任职渠道。加大探索嘎查村干部正向激励举措，把嘎查村干部报酬与嘎查村集体经济增长幅度、群众信任度挂钩，提升基层干部工作积极性。

2. 完善牧民自治，巩固牧区基层治理的群众基础

基层自治的实质在于直接民主，简单来说，直接民主就是重大事务交给群众决议。但过去很多时候我们把直接民主简化成了直接选举，把选举当成了万金油，似乎所有问题都可以一选了之，却很少关注选举后群众在嘎查事务决策、管理、监督等过程的作用，这也是大部分基层矛盾产生的根源。良好的社会治理之道需要尊重牧民的主体性和创造性，发挥他们的主人翁精神，激发社会活力。具体要做到以下几方面。

（1）畅通牧民群众参与渠道，落实好牧民会议、牧民代表会议等群众自治制度，加大“三务”公开力度、扩展公开范围，保障人民群众充分行使民主选举、民主决策、民主管理和民主监督权利。创新牧区基层治理模式，建立由嘎查委员会、驻牧区企事业代表、社会组织代表、牧民代表等多方参与的协商机制。推进基层治理重心下移，在嘎查一级建立党小组、监事会等自治组织，形成民事民议、民事民办、民事民管的基层协商共治格局。

（2）激发牧民参与意愿，着力解决好牧民身边的热点、难点问题，让牧民在产业发展和民生改善中感受到基层自治的优势与实惠，搭建牧民乐于参与的活动载体，提高牧民参与社会治理的积极性。

（3）提升牧民参与能力，建立公益岗位或监督岗位，健全嘎查的理事会、监事会，对类似扶贫资源分配等嘎查公共事务进行全方位监督，通过培育牧民积极参与牧区治理的责任意识，让牧民明白在牧区治理中该做什么、能做什么、怎么做，解决法律够不着、道德管不住等问题。

3. 推进依法治理，强化牧区基层治理的法治基础

法治是调节社会利益关系的基本方式，是国家进行社会治理的基本准则和手段。当前，牧区法治基础还比较薄弱，存在“信访不信法”的问题，部分基层干部在化解社会矛盾、协调利益关系、分配经济资源时，也存在有法不依、执法不严、违法不究等问题。

（1）加强法治教育培训，引导广大党员干部树立法治理念，增强运用法治思维和法治方式协调利益关系、处理基层事务、化解矛盾纠纷的能力水平。广泛开展牧区群众性法治文化教育活动，引导牧民办事依法、遇事找法、解决问题用法。

（2）强化基层法治力量建设，充分发挥苏木司法所、法律服务站、嘎查法律顾问的职能作用，构建覆盖牧区旗县、苏木乡镇、嘎查村的公共法律服务体系。

（3）健全矛盾纠纷多元化解机制，拓宽第三方参与矛盾纠纷化解的制度化渠道，增强化解牧区社会矛盾的实效。

4. 坚持以德化人，深化牧区基层治理的德治基础

道德是一切良治善治的基石。在市场经济浪潮和网络时代影响下，传统价值体系受到冲击，人们在价值取向上更多地关注经济利益，导致崇德向善的文化基因正在遗失。在创新构建牧区治理体系建设的过程中，必须加强德治“春风化雨”的作用，从源头上预防牧区社会矛盾的产生，增加牧区社会的和谐因素。

（1）不断挖掘文化资源，推动社会主义核心价值观与村规民约、群众文化活动、牧区思想文化阵地融合，深入挖掘牧区基层优秀传统文化资源，结合时代要求继承创新，强化道德教化功能，推动优秀传统历史文化成为凝聚民心、增进团结、促进和谐的精神力量。

（2）强化德治载体建设，以文明嘎查、文明家庭创建为抓手，深入开展先进典型评选活动，以正向引导激发群众向上向善内生动力。结合实际情况，开办道德讲堂、文化礼堂等德孝主题活动，加大优秀家训家风的传播力度，制定一批贴近生活、务实管用的优秀村规民约。

（3）夯实文化服务基础，充分发挥苏木乡镇文化站的辐射带动功能，加强对文化站的管理和利用，优化考核评估体系，夯实文化组织基础。建设管理好文化人才队伍，深入实施文化惠民工程，推动优质文化资源向牧区基层延伸，不断满足牧民群众多样化精神文化需求。

5. 建设平安牧区，深化牧区基层治理的综治基础

社会治安综合治理，是在党委、政府统一领导下，在充分发挥政法部门特别是公安机关骨干作用的同时，组织和依靠各部门、各单位和人民群众的力量，综合运用政治的、经济的、行政的、法律的、文化的、教育的等多种手段，通过加强打击、防范、教育、管理、建设、

改造等方面的工作，实现从根本上预防和治理违法犯罪、化解牧区不安定因素、维护牧区社会治安持续稳定的一项系统工程。

以内蒙古为例，内蒙古草原总面积 13.2 亿亩，占全国草原总面积的 22%，是中国最大的草原牧区。从地理位置和战略地位上看，内蒙古地处祖国北部边疆，跨越东北、华北、西北，内与黑龙江、吉林、辽宁、河北、山西、陕西、宁夏、甘肃 8 省区毗邻，外与俄罗斯和蒙古国相邻，有 4200 多公里边境线，占全国陆地边境线的 19.2%，边境管理区面积达 36 万平方公里，占全区面积近 1/3，有对外开放口岸 19 个，是中国对外开放的北部窗口，是祖国的北大门、首都的护城河。进一步巩固发展民族团结、社会稳定、边疆安宁的政治局面，把内蒙古建成祖国北疆安全稳定屏障，关系国家安全稳定大局，关系内蒙古改革发展全局，关系全区各族人民的根本利益。

综上所述，牧区治理体系建设理应将平安牧区建设纳入其中。近年来，广大牧区深入开展扫黑除恶专项斗争，坚决打击牧民群众反映最强烈、最深恶痛绝的各类黑恶势力违法犯罪行为，例如，近年来严厉打击涉黑涉恶势力放高利贷、暴力讨债等行为，维护正常经济社会秩序，受到广大牧民群众的拥护。

二、牧区现代化治理体系的评估指标

建立健全牧区现代化治理体系，就是要以党建为引领，在党组织的领导下，统筹发挥牧区治理中自治、法治、德治、综治的各自优势，达到融合效应，进而形成善治的牧区现代化治理体系。牧区现代化治理体系的评估指标见表 6–2。

表6-2　　　　牧区现代化治理体系的评估指标

评估指标	主要观测点		权重	评估方式
党建	牧区基层党组织	嘎查党支部政治功能与战斗堡垒作用	3%	开座谈会、查阅资料
		一类党支部比例	2%	听取汇报、查阅资料
		嘎查集体经济收入状况	5%	开座谈会、实地调查
	牧区基层带头人	嘎查党支部书记引领作用	3%	开座谈会、听取汇报
		嘎查两委中致富带头人所占比例	3%	听取汇报、实地调查
		牧民对嘎查两委工作满意度	4%	开座谈会、实地调研
	牧区党员队伍	牧民中党员比例	3%	听取汇报、查阅资料
		党员模范带头作用	5%	开座谈会、实地调查
		党员教育管理及志愿服务情况	2%	开座谈会、实地调查
自治	嘎查事务监督机构、嘎查集体经济组织等基层组织建设情况		5%	听取汇报、查阅资料
	牧民自治章程、村规民约、议事规则、财务管理等制度情况		5%	实地调查、查阅资料
	嘎查“三务”公开工作		5%	开座谈会、听取汇报
法治	牧区公共法律服务体系建设情况		5%	开座谈会、听取汇报
	民主法治示范嘎查建设情况		5%	开座谈会、实地调查
	民间矛盾纠纷调解率		5%	听取汇报、实地调查
德治	文明乡镇、文明嘎查		5%	听取汇报、实地调查
	文明家庭、十星级文明户		5%	听取汇报、实地调查
	最美家庭、道德模范		5%	开座谈会、实地调查
综治	综治工作中心、人民调解中心等机构建设及工作成效		3%	开座谈会、听取汇报
	社会治安防控体系和共建共治状况		2%	开座谈会、实地调查
	网格化管理		5%	听取汇报、实地调查
	治安、刑事案件和群体性事件数量		5%	开座谈会、实地调查
“四治”融合	“四治”融合的制度建设、机构建设以及具体措施		10%	开座谈会、实地调查

三、内蒙古牧区现代化试点旗牧区治理实践成效与对标分析

阿巴嘎旗、新巴尔虎右旗是内蒙古牧区现代化试点旗。2019 年 7 月至 8 月，课题组赴阿巴嘎旗、新巴尔虎右旗开展牧区治理方面的调研。在深入调研的基础上，我们对两旗牧区基层治理的经验做法、存在的问题进行总结分析。

（一）两旗牧区治理的实践经验及其成效

1. 牧区基层党建

党的十九大报告指出："党的基层组织是确保党的路线方针政策和决策部署贯彻落实的基础。要以提升组织力为重点，突出政治功能，把企业、农村、机关、学校、科研院所、街道社区、社会组织等基层党组织建设成为宣传党的主张、贯彻党的决定、领导基层治理、团结动员群众、推动改革发展的坚强战斗堡垒。"这为加强党的基层组织建设指明了方向、明确了要求。《关于加强和改进乡村治理的指导意见》明确了十七项主要任务，其中第一项是完善村党组织领导乡村治理的体制机制，建立以基层党组织为领导、村民自治组织和村务监督组织为基础、集体经济组织和农民合作组织为纽带、其他经济社会组织为补充的村级组织体系。在这一背景下，"党建 +"理念开始深入人心，但是，要确保"党建 +"加得上、加得好，党组织自身必须强、引领发展的作用必须强。

阿巴嘎旗和新巴尔虎右旗都具有"点多、面广、线长"、居住分散的显著特征。基层党组织服务半径过大、管理成本过高等问题日益凸显。为了切实改变这种现状，两旗都大力强化牧区基层党建，探索

出党员中心户或红色堡垒户等基层党建工作模式，得到了牧民群众的普遍认可。

（1）以队伍建设为着力点，强化牧区基层党组织组织力

两旗都面临着嘎查“两委”后备干部队伍力量薄弱、后继乏人等问题。以往的大学生村官项目暂时缓解了嘎查人才短缺的问题，招录的大学生村官服务期满后，大多考取公务员或在旗县事业单位实现了稳定就业。现在的“三支一扶”基层就业项目一般难以下沉到嘎查层面，例如，2019 年内蒙古自治区“三支一扶”招聘公告中明确规定“‘三支一扶’人员主要到苏木乡镇从事支教、支农（支牧）、水利、支医和扶贫工作”。除加强现有嘎查“两委”工作人员培训外，两旗积极拓展选材渠道，打好项目储备、择优选配、职业培养和合理使用“组合拳”，增强嘎查级党务干部队伍的生机与活力，实现了嘎查级党建工作水平提升与后备干部培养双赢，主要经验有以下几方面。

第一，探索建立嘎查级党建助理员队伍。2016 年以来，苏木镇先行试点，将嘎查级后备干部队伍建设与抓实基层党建工作紧密结合，通过面向社会、个人自荐、组织推荐等方式，从本嘎查大学生中择优选配嘎查级党建助理员，从培养教育、日常管理、实绩考核等方面入手，签订嘎查党建助理员聘用合同，量化工作指标，明确岗位 8 个方面的职责任务，制定党建助理员工作实绩考核细则，建立苏木党委统筹管理，苏木、嘎查两级党员干部联系帮带制度，注重加大在实践工作中的锻炼使用力度，压担子、重锻炼、助成长，促进党建助理员在工作中夯实群众基础、积累工作经验，为扎根基层、服务基层奠定基础。另外，规范工作报酬来源及标准，严格按照《嘎查重大事务民主决策管理办法》，从集体经济收入中列支党建助理员工作报酬。同时，建立工作激励机制，根据党建助理员年度工作实绩，优秀的经嘎查级

组织集体研究，兑现绩效奖励，纳入嘎查“两委”班子重点培养人选，考核不合格的解除聘用合同，动态管理，确保队伍工作活力，激励党建助理员干事创业、服务发展。

2018 年的嘎查“两委”换届，全旗有 27 名进入“两委”班子，其中 6 名当选党支部书记。2019 年，新巴尔虎右旗继续组织实施公开招录一嘎查村一名大学生引进人才工作，招录了 20 名大学生人才到嘎查（社区）担任书记助理或嘎查达主任助理。嘎查（社区）主要为新巴尔虎右旗所辖党组织软弱涣散、脱贫攻坚任务较重、工作形势较为复杂艰苦边远的嘎查和牧区现代化试点嘎查。

第二，建立嘎查干部队伍选任通道。扩大选人范围。结合嘎查换届选举工作，发布了《阿巴嘎旗鼓励优秀人才到嘎查任职的公告》，将 138 名“六类人员”（党政机关、事业单位、企业在职干部、退休干部；优秀民营企业经营管理人员；嘎查党员中心户、致富带头人、牧民合作经济组织负责人；外出务工经商、返乡创业人员；复转退伍军人；优秀大学毕业生）充实到嘎查“两委”班子，优化嘎查“两委”班子年龄学历知识结构。同时，加大对大学生村官的培养使用力度，引导工作中表现突出、有志于服务牧区的优秀大学生村官进“两委”班子，7 名服务期满大学生村官全部当选，其中 3 人当选党支部书记。

畅通选任通道。新巴尔虎右旗将“红色堡垒户”作为“三向培养”的实践平台，作为考察发展党员的重要渠道。将党员“堡垒户”作为嘎查两委后备干部进行培养；非党员的作为嘎查入党积极分子进行重点培养；优秀党员“堡垒户长”由组织推荐参加嘎查“两委”换届选举或作为苏木镇党代表、人大代表、政协委员推荐人选，实现嘎查选人用人科学化、规范化。截至 2018 年换届，74 名“红色堡垒户”户长经选举成为嘎查“两委”成员，28 名任职党支部书记，之外，还有

107 名当选各级“两代表一委员”。

第三，加强教育培训和考核管理。充分运用“五进蒙古包”等现代远程教育网络体系和各种新媒体，利用好嘎查活动场所、党员中心户流动阵地、蒙古包大讲堂等，依托主题党日、集中学习、外出考察等形式，开展教育培训；举办嘎查干部能力素质提升专题培训班和嘎查后备干部能力素质提升专题培训班。制定了嘎查党支部、嘎查委员会、嘎查党支部书记、嘎查长、其他“两委”成员考核细则，对嘎查“两委”干部进行考评。对嘎查后备干部实行动态管理，坚持能上能下、备用结合原则，每年对后备干部进行考核，对连续两年不称职的，取消后备干部资格。

严把选人用人质量关。阿巴嘎旗大力选拔政治素质、发展本领、协调能力、服务水平、作风品行“五过硬”的人员进班子，在“两委”成员正式候选人提名环节，严格执行“两联审”制度（苏木镇审核后，旗县公检法等部门协同审核），严把人选政治关、能力关、法纪关、廉洁关、口碑关“五道关”，防止“十三不宜”人员进班子，确保选优配强嘎查“两委”带头人。

（2）以组织建设和阵地建设为着力点，强化牧区基层党组织凝聚力

第一，选树培育示范群体，延伸党组织服务触角。立足牧区“点多、线长、面广”的实际，秉承“守望相助”理念，围绕建设服务型党组织、提升服务群众工作能力、筑牢祖国北疆安全屏障三大重点工作，培育一支具有牧区特色的示范群体。

新右旗“北疆红色堡垒户”模式：依托“北疆红色堡垒户”，探索出以“一带双联三到”（“一带”就是发挥其带头示范作用；“双联”就是上联党支部和党小组，下联党员和牧户；“三到”就是组织触角

到户、服务责任到人、工作保障到位）为主要内容的牧区基层党建工作新模式，着力解决联系服务群众“最后一公里”问题，消除牧区基层党组织联系服务群众“空白点”。最初有红色堡垒户 217 户，经过动态调整，现有 169 户，每个红色堡垒户可以有效覆盖 15 ~ 40 户牧户。

为有效发挥“红色堡垒户”作用，新右旗调整优化创建标准及奖惩条件，在红色堡垒户中实施市、旗级示范户和普通户三级管理机制，以创促建、以点带面，选树市、旗级示范户达到总数的 25% 和 40%。除了旗财政每年 3000 元的固定资助外，对于测评优秀的红色堡垒户给予 2000 元的绩效奖励。同时，引导嘎查党支部每年从工作经费中确定不低于总额 20% 的资金用于资助红色堡垒户，支持他们围绕学习教育、产业转型、民俗文化、民族团结、创业就业、社会救助、边疆稳定等领域差异化、个性化发展，使其成为联系党员的“红色堡垒”和服务群众的“前沿阵地”，有效解决牧区基层党组织工作组织力差的问题。

阿巴嘎旗“党员中心户”模式：为切实解决牧区牧民居住分散、党员难集中、活动难开展等实际问题，阿巴嘎旗创新党建工作模式，形成以“一带双联三到四中心”（“一带”即发挥党员中心户的带头示范作用，“双联”即党员中心户上联党支部、下联党员和牧户，“三到”即组织到户、服务到人、工作到位，“四中心”即牧民党员群众的工作活动中心、致富示范中心、维稳调解中心、便民服务中心）为主要内容的“党员中心户 +”牧区基层党组织建设新模式。截至目前，阿巴嘎旗已建成 283 个党员中心户，也涌现出了别力古台镇阿拉坦杭盖嘎查党员中心户斯琴高娃等“全盟百佳党员中心户”。

为发挥党员中心户的带动作用，阿巴嘎旗从阵地建设、组织管理两方面着力。首先，制定了《党员中心户活动阵地管理办法》，党员中心户活动阵地实行统一配备，功能配套，设施齐全，具备“四室”功能，即综合活动室、图书阅览室、远程教育播放室、便民服务代办室。对党员中心户活动阵地外围环境、内部配置都做出了明确要求。明确规定，党员中心户在任期内拥有使用权，党员中心户活动阵地产权归嘎查集体所有，由苏木镇党委、政府统一进行管理。其次，为深入发挥党员中心户的作用，对党员中心户实行“十星级”管理，十星分别为“阵地功能星、便民服务星、致富示范星、政策宣传星、党群活动星、矛盾调解星、社情民意星、扶贫济困星、制度落实星、群众满意星”，按照获得星的多少，分别评定为盟级党员中心户标杆户（9星及以上且群众满意度在95%以上）、盟级党员中心户示范户（8星且群众满意度在85%以上）、旗级示范户（7星）、普通党员中心户，并规定盟级党员中心户标杆户、示范户必须拥有“阵地功能星、便民服务星、致富示范星和群众满意星”，旗级示范户必须有“阵地功能星、便民服务星和群众满意星”。

第二，建设与考核并重，强化支部建设。强化党支部考核评比。以阿巴嘎旗为例，制定了《阿巴嘎旗嘎查党支部“十星级”管理办法》，按照“基层党组织自评、党员群众测评、苏木镇党委初评、旗委组织部总评”的程序，对嘎查党支部实行“十星级”管理，确定示范嘎查，并按照10%的比例倒排三类嘎查，建立示范嘎查和三类嘎查台账，对相对后进（软弱涣散）的嘎查党支部，采取安排集体经济发展试点项目，有针对性地调整联系单位和联系领导等方式，加强引导，实现转化升级。2017年和2018年分别完成了7个和4个软弱涣散基层党组织整顿转化工作，有力提升了基层党组织的凝聚力、创造力和战斗力。同时，制定了嘎查党支部、嘎查委员会、嘎查党支部书记、嘎查长、其他“两委”成员考核细则，将日常考核与年度考核相结合，将考核结果与评优评奖相挂钩，有效提高了嘎查干部工作的主动性和积极性。

开展支部共建活动。一是开展城乡支部结对共建。针对越来越多的牧民移居到城镇的新形势，以中心镇阿拉坦额莫勒镇额尔敦乌拉社区党总支与那日图嘎查党支部“手拉手活动”为切入点，探索创建了以“组织机构一体化、党员教育服务一体化、工作机制一体化”为主要内容的“社区与嘎查党组织、驻社区机关单位党组织共建”模式，实施非建制性“党工委”制，成立额尔敦乌拉城乡共建党工委，有效整合社区、进社区机关单位与嘎查党组织党建资源，形成了以共建党工委为核心，以社区党总支、退休人员党总支、进社区单位党总支、结对共建嘎查党支部为中心，以总支下设的各支部为基础的城镇区域化党建工作的组织体系，取得了“小社区、大共建”的良好效应。二是开展军警民企地支部共建。作为边境旗县，牧民之外，还有边防警察、驻地企业等社会力量，如何把这些资源力量整合、融合起来，就要靠基层党组织。新右旗在边防线上推广“民警村干部”，由边防民警兼任嘎查村干部，边防警察党组织中开展组织生活同过、党员骨干同育、基层堡垒同建、发展大事同议、北疆边防同保的“五同”联创联建，形成共建稳边合力。有的嘎查党支部与边防派出所党支部和企业党支部组建“牧企军”联合党总支，采取轮值主席＋联席会议方式联建，并分头出人出力，成立多支党员流动综合服务队。这一模式不仅稳固了祖国北疆边境，更为牧区充实了服务力量。

第三，因地制宜打造便民服务中心。嘎查驻旗活动室。以新巴尔虎右旗克尔伦苏木芒来嘎查为先导，2011 年在时任嘎查长的积极运作下，投入 22 万元在旗所在地建立面积为 133 平方米的文化活动室，该活动室是全旗 51 个嘎查中首个嘎查驻旗活动室，成为集学习、办公、会务、书屋、党员活动于一体的多功能场地，为牧民提供了优越的学习和活动场所。这一形式不仅契合了许多牧民移居城镇的现实，而且有助于更好地服务牧民。目前，新巴尔虎右旗所有嘎查均在旗政府所在地设立了嘎查驻旗活动室。

嘎查社区联建综合活动室。新巴尔虎右旗达赉苏木下辖的6个嘎查均呈东西向带状分布，呈现细长条形，牧户居住分散，为切实解决基层组织服务半径过大、党员群众集中活动难、场所取暖难、维护费用大、利用率不高问题，在苏木政府所在地毛盖图社区筹建了695平方米的“6+1”嘎查社区联建党群服务中心，是集办公议事、学习教育、代办服务、文娱活动为一体的多功能综合体，成为凝聚服务群众的重要阵地。

（3）以脱贫致富为突破点，强化牧区基层党组织战斗力

推动牧区基层党建创新发展，必须以人为本。基层党建工作的主体是党员，服务对象是牧民群众。基层党建工作只有贴近基层、服务群众，才能焕发出勃勃生机和旺盛生命力，才能被群众所理解、所接受。基层党组织必须把以人为本、为民服务的理念融入基层组织建设的全过程，力争做到党建工作的每一条措施都能为群众解决具体问题，每一项成果都能让群众真切感受到实惠和好处，变“软任务”为“硬指标”，才能以基层党建工作实际成效取信于民。

第一，破解“无草场”牧户生存发展难题。近年来，国家在牧区建立了草原生态补偿、牧民生产补贴等一系列奖补机制。由于奖补机制都与草场面积有着直接关系，导致原本无固定收入来源、生活水平相对较低、没有固定管理主体的无草场牧户与基本牧户之间的收入差距拉大，要求重新划分草场的呼声越来越强烈，因草场引起的矛盾纠纷也日益激化，成为各级党委政府维护社会稳定发展、创新社会管理的重点与难点。新巴尔虎右旗呼伦镇达石莫嘎查是一个以蒙古族为主

体的纯牧业嘎查，草场总面积 74 万亩，占全镇草场总面积的 28.8%；牧户 377 户，人口 838 人，占全镇总人口的 45.5%。其中包括因 20 世纪 90 年代草牧场“双权一制”政策落实时限以及当时户籍管理的不规范、草牧场利用价值偏低、牧民思想观念和生产方式不同等诸多因素产生的无草场牧户 106 户，占嘎查总户数的 31%、无草场人口 226 人，占嘎查总人口的 27%。除社会矛盾多发外，达石莫嘎查的流动人口、个体工商户和无草场户较多，传统牧业嘎查的管理模式已无法适应日益变化的现实环境。

新巴尔虎右旗经实地调研、充分论证，在草场使用权限长期不变的政策背景下，按照“尊重历史、照顾现实”的原则，本着以人为本、服务群众的理念，以呼伦镇政府所在地达石莫嘎查为试点，2012 年 8 月在达石莫嘎查成立呼伦艾里社区，将这些“有身份、无草场、无来源”的牧户实行社区化管理与服务，不仅为社区建设了功能齐全的 420 平方米办公活动场所，而且由旗财政为社区工作者兑现报酬。通过“两推一选”的方式，选举产生社区党支部和社区居民委员会，注重带头人队伍建设，一名回乡发展的年轻大学生被选举为党支部书记，曾经的带头上访户被推选为副主任，从待业青年变成支部带头人、从上访户变成带领致富的社区干部，身份的转变，促成了理念的转变，从而也带动了职能的转变。社区“两委”班子从规范对居民的管理服务着手，强化基层组织的服务功能，带领无草场户创业增收，无草场的嘎查牧民变成自主创业的社区居民，使他们感受到前所未有的归属感，实现了“服务有主体、权益有保障”。

在把握需求、提供服务方面，从嘎查草场中、达石莫矿泉区附近，选择 1 万亩土质肥沃、水源充足的草牧场，投入 750 万元，建立了占地 300 亩的生态产业园区和育肥羊扶贫养殖小区，交由社区发展特色种养殖。社区党支部统筹规划社区各类资源，引进技术和人才，注册成立了呼伦艾里巴尔虎羊繁育专业合作社和碧原草产业专业合作社两个合作社，鼓励牧民转产就业，引导产业向组织化、集约化、规范化发展。社区党支部副书记带领贫困户成立保洁公司，以政府购买服务的方式承担镇区街道环境卫生治理工作，使贫困户靠自己的劳动脱贫。探索出“党支部 + 牧区社区 + 产业项目园区 + 种养户”的管理服务模式，引领无草场牧民逐步走向了管理有主体、致富有门道的道路。

第二，党建引领发展嘎查集体经济。党的十九大报告中指出：“要深化农村集体产权制度改革，保障农民财产权益，壮大集体经济。”实践证明，一些先进基层党组织之所以说话没人听、办事没人跟，也是因为他们没有带领群众发展壮大集体经济，处于“穷家难当”的困境，不但不能为群众提供必要的服务，而且要向群众索取。因此发展壮大集体经济势在必行，而党建引领就是发展集体经济的关键。新巴尔虎右旗财政、农牧、扶贫、民宗等部门为嘎查争取“兴边富民”“农牧业综合开发”“一事一议”等壮大集体经济项目资金 1344 万元，为一批基础薄弱的嘎查发展集体经济提供了资金保障。阿巴嘎旗制定了《关于发展壮大嘎查集体经济实施方案（2018—2020 年）》，分别制定了年度经济目标，仅 2018 年就整合投入专项资金 3100 万元，用于扶持 38 个嘎查壮大嘎查集体经济（其中，实施肉牛引进项目嘎查 23 个、实施肉牛育肥项目嘎查 1 个、实施肉羊养殖项目嘎查 2 个、实施资产收益型项目嘎查 12 个）。

一是扎实推进“富民党建”示范工程，选优配强嘎查“两委”班子，特别是支部书记，注重把政治坚定、懂经营、会管理、有威望的人员选任到支部书记岗位上来，带领党员群众谋发展、引项目、筹资金。阿巴嘎旗将发展壮大嘎查集体经济纳入苏木镇、嘎查两级干部年度考核。二是为集体经济发展提供创新平台。创新探索“党支部 + 协会 + 牧户”“党支部 + 合作社”“党支部 + 项目 + 贫困牧户”等“党支部 +”模式，以抓党建推动了产业发展。新巴尔虎右旗克尔伦苏木芒来嘎查党支部示范带动能力较强，源于党支部书记米吉格道尔吉带领嘎查牧民以集体草场入股形式，成立了“芒来牧民养羊专业合作社”。合作社壮大发展的同时，嘎查集体每年从合作社分红 15% 的利润，用于壮大嘎查集体经济，实现了“合作基础好、草场保护好、牲畜品种好、阵地建设好、社会稳定好、集体经济增长好、社会服务好、文化氛围好”的目标。目前全旗正试点推动芒来嘎查以党支部为牵引，以合作经济组织与红色堡垒户为纽带和支撑的牧业现代化示范点建设。这一过程中，也出现了旨在发挥红色堡垒户功能的“党支部 + 红色堡垒户 + 合作社”实践新模式。三是多措并举发展壮大嘎查集体经济。近年来，阿巴嘎旗在传统的集体草场、集体牲畜等集体资产租赁渠道之外，积极探索组团服务创收（伊和高勒苏木阿拉腾嘎达苏嘎查牧区综合服务队、那仁宝拉格苏木额尔敦敖包嘎查综合服务队为牧民提供拉草、剪羊毛、清理羊圈等服务，不仅有效缓解了牧区劳动力不足和生产力低下的问题，也发展壮大了嘎查集体经济）、集体资金入股企业分红（阿巴嘎旗洪格尔高勒镇辉腾高勒嘎查、查干淖尔镇那仁宝力格嘎查等 9 个嘎查与阿巴嘎旗额尔敦食品有限公司签订入股协议，入股资金 585 万元，嘎查集体每年获得 10%的入股资金收益）、异地置业保值增收（查干淖尔镇乌兰敖都嘎查在旗内购置了 10 套公寓楼，每年对外出租）等多种渠道。总体来看，阿巴嘎旗在发展嘎查集体经济方面走在了锡林郭勒盟前列，全旗 71 个牧业嘎查，嘎查集体经济收入共 1256.17 万元，除去岗根锡力嘎查 317 万元的集体收入这一特例外，其余 70 个嘎查平均收入 13.4 万元。

2. 牧区自治

两旗牧区自治在基层党组织的领导下，建立健全相关制度规范，发挥党员中心户、北疆红色堡垒户在牧区自治中的示范引领作用；加强嘎查“两委”建设的同时，建立牧民小组和嘎查事务监督委员会，健全嘎查牧民会议等议事制度；继续推进“532”工作法和嘎查级“三务”公开工作；制定完善《村务公开目录》和《村规民约》。

（1）发挥党员中心户、北疆红色堡垒户在牧区自治中的示范引领作用

针对牧区基层组织点多、面广、线长，牧民居住分散的实际，两旗在全旗牧区范围内推广集约化管理、适时化服务的党员中心户、北疆红色堡垒户管理制度，取得了非常好的成效。阿巴嘎旗结合本旗实际，在贯彻执行党员中心户制度的基础上，实施以“一带双联三到四中心”为主要内容的“党员中心户 + 合作社”模式，发挥党员中心户的带头致富作用，增强牧区基层党组织建设和牧区自我发展能力。截至目前，阿巴嘎旗已建成 283 个党员中心户，也涌现出了别力古台镇阿拉坦杭盖嘎查党员中心户斯琴高娃等“全盟百佳党员中心户”。在阿巴嘎旗牧区现代化试点的三个镇，别力古台镇共有 12 个党支部，牧民党员 216 名，党员中心户 63 个，其中“党员中心户 + 合作社”模式带领牧民致富，盟级示范户 3 个、旗级示范户 5 户；查干淖尔镇共有 19 个党支部，党员 397 名，党员中心户 66 个，其中“党员中心户 + 合作社”模式带领牧民致富，盟级示范户 3 个、旗级示范户 13 户；洪格尔高勒镇共有 13 个党支部，牧民党员 276 名，党员中心户 33 个，其中“党员中心户 + 合作社”模式带领牧民致富，盟级示范户 4 个、旗级示范户 5 户。

党支部、中心户的引领带动、服务管理作用，在哈乐穆吉养老服

务中心则是以“党支部＋中心户＋联系户＋牧区老人”的自治管理、互助养老模式体现。哈乐穆吉养老服务中心创办于2014年，是阿巴嘎旗具有“民办公助”性质的养老机构，可为入住的老年人提供餐饮、住宿、文化娱乐和医疗保健等服务。现有入住牧户425户，60周岁以上牧区老人604人，60周岁以下195人。哈乐穆吉养老服务中心老年协会党支部成立于2014年9月，有党员21名，平均年龄67岁。党支部成立后，明确“党建为基、民生为本、服务为要”的工作思路，以党小组送服务、党员送温暖、党课送知识、志愿者送欢乐“四送”工作法为抓手，以中心户为联系纽带，以联系户为协调基础的管理模式，不仅使入住的牧民老人可以参与自治管理，还能够让入住老人在自我管理、自我服务中加深了解，达到互助互谅互敬互爱。这一模式有利于及时关注入住老人和牧区老人在养老等方面的需求，以解决问题和满足需求的实际成效取信于民。无论是入住老人或各苏木镇牧民的需求，可以随时与联系户联系和反映。联系户，为每苏木镇1户，由本苏木镇入住养老服务中心的老年人集体推选确定，负责协调解决和向中心户反映本苏木镇入住户的有关事宜；中心户，养老服务中心只有1户，由全体入住老人推选确定，负责协调解决各苏木镇联系户反映上来的需要并协调其他苏木镇住户才能解决的有关事宜；老年协会领导机构，由养老服务中心全体入住户大会选举产生，老年协会党支部负责协调解决中心户反映上来的有关事宜，并与哈乐穆吉养老服务公司沟通解决。“党支部＋中心户＋联系户＋牧区老人”的自治管理、互助养老模式，提高了基层党组织的组织能力和统筹能力，发挥了党支部的服务功能和党员中心户的引领带动作用，是牧区党建工作在养老领域的实践创新。

新巴尔虎右旗把“北疆红色堡垒户”工作置于牧区管理体制改革、

牧业经济转型升级和牧民增收致富的大局中推进落实。“堡垒户 + 合作经营组织 + 牧户”“堡垒户 + 特色产业基地 + 牧户”“堡垒户 + 转型升级家庭牧场 + 牧户”模式，是牧区基层党建工作与产业发展的最佳结合点。通过“北疆红色堡垒户”把牧区基层党建工作与畜牧业生产经营有机结合起来，把培育牧民合作经营组织、推动牧业产业化规模化作为一项重要任务，进一步健全“嘎查党支部 + 红色堡垒户 + 合作经营组织 + 牧户”的服务网格，通过合作经营组织来实现“红色堡垒户”对牧民群众的联系和服务。

（2）加强嘎查“两委”建设，建立健全牧民监督、议事等制度

新巴尔虎右旗加强嘎查村级组织“两委”班子建设。通过第十届嘎查委员会换届选举，严把选人资格条件，严肃选举纪律和程序，配置完整、合理的嘎查“两委”班子，做到成员职责明确，分工合理。将“真心实意为民服务”理念融入新一届嘎查“两委”班子成员思想政治建设中，引导新一届嘎查“两委”结合本嘎查实际，制定界内任期规划、年度目标和主要工作措施，进一步强化“两委”班子服务牧民群众的责任意识。2018 年对全旗 51 个嘎查 11 个社区换届选举后，嘎查“两委”成员共 338 名，并建立了牧民小组和嘎查事务监督委员会。

根据《村民委员会组织法》，嘎查制定牧民自治章程，建立健全嘎查牧民大会和牧民代表会议等议事制度，充实完善牧民议事、财务管理、民主理财、审计监督等规章制度。建立健全了嘎查委员会向牧民和牧民代表会议每年一次报告工作制度、牧民评议“两委会”成员制度。成立民主理财小组和监督委员会，凡属方针政策方面的重大事项、事关本嘎查的重大问题、大额资金使用、较大工程项目的安排、重要的人事任免等，必须实行集体讨论，民主决策，进一步规划了嘎查村级重大事项决策和嘎查财务管理。嘎查牧民自治制度的实施，极

大地激发和调动了牧民群众的参与热情和参与积极性。牧民参与民主管理、民主决策，关心嘎查集体事务的多了，献计献策的多了，很多问题在牧民的积极参与下得到了解决。

（3）继续推进“532”工作法和嘎查级“三务”公开工作

各苏木镇嘎查根据各自实际，细化制订《村务公开目录》，都在醒目位置设立了村务公开栏，坚持每季度公开村务、财务、政务，接受村民监督。凡涉及集体资产处置、经营承包和建设项目都在召开嘎查牧民会议或牧民代表会议决策以后及时公布。对草场划分、土地管理、老人赡养等一系列涉及牧民利益和公共生活的重大问题，都采取高度透明的方法，民主酝酿，依法决策，让牧民当家做主。

嘎查级重大事务严格履行“五道程序”、依次通过“三次把关”、坚持“两个公开”，促进了嘎查级事务公开、民主、透明，进一步激发了牧民群众参与嘎查级事务的积极性和主动性，牧民群众在嘎查事务中的知情权、决策权、参与权和监督权得到保障。

扎实推进嘎查级“三务”公开工作。通过设置公开栏、微信公众号、微信群及专题会议等形式适时公开嘎查日常事务和涉及牧民利益的重大问题以及牧民群众关心的事项，强化各嘎查的“三务”公开监督机制，让牧民充分行使民主权利。

（4）制定完善嘎查“村规民约”

两旗注重发挥嘎查牧民自治章程、村规民约在牧区治理中的示范作用，下发《关于做好村规民约的指导意见》，对内容、制定程序、监督落实等提出具体规定和要求，并督查指导村规民约的具体修订完善工作。在广泛征求意见的基础上，依据宪法、法律、法规和政策规定，两旗嘎查修订完善符合自己嘎查（社区）实际的“村规民约”。在保持相对稳定的同时，针对嘎查村里出现的新问题、新情况，及时组织对“村规民约”的内容进行调整和完善，确保“村规民约”作为牧区自治的有效载体，在规范村民行为举止，对维护村风民俗和社会公共道德、公共秩序、治安管理，提高农村牧区社会治理水平，促进农村牧区经济发展和民生改善等方面，发挥重要的实效作用。

3. 牧区法治

两旗积极推进牧区法治建设，持续开展法治宣传教育活动，健全牧区公共法律服务体系，扎实开展人民调解工作和“民主法治示范村”创建工作。

（1）不断创新法治宣传教育活动形式

新巴尔虎右旗曾被评为2006—2010年“全国法治宣传教育先进旗县”。近年来，两旗充分利用现有条件和设施，在旗所在地设立公共法律服务中心、法律援助中心，在苏木镇建立法治文化广场，在嘎查设立法务室，以“七五”普法为契机，以“法治六进”为抓手，采取多种形式广泛深入开展法治宣传教育活动。通过开展“法律进牧区”“法律进社区”“送法进校园”“送法进企业”等活动，全旗以宪法为核心的法律知识得到了较为广泛的普及，牧民的法律意识和法律素养达到普遍增强。

适应新形势需求，两个旗都授予旗乌兰牧骑“法治乌兰牧骑”称号和旗帜，倾力打造“法治乌兰牧骑”文化品牌，将法治宣传融入文艺作品和惠民演出当中，使干部群众在潜移默化中提高法治意识和依法办事的能力。同时，新巴尔虎右旗还组织法律服务工作者、文艺爱好者、普法志愿者成立“民间法治”演出队，会同乌兰牧骑，开展送法治文化进嘎查、社区、入牧户活动，以乌兰牧骑的演出活动为契机，开展法律咨询活动，组织法律工作者为群众现场解答，并发放法治宣传用品、普法图书图册，进而收到了“1加1大于2”的工作效果。

（2）建立健全牧区公共法律服务体系

两旗搭建服务平台，完善工作机制，建立各级法律援助服务工作站，加强对牧民的法律援助、司法救助和公益法律服务。新巴尔虎右旗法律援助中心成立于2003年2月，目前在全旗范围内建立法律援助工作站15个，法律援助联络点100%全覆盖。依托司法所，按照化解矛盾纠纷、法治宣传、提供法律服务咨询等基本职能，各公共法律服务工作站设立了服务窗口，实现一站式、综合性、服务型窗口全覆盖。并在看守所接待室、检察院案管大厅、法院刑庭分别设立法律援助值班律师办公室，配备法律援助值班律师，做好值班律师、委托辩护要求转达、通知辩护等方面的衔接工作。通过开展以“未成年人保护”“妇女维权”“残疾人维权”为主题的专项法律援助活动，切实维护广大牧民合法利益，提高基层治理能力。2019年1—8月，全旗法律援助84件，其中非诉案件29件、刑事案件24件、民事案件18件。2019年两旗全部完成苏木镇、嘎查、社区公共法律服务站点建设。

两旗通过建立法律顾问服务点、签订法律顾问协议、建立微信群等多种形式，为嘎查（社区）配备法律顾问，组织广大律师积极服务基层社会治理，实现了全旗嘎查（社区）法律顾问全覆盖。嘎查（社区）法律顾问通过参加嘎查两委会议及日常工作会议，对嘎查（社区）重大决策提供法律意见，从源头上把好法律关，保证嘎查（社区）决策的合法性。嘎查（社区）法律顾问围绕两委工作任务，立足基层法律服务需求，参与处理嘎查（社区）法律事务，为嘎查（社区）的依法治理和群众的法律问题提出专业意见，并接受法律咨询、提供法律援助、开展法治宣传、参与人民调解等工作，在引导牧区干部群众运用法治思维和法治方式化解矛盾纠纷、维护自身权益，提升依法治理水平，促进基层社会和谐稳定方面发挥着重要作用。

（3）扎实开展人民调解工作，促进社会矛盾及时化解

两旗加强牧区人民调解组织机构、制度、机制建设，扎实开展人民调解工作，促进社会矛盾及时化解。一是学习借鉴“枫桥经验”，积极打造边疆草原本土“枫桥经验”，充分发挥人民调解员“从群众中来到群众中去”的优势，有效解决矛盾纠纷，避免矛盾层层上交。2018 年，新巴尔虎右旗克尔伦苏木人民调解委员会的冯海峰被评为自治区金牌人民调解员；阿巴嘎旗人民调解员班布尔荣获银牌调解员光荣称号。二是开展人民调解大调研活动，深入研究矛盾纠纷和信访规律特点，实现对各类矛盾纠纷的敏锐感知和精准预警。三是开展大排查、大调处、促和谐、迎国庆等专项行动。贯彻落实“日排查、周调度、月汇总、季分析”的矛盾排查化解工作制度。对于涉牧涉草场纠纷、婚姻家庭纠纷、人身损害赔偿纠纷、劳资纠纷等，通过四级纠纷排查调处和“三所一庭一室”联动机制，给予及时协调调处，将矛盾解决在基层、化解在萌芽状态。仅阿巴嘎旗 2018 年就化解各类矛盾纠纷 54 件。

（4）深入开展“民主法治示范村”创建工作

自全国“民主法治示范村”创建工作开展以来，两旗采取有力措施，不断加快推进牧区基层民主法治建设进程，把开展普法教育、提高嘎查（社区）两委成员和全体牧民的法律素质、营造嘎查（社区）良好法治环境作为创建民主法治示范村的重点，在民主法治示范创建嘎查（社区）建立了普法教育网络，做到了有一间普法活动室、设置一个法治宣传栏、配备一套法律图书、建立一支法治宣传队伍、增加一名法律顾问的统一规范要求，建立了嘎查（社区）两委成员每季度至少两次、党员和牧民小组长每季度一次的集中学法制度。各个民主法治示范创建嘎查（社区）组织学习了《草原法》《土地承包法》《婚姻法》

以及农村税收法规知识、基层组织选举法等法律法规。牧区广大干部群众的法律意识和法治概念普遍提高，为牧区“民主法治示范村”创建提供了重要保障。目前，新巴尔虎右旗共有51个嘎查、11个社区，其中“全国民主法治示范村（社区）”1个、“自治区民主法治示范村（社区）”1个、“全市民主法治示范村（社区）”12个、“旗级民主法治示范村（社区）”49个。通过民主法治示范村创建活动的实施，两旗嘎查依法治理工作已朝着规范化、制度化、法治化方向稳步发展，大大加快了全旗依法治旗的进程。

两旗法治工作扎实推进，成效显著。其中，“巡回审判”就是从牧区实际出发、法治工作创新的典型案例。针对牧区地域广、分散居住等实际情况，为达到巡回审理、就地开庭、便捷高效地服务牧民的目标，2013年新巴尔虎右旗人民法院自筹资金购置了全区法院第一台多功能巡回审判车，集立案、审理、裁判、送达、远程遥控、监控为一体，有效融合“办案+宣传”模式，完成了从“马背法庭”到“车载法庭”的变革。自2018年开始，针对法院判决执行难的问题，由旗委政法委组织人民法院、检察院、公安局、司法局、住建局等24个联动部门，有效推动“党委领导、政法委协调、人大监督、政府支持、法院主办、部门配合、社会各界参与”的工作机制，加大对规避、抗拒执行等行为的制裁力度，有效树立法院的执行权威。从牧区实际出发的创新实践，使牧区基层司法能力得到稳步提升，为早日实现全旗“民主法治示范村”100%全覆盖奠定了坚实的基础。

4. 牧区德治

两旗不断提升牧区德治水平，以社会主义核心价值观为引领，加强牧区乡风文明建设。依托文化阵地，树立牧区新风貌，推动家庭建设，弘扬良好家风。

（1）以社会主义核心价值观为引领，加强牧区乡风文明建设

在乡风文明建设中，两旗把宣传和培育社会主义核心价值观作为重中之重，搭建平台，创新载体，依托主题党日、集中学习、外出考察等形式，弘扬中华民族优秀传统文化，加强对党员干部的教育培训；依托旗乌兰牧骑送文艺进牧区活动、苏木镇主题广场、嘎查文化站、党员中心户活动阵地、草原书屋等文化阵地，开设牧民学习讲堂、蒙古包大讲堂、道德讲堂以及制定村规民约等形式，让社会主义核心价值观接地气、入人心。苏木镇的主题广场，把社会主义核心价值观与草原文化、文明礼仪相结合，创作了“图说我们的价值观”“十提倡十反对”等一批乡土气息浓厚、带有地方特色的公益宣传画。阿巴嘎旗的查干淖尔镇被评为“全国文明村镇”。

2016 年以来，阿巴嘎旗“践行社会主义核心价值观系列丛书”一套共 8 种蒙汉文图书（画册），包括《乡风文明大行动》《瑙敏的幸福生活》等，创作图书《阿巴嘎的那些人那些事》《道德模范风采录》《阿巴嘎部落新乡贤录》等，在社会上引起强烈反响。新巴尔虎右旗还邀请中央电视台《发现之旅》栏目组、呼伦贝尔老年大学在宝格德乌拉圣山祭祀期间成功举办“美丽家园”走进新巴尔虎右旗公益演出及老年艺术展演活动，以及“百姓百天文艺汇演”“书香新右旗”“民族民间广场舞比赛”“文化和自然遗产日”非遗展示展演等系列主题活动，让群众享受文化惠民成果。

2019 年 8 月，由新巴尔虎右旗旗委宣传部主办、全旗各苏木镇承办的《七骏奔腾欢乐草原》庆祝新中国成立 70 周年联欢晚会，既是基层宣传工作的一次创新之作，更是全旗各苏木镇守望相助、团结奋进的有力体现。基层领导干部和返乡大学生还有老党员、老干部、牧民群众共同参加演出，以这次活动为契机，创新活动载体，丰富活动

内容，深入扎实推进精神文明建设和社会主义核心价值观的宣传，为新巴尔虎右旗经济社会快速发展提供了强大的精神动力。新巴尔虎右旗“巴尔虎沙嘎”“巴尔虎喜塔尔游戏”列入市级非物质文化遗产保护名录。电影《乌胡尔图辉腾》入选自治区精神文明建设“五个一工程奖”，微电影《雾》在首届美丽内蒙古微电影比赛中荣获二等奖。

（2）打造文化阵地，树立牧区新风貌

嘎查文化站，根据各嘎查实际建立不同主题不同特色的展览室。例如，阿巴嘎旗别力古台镇阿拉腾杭盖嘎查的“蒙古博克精神”展览室；查干淖尔镇乌兰图嘎嘎查“我们的家风家训”展览室，从全嘎查牧户的家风家训中选取党员中心户与老党员等具有代表性的家风家训进行展览，增强先进典型的示范引导作用，引导牧民尊老爱幼、勤俭持家、重义守信、勤劳致富；在洪格尔高勒镇萨如拉图雅等嘎查，设有村规民约墙、四德义举榜、十星级文明户展，以多种方式宣传新时代牧民的先进模范人物，发挥道德模范、身边好人的典型示范作用，树立牧区新风貌。

新巴尔虎右旗建立社区主题教育宣传基地，每个社区根据自身社区的不同实际制定不同主题。贝尔社区是“党支部＋扶贫救助”；宝格德乌拉社区拥有三个大型小区，多为牧民进城居住地，同时新右旗最大的中俄蒙商贸城也坐落于此，具有多民族性，因此确定社区主题为“党支部＋团结和谐”；克尔伦社区为广场居民区，人员密集，社区主题为“党支部＋民族文化”；呼伦社区主题为“党支部＋国防教育”；平房区主题为“党支部＋安全稳定”。

（3）推动家庭建设，弘扬良好家风

家庭是社会的基础，以践行社会主义核心价值观、爱国主义教育、家庭美德教育等内容为核心，阿巴嘎旗积极推动家庭建设，持续开展星级文明户、文明家庭、最美家庭等群众性精神文明创建活动，实施文明户“五有”工程，规范文明户有牌匾、有国旗、有全家福、有家训、有读书角等“五有”建设标准。通过自我认星、家庭创星、组织评星、审核定星、公示得星、表彰挂星的评选环节，将文明户分为七星级、八星级、九星级、十星级 4 个级别，建立星级文明户一年一审核、文明星级可升可降的届期制动态化管理制度。

新巴尔虎右旗积极选树道德模范典型。例如，克尔伦苏木耐日莫德勒嘎查妇代会主任米德格玛荣获全国劳动模范、中国百名优秀母亲、内蒙古自治区道德模范等荣誉称号。两旗积极开展道德模范、身边好人学习宣传活动。开展“身边好人”评选表彰、寻找“最美家庭”、好儿媳、好公婆、好邻居、好妯娌、“百孝之子”等活动，在各苏木镇、社区设立“善行义举”四德榜，发动干部群众在熟悉的人群中挖掘模范，在日常生活里争当好人，弘扬良好家风，形成浓厚的道德文化氛围。

5. 牧区综治

两旗建立健全社会治安综合治理责任制，全面加强牧区社会治安综合治理工作，大力推进平安牧区建设和平安草原工程，持续开展牧区安全隐患治理和重点工作专项行动。

（1）大力推进平安牧区建设和平安草原工程

阿巴嘎旗自 2014 年以“平安锡盟”社会治理数字化工程项目为依托，全面启动和深入推进“平安阿巴嘎”建设工作。以“三网三平台一张图”为框架，采用圈、格、块、点布局，利用视频复用整合、智能分析、手机侦测和云网融合等现代化技术手段，对人员、车辆、手机进行跟踪和整体布防，实现了交通管理智能化和社会应急联动化。

新巴尔虎右旗是自治区 19 个边境旗（市）之一，位于呼伦贝尔市西部，全旗边境线长达 515.4 公里（其中，中蒙边界 467.4 公里，中俄边界 48 公里），是呼伦贝尔市边境线最长、边境治安复杂地区之一。该旗大力推进平安草原工程，2012 年就构建了 100 座“蒙古包哨所”，招募了“牧民哨兵”100 名。2017 年，按照“靠近边境线、长期居住在牧区的当地牧民”的标准和要求，对“牧民哨兵”进行实地核实和重新调整。目前，全旗牧民哨兵总数为 58 人，自组建以来，已向边防派出所提供案件线索 1120 条，协助破获刑事案件 45 起，查处治安案件 912 起，协助调解民事纠纷 326 起，提供群体性事件预警信息 32 起，在平安草原建设中发挥了重要的作用。

（2）全面加强牧区社会治安综合治理工作

以综治工作中心、网格化服务管理、嘎查“乌日特”综治驿站、“红袖标”治安志愿者等为载体，两旗全面推进社会治安综合治理工作，不断完善立体化社会治安防控体系建设，加强牧区群防群治队伍建设。两旗结合各自实际情况划分网格单元，建立一网多格、纵横有致、节节相述、边界清晰、覆盖全面的网格体系，网格化覆盖率达到 100%。按照“一格一员”或“一格多员”的要求，为每个网格配备专兼职网格员。网格化管理采取点对点、面对面方式提供服务和帮助，及时掌握和协调解决群众各方面、多层次利益诉求，做到服务管理“零距离”。例如，新右旗全旗共划分一级综治管理服务网格 7 个、二级网格 58 个、三级网格 104 个，配备网格长 233 人、网格助理员 307 人。综治工作中心、网格化服务管理、“乌日特”综治驿站、“草原 110”报警点、“牧区警务室”等工作的有效推进，实现了矛盾纠纷联调、社会治安联防、重点工作联动、治安突出问题联治、服务管理联抓、基层平安联创的工作目标，使牧区基层社会治理更加精细化、服务群众更直接。

（3）持续开展牧区安全隐患治理和重点工作专项行动

为切实解决影响牧区社会稳定、破坏牧业生产和侵害牧民利益的突出问题，不断增强牧民群众的安全感，两旗持续开展牧区安全隐患治理和重点工作专项行动。2018 年根据《全盟开展平安创建重点工作专项行动实施方案》部署，阿巴嘎旗先后组织开展了整治道路交通安全隐患、整治消防安全、“三打击一整治”、流动人口出租房屋隐患整治、缉枪治爆和打击“黄赌毒”、重点信访群体排查稳控、打击食品药品和制假售假违法犯罪、公共设施领域排查整治、排查化解民生领域矛盾纠纷、生产安全隐患排查整治 10 项专项行动，其中，检查生产经营单位 636 家次，排查一般安全隐患 1224 条，整治 1207 条。抽检食品药品 104 批次和 33 批次，开展食品安全快速检测 507 批次。新巴尔虎右旗开展各类执法检查 170 次，检查企业 292 家次，查处安全隐患 495 条。同时，聘请专家对全旗各建设生产领域开展“专家会诊”工作，共计查出各类隐患问题 406 项，针对隐患问题下达各类法律文书 134 项。

两旗扎实开展防范和化解高利贷专项工作。例如，新巴尔虎右旗 2018 年年初通过大排查摸底和分析研判，共梳理出民间高利贷 264 户、360 笔、4066.2 万元，到 2018 年 11 月 1 日已全部化解完成。其中，法律程序调解共 70 笔、1669.2 万元；民间借贷调解中心化解共 290 笔、2397 万元。该旗成为全区防范化解牧区高利贷试点旗县中最早完成统计范围内存量化解任务的旗县。2019 年两旗继续深入开展“扫黑除恶”专项斗争，推进牧区“雪亮工程”建设，为全旗经济社会发展和牧区生产生活提供安全保障。

（二）牧区社会治理助力新冠肺炎疫情防控的成功实践

内蒙古自治区广大农村牧区新冠肺炎疫情防控的整体形势平稳，这既得益于政府部门高效落实国家的防控措施，更得益于基层党建领导下“自治、法治、德治、综治”四治融合的治理体系，防控工作井然有序，成为疫情防控的稳定大后方。

1. 牧区基层党组织成为战“疫”中坚力量

针对牧区点多、线长、面广的实际，有效发挥乡镇苏木党委、嘎查党支部等基层党组织和党员中心户、边境堡垒户、党员志愿者三支牧民党员队伍的力量，切实做到一个支部一座堡垒、一名党员一面旗帜，为坚决打赢牧区新冠肺炎疫情防控阻击战提供了坚强组织保证。

（1）发挥党支部战斗堡垒作用

许多牧区嘎查党组织迅速成立嘎查“两委”干部、牧民党员组成的疫情防控突击队，成立临时党支部，把战斗堡垒驻在了防控最前沿。例如，锡林郭勒盟西乌旗及时动员部署，广泛设置防控点，24 小时盘查登记、检测体温、劝返行人车辆。针对嘎查道路设卡、群众往来不便的实际，发挥临时党组织服务功能，组织牧户通过微信群预定每日所需生活物资，嘎查两委统一采购分发，保障牧民正常生活秩序。

（2）发挥党员中心户辐射带动作用，将防控触角延伸到牧区“最后一公里”

发挥党员中心户上联支部、下联牧户，带动党员、服务群众的作用，划定防控责任区，将防控触角延伸到牧区“最后一公里”。例如，陈巴尔虎旗鄂温克民族苏木哈吉嘎查党员中心户排查所辐射的牧户，将每日人员排查情况、牧民体温情况、人员返乡情况报送至嘎查党支部；通过走进一户辐射户、开展一次面对面宣传、播放一次小喇叭广播、发放一张防控宣传单的“四个一”宣传形式充分发挥辐射带动作用，增强牧民群众的防控意识。代替牧户购买生活必需品，最大限度地减少人流车流和人员接触[①]。

（3）党员志愿者拉网排查，确保防控措施落实到位

招募牧民党员志愿者开展拉网式排查，针对外来返乡人员、发热病人，由党员志愿者一对一监控，确保摸清底数，掌握动态，形成群防群控的严密防线。建立线上党员志愿者队伍，重点针对外来人员、流动人员、重点人群等开展线上再排查、再兜底，助力各项防控措施落实到位。陈巴尔虎旗西乌珠尔苏木所辖三个嘎查组建由苏木包联领导、嘎查干部和牧民党员、党员志愿者组成的三级党员网格员队伍开展全覆盖排查，确保疫情防控不留死角[②]。

2. 基层自治激发牧区疫情阻击的内生动力

通过牧民议事会制修订村规民约，把抗疫新规纳入“村规民约”中去，规范牧民行为，提高牧民自我防护的自觉性和参与抗疫的积极性。广大牧民能带头履行自治公约，管好自己、管好家人。例如，许多嘎查自主组建起草原上的抗疫“都贵楞”摩托队，24 小时不间断巡查，宣传疫情防控知识，与政府工作人员协同筑牢了疫情防控的基层防线。

3. 法治保障抗击疫情依法有序进行

依法科学有序地做好疫情防控至关重要。一是通过 12348 公共法律服务热线、内蒙古法网、微信公众号、4k 智能机顶盒等渠道满足疫情防控期间群众公共法律服务需求。二是依法严厉打击扰乱社会抗疫的行为，向群众普及疫情防控法律知识和不遵守相关规定应承担的法律后果，引导群众自觉配合有关部门做好疫情防控工作。对暴力抗检、不配合疫情防控工作、造谣等几起典型案例进行以案释法，引导群众

---

① 通拉嘎. 鄂温克民族苏木哈吉嘎查党员中心户小阵地发挥大作用[N]. 陈巴尔虎旗政府网. 2020.02.08。

② 鑫鑫. 内蒙古呼伦贝尔市陈巴尔虎旗：牧区党员齐上阵 防控一线筑堡垒[N]. 中国共产党新闻网. 2020-02-25。

依法支持和配合疫情防控工作。

4. 德治提高居民抗击疫情的凝聚力

广大牧民积极为疫情防控捐款捐物、团结抗疫的同时，内蒙古的民间艺人、文艺团体创作了大量接地气作品，并录制成短视频，把防控常识、最新政策、感人事迹送到千家万户，激励更多人投身抗疫。

5. 综治为疫情防控措施落实夯实基础

切实发挥综治支撑作用，全面加强牧区联防联控模式。例如，东乌旗各苏木镇利用“网格化 + 党员中心户”，采取电话随访、微信报告、上门询问的形式开展排查，做到嘎查不漏户、户不漏人。抽调党政干部和公安、边防、司法等执法力量以及嘎查“两委”和综治乌日特成员组成联合机动巡察队，在辖区要道、工矿企业等生产经营单位周边等重点部位开展巡逻巡检，构筑群防群治的严密防线。

（三）两旗牧区治理中存在的问题

作为内蒙古牧区现代化试点旗，阿巴嘎旗和新巴尔虎右旗在加强牧区基层治理方面也面临着一些急需解决的问题，这些问题既有与其他地区一样的共性问题，也有与其他地区不一样的特殊性问题。对标牧区现代化治理体系的评估指标，分析两旗牧区治理中存在的问题，对于两旗如何建立健全牧区现代化治理体系具有重要的实践意义。

1. 牧区基层治理任务重、难度大、经费不足的问题

阿巴嘎旗和新巴尔虎右旗都是典型的牧业旗县，两旗都具备“点多、面广、线长”、居住分散的显著特征。尤其是2006年撤乡并镇以来，两旗都是将原有的12个苏木（镇）撤并为现有的7个苏木（镇），苏木镇管理地域拉大，导致基层党组织管理幅度和服务半径过大、工作人员少、管理成本过高等问题日益凸显。

阿巴嘎旗总面积 2.75 万平方公里，人口约 4.5 万人，人口密度为 1 人 / 平方公里。北与蒙古国接壤，边境线长 175 公里，全旗辖 3 个镇、4 个苏木、71 个嘎查、4 个社区。新巴尔虎右旗总面积 2.52 万平方公里，人口约 3.5 万人，人口密度为 1.39 人 / 平方公里。该旗地处中、俄、蒙三国交界，是内蒙古自治区 19 个边境旗（市）之一，位于呼伦贝尔市西南部，全旗边境线长达 515.4 公里（其中，中蒙边界 467.4 公里，中俄边界 48 公里），是呼伦贝尔市边境线最长、边境治安复杂的地区之一，现辖 3 个镇、4 个苏木、51 个嘎查、11 个社区。

两旗都具有典型的地广人稀特征，行政区域面积跨度大，具有牧民居住分散显著的人居地理环境特征，特殊的地域结构带来“边、偏、远”交通不便的问题，同时苏木、嘎查服务半径过大，苏木下辖的嘎查布局分散，各户牧民相距甚远，由嘎查承担的网格化服务管理、治安防控、矛盾纠纷、排查化解等大量基础性社情民意收集和及时回应处置，都需要投入大量的时间和人力、财力、物力才能满足基本需要。在目前两旗工作人员缺乏，应付日常工作都很吃力的情况下，牧区基层治理任务重、难度大等问题凸显。

同时，基层工作岗位吸引力不强，“两委”成员及后备干部后继乏人，缺少优秀嘎查党支部书记、称职合格财会人员、法务人员的储备，这些都直接影响牧区基层治理的实效。而且，牧区基层治理不仅缺乏人员及人才，也缺乏经费保障。在生态优先、绿色发展导向的高质量发展模式下，新巴尔虎右旗等诸多牧业旗县将被纳入生态功能区，列入限制性开发区域，从而制约一些工矿开发等产业发展项目，这势必会影响当地的财政收入，并进而影响党建经费保障的力度和可持续性。相较于 2018 年一般公共预算完成 4.4 亿元，新巴尔虎右旗 2019 年一般公共预算收入约为 37135 万元，不仅预算收入减少，还要化解“十个全覆盖”等政府性债务 1 亿余元，2019 年一般公共预算支出安排 62362 万元，刨除预算稳定调节基金 653 万元、上年年终滚存结余收入 4361 万元等项目，还需要上级补助收入 2 亿余元。在党建相关的经费方面，从旗委组织部公布的 2019 年预算看，部门预算支出 545.54 万元，其中：基本支出 330.95 万元，占比 60%；项目支出 214.59 万元，占比 40%；项目支出的具体类别见表 6–3。

表6-3　　新巴尔虎右旗组织部2019年项目支出预算情况（单位：万元）

序号	项目	支出预算
1	旗委政府领导班子年度考核经费	1.50
2	干部教育经费	10.00
3	领导班子和领导干部年度考核奖金	12.50
4	非领导年度考核奖金	6.00
5	创建自治区三级示范及党员干部远程教育星级站点	6.60
6	嘎查评星定级奖励报酬	7.80
7	党组织活动经费	45.38
8	党建工作专项经费	36.26
9	红色堡垒户基本补贴	32.25
10	2017年度红色堡垒户奖励	10.80
11	人事档案数字化管理经费	20.00
12	第一书记工作经费	25.50

即使在政府财政如此紧张的背景下，新巴尔虎右旗仍拿出 214.59 万元用于基层党建的一些项目支出。但是，我们可以看到，即使全额保障的话，牧区基层党建经费也非常有限，用于红色堡垒户的基本补贴也就户均不足 2000 元，难以支撑红色堡垒户深入履职尽责。嘎查“两委”工作经费为 8 万元 / 年，但是由于旗财政困难，加上化解地方债务的压力，难以实现足额拨付，2018 年仅落实了 5 万元，2019 年截

至8月仅落实了1万工作经费，因此，20%的嘎查工作经费用于支持红色堡垒户发挥作用也就难以兑现。

党建助理员队伍的建设依赖于嘎查集体经济收入的支撑。但是，根据旗农牧业经管站提供的2018年嘎查集体经济数据，51个牧业嘎查中，有9个无集体牲畜、4个无集体草场、1个嘎查既无集体牲畜又无集体草场。与新巴尔虎右旗财政局2017年对全旗51个嘎查集体经济发展情况调研基本相符：无集体经济收入的嘎查10个，占比19.23%。见表6-4。

表6-4　新巴尔虎右旗嘎查集体经济收入统计表（2017年）

嘎查（个）	集体经济收入（万元）	所占比例（%）
10	0	19.23
20	1～5	38.47
12	6～10	23.07
9	11～50	17.31
1	50以上	1.92

2. 牧区基层党组织统筹组织能力、嘎查“两委”领导班子和干部队伍建设急需加强

党的十九届四中全会要求，“必须加强和创新社会治理，完善党委领导、政府负责、民主协商、社会协同、公众参与、法治保障、科技支撑的社会治理体系，建设人人有责、人人尽责、人人享有的社会治理共同体，确保人民安居乐业、社会安定有序”。目前，牧区党组织在突出政治功能，提升组织力，领导基层治理方面的能力还存在不足。调研发现，存在部分党组织负责人主责主业意识不强、党建责任落实不到位等问题，具体表现在：部分党组织书记不严格履行党建责任、不亲自过问党建工作，一门心思热衷于项目建设和产业发展，导致党建与业务工作严重脱节，基层党建工作跟不上，尤其是思想政治

工作做不到位，党员和牧民思想涣散、作风疲沓、能力低下，难以抓好项目建设、产业发展等业务工作。

2019 年 8 月自治区党委第五巡视组巡视反馈意见中指出的“基层党组织政治引领作用还不够有力”“嘎查集体资产监管缺失”等问题还存在。例如，2017 年以来，新巴尔虎右旗积极申报扶持村集体经济发展项目，为阿拉坦额莫勒镇东庙嘎查争取采摘园、养殖小区等建设项目，成立嘎查集体控股公司“新巴尔虎右旗聚鑫义农牧业发展有限公司”，由嘎查长兼任公司法人代表，每年对入驻园区牧户的基础母牛和基础母羊分别给予每头 2000 元和 200 元的分红。但是，由于分红不及时等问题，引发了嘎查内部的矛盾纠纷，成为不稳定的社会因素；审计也发现聚鑫义农牧业发展有限公司存在一些经营不善的问题。嘎查采取的“党支部 + 产业发展”模式中党支部的角色定位还需要进一步明确。

此外，嘎查“两委”学历结构不均衡等问题表明，嘎查“两委”领导班子和干部队伍建设急需加强。

嘎查“两委”学历结构不均衡。近年来，随着农村牧区人口的转移，一些有知识、有文化、有技术的中青年农牧民转移到城镇和二、三产业，嘎查人口老龄化和文化素质偏低的问题明显，造成了嘎查村班子“人难选”的现象。例如，阿巴嘎旗嘎查“两委”成员 491 名，初中以下学历的 227 人，占 46.2%；高中、中专学历的 104 人，占 21.2%；大专及以上学历的 160 人（其中本科生 46 人），占 32.6%。

嘎查“两委”能力结构需要优化。旗县政府为进一步增强基层党组织党建引领产业发展的能力，提出“积极把基层党员培养成致富能手，把致富能手培养成党员，把党员致富能手培养成为嘎查干部，把党员干部培养成为嘎查党支部书记”的措施，这些致富能手因其具有的个人资源更容易获得苏木政权和基层牧民的认可，有助于实现产业兴旺的发展目标。同样以阿巴嘎旗为例，“两委”的116名正职中，致富带头人48名，仅占41.3%；初中以下学历的51人，占44%。此外，片面强调“富人治村”，影响普通牧民的自治参与，容易导致权力资本化、截留垄断国家资源等问题。检索2016年以来自治区纪委通报的查处扶贫领域及涉农涉牧违规违纪问题典型案例，其中涉及阿巴嘎旗、新巴尔虎右旗的共6起，违纪违规问题主要表现在贪污扶贫资金、虚报草场亩数套取草畜平衡奖励资金、借实施风光互补项目向牧民违规收费、违规发放扶贫牲畜和收取租金等问题。

嘎查“两委”激励结构需要强化。第一，经济激励不足。尽管自治区不断加大对嘎查村干部工资待遇的财政转移支付力度，但是，由于担任嘎查村干部的大多数是生产经营的“能人”或“致富能手”，与全身心经营畜牧业、外出务工经商相比，嘎查村干部工资收入还是很低的。在阿巴嘎旗调研时，一位在嘎查担任十几年嘎查长、嘎查党支部书记的牧民主动放弃了提升为苏木党委委员、转变为公务员的机会，主要原因就是相对于他现在年均40万元左右的畜牧业收入，担任苏木党委委员的收入比较低。此外，与农区相比，牧区嘎查干部工作压力更重，而待遇却是相同的，没有区分。特别是近年来随着上级各部门工作重心下移，嘎查村级管理服务的事项越来越多，工作任务日趋加重，使工资补贴水平与其所承担的工作任务失衡，致使部分嘎查村干部出现“后继乏人”的问题。第二，嘎查干部的政治激励需要强化，嘎查干部既不是公务员，也不是列入事业编制人员，在提拔录用方面基本是“只能下、不能上”。近年来，虽然提出了从嘎查干部中优先招录工作人员到乡镇工作的政策，但是，进入乡镇机关、招录公务员的门槛越来越高，即使是优秀的嘎查干部也难以逾越这道鸿沟，很多嘎查干部因为年龄、学历或任职年限中某一方面的缺陷而被拒之于公务员考试的门外。转干无门，提拔无望，导致部分嘎查干部工作责任心不强，政治荣誉感不高，觉得没有前途，影响了干事创业的热情。

3.“党建＋四治”的有机融合、联动机制和牧区现代化治理体系尚未真正形成

目前，两旗党委政府的多个部门在抓“四治”工作。民政部门主抓自治，政法部门负责法治、综治，教育和宣传部门负责德治，还有一些碎片化的职能分散在财政、人社等部门，牧区基层社会治理的有机融合、联动机制和牧区现代化治理体系尚未真正形成。

调研发现，牧区嘎查党支部书记、嘎查长的关系协调也是一个需要高度重视的问题，虽然大多数嘎查“两委”的关系比较和谐，但也存在着嘎查长不作为或者乱作为，把嘎查党支部书记“架空”的问题，但是，即使这样，凭借地方的亲缘关系网络，嘎查村务监督委员会难以有效监督，也难以按照《村民委员会组织法》的有关规定加以罢免。虽然旗委组织部、苏木党委政府可以按规定撤换嘎查的党支部书记，但对上述不称职的嘎查长却没有办法，因为作为嘎查牧民民选的嘎查长，基层党组织是无权撤换的。又如，新巴尔虎右旗在扫黑除恶斗争中，按照中央有关规定，要将7名有犯罪前科的嘎查“两委”人员清除出组织队伍。但是，《村民委员会组织法》却对此没有明确规定，只是提出在任期间有刑事犯罪的可以免职，但对当选之前的违法犯罪行为却没有明确。因此，有的牧民对因以往违法犯罪问题而罢免现任嘎查领导非常不理解，认为民选的嘎查长不能随便撤换，许多老牧民因此而上访。如何发挥嘎查党支部的作用，对嘎查长等民选嘎查干部如何加强监管，都需要我们进一步深入关注和研究。

为增强党组织的政治领导力和组织力，解决村级组织人员分散、议事难以达成一致的问题，《关于加强和改进乡村治理的指导意见》中明确提出，完善村党组织领导乡村治理的体制机制，其中一项重要要求就是村党组织书记应当通过法定程序担任村民委员会主任和村级集体经济组织、合作经济组织负责人，村“两委”班子成员应当交叉任职。《乡村振兴战略规划（2018—2022 年）》明确提出到 2020 年全国村党组织书记、主任“一肩挑”要达到 35%、到 2022 年要达到 50% 的预期目标。实行“一肩挑”的主要目的是坚持和加强党的全面领导，加强基层组织建设，推进乡村振兴战略，确保党的路线方针政策和决策部署贯彻落实。对一些软弱涣散、缺少带头人的嘎查可以推行“一肩挑”，但是如果全面推广，在牧区则存在许多困难。

在新巴尔虎右旗调研时，课题组发现很多基层干部认为这一政策不适宜“一刀切”式的强制推行，需要考虑牧区地区实际、嘎查实际和基层嘎查干部的实际。阿巴嘎旗的调研情况也类似，牧区嘎查“两委”负责人很多都是当地的能人或大户，本身发展生产的任务比较重，而且牧区点多、线长、面广的特点使得强制推行“一肩挑”恐难以适合牧区实际。调研的牧区嘎查“两委”班子成员对此也存有很多异议。2018 年换届选举后，虽然有 26 个嘎查党支部书记和嘎查委员会主任“一肩挑”，占嘎查总数的 37%，实现了 35% 的预设目标。但是，两旗调研中发现，牧区基层干部特别是嘎查“两委”正职对“一肩挑”的要求存有质疑，认为不符合牧区的实际，集中表达的观点有：牧区不像农区，转嘎查、数牛羊需要做，嘎查工作“一肩挑”也要做，一个人忙不过来。而且，牧区嘎查干部的工作压力比较大，一个礼拜至少开一次会，路途远、来回走就影响家里的生产，雇人费用高，一个羊倌要 4000 元以上，所以嘎查干部也不愿意“一肩挑”。即使“一肩挑”的待遇为 1.5 倍，干部也大多不愿意干，除非能力特别强、威信特别高、工作容易开展的那种。

4. 牧区自治、法治、德治、综治“四治”微观层面的问题依然存在

牧区牧民自治中，因受牧区地域、通信等条件所限，影响牧民对牧区很多事务的积极参与。牧区地域广阔，手机通信、互联网发展还没有完全普及，牧民虽已定居定牧，但居住地距离较远且分散，交通不便利，集中开会或开展活动难度较大、成本很高。对于牧民大会、牧民代表大会、牧民选举大会以及嘎查委员会等召开会议的通知，牧民有时无法及时得到通知，也无法及时赶去参与。有些牧民对于牧民自治的理解还不够深。部分牧民认为牧区治理是嘎查苏木里的事情，跟自己有关系的只有自家草场问题、牲畜问题。在他们眼里，嘎查“两委”就是管理他们自身的组织，他们也必须服从嘎查“两委”的领导。牧民们虽然参与了牧民大会、牧民代表大会、选举大会，但缺乏参与嘎查治理的积极性和参与能力。牧民参与意识不强、组织化程度仍较低、召集牧民会议难、监督委员会工作作用发挥不够等原因，导致基层民主决策程序执行不到位，嘎查村干部在处理嘎查集体事务时程序意识淡薄，常常出现个人或少数人决定事关集体和嘎查牧民利益重大事项的现象。而且，嘎查会计大多数由嘎查委员会成员内任职，没有系统学习财会专业，导致业务不熟悉，监督不到位，致使财务管理也有不规范之处。

牧区法治建设中，两旗都存在全旗可以担任法律顾问的人员较少，熟悉蒙汉双语的法律工作人员更是短缺；已聘请的法律顾问多以电话咨询、口头提出建议为主，提供书面法律意见的不多；法律顾问参与度不够，对重大决策提前介入不足，其服务多集中于解决纠纷、代理复议或诉讼案件等补救工作，业务仅限于就案论案，顾问作用发挥不充分，使用频率不高。从调研了解的情况看，旗直部门支付的法律顾问年费约 5 万元，且多数为有案子临时聘请，一事一结账。而作为嘎查社区的基层法律顾问基本都为无偿服务，交通费用、用餐费用偶尔嘎查社区能承担，但通信费用全部自理，且精力牵扯较多，不利于调动律师们的积极性和主动性。

牧区德治存在的问题包括，在乡风文明建设过程中，牧民主体自身作用发挥不够明显，宣传方式多以被动接受较多，牧民的参与性、互动性、自发性不够强。村规民约的宣传主要通过广播、展板、宣传栏、会议等形式，宣传载体较为单一。近年来，通过多部门多渠道投入各地兴建了一大批牧区文化设施和活动场所，包括乡镇文化站、文化室、阅览室、农家书屋、大讲堂等，但现有资源还未达到高效利用。有些嘎查里的图书室蒙满了灰尘，有的农家书屋成了仓库，有的文化设备还从来没有启封，有的活动室常年上锁，牧区文化建设与牧民的精神文化需求还不适应，与文明乡风建设的基本要求相差甚远。

牧区综合治理中存在的问题，一方面是综治中心利用率不高。牧区相比其他地区最大的特点就是地广人稀，由于苏木镇人口稀少，很多涉及民生的业务需要在旗级工作部门办理，到中心办理业务的牧民为数不多。例如，新巴尔虎右旗在旗委政法委设立旗级综治工作中心，7 个苏木镇也均建有综治工作中心，全旗苏木镇嘎查（社区）共建有综治工作中心 14 个。有的苏木镇只有几百户，真正来综治中心解决问题的牧民不多，这也是综治中心利用率低的客观原因。而且，由于牧区集中办学以后，除了个别苏木镇有幼儿园外，大多数苏木镇已没有学校。牧民子女到城镇旗里读书，很多牧民就会跟随陪读或在旗里安家，需要办理的相关事情自然就会在旗里办，而不会再回到苏木镇的综治中心来办。综治中心利用率低，便出现了大多综治中心闲置的现象。另一方面是部分基层综治工作人员的职能作用发挥不明显。例如，嘎查治保会主任、调委会等组成人员均由“两委”班子成员兼任，他们都是当地的牧民，没有正式编制，由于忙于生产生活事务，作为“两委”班子成员，自身的工作量和工作压力也越来越大，加上缺少薪酬补贴，开展民间纠纷调解、治安巡逻和法治宣传精力不足、积极性不高，导致综治基层组织职能作用发挥不明显。

四、完善牧区治理体系的相关建议

（一）从牧区实际出发推进基层治理创新，强化牧区党建的人才支撑和经费保障

1. 牧区治理创新要从牧区实际出发

针对牧区人口居住分散、基层党组织服务半径过大、工作人员不足等问题，需要立足牧区实际，创新牧区治理实践。例如，针对牧区基层党组织建设考核指标体系，以延伸基层党组织服务触角，着力破解牧区基层党组织联系服务群众难题，建议对换届选举中的“一肩挑”比例不做强制性要求，可以应用“嘎查委员会主任和成员的党员比例”等指标来考核嘎查基层党组织的影响力和组织力。积极争取中央和自治区有关政策支持，取消对嘎查支部书记和嘎查长“一肩挑”比例的硬性考核要求，做到结合区域实际、嘎查发展实际和嘎查干部个人实际具体执行。

2. 强化牧区基层党建的人才支撑和经费保障

加强牧区干部队伍建设。将懂牧业、爱牧区、爱牧民作为牧区干部队伍建设基本要求。拓宽牧区干部来源，鼓励致富带头人、牧民合作经济组织负责人、返乡创业人员、优秀大学毕业生等参与嘎查换届

选举。建立嘎查干部待遇增长机制，畅通嘎查干部晋升通道。创新培训方式，推行“党支部＋合作社”等工作模式，健全绩效考核机制，多措并举提升牧区干部创业带富能力。强化社会治理能力，特别是运用“法治思维与法治方式”解决社会事务、化解社会矛盾的能力。

大力培养嘎查后备干部。采取多途径选拔、多形式培养、多岗位锻炼的办法，培育一支思想素质好、文化水平高、致富本领强的嘎查后备干部队伍。例如，严格把关，有意识地将党员中心户、红色堡垒户作为嘎查“两委”班子后备干部进行重点培养，形成以“储备、培养、任用”为主要模式的嘎查“两委”后备干部培养机制。

（1）把好储备关，储备人才。要将党员中心户的推选条件与嘎查“两委”干部推选标准有机统一，注重从家庭牧场户、牧业大户、合作经济组织负责人、“双带双强型”带头人、创业经商返乡青年和复转军人中推荐选拔党员中心户，为嘎查“两委”储备人才，切实将那些有理想信念和奉献精神、能带来希望，有经济头脑和致富本领、能带领发展，有良好品行和公道之心、能带出和谐的人推选为党员中心户。

（2）把好培养关，锻炼才能。将党员中心户纳入嘎查“两委”后备干部队伍，建立健全台账，严格落实“一带、双联、三到、四中心”工作职责，引导党员中心户尽快进入角色，熟悉牧区工作，使他们成为服务基层、服务发展、服务民生、服务群众、服务党员的行家里手。同时，与牧区党员干部“素质提升”工程结合起来，将党员中心户与嘎查“两委”干部培训一同安排、一同部署，采取集中培训、外出考察等形式，使他们增长知识、开阔眼界。

（3）把好任用关，配强队伍。在嘎查“两委”换届选举中，鼓励党员中心户参加选举的同时，引导广大党员、牧民群众切实将那些作用发挥明显、工作责任心强、有干事创业能力的党员中心户选入嘎查“两委”，选优配强嘎查“两委”干部队伍，进而培养成苏木镇后备干部。

强化对牧区基层党建的经费保障。加强中央和自治区层面的重点生态功能区转移支付等财政专项补贴，缓解旗级财政困境，从而为牧区基层党建经费保障奠定坚实基础。设立牧区基层党建专项经费，足额保障嘎查村（社区）运行经费和“两委”干部工资、“红色堡垒户”保障经费，明确嘎查扶持“红色堡垒户”的责任义务和运行机制。实行政府购买嘎查财会服务、法律服务机制，缓解当前基层专业人才短缺困境。

（二）以“党建+”等多种“融合党建”模式，促进党建与业务工作的协调融合

1. 以“融合党建”提升党建工作的针对性和实效性

牧区治理体系是由众多子系统构成的复杂系统，核心是党的领导。牧区治理中，要充分发挥党组织总揽全局、协调各方的作用，推动牧区治理融入牧区发展全过程，统筹各方力量协调行动，促使牧区治理各项工作在政策取向上相互配合、在推进过程中相互促进、在实际成效上相得益彰。推动基层党建与基层治理深度融合，积极探索牧区基层党组织政治引领、组织引领、机制引领的途径和载体，紧紧围绕基层党组织构建牧民群众自治圈、牧区社会共治圈。

“融合党建”是党内组织方式和活动方式的有益探索，也是加强党的自身建设，增强党建工作组织力、引领力的重要途径。为适应时

代变化和党建引领社会治理的需要，牧区需进一步完善旗、苏木镇、嘎查村（社区）三级党组织联动机制，推进党内组织方式、活动方式创新，扩大基层党的组织覆盖和工作覆盖。在党组织设置上，要打破原有基层党组织只能按条块、单位建立的封闭模式，推广探索以共同需求为纽带，建立跨领域、跨层级、跨地域联建共建党组织模式。在活动方式上，要大力倡导基层党组织联合开展党内活动，探索党员共管、资源共享、学习共搞的活动机制。在工作内容上，既要扎实推进基层党组织标准化、规范化建设，又要努力克服“就党建抓党建”、党建与业务工作和思想工作脱节的形式主义倾向，着力推动党建与业务深度融合，提升党建工作的针对性和实效性，推进“融合党建”的创新发展。

2. 大力推进“党建 +”等多种“融合党建”模式

以发挥牧区基层党组织战斗堡垒和党员先锋模范作用为着力点，务实“党建 +”，在嘎查工作中把党建的谋划、引领、保障作用体现在业务工作的方方面面，同时通过完成业务来促进牧区基层党组织的思想、政治、组织、作风等各方面完善提升，实现党建和业务的联动推进，良性互促。加强教育培训和实践锻炼，培养既熟悉牧区基层党建、又能够在产业发展方面发挥示范带动作用的“双肩挑”人才。重点强化基层党支部在牧区产业发展过程中的引领服务、监督保障等作用。

要优化嘎查村班子结构，建设一支能够带领党员服务群众、壮大集体经济收入的队伍。加强培训，使嘎查干部深刻地认识到发展壮大集体经济的重要性。积极探索政府投入、上级支持、融资贷款、社会捐助以及牧民投工投劳等多元投入机制，拓宽集体经济增收渠道。完善激励机制，把嘎查村级年度集体经济目标任务完成情况与干部考核评优挂钩。加强集体资产管理，盘活集体资产，确保资产的保值增值的基础上，大力发展“党建＋农牧业合作社”等形式，提升合作社对集体经济的贡献率。

加强嘎查基层党组织的政治功能，将嘎查基层党组织建设成为宣传党的主张、贯彻党的决定、领导基层治理、团结动员群众、推动改革发展的坚强战斗堡垒。其中重要的一项内容就是强化对嘎查干部和基层牧民的思想引导和教育培训。例如，对当前基层主导推动的“富人治村”的趋势，在利用致富能手见识眼界和个人能力的基础上，加强对富人嘎查干部的培训引导，合理的安排培训学习，提升他们的政治修养和治理能力。针对牧民群体，运用大众化语言，开展意识形态宣传教育，引导牧民牢固树立“四个意识”，坚决维护党中央权威和集中统一领导，自觉维护团结稳定发展大局。

从组织设置、制度规范、班子建设等方面入手，以制度形式明确嘎查党组织及各种组织隶属关系、工作定位、队伍建设和监督管理等，发挥牧区基层党组织对各类组织的领导核心作用。修改村民委员会组织法，进一步明确嘎查委员会成员的当选条件；并在现有罢免程序之外，明确基层党组织、嘎查党支部对不称职、不作为、乱作为的嘎查委员会成员的处置机制。推广“村务契约化”管理方式，通过民主签约、依法履约的形式，强化对嘎查“两委”成员的约束和管理。推行嘎查村级“小微权力清单”制度和“四议两公开”工作法（嘎查村党组织提议、嘎查村“两委”会议商议、党员大会审议、牧民会议或者牧民代表会议决议，决议公开、实施结果公开），健全完善上述类似民主决策、民主监督制度，确保管理民主，主动接受群众监督，从制度上严防“一肩挑”滋生“一言堂”。

（三）完善“四治”融合的基层治理体系，建设共建共治共享的牧区治理共同体

按照“健全党组织领导的自治、法治、德治相结合的城乡基层治理体系”的要求，内蒙古牧区现代化试点旗大力推进“党建+”等多种“融合党建”模式的同时，推进牧区“四治”的有机融合，建设人人有责、人人尽责、人人享有的共建共治共享的牧区治理共同体，是完善牧区现代化治理体系的重点任务。

1. 自治要主动融入法治和德治工作进程

（1）在嘎查基层选举候选人审核环节，要强化严格执行自治区提出的“五选十不宜”具体要求，进一步明确和细化选人标准，认真执行“两联审”制度，在苏木镇初审基础上，组织旗纪委监委、组织、公安、法院、检察院、农牧业、信访、审计等部门，对嘎查“两委”候选人进行联合审核把关，对具有违法犯罪前科、道德品行低劣，在群众中影响较坏的人员坚决剔除。

（2）要以“全国民主法治示范村”创建为契机，推进嘎查事务管理的民主化、法治化进程，提升“三委”依法、依规办事能力，为建设民主法治嘎查奠定基础。要学习借鉴赤峰阿鲁科尔沁旗村级事务契约化管理的经验，通过书面契约形式，把村委会与村干部、村民之间，村民与村民之间，村委会与其他单位和个人之间的各类事务、双方权利义务、履行时间、违约责任依法固定下来，对推进嘎查依法治理具有重要意义。

（3）切实发挥德治在嘎查治理中的基础作用。通过成立嘎查村（社区）道德评判小组、开设道德讲堂、设立善行义举四德榜，引导干部群众见贤思齐、崇德向善，提升牧民的思想道德修养和文明素质，引导牧民群众讲文明、树新风。同时，要通过组织开展那达慕大会、

民族民间才艺赛、草原音乐节等一系列主题鲜明的公共文化活动，建设非物质文化体验实训基地，形成“文化引领向善，凝聚民心民力”的良好氛围。

2. 法治要主动对接自治需求嵌入德治资源

（1）要进一步推动法治资源下沉到嘎查层面。面对新时代、新形势、新变化，着眼于基层社会治理重点、难点问题，需要全面整合政法部门资源力量，推动优秀法官、检察官、警官和律师（“三官一律”）进嘎查工作。目前，在全旗建立嘎查村（社区）法律顾问制度，但是，就目前的实施情况来看，由于法治资源紧缺、难以落地等问题，导致法治实施效果不好。建议未来在嘎查基层党组织中增设“法治委员”，旨在组织引领牧区基层“三委”成员学法、知法、守法、用法，打造一支稳定的牧区法治工作队伍，通过常态化的专题业务培训、专项考核等措施，提升法治能力，为群众提供法律援助和服务，畅通矛盾纠纷化解渠道。

（2）“寓德于法”强化牧区法治。“寓德于法”要体现在牧区法治宣传教育之中，要吸收牧区德治文化资源，打造“法治乌兰牧骑”这一具有区域特色的法治文化品牌，不仅要求乌兰牧骑每年每个团队创作法治类节目，并增加面向“老少边穷”嘎查社区的演出场次；更要鼓励和扶持业余“法治乌兰牧骑”团队将身边发生的法治故事编创出节目传送给广大群众，从而创新普法宣传形式，提高普法宣传实效。总之，寓德于法，将遵守规则化为一种内在的意识，让人们不愿乃至根本不想去违法违规，强化法治本身的正当性，使其更具感召力和执行力。

3. 德治要主动借助自治力量和法治力量筑基

（1）以培育新乡贤为引领，培育牧区自治骨干。乡贤文化是中华优秀传统文化的组成部分。在牧区振兴战略实施过程中，亟待形成以乡情为纽带、以乡贤为楷模、以牧区为空间，以实现牧区经济发展、社会稳定、牧民安居乐业为目标的新时代乡贤文化。这需要一批有奉献精神的新乡贤返乡重构传统乡村文化，并借助自己的威望、品行、才学主动履行凝聚族群、尊祖继统的职责，担起协助牧区治理的重要职责，不断促进牧区和谐发展。

（2）借助自治力量和法治力量惩治失德行为。只有一个社会建立起相对自主的社会公共空间时，道德才能发挥作用；通过建立牧民议事会等自治组织，健全村规民约等自治规范，从而建立惩恶扬善的道德监督约束机制，才能为道德在嘎查场域内发挥作用奠定基础。法律是道德的底线，法治社会不应把失德违规行为置若罔闻。直接涉及普通百姓切身利益的失德违法行为也应被处置，可以直观地让牧民感受到德治法治的力量。以道德为准绳，以法律为约束，对失德违法行为加大惩戒力度，才能让失德违规者三思而行，才能不断实现社会公平正义。

4. 综治要立足自治发挥法治德治作用

新时代的社会综合治理，必须坚持聚焦源头治理、下沉工作重心，以网格化管理为基础、以人民调解为抓手、以信息化手段为支撑，加快推进新时代牧区社会治理体系建设，走出一条富有地域特色、符合牧区实际的新路子。

（1）以嘎查为基本单位强化网格化管理。坚持把“网格化管理”作为化解牧区社会治理难题的主要抓手，精细划分网格，每个网格对应成立网格管理服务团队，把人、事、地、物、组织全部纳入网格管理。选聘专职网格员，继续实施好网格员日走访、周排查、月总结工作制度，针对发现的问题由网格员及时解决，争取将绝大部分的矛盾纠纷都解决在网格内。

（2）以人民调解为抓手，创新矛盾纠纷多元化解机制，统筹发挥法治、德治的作用，促进牧区社会和谐稳定。面对“案多人少、线长面广”的审判形势，建立符合牧区实际的矛盾纠纷多元化解模式。不仅要设立为牧民提供法律服务的公共法律服务中心（在苏木层级可以考虑设立公共法律服务平台），还要成立人民调解员协会，采用政府购买服务项目的形式，选聘一支专职人民调解员队伍，同时，组建由公检法司退休干部组成的兼职人民调解员队伍，成立婚姻、借贷、草牧场纠纷调解等具体的行业调解委员会，推动形成网格员一线调处、行业调解委员会专案专调、专家调解团队巡回服务的调节格局。

（四）着力创新方法手段，全面提升“四治”治理水平，推动“数字政府”和“智慧牧区”建设

推进牧区治理现代化，离不开方法手段的现代化，应着力创新牧区自治、法治、德治、综治的方法手段。

1. 发挥自治基础作用，深化牧民自治实践

要进一步优化嘎查决策机制。强化牧区基层党组织的领导核心功能，推进牧区基层决策科学化、民主化、法治化。一是推行嘎查村级“小微权力清单”制度和重大事项决策“四议两公开一监督”工作法。二是健全牧区法律顾问服务机制，推进依法决策，实行重大决策合法性审查机制，对违法决策依法追究责任。三是健全重大决策社会稳定风险和生态风险评估机制，对决策可能引发的风险进行科学预测、综合研判，并制定相应的化解处置预案。四是适应牧民居住分散、外出务工增多等情况，推动“互联网 +”社区向牧区延伸，做到民情收集、议事协商、公共服务等村级事务网上运行。落实《数字农业农村发展规划 2019—2025》，构建畜牧业和牧区大数据平台，建立健全牧区管

理决策支持技术体系。

要进一步增强牧区基层群众自治活力，探索创新牧民自治实现途径和方式方法，搭建便捷议事平台，做到民事民议、民事民办、民事民管。首先，要继续加强对嘎查进行网格化管理，将区域内所有人、地、物、事、组织等要素和服务事项纳入网格。网格内配备网格长和若干名专兼职网格员，全面负责网格内基本信息采集、民生需求反映、问题隐患摸排等事项。其次，开展牧民自治能力的培训是优化嘎查管理和牧民自治关系的切实切入点。最后，在牧民自治过程中，嘎查应该进一步加强信息公开，接受牧民监督，牧民可以通过嘎查所提供的各类协商平台，有效有序参与牧区治理，行使自己对嘎查公共事务的参与权、表达权和监督权，从而营造多元共治的良好治理氛围。完善牧民监督委员会制度，逐步提高牧民评议评价在嘎查工作考核中的权重。

此外，在培育和发展牧区各类基层社会组织的同时，要重点发挥行业协会商会类、科技类、文体类、公益慈善类、环境保护类、城乡社区服务类等基层社会组织的协同作用。帮助这些组织主动承接政府购买的公共服务事项，开展居家养老、环境保护、慈善帮困等方面服务型、公益性、互助性的活动。

2. 推进牧区法治建设，发挥法治保障作用

针对牧区基层运用少数民族语言文字提供法律服务能力严重不足的问题，建议建立蒙汉双语律师培训基地，编纂汉蒙双语法律词典、建立蒙汉双语互译系统、建设蒙汉双语案例库，编写自治区统一的高校蒙文法律类专业教材，实施蒙汉双语法律服务培育计划。

要善于用法治思维推进牧区治理、用法治方式破解牧区治理难题，引导牧区群众养成在法治轨道上主张权利、解决纷争的习惯，努力使循法而行成为全体牧民的自觉行动。例如，针对牧区法律顾问不足的问题，可推行政府购买服务等方式择优选择法律顾问，把专业能力强、工作作风正的律师吸收进法律顾问队伍；建立政府法律顾问专家库，推进各级政府法律顾问资源共享共用，解决基层和偏远地区优质法律资源匮乏问题；出台统一的政府法律顾问工作规范，明确法律顾问服务内容、服务标准和行为规范及对应责任。细化法律顾问提前介入范围，明确政府使用法律顾问的条件、要求和责任，促进法律顾问工作制度化、规范化；完善“以事前防范为主，事中控制、事后补救为辅”机制，扩大法律顾问参与度，使牧区各项活动全程置于法律规范之下，切实增强牧区依法决策、依法行政的能力和水平；加强对法律顾问的考核，规范管理，建立能进能出的更新机制并与财政部门协调，将法律顾问费用列入专项预算。

3. 发挥德治引领作用，提升牧区德治水平

要积极培育和践行社会主义核心价值观，充分发挥草原文化优势，通过身边榜样的示范、村规民约的约束、生活礼俗的教化，引导牧民群众明是非、辨善恶、守诚信、知荣辱，为推进牧区治理现代化凝聚起强大的精神力量。

要加强牧区爱国主义教育和牧民道德建设，提倡讲家乡故事，忆良好传统，传乡音乡情。按照系统性要求，开展牧区读书、经典仪式、红歌唱咏、感恩颂恩、道德实践、传统节庆等有效活动。开展孝敬父母奖、助人模范、“好人榜”等评选活动和宣传平台建设。引导牧民群众从自我做起，培育高尚情操，养成科学、文明、健康生活方式和行为习惯。开展牧民道德基本规范教育，推进牧区乡风文明建设。

4. 抓好平安牧区建设，完善网格化管理和社会治安防控体系

依托各级综治工作平台，加强旗、苏木、嘎查“三级联动”，确保信息上下贯通、网格服务管理扎实有效。实施群防群治，构建全覆盖率、资源整合的联动机制，持续提升横向协作能力和效率，着力推动基层司法所与派出所工作联动，实现信息实时共享、突发事件应急处理。加强网格化管理中的党建工作。要向网格选派党建指导员，发挥党组织和党员在网格重点引领示范作用，做好在收集社情民意、排查调处矛盾纠纷、维护治安秩序，打牢牧区治理的基层基础工作。

社会治安防控体系是提高动态化、信息化条件下驾驭牧区治安局势能力的基础工程。完善社会治安防控体系，关键是树立整体效能理念，突出一体化运作。要立足整体防控、协同防控、精准防控，建立健全平安牧区建设协调机制，有效整合资源力量，形成问题联治、工作联动、平安联创工作机制，提高预测预警预防各类风险能力。坚持群防群治，践行党的群众路线，把牧区治理深深扎根于牧区实践中。

5. 发挥科技支撑作用，推动“数字政府”和“智慧牧区”建设

科技进步是提高牧区治理效能的推动力。要善于把大数据、人工智能等现代科技与牧区治理深度融合起来，通过现代科技推进干群沟通、改进管理服务，打造数据驱动、人际协同、跨界融合、共创分享的牧区智能化治理新模式。

作为内蒙古牧区现代化试点旗，两旗电子政务建设尽管取得一定成绩，但综合来看，仍存在信息系统整合不足、业务应用条块化、政务服务分割化等问题，也缺乏民众参与、协商的平台，无法形成“政社联动”的常态化信息沟通机制。基于此，两旗政府应针对地广人稀的实际，充分利用大数据的优势，发挥科技支撑作用，加快推进和完善牧区治理数字服务平台建设和“数字政府”“智慧牧区”建设，整合各职能部门条块化的政务信息资源，提高跨部门协同能力，建立“政务资源共享平台”，确保信息上传下达的流畅度与正确度，着力提高牧区治理的信息化水平。

第七章

牧区现代化文化振兴研究

党的十九大提出的乡村振兴战略是新时代“三农三牧”工作的总抓手，为牧区振兴、实现牧区现代化带来了重大发展机遇。牧区现代化理应文化振兴先行。文化振兴是实施牧区振兴战略的关键性支撑，也是实现牧区现代化的重要源头活水。当前自治区政府正在实施牧区现代化试点工作，在此项工作的推进过程中，面临着如何在现代化浪潮中开发和利用牧区传统文化资源推动文化振兴这一课题，同时也面临着如何传承发展草原民族优秀的传统文化这一重大历史任务。

根据《内蒙古牧区现代化研究》总课题计划书的要求，结合牧区实际情况，本章确定了牧区民俗文化传承、牧区文化产业发展、牧区旅游文化资源开发、牧区公共文化服务建设四个方面的重点调查研究内容。

本章由五个部分构成。第一部分是牧区文化振兴的内涵与时代意义。先阐述牧区文化的内涵与外延，确定了牧区文化振兴的主要任务，即坚持以社会主义核心价值观为引领，以传承发展牧区优秀传统文化为核心，以牧区公共文化服务体系建设为载体，推动牧区文化振兴；之后从牧区经济发展、牧民文化生活品质提升、为牧区振兴塑形铸魂、保护发展牧区传统文化四个方面论述了牧区文化振兴的时代意义。第二部分为牧区文化资源概况。分成民俗文化资源、文化产业资源、旅游文化资源和公共文化服务资源四大类进行的介绍。第三部分总结了牧区文化资源开发与服务取得的多方面成效。第四部分分析了牧区文化资源开发与服务面临的困境，将其困境总结为：民俗文化的断裂现象严重；马文化产业链还未健全，非遗文创产业发展面临诸多瓶颈；旅游文化资源开发的生态、地域、文化特色不突出；公共文化服务体系不健全、多元参与格局尚未形成四大方面。第五部分从基本理念、基本思路和具体措施三个方面阐述了推动文化振兴的对策。即以“生态—生产—生活—文化”融合发展理念为指导，遵循发展现代游牧生产方式，抓牢牧区文化的根基；文化与产业融合，实现经济、文化双重效益；文化与民族教育融合，实现传统文化的规范传承；试点先行，依据建设草原文化特色小镇等思路，发挥民族文化优势，打造地域特色民俗文化；依托马文化和非遗文化资源，大力发展草原文化产业；依托游牧文化资源，开发高品质草原生态文化旅游业；结合牧区实际，推进牧区特色公共文化服务。

一、牧区文化振兴的内涵与时代意义

（一）牧区文化振兴的内涵

文化是一个非常宽泛的概念，其内涵和外延都极为丰富，有关文化的定义多达上百种。一般而言，“‘文化’指的是一个民族，或者群体，共有的生活方式与观念体系总称”[①]。文化是某一具体群体在

① 费孝通：《费孝通九十新语》，重庆出版社，2005年，第164页。

长期的生产生活过程中逐渐形成和积淀起来的人与自然、人与社会以及人与自身关系的总和。就乡村文化而言，国内学者根据文化的诸多定义并结合乡村的特点,从不同角度对“乡村文化”的内涵进行了阐述,有学者们的界定，也有政策文件里的界定。

学者们的界定，如艾莲等学者将乡村文化分为三个层次，即物态层面的文化、行为层面的文化和制度层面的文化。物态文化层面上的乡村山水风貌、乡村聚落、乡村建筑、民族民间工艺等，行为文化层面上的生活习惯、传统文艺表演、传统节日等，制度文化层面的生产生活组织方式、社会规范、乡规民约等，以及精神文化层面的孝文化、宗族家族文化、宗教文化等①。

政策文件里的界定，根据 1982—1986 年、2004—2018 年共 20 篇中央一号文件，可追寻乡村文化振兴在乡村社会发展不同时期的角色变化、演进逻辑与国家意图。从注重“舆论引导”向“文化服务”转变，由“经济辅助”向“文化融合”转变，由“多数关照”向“全民享受”转变，由“文化传承”向“传承与反哺并重”转变②。注重“舆论引导”向“文化服务”转变强调更多提供公共文化服务，与由“多数关照”向“全民享受”转变相结合，要解决农村公共文化服务过程中多数人的“文化享受”与少数人的“文化休克”之间的问题。对此，国家公共文化服务标准化、均等化目标被提出，推动了农村牧区公共文化服务提质升级，使农村牧区有了看得见和摸得到的文化服务。由“经济辅助”向“文化融合”转变，强调要发挥文化大发展大繁荣对于经济发展的促进效应，通过乡村文化产业融合发展，打造“文化+旅游”“文

① 艾莲：《乡土文化：内涵与价值——传统文化在乡村论略》，《中华文化论坛》2010年第3期。

② 李少惠，赵军义《乡村文化振兴的角色演进及其实践转向——基于中央一号文件的内容分析》，《甘肃社会科学 》2019 年第 5 期。

化＋体育”“文化＋竞技”“文化＋产业”等“文化＋N”模式，构建“经济搭台，文化唱戏”的乡村文化振兴新思路。由“文化传承”向“传承与反哺并重”转变，强调一方面要遵从“传授和继承”的文化延续逻辑，在代际传承中尊重文化记忆的权威表达，确保文化“真实性”；另一方面，新一代年轻人凭借优越的信息量、知识面、社会适应力、创新能力等因素而对父辈具备“文化反哺”效应①。乡村文化振兴注重对乡村优秀传统文化的创造性转化和创新性发展。“中华文化的根脉在乡村，我们常说乡土、乡景、乡情、乡音、乡邻、乡德等等，构成中国乡土文化，也使其成为中华优秀传统文化的基本内核。②”总之，乡村文化则是生活在乡村这一地理空间中的人们长期以来形成的特有而相对稳定的生产生活方式与观念体系的总称。

中共中央、国务院印发的《乡村振兴战略规划（2018—2022年）》明确提出了坚持以社会主义核心价值观为引领，以传承发展中华优秀传统文化为核心，以乡村公共文化服务体系建设为载体，培育文明乡风、良好家风、淳朴民风，推动乡村文化振兴，建设邻里守望、诚信重礼、勤俭节约的文明乡村的繁荣发展乡村文化目标和任务。内蒙古自治区党委、政府印发的《内蒙古自治区乡村振兴战略规划（2018—2022年）》，从加强思想道德建设、精神文明创建、丰富精神文化生活和弘扬优秀传统文化四大方面推动乡村文化振兴。

借鉴学术界较认同的文化内涵解释，参考政策文件中提出的乡村文化振兴的目标和任务，本书将牧区文化振兴的内涵解读为：践行社会主义核心价值观，巩固牧区思想文化阵地，完善牧区公共文化服务

---

① 周晓虹：《文化反哺：变迁社会中的亲子传承》，《社会学研究》2000年第2期，第51～66页。

② 范建华：《乡村振兴战略的理论与实践》，《思想战线》2018年第3期。

体系，保护传承牧区传统文化，深入挖掘牧区特色文化符号，盘活民族文化资源，大力发展草原生态文化旅游和草原文化产业，实现文化、旅游和其他产业的深度融合，不断增加优秀文化产品和服务供给，活跃繁荣文化市场，拓展群众文化活动，丰富广大牧民的精神文化生活，提高牧区社会文明程度。

（二）牧区文化振兴的时代意义

1. 助推牧区经济发展

牧区传统文化的原生态性、民族性、地域性特征赋予其独特的文化价值和经济价值。无论是广阔的草原、洁白的蒙古包、珍珠般的牛羊，还是蒙古长调歌舞、特色服饰、健康饮食等，对于疲惫于快速的现代生活方式的人们都具有很强的吸引力。在推进文化振兴的过程中，将这些绿色、原生态民族文化资源有效地开发利用，发展诸如“文化＋产业”“文化＋旅游”“文化＋体育竞技”等多元化的“文化＋”模式，既能实现牧区文化振兴，又能推进牧区畜牧业、牧区旅游，文化产业互动融合，为牧区经济发展注入“文化之魂”，最终获得文化振兴和经济发展的双赢效应。比如，通过文化＋旅游模式，开发牧区旅游文化资源，吸引城市居民体验牧区生产生活及传统文化；通过“文化＋体育竞技”模式，开展蒙古族传统民俗表演、男儿竞技等，展示蒙古族传统文化的独特魅力；通过“文化＋产业”模式，发展牧区畜牧业，发展毡毛、皮制、木制、骨制等特色工艺品，为人们提供具有蒙古族传统文化特色的畜牧业及文化产品；通过兴办家庭牧场、组建牧区合作社等新型经营主体，为牧区文化产业的发展提供载体，等等。因此，在文化振兴的过程中，如果将牧区传统文化所蕴含的文化价值、经济价值不断挖掘乃至应用，将内隐的蒙古族传统文化资源不断外显甚至转化为文化产品，可以助推牧区产业结构优化升级，助推牧区经济发展。这是新时代振兴牧区文化的重要思路，也是推动牧区经济发展的一项重要举措。

2. 提升牧民生活品质

党的十九大报告指出，当前中国社会主要矛盾已经发生了历史性的转变，人民群众对文化的需求也有了更高的要求。相应地，随着牧区经济社会的发展牧民对文化的需求不断提高，牧民不再满足于“读书看报、听广播、看电视”等内容单一、形式单调的文化生化，而是开始追求内容形式上更多样化、层次上更高端化的文化生活。推动牧区文化振兴，通过那达慕、祭祀火神、祭祀敖包等各种形式的民俗节庆活动，饮食文化、服饰文化、传统艺术、传统手工工艺、马文化、非遗文化、乌兰牧骑文化等各种物质与非物质文化的展示与转化利用等多种途径，开发、传承和发展优秀文化传统，培育牧区独特的乡风文明、良好家风、淳朴民风，不仅能改变牧区文化及经济的落后面貌，还能更好地满足牧民对于精神文化的需求和对于美好生活的向往，强化牧民的文化认同感、归属感和幸福感，树立文化自信，从根本上提升牧民文化生活品质，为乡村振兴提供智力支持和精神动力。因此，牧区文化振兴必然要为满足牧民文化需要服务，这既是振兴牧区文化的现实需要，也是贯彻落实以人民为中心发展思想的要求。

3. 促进牧区振兴塑形铸魂

牧区振兴需要良好的社会文化环境。良好的社会文化环境既是牧区振兴的标志和表现之一，也是牧区振兴的必要条件。中共中央、国务院印发的《乡村振兴战略规划（2018—2022 年）》和内蒙古自治区党委、政府印发的《内蒙古自治区乡村振兴战略规划（2018—2022 年）》明确把“加强农村思想道德建设”作为推动乡村文化振兴、实现乡风文明的一项重要任务。牧区全面振兴需要牧区文化的振兴，并且牧区文化振兴与牧区产业振兴同步进行，同时为牧区产业振兴服务。从牧区振兴的内在要求看，既要注重外在的“塑形”，更要重视内在的“铸魂”。外在的“塑形”主要是发展牧区畜牧产业，完善基础设施，美化环境，而内在的“铸魂”主要指重视文化在牧区振兴中的引领作用，外在的塑形需要内在的文化铸魂来支撑和实现。

无论是产业兴旺、生态宜居，还是治理有效，牧区振兴的每个环节都需要文化的引领作用。蒙古族在长期的游牧生产实践活动中创造的逐水草移动、人与自然和谐相处的保护草原上一草一木的传统文化及尊老爱幼、勤俭节约、诚实守信、团结互助、邻里和谐等传统伦理价值观，对于实现牧区经济社会的有序发展、保护生态环境、化解矛盾、实现秩序、凝聚民心、形成共识等方面具有重要的价值。

就“生态宜居”而言，构建山青水秀的生态宜居空间，需要凸显牧区地域特色、人文建筑、草原风光等人文生态元素，更要立足于“天人合一”的生态思想，彰显顺应自然、保护自然，注重保护与开发协调的传统生态智慧。就“治理有效”而言，牧区和谐有序的社会秩序的构建，需要蒙古族传统文化中蕴含的习俗、禁忌、伦理道德的助力。就乡风文明而言，培育文明乡风、良好家风、淳朴民风，实现牧民自我约束、自我教育、自我管理和自我发展，需要传统文化对现代治理体系的补充给养。因此，通过牧区文化振兴，挖掘传统文化中的精粹，可以为牧区经济发展、产业兴旺、生态宜居、治理有效提供重要的理念支撑和淳朴的人文环境。这既是牧区文化振兴的重要内容，也是为牧区振兴构建良好氛围的必要举措。

4. 保护与发展牧区传统文化

文化是一个国家和民族的“根”与“魂”，任何时候都是最基础、更深沉、更持久的力量。正如梁漱溟所说："中国文化以乡村为本，以乡村为重，所以中国文化的根就是乡村。"蒙古族在长期的游牧生产实践活动中创造了凝聚着自然之美、人文之美的人与自然和谐相处的草原文化。宽阔的草原、洁白的蒙古包、悠扬的长调、奔腾的骏马等都承载着乡愁，承载着游牧文化记忆，这些都是珍贵的文化遗产。然而，伴随着市场化、现代化、城市化的浪潮，蒙古族传统文化在不断受到冲击，甚至断裂、消失。无论社会如何进步、时代如何发展，我们都不能丢掉自己的"根"与"魂"。牧区文化振兴事业正是改变这种状况的一次重要契机。牧区传统文化是牧区文化的核心内容。保护和发展传统文化是牧区文化振兴的必然要求。保护传统文化并不意味着将这些传统文化束之高阁，而是在发展中实现保护，在保护中实现发展。

牧区文化振兴要以习近平总书记关于乡村文化振兴的重要论述为指导，深入挖掘、传承和弘扬蒙古族优秀的传统文化，特别是具有民族特色的、地区特色的物质文化遗产。要充分应用大数据、互联网、云计算、新媒体等信息手段，提高牧区传统文化的传播力、影响力、公信力，提高牧区传统文化产品供给的效率和质量。同时，要保护传统文化的精髓部分，不做商业化炒作，不让其内核部分变形，保留传统文化的真本性，以真正实现发展中保护、保护中发展的终极目标。

总之，牧区产业兴旺、生态宜居、乡风文明、治理有效、生活富裕五个方面实现综合统筹发展，都需要文化的支撑。牧区产业兴旺以蒙古族独特的地域性、民族性传统文化为助力器，乡风文明的构建需要蒙古族传统的民俗禁忌、习惯法等传统伦理文化的注入。生态宜居美丽牧区的建设，要立足于"天人合一"的传统生态伦理智慧；牧区有效治理的实现，需要牧区传统文化对现代治理体系的补充给养。只有将牧区文化振兴与牧区经济发展、产业兴旺、生态宜居、乡风文明、治理有效等结合起来实施，才能为牧区经济发展、产业兴旺助航推力，才能提升牧民文化生活品质，激发牧民的责任意识、主人翁意识，激发牧民振兴牧区的积极主动性和自信心，为牧区振兴提供重要的人文环境和精神支撑。在这个意义上我们可以说，没有牧区文化振兴就没有真正意义上的牧区振兴。在牧区振兴战略视角下，牧区传统文化的重要性不容置疑，但以牧区文化的振兴助推牧区振兴是一个复杂而艰巨的过程，需要我们的长期坚持和不懈努力。

二、牧区文化资源概况

文化资源是文化的载体和展示形式。文化资源作为资源的一种，更强调其资源的属性，经济学中认为“资源是一切可被人类开发和利用的物质、能量和信息的总称”。文化资源以人或人的行为、意识为核心，包含物质性和非物质性形态，具有稀缺性和价值性，一般可量化和可评估[①]。

文化资源的分类标准不一，一般来讲，根据文化的主题性，可以分为历史文化资源、民族文化资源、宗教文化资源、地域文化资源等；根据文化的表现形态，可分为物质形态、精神形态、文化技能、文化能力等；根据文化的存在形式，可以分为有形资源和无形资源；根据资源的性质，可以分为自然文化资源和社会文化资源；根据文化的产业经济价值，可以分为历史遗迹、自然景观、特征物象和人文活动；

---

① 朱鹤，刘家明，桑子文，魏文栋，魏宗财：《民族文化资源的类型特征及成因分析——以格萨尔（果洛）文化生态保护实验区为例》，《地理学报》第72卷第6期。

根据文化的结构特征，可以分为文化人（团体）、文化机构、文化设施、文化生活、文化遗产等[①]。

参考以上文化资源分类，结合牧区的实际情况和课题研究任务，以下将牧区文化资源分为民俗文化资源、文化产业资源、旅游文化资源、公共文化服务资源四大类别来介绍概况。

（一）民俗文化资源

蒙古族的传统民俗文化是中华民族传统文化的重要组成部分，也是我国非物质文化遗产的重要组成部分。蒙古族的民俗文化历史悠久，内容丰富，特色鲜明，包含居住、饮食、服饰、婚嫁、节庆、祭祀、宗教、文艺等多个领域。

1. 饮食文化

牧区最具特色的饮食文化为红食和白食。红食和白食是草原民族最为核心的饮食文化，其特点是自然、健康、绿色、美味、营养、简洁、易保存。红食包括手把肉、风干肉、烤全羊、烤羊腿、石头烤羊、石头烤肉、涮羊肉、烤肉串、血肠、肉肠等 70 多种。其中，独具特色的是手把肉、风干肉、烤全羊、石头烤羊、包羊肉等。蒙古族烤全羊已经被纳入国家非物质文化遗产名录。白食包括酸奶、奶酪、奶皮、奶渣、黄油、白油、酸油等30多种奶食品。白食文化最为神奇的地方是，蒙古民族在千百年的历史长河中，利用唯一的原料畜奶，制作成了 30 余种不同口味的奶食品，真可谓智慧的结晶。白食中酸牛奶、酸马奶（策格）、驼奶等是奶食品中的上品。随着科学技术的发展，酸马奶和驼奶的制作工艺日益精湛完善，推广方式也变得更加多元。更为重要的

① 朱鹤，刘家明，桑子文，魏文栋，魏宗财：《民族文化资源的类型特征及成因分析 ——以格萨尔（果洛）文化生态保护实验区为例》，《地理学报》第72卷第6期。

是，人们逐渐认识到驼奶和酸马奶的营养保健价值。

除了红食和白食，蒙古面食也有其自身特色。具体包括蒙古馅饼、蒙古包子、蒙古果条、牛犊面、羊肉面、牛肉面、太阳饼、黄油饼、奶酪馅饼等30余种特色面食。

2. 服饰文化

蒙古民族服饰具有浓郁的游牧文化特点，主要包括蒙古袍、坎肩、帽子、腰带、靴子、头饰、配饰等。蒙古族服饰作为国家非物质文化遗产的重要组成部分，以物质性的存在表达着蒙古族的发展历史和审美价值观念，是活态的“文化资源”。2004年，蒙古族服饰被列入国家民族民间保护工程试点项目，2008年被列入国家级非物质文化遗产名录。2009年4月，由自治区政府牵头，开展了蒙古族服饰的抢救保护工程。经过4年多的调查，最终确定了蒙古族28个部落的传统服饰的基本样式，共制作了内蒙古现存28个蒙古族部落的108套服饰和34组头饰[①]。2019年11月，《国家级非物质文化遗产代表性项目保护单位名单》公布，内蒙古自治区非物质文化遗产保护中心、正蓝旗文化馆等荣获“蒙古族服饰”项目保护单位资格[②]。

当前的蒙古族28种服饰种类，分别为巴尔虎服饰、布里亚特服饰、呼伦贝尔厄鲁特服饰、扎赉特服饰、扎鲁特服饰、科尔沁服饰、奈曼服饰、敖汉服饰、阿鲁科尔沁服饰、巴林服饰、翁牛特服饰、喀喇沁服饰、克什克腾服饰、乌珠穆沁服饰、浩齐特服饰、阿巴嘎服饰、苏尼特服饰、察哈尔服饰、四子部服饰、达尔罕服饰、茂明安服饰、土默特服饰、鄂尔多斯服饰、乌拉特服饰、阿拉善和硕特服饰、土尔扈

① http：//ltw.wuhai.gov.cn/xxgk/lyyw/lyjq/201801/t20180111_46686.html。

② 《文化和旅游部办公厅关于公布国家级非物质文化遗产代表性项目保护单位名单的通知》（引用日期：2019年12月10日）。

特服饰、阿拉善信仰伊斯兰教蒙古人服饰、喀尔喀服饰[①]。28种服饰类型，其款式、做工、图案、颜色都有各自的独特性。就蒙古袍而言就有五种类型，包括：和硕特、茂明安、巴林、察哈尔、土默特等部落的右衽简洁式款式，其右衽、衣襟、领口、袖口下摆无滚边、镶边，无马蹄袖，较为简洁实用；土尔扈特、杜尔伯特、卡尔梅克、扎哈沁等部落的直襟右衽土尔扈特式款式，其长袍开襟，小对襟四道扣袢至腰处，直角右拐处两道扣袢，多数有马蹄袖；喀尔喀、明安特、巴尔虎、布里亚特等部落的右衽斜襟喀尔喀隆肩式款式，其双肩隆起，袖筒细长，马蹄袖、上臂接口处有装饰，腰部打褶，无腰带；布里亚特等部落的右衽斜襟布里亚特式，其蓝、黑、红三色宽装饰带横排胸前，右衽，马蹄袖；科尔沁、阿鲁科尔沁、扎鲁特、扎赉特、敖汉、翁牛特、巴林等部落的右衽斜襟科尔沁式，其袖筒短而肥，衣襟、袖子、下摆刺绣花卉图案，无马蹄袖，无腰带。

除了蒙古袍款式，各个部落蒙古袍图案、色彩、面料、工艺及头饰、腰带、帽子、靴子等也都具有明显的地域性特色。新巴尔虎蒙古服饰最具特色的是妇女犄角形头饰，保留着狩猎文化特征；鄂尔多斯服饰保留了较多的宫廷富贵与华丽的气质，尤其是女士的头饰夸张而华美；科尔沁服饰因为受汉族及满族服饰的影响，整体上有内敛秀气的特色，如敖汉部落的服饰华美典雅，衣身绣满牡丹花，富有极强的层次感；阿拉善部地处内蒙古西部，因受伊斯兰文化影响较多，服饰的颜色偏重黑色或蓝黑等。

3. 祭祀文化

祭祀祖先、祭祀敖包、祭祀火神、祭祀苏力德、祭祀神泉等是当前常见的蒙古族祭祀活动形式。

---

① http：//ltw.wuhai.gov.cn/xxgk/lyyw/lyjq/201801/t20180111_46686.html。

今鄂尔多斯伊金霍洛成吉思汗祭祀是蒙古族最为隆重的祖先祭祀活动。2006 年 5 月 20 日，成吉思汗祭典经国务院批准列入第一批国家级非物质文化遗产名录。2019 年 11 月，《国家级非物质文化遗产代表性项目保护单位名单》公布，鄂尔多斯市成吉思汗陵旅游区管理委员会（鄂尔多斯市成吉思汗陵园管理局）荣获“成吉思汗祭典”项目保护单位资格①。成吉思汗祭祀一般分平日祭、月祭和季祭。其中规模大且隆重的祭祀是每年的农历三月二十一、五月十五、八月十二和十月初三共四次的祭祀。祭品为整羊、圣酒和各种奶食品，祭祀举行隆重的祭奠仪式，祭奠由达尔扈特人主持进行，祭祀过程约持续两小时。

敖包祭祀、圣山祭祀是当前草原上隆重又神圣的民间祭祀活动，也已经被列入国家非物质文化遗产名录。每年的农历五月十三和七月初三，草原上牧民都要举行祭祀宝格达乌拉或者祭祀敖包的隆重的民间祭祀盛会。几乎每个地区的草原上都有神圣的宝格达山或者神圣的敖包，如呼伦贝尔、阿巴嘎等地宝格达乌拉圣山、扎赉特旗的博格达乌拉、克什克腾旗的白音敖包、巴林的汗山等。每次祭祀圣山或者祭祀敖包时，四面八方的牧民蜂拥而至，僧诵经文，顶礼膜拜。圣山祭祀、敖包祭祀仪式结束后一般还有摔跤、赛马、射箭等“男儿三艺”及文艺演出等活动。

火神祭祀也是蒙古族古老又神圣的祭祀活动之一。蒙古族在每年的农历腊月二十三日，还有一部分在二十四日举行隆重的祭祀火神仪式。祭祀火神的那天，家家户户要进行大扫除，要煮手把肉，并在傍晚举行祭祀火神的仪式。祭祀火神时，用羊胸叉骨、奶食品、酒、茶叶、

① 《文化和旅游部办公厅关于公布国家级非物质文化遗产代表性项目保护单位名单的通知》（办非遗发〔2019〕150号），http：//www.gov.cn/xinwen/2019-12/01/content_5457358.htm。

炒米、奶豆腐、奶皮子、哈达、红糖、红枣等祭祀火神，一般由家里的男主人主持，祭火时全家人向火神磕头，祈祷人畜兴旺、平安、健康。

4. 节庆文化

那达慕是蒙古族历史悠久的传统节庆活动，在蒙古族人民的生活中占有重要地位。每年夏季牧闲时举行，目前也有冬季那达慕。2006年5月20日，那达慕经国务院批准列入第一批国家级非物质文化遗产名录。当前，那达慕的项目除“男儿三艺”即摔跤、赛马、射箭外，还有蒙古象棋比赛、传统沙嘎比赛、文艺演出，乃至服装展示、摄影比赛、赛车比赛等多种形式，是群众性与社会性较强的牧民喜爱的节庆活动。其中，蒙古族博克、沙力搏尔式摔跤、蒙古象棋、蒙古族驼球等传统体育、游艺已被纳入国家非物质文化遗产名录。

白节是蒙古族一年一度最为隆重而盛大的节日。蒙古族崇尚白色，称岁首正月为“白月”，故称正月初一春节为“白节”，又称席尼吉勒，意为新年、春节。传说与奶食的洁白有关，含有祝福吉祥如意的意思。除夕那天，家家都吃手把肉，也要包饺子、烙饼；初一的早晨，全家老少及族人走到外面，在长者的主持下举行向长生天祈祷仪式；然后家族亲友开始互相拜年，直到正月十五或月底才结束。晚辈要向长辈敬“辞岁酒”，敬哈达，有些地方还要点烟、互换鼻烟壶。

5. 文艺

千百年来，草原上的人们用歌声、乐器、舞蹈的形式赞美大自然和美好生活，表达情感。蒙古族歌舞、音乐等艺术具有独特的游牧文化和地域文化特征。马头琴、潮尔道、长调等是蒙古族重要的艺术文化遗产，它们历史悠久，风格独特，在蒙古族艺术文化资源中具有重要的地位。蒙古族的民间舞蹈中，安代舞以其浓厚的民族风格和健康活跃的艺术特色，为各族人民所喜闻乐见。此外，还有蒙古族的灯舞、顶碗舞、筷子舞、盅子舞、萨瓦尔登等各种舞蹈，舞姿轻盈流畅，富有独特的魅力，是人们在节庆欢宴、亲朋相聚时所热衷的民间舞蹈。

蒙古族文艺资源丰富，其中格萨尔、巴拉根仓的故事、嘎达梅林、科尔沁潮尔史诗、祝赞词、蒙古族长调民歌、巴尔虎长调、呼麦、潮尔道、马头琴、四胡、科尔沁叙事民歌、鄂尔多斯短调民歌、鄂尔多斯古如歌、乌拉特民歌、阿斯尔、蒙古族汗廷音乐、蒙古族弓弦乐、蒙古族安代舞、查玛、乌力格尔、好来宝等22项文艺项目已被列入国家非物质文化遗产名录[①]。

（二）文化产业资源

文化产业资源是文化产业发展所需的各种文化资源。文化产业的发展过程，实质上就是文化资源不断转化为文化产品、文化服务的价值实现过程。对于文化产业资源的界定和研究，学界众说纷纭。如麻挺松学者认为，文化产业资源是人们从事文化产业活动所利用的各种资源，包括资本资源、材料与技术资源、信息资源和人力资源等。本课题从文化资源开发与文化产业发展相结合的视角，将文化产业资源从民族文化资源的产业化发展、文化资源的保护与开发、非物质文化遗产的产业化和马文化资源开发等方面进行研究。

内蒙古拥有丰富的特色文化资源。把文化产业打造成为自治区的支柱产业是内蒙古文化产业发展的重要目标。自2003年自治区提出建设“民族文化大区”的重要目标以来，经过十余年的努力，文化产业的发展呈现出规模由小到大的总体态势，文化产业逐渐成为全区经济新的增长点。

---

① http：//www.gov.cn/xinwen/2019-12/01/content_5457358.htm。

1. 非物质文化遗产文化资源

2003 年，蒙古族民俗文化瑰宝之一的“长调民歌”被列入“中国的世界非物质文化遗产名单”。2009 年，蒙古族歌唱艺术呼麦入选“中国的世界非物质文化遗产名单”，在世界的舞台上再次展现了蒙古民族传统文化的精湛与璀璨，引起了各界人士的广泛关注。内蒙古是中国北方游牧民族活动的大舞台和多元文化交融之地，拥有丰富的非遗文化资源。尤其是牧区的非遗文化资源，在全区的非物质文化遗产宝库中占有重要地位。如果将非遗文化资源与文化创意产业合理对接，既可以实现非遗文化的保护、传承的文化效应，也可以产生良好的经济效益和社会效益。

根据联合国教科文组织《保护非物质文化遗产公约》和我国《国家级非物质文化遗产代表作评定暂行办法》《中华人民共和国非物质文化遗产法》及《国家级非物质文化遗产名录》等，对非遗从横向进行了 10 个类别的划分，从纵向划分了世界级、国家级、省级（自治区）、市（盟）级、县级（旗级）5 个等级。国家级非遗是内蒙古非遗文化资源中具有突出文化价值和典范意义的项目，它们集中代表着内蒙古非遗的杰出成果。

自 2006 年以来，我国先后公布五批《国家级非物质文化遗产代表性项目名录》及四批扩展项目名录。《第一批国家级非物质文化遗产名录》共 763 项，其中内蒙古入选 18 项，牧区入选 3 项。《第二批国家级非物质文化遗产名录》共计 1352 项，其中内蒙古入选 38 项，牧区入选 14 项，占内蒙古国家级非遗名录总数的 37%。第一批国家级非物质文化遗产名录扩展项共计 427 项，其中内蒙古入选 9 项，牧区入选 4 项，占内蒙古总数的 44%。《第三批国家级非物质文化遗产名录》共计 567 项，其中内蒙古入选 14 项，牧区入选 5 项，占内蒙古国家级非遗名录总数的 36%。同时，第二批国家级非物质文化遗产名录扩展项共计 339 项，其中内蒙古入选 11 项，牧区入选 4 项，占内蒙古总数的 36%。《第四批国家级非物质文化遗产代表性名录》共 463 项，其中内蒙古入选 19 项，牧区入选 13 项，占内蒙古国家级非遗名录总数的 68%。同时，第三批国家级非物质文化遗产代表性项目名录扩展项共计 297 项，其中内蒙古入选 8 项，牧区入选 7 个，占内蒙古总数的 88%。《第五批国家级非物质文化遗产代表性名录》共 465 项，其中内蒙古入选 17 项，牧区入选 8 项，占内蒙古国家级非遗名录总数的 47%。同时，第四批国家级非物质文化遗产代表性项目名录扩展项共计 269 项，其中内蒙古入选 12 项，牧区入选 5 项，占内蒙古总数的 42%。

到 2021 年 6 月为止，我国公布了五批《国家级非物质文化遗产名录》，包含项目 1557 项、子项目 3610 项及四批扩展名录 1332 项。其中，内蒙古占有 106 项，涉及科右中旗、东乌珠穆沁旗、阿鲁科尔沁旗、西乌珠穆沁旗、科尔沁左翼中旗、科尔沁左翼后旗、阿拉善左旗、陈巴尔虎旗、阿巴嘎旗、巴林右旗、镶黄旗、乌拉特后旗、正蓝旗、乌审旗、巴林左旗、新巴尔虎左旗、苏尼特左旗等牧区，其国家级非遗名录共 30 余项。

2019 年 11 月，文化和旅游部办公厅为贯彻落实《中华人民共和国非物质文化遗产法》，根据《国家级非物质文化遗产保护与管理暂行办法》等有关规定，组织开展了国家级非物质文化遗产代表性项目保护单位检查和调整工作，并进一步公布内蒙古国家级非物质文化遗产名录共 106 项，涉及 19 个牧区旗，共 46 个国家级非遗项目，牧区拥有的国家级非遗项目占内蒙古总数的 43%（见表 7–1）。

表7-1　　　　内蒙古牧业旗国家级非遗项目统计表

序号	项目类别	项目编号批次	项目名称	保护单位
1	民间文学	Ⅰ-27（4）	格萨（斯）尔	巴林右旗格斯尔文化研究发展中心
2	民间文学	Ⅰ-59（2）	嘎达梅林	科尔沁左翼中旗文化研究室
3	民间文学	Ⅰ-114（3）	祝赞词	东乌珠穆沁旗文化馆
4	民间文学	Ⅰ-163（5）	鄂温克族民间故事	鄂温克族自治旗文化馆
5	传统音乐	Ⅱ-3（4）	蒙古族长调民歌（巴尔虎长调）	新巴尔虎左旗文化馆
6	传统音乐	Ⅱ-3（5）	蒙古族长调民（乌珠穆沁长调）	西乌珠穆沁旗文化馆
7	传统音乐	Ⅱ-30（2）	多声部民歌（潮尔道-蒙古族和声演唱）	锡林浩特市文化馆
8	传统音乐	Ⅱ-30（3）	多声部民歌（潮尔道-阿巴嘎潮尔）	阿巴嘎旗文化馆
9	传统音乐	Ⅱ-36（4）	蒙古族四胡音乐	科尔沁右翼中旗文化馆
10	传统音乐	Ⅱ-105（2）	蒙古族民歌（鄂尔多斯古如歌）	杭锦旗文化馆
11	传统音乐	Ⅱ-105（5）	蒙古族民歌（和硕特民歌）	阿拉善左旗文化馆
12	传统音乐	Ⅱ-106（2）	鄂温克族民歌（鄂温克叙事民歌）	鄂温克族自治旗文化馆
13	传统音乐	Ⅱ-165（4）	阿斯尔	镶黄旗文化馆
14	传统音乐	Ⅱ-167（4）	蒙古族汗廷音乐	阿鲁科尔沁旗文化馆
15	传统舞蹈	Ⅲ-57（2）	查玛	阿拉善左旗文化馆
16	传统舞蹈	Ⅲ-94（5）	萨吾尔登	额济纳旗文化馆
17	传统戏剧	Ⅳ-91（3）	皮影戏（巴林左旗皮影戏）	巴林左旗皮影研究协会
18	曲艺	Ⅴ-40（1）	乌力格尔	扎鲁特旗文化馆
19	曲艺	Ⅴ-40（1）	乌力格尔	科尔沁右翼中旗文化馆
20	曲艺	Ⅴ-95（2）	好来宝	科尔沁左翼后旗文化馆
21	传统体育、游艺与杂技	Ⅵ-16（4）	蒙古族搏克	东乌珠穆沁旗文化馆
22	传统体育、游艺与杂技	Ⅵ-20（2）	蒙古族象棋	阿拉善左旗文化馆

续表

序号	项目类别	项目编号批次	项目名称	保护单位
23	传统体育、游艺与杂技	Ⅵ-22（2）	沙力搏尔式摔跤	阿拉善左旗文化馆
24	传统体育、游艺与杂技	Ⅵ-40（2）	鄂温克抢枢	鄂温克族自治旗文化馆
25	传统体育、游艺与杂技	Ⅵ-72（4）	蒙古族驼球	乌拉特后旗文化馆
26	传统体育、游艺与杂技	Ⅵ-96（5）	乌审走马竞技	乌审旗非物质文化遗产保护中心
27	传统美术	Ⅶ-81（4）	蒙古族刺绣	苏尼特左旗文化馆
28	传统美术	Ⅶ-81（5）	蒙古族刺绣（图什业图刺绣）	科尔沁右翼中旗文化馆
29	传统美术	Ⅶ-124（5）	蒙古族唐卡（马鬃绕线堆绣唐卡）	阿拉善左旗文化馆
30	传统技艺	Ⅷ-46（1）	蒙古族勒勒车制作技艺	东乌珠穆沁旗文化馆
31	传统技艺	Ⅷ-46（2）	蒙古族勒勒车制作技艺	阿鲁科尔沁旗文化馆
32	传统技艺	Ⅷ-110（2）	地毯织造技艺（阿拉善地毯织造技艺）	阿拉善左旗文化馆
33	传统技艺	Ⅷ-123（2）	蒙古族马具制作技艺	科尔沁左翼后旗文化馆
34	传统技艺	Ⅷ-124（3）	民族乐器制作技艺（蒙古族拉弦乐器制作技艺）	科尔沁右翼中旗文化馆
35	传统技艺	Ⅷ-181（2）	蒙古包营造技艺	西乌珠穆沁旗文化馆
36	传统技艺	Ⅷ-181（2）	蒙古包营造技艺	陈巴尔虎旗文化馆
37	传统技艺	Ⅷ-196（5）	银铜器制作及鎏金技艺（乌拉特铜银器制作技艺）	乌拉特中旗文化馆
38	传统技艺	Ⅷ-226（4）	奶制品制作技艺（察干伊德）	正蓝旗文化馆
39	传统医药	Ⅸ-12（3）	蒙医药（蒙医正骨疗法）	通辽市蒙医整骨医院
40	传统医药	Ⅸ-12（4）	蒙医药（科尔沁蒙医药浴疗法）	科尔沁蒙医文化研究会
41	民俗	Ⅹ-55（2）	蒙古族婚礼（阿日奔苏木婚礼	阿鲁科尔沁旗文化馆
42	民俗	Ⅹ-55（2）	蒙古族婚礼（乌珠穆沁婚礼）	西乌珠穆沁旗文化馆

续表

序号	项目类别	项目编号批次	项目名称	保护单位
43	民俗	Ⅹ-85（5）	民间信俗（六十棵榆树祭）	鄂托克前旗文化馆
44	民俗	Ⅹ-108（4）	蒙古族服饰	正蓝旗文化馆
45	民俗	Ⅹ-147（4）	察干苏力德祭	乌审旗非物质文化遗产保护中心
46	民俗	Ⅹ-155（4）	鄂温克族服饰	陈巴尔虎旗文化馆

资料来源：文化和旅游部办公厅关于公布国家级非物质文化遗产代表性项目保护单位名单的通知（办非遗发〔2019〕150号）整理获得。

2. 马文化资源

马文化是内蒙古草原文化和蒙古族民族文化的重要标志，蒙古族被誉为“马背上的民族”。内蒙古有着悠久的养马历史，阿巴嘎黑马与蒙古马、鄂伦春马、锡尼河马等都是优良的地方马品种，是世界公认的现代马品种的发源地。目前，内蒙古马匹拥有量居全国之首，达到93.5万匹，占中国马匹总量近15.6%，拥有“中国马都”“枫情马镇”“千古马颂”“永远的成吉思汗”和“成吉思汗的黑纛”等草原文化品牌，以蒙古马为主题的集培育、观赏、游乐、骑乘及休闲为一体的蒙古马旅游文化园、马文化博物馆和马术学校，以及马育种创新基地、运动马调训基地、马产品加工基地等。同时，内蒙古拥有国家在册马术专业运动员87人，在册运动员103人，各地俱乐部与马术产业相关的从业人员超过万人。内蒙古官方马术运动场地超过36个，企业及俱乐部自有场地超过23个，从事马术运动的马匹共计2.7万匹。各级地方政府及各类企业累计对马术运动相关软硬件的投入超过20.7亿元。内蒙古规模较大的赛马场主要分布在呼和浩特市、通辽市、锡林郭勒盟和兴安盟等。锡林郭勒赛马场投资4000万元兴建，2007年7月正式启动，是内蒙古自治区唯一一个以“马文化”为灵魂、充分展现马背民族风采、集蒙古族悠久文化特色及现代文明于一体的标准化赛马场，曾连续四届举办以“骑着马儿过草原”旅游活动为主题的各项国际国内赛事。2010 年，中国马业协会在北京将“中国马都”称号授予内蒙古锡林郭勒盟。中国马都核心项目马文化产业园区项目总投资 15 亿元，分两年建设完成，按照 5A 级景区标准打造，包括中国马匹交易中心、马术马业学院、马文化博物馆、高山草原耐力赛道、大型室内综合马术馆、马匹改良测试中心等。

2019 年中国・内蒙古马赛暨第六届内蒙古国际马术节在内蒙古自治区呼和浩特市启幕。来自蒙古国、爱尔兰、新西兰等国的嘉宾及学者云集于此，共同观看“万马奔腾”盛宴。锡林郭勒盟凤凰马场每年举办以蒙古马摄影为主的那达慕大会，已成为集摄影创作、书画创作、教育娱乐、游牧部落基地观览等多种文化旅游项目于一体的重要活动。内蒙古国际马术节除了有赛马，还有马文化演艺、马文化非物质文化遗产作品展、马文化礼仪培训等活动。

（三）旅游文化资源

牧区丰富的旅游文化资源大致可分为自然生态资源、传统民俗文化资源、历史遗迹、红色文化资源、宗教文化资源等。其中，自然生态资源和传统民俗文化资源是旅游文化资源中最具吸引力的部分。传统民俗文化资源在上文已有介绍，因此下文不再叙述。

1. 自然生态资源

牧区最具竞争优势和最具特色的旅游文化资源，当属草原生态资源和蒙古族传统民俗文化资源。传统民俗文化的产生和发展源于草原生态资源，因此草原生态资源是牧区最宝贵的优势旅游资源。内蒙古的草原东起大兴安岭、西至居延海，绵延 4000 余公里，草原面积

8666.7 万公顷，其中有效天然牧场 6818 万公顷，占全国草场面积的 27%，是我国最大的草场和天然牧场。其中，呼伦贝尔大草原是世界上天然草原保留面积最大的地方，是我国最大的无污染源动物食品基地，也是中国保存最完好的草原，有“牧草王国”之称。锡林郭勒草原被联合国教科文组织接纳为“国际生物圈保护区”网络成员，是我国第一家草原类自然保护区[①]。草原类型从草甸草原典型草原过渡到荒漠草原，虽均以草原风光为共同点，但每片草原都有其独特的自然生态资源。

除了草原，牧区还有森林、湖泊、湿地、沙漠等别具特色的自然生态资源。有阿尔山—柴河、大青沟、凤凰山、额尔古纳白桦林、额济纳胡杨林等浩瀚森林资源；有浑善达克沙地、巴丹吉林沙漠、库布其沙漠、乌兰布和沙漠、毛乌素沙地、科尔沁沙地等神秘大沙漠；有碧野明珠达赉湖、珍禽乐园达里诺尔、草原母亲额吉淖尔、漂移迷你的查干淖尔、深山翡翠达尔滨湖、神奇秀美的天池、黄河女儿乌梁素海、玲珑剔透的吉兰泰等千余个大小湖泊；有河流湿地、湖泊湿地、沼泽和沼泽化草甸湿地和库塘湿地等多姿多彩的大湿地[②]。

以牧区现代化试点的两个旗为例，阿巴嘎旗北部有边境口岸草原观光区、阿巴嘎乌冉克游牧民俗区、天然石林海日罕山自然景观区；中部有宝格达乌拉圣山、别力古台扎桑景区等自然景观区；南部有渔业生产基地呼尔查干淖尔、养生疗养基地哈登呼舒公主圣泉、“世外桃源”之深湖——哈日乌素、“空中牧场”乌里雅苏台风景区、神奇的查干宝力格响泉、乌里雅苏台的门户宝日呼舒等独特的自然生态资

① 内蒙古自治区文化与旅游厅官网，http：//wlt.nmg.gov.cn/lfwcn/about-desc.html?channelCode=yjdlswh#yjdlswh。

② 内蒙古自治区文化与旅游厅官网，http：//wlt.nmg.gov.cn/lfwcn/about-desc.html?channelCode=yjdlswh#yjdlswh。

源。新巴尔虎右旗有“两湖、两河、一湿地、一圣山、一口岸”等堪称全国一流的、丰富的自然生态资源。有鸟类栖息地呼伦湖、“贝尔全鱼宴”之贝尔湖，“鸟的乐园”之乌兰诺尔湿地。也有巴尔虎民间祭祀“宝格乌拉山盛会”之宝格达乌拉山、神奇的成吉思汗拴马桩，阿敦础鲁石洞、巴尔虎草原黄羊自然保护区、国家一类季节性口岸阿日哈沙特口岸以及中俄、中蒙边境口岸草原风光区等独特的旅游资源，这些都是旅游文化资源开发的最具竞争力和优势的宝贵资源。

2. 历史文化资源

这里的历史文化资源主要包括历史上遗留下来的具有一定开发价值的历史遗迹、红色文化资源、宗教文化资源三个方面。

（1）历史遗迹

自古以来，在内蒙古这片草原上，先后有匈奴、东胡、鲜卑、敕勒、突厥、党项、契丹、蒙古、汉等民族繁衍生息。这里的山山水水遍布历史上各民族活动的足迹，这里有举世闻名的大窑文化、“河套人”文化、红山文化、夏家店文化、扎赉诺尔文化及将军衙署、乌兰夫故居、辽上京、五一会址、和林格尔土城了遗址、金豪界、赵长城等大量的古遗址、古墓葬、古建筑、石窟寺、石刻、壁画、岩画等数不胜数的历史遗迹。目前从内蒙古自治区旅游与文化厅网站上能查阅到的内蒙古自治区国家级重点文物保护单位有 141 家，自治区级文物保护单位有 247 家[①]。

以牧区现代化试点的两个旗为例，阿巴嘎旗境内就有突厥石人、金界壕、阿巴嘎岩画、成吉思汗拴马桩等历史遗迹及杨都庙、岱喇嘛庙、沙布日台烈士陵园、连心桥、知青林等历史文化资源。新巴尔虎

① http：//wlt.nmg.gov.cn/history1/ggfw/cx/qjwbdw/。

旗境内有成吉思汗迎亲地、成吉思汗拴马桩、“阔亦田”古战场遗址、阿敦础鲁石洞、石板墓群等历史遗迹及思歌腾广场、达喜朋斯格庙等历史文化资源。

（2）红色文化资源

红色文化资源作为一种新兴的旅游文化资源，如能合理开发利用，不仅可以促进当地旅游业的发展，而且还可以带动其他相关产业的发展。内蒙古地区独特的地理、人文环境使得内蒙古自治区的红色旅游资源具有了自己的地域特点和民族特色。内蒙古的红色旅游资源在呼和浩特、包头、鄂尔多斯、乌兰察布、赤峰、巴彦淖尔、兴安、呼伦贝尔等各个盟市地区都有分布。其中，乌兰夫纪念馆、乌兰夫办公旧址、内蒙古民族解放纪念馆、集宁战役纪念馆、乌兰夫故居、内蒙古党委办公旧址、内蒙古革命烈士陵园、德胜沟大青山抗日游击根据地旧址、“五一”会址、世界反法西斯战争海拉尔纪念园、满洲里红色秘密交通站、包头王若飞纪念馆、乌兰察布市贺龙革命活动旧址、红色后代（满洲里展厅）等是人们所熟知的红色文化资源。除此之外，还有大量的尚未开发但有开发价值的红色文化资源。

（3）宗教文化资源

牧区宗教文化资源丰富，萨满教、藏传佛教乃至基督教等众多教派的宗教文物、宗教建筑、宗教仪式、宗教器物、宗教信仰等都是重要的旅游文化资源。目前，全区有被人们所熟知的主要寺庙50处以上，如包头市五当召、呼和浩特市大召寺、达茂旗百灵庙镇广福寺、锡林浩特市贝子庙、阿拉善盟福音寺、赤峰市法轮寺、赤峰市龙泉寺、巴林左旗召庙、鄂尔多斯市吉祥福聚寺、巴彦淖尔市慈云寺、通辽市库伦三大寺、阿拉善南寺和北寺、呼和浩特市乌素图召等。其中，大召寺、贝子庙、库伦旗三大寺等寺庙属于国家4A级旅游景区。这些寺庙内不仅藏有众多的宗教文物，且有独特的建筑风格。寺庙中的彩绘、镌刻、雕塑和经书等，不仅具有很高的历史价值、文化价值，而且构成了丰富的旅游资源，在旅游文化资源的开发中具有重要的价值。

（四）公共文化服务资源

2017 年 3 月 1 日施行的《中华人民共和国公共文化服务保障法》中规定，公共文化服务是指由政府主导、社会力量参与，以满足公民基本文化需求为主要目的而提供的公共文化服务设施、文化服务产品、群众文化活动及其他相关服务。

1. 公共文化服务设施

公共文化服务设施是由政府投资兴建，突出公共性与文化性二者相结合的基础设施，主要包括公共图书馆、文化馆（站）、博物馆、美术馆及其他可以被人民群众利用的公共文化设施。公共文化设施是公共文化服务体系建设中最前沿、最基础的服务平台。

当前，牧区普遍建设有文化馆、博物馆、图书馆、美术馆四大馆中的三个馆。其中博物馆的建设普遍较好。以牧区现代化两个试点旗的综合性博物馆场馆建设为例，在当地都属于地标性建筑。阿巴嘎旗博物馆占地 1 万平方米，在以蒙古族传统的“图拉嘎”（意为火撑子）为造型的极具民族文化特色的场馆内，藏有 1676 件（套）藏品。新巴尔虎右旗博物馆是全国唯一一座巴尔虎主题博物馆，占地 1700 平方米。除了个别旗之外，牧业旗均有独立的公共图书馆，并且也都设立了分馆。文化馆（群众艺术馆）在各旗均有设置，但是场馆面积总体较小。美术馆在多数牧业旗还没有建设独立的场馆。

乡镇苏木文化站、嘎查村文化室以及草原书屋在牧区均已普及。公共数字文化服务设施方面，旗一级融媒体中心的组建基本完成。通过移动图书馆以及移动文化馆等平台也在开展公共数字文化服务。

2. 公共文化服务产品

乌兰牧骑所开展的流动公共文化服务，是牧区最具特色的流动公共文化服务。乌兰牧骑是适应草原地区生产生活特点而诞生的文化工作队，自 1957 年第一支乌兰牧骑工作队在苏尼特右旗草原诞生以来，被称为草原上的“流动文化馆”和“红色文艺轻骑兵”。据不完全统计，乌兰牧骑累计行程 130 多万公里，服务观众 2.6 亿人次，累计演出 36 万场次，极大地丰富了基层群众的精神文化生活。

乌兰牧骑成为草原儿女心中的一颗明珠，是精神与文化的传播者，也在牧民生活中扮演着重要的角色。每支队伍每年都为基层牧民演出 100 场以上。牧区的乌兰牧骑队伍多数为优秀一类乌兰牧骑或一类乌兰牧骑。近年来，“法治乌兰牧骑”“巾帼乌兰牧骑”“老年乌兰牧骑”“小小乌兰牧骑”等业余乌兰牧骑队伍在牧区逐渐发展起来，成为弘扬乌兰牧骑精神、活跃基层文化生活、服务人民群众的新生力量。群众自发组织的艺术团体“业余乌兰牧骑”介于乌兰牧骑和普通群众之间，起到了桥梁和纽带的作用。它与乌兰牧骑互为补充，既能满足普通群众观看演出的需求，又能满足群众登上舞台展示自我的需求，既是乌兰牧骑的服务对象，又是服务其他群众的艺术团体。目前，牧区所有苏木乡镇都成立了“业余乌兰牧骑”队伍，甚至好多嘎查也组建了“业余乌兰牧骑”队伍。

依托公共图书馆资源开发的公共数字文化产品“数字文化走进蒙古包工程”已覆盖牧区的所有乡镇。

3. 群众文化活动

那达慕大会、敖包祭祀活动、蒙古象棋比赛、蒙古长调比赛、诗歌朗诵比赛、祝赞词比赛等富有浓郁游牧文化特色的群众文化娱乐赛事活动，在牧区每年都会定期组织开展。此外，草原文化艺术节、草原音乐节、阿巴嘎哈日阿都文化节、额济纳胡杨节、哲里木赛马节、少数民族传统体育运动会、冰雪节等重大的文化体育赛事节庆活动，也都是丰富牧民精神文化生活的规模化重要文化活动。

三、牧区文化资源开发与服务实践成效

（一）民俗文化传承取得的成效

1. 形成了多元主体广泛参与格局

在传统文化的保护、传承和发展中，政府应发挥决策、引导、规范、服务、监督、扶持等重要作用。当前，在蒙古族传统民俗文化的传承和发展方面，各级政府扮演了很好的引导者、管理者、协调者和服务者的角色。无论在那达慕盛会还是祭祀祖先、祭祀敖包、祭祀圣山、祭祀火神等各项民间盛会中，政府都很好地发挥了支持、引导、服务和监督的重要作用。例如，锡林郭勒那达慕传统赛马、锡林郭勒男儿三艺争霸赛暨阿巴嘎旗第九届哈日阿都文化节、阿巴嘎旗 2019 年冬季文化体育旅游系列活动、非遗过大年文化进万家——2020 年阿巴嘎旗非物质文化遗产年货展、第二届‘美丽阿巴嘎’哈日阿都文化摄影展、腊月二十三之夜的集体祭火、呼伦贝尔冰雪那达慕、新巴尔虎右旗宝格达乌拉祭祀、阿巴嘎旗成吉思宝格达山祭祀、克什克腾旗的白音敖包祭祀，巴林的汗山祭祀、阿拉善巴音哈鲁乃“神驼”祭祀、乌审旗察干苏力德祭祀、扎赉特旗博格达乌拉祭祀，等等。在这些民间那达慕、民间祭祀活动中，在资金的支持、政策的引导及管理、协调、服务等方面，基层政府都发挥了重要的作用。而民间组织，如各类协会，乃至一些牧民个体，也在这些活动中扮演了主办者或者承办者的角色，

最终形成了政府、社会组织及群众等多元主体广泛参与的格局，既丰富了民众的文化生活，又传承和发展了传统民俗文化，取得了双赢的效果。

2. 民俗文化活动形式与内容丰富多彩

牧区蒙古族传统文化资源丰富，涉猎居住、饮食、服饰、婚嫁、歌舞、节庆、祭祀、宗教、丧葬等各个领域，且各个地区都有特色鲜明的、独特的文化资源。伴随着经济社会的发展，牧区组织的各项民俗文化活动内容形式越来越丰富多元。传统那达慕盛会的活动内容主要是男儿三艺，即赛马、摔跤、射箭比赛三种形式，甚至有些地方连射箭比赛这一形式也没有。但当前，人们面对传统文化的断裂、消失等问题，开始重视传统民俗文化的挽救、传承和发展，加之经济社会的发展助力，传统民俗文化的传承和发展方面又呈现出新的生机。

阿巴嘎旗依托其深厚的别力古台文化底蕴，传承和发展着成吉思宝格达山祭祀文化、别力古台祭祀文化、摔跤文化、阿巴嘎黑马、策格、潮尔道等独具地域特色的丰富多元蒙古族传统民俗文化。其中，潮尔道已经列入国家级非物质文化遗产。被称之为“成吉思汗迎亲之地”“牧歌之乡”的新巴尔虎右旗也发展出了独具特色的宝格达乌拉祭祀文化、新巴尔虎右旗羊肉（西旗羊肉）、馅饼等民俗、饮食文化。宝格达乌拉祭祀文化是西旗文化精粹，每次祭祀活动吸引近10万人次。当前宝格达乌拉祭祀已纳入自治区级非遗保护名录，目前正在积极申请国家级非遗名录。课题组在调研中了解到，“阿巴嘎旗2019年冬季文化体育旅游系列活动”由长调、马头琴、服装展示、摔跤比赛、射箭比赛、乌兰牧骑会演、蒙古象棋比赛、蒙古沙嘎比赛、查干诺尔赛车比赛、全盟滑冰比赛、冰上趣味运动比赛、哈日阿都摄影比赛、集体祭祀火神等百余场活动组成。通过这样的系列活动，不仅从多个角度、以丰富多元的形式展示了传统民俗文化的魅力，而且丰富了民众的文化生活。

3. 形成了民俗文化与旅游产业融合发展的格局

文化体育与旅游融合发展是大势所趋。文化与旅游业融合发展，以文促旅、以旅彰文，已成为发展现代旅游业、促进文化传播的必然选择。内蒙古地区各级地方政府也抓住时代机遇，不断调整政策，文化引领旅游，通过旅游促进文化传承发展，以实现传统民俗文化与旅游融合发展方面的积极探索，取得了很好的成效。如锡林郭勒那达慕传统赛马 2019·锡林郭勒男儿三艺争霸赛暨阿巴嘎旗第九届哈日阿都文化节、阿巴嘎旗 2019 年冬季文化体育旅游系列活动、第二届“美丽阿巴嘎”哈日阿都文化摄影展，新巴尔虎右旗一年两次的宝格达山祭祀等一系列的活动，在民俗文化的传承、文化产业的繁荣、旅游产业转型升级、区域形象的提升等方面都产生了积极影响。其中，锡林郭勒那达慕传统赛马 2019·锡林郭勒男儿三艺争霸赛暨阿巴嘎旗第九届哈日阿都文化节通过开展赛马比赛、套马比赛、马术表演比赛、驯马比赛、马具比赛、策格比赛、摔跤比赛、蒙古象棋比赛、射箭比赛等丰富多彩的活动，向来自四面八方的游客展示了阿巴嘎旗独特的哈日阿都文化，传承了蒙古马精神，而且通过马文化节带动了阿巴嘎旗马文化产业等各类文化产业及旅游业的发展，培养、巩固和增加了新的消费热点。再如，成吉思汗陵祭祀、新巴尔虎右旗宝格达乌拉祭祀、阿巴嘎旗成吉思宝格达山祭祀、克什克腾旗的白音敖包祭祀、阿拉善巴音哈鲁乃“神驼”祭祀等传统民俗节已经成功地与旅游业相结合。尤其是成吉思汗陵祭祀，成为国内外人士广泛关注的著名节庆民俗旅游活动。

（二）文化产业发展取得的成效

依托丰富的民族特色和地域特色文化资源，大力开发文化产品，发展文化产业，成效显著。2016 年，内蒙古文化产业实现增加值 525.50 亿元，比 2004 年的 32.54 亿元增长了 16 倍。文化产业增加值占全区 GDP 的比重达到 2.82%，比 2004 年的 1.07% 提高了 1.75 个百分点，占全区第三产业增加值的 6.63%，比 2004 年的 2.56% 提高了 4.07 个百分点[①]。内蒙古文化产业结构包含行业众多，领域较广，一般包含三个层级：第一层级是文化旅游业；第二层级包括广播影视、新闻出版、演艺等行业；第三层级则是文化会展、动漫等行业。影响比较大的文化会展主要有内蒙古国际马文化节、成吉思汗草原文化节、全国蒙古族服装服饰展演等，是内蒙古少数民族文化、服饰、非物质文化遗产等展示与交易的重要平台[②]。下面重点介绍一下马文化产业发展现状及非遗文创产业发展取得的成效。

1. 马文化产业发展取得的成效

马文化包括关于马的物质文化、民间信仰、社会习俗、造型艺术等。随着文化产业的发展，以马文化为依托的马产业，如赛马业、马文化产品开发、旅游马业等迅猛发展，成为推动内蒙古地区经济发展的特色产业之一。

（1）大力弘扬马文化，建立了马文化产业基地

根据当地的风俗习惯、地区特点，牧区从不同形式、不同领域赞颂并弘扬着马文化。如马文化研究方面，有顾·乌力吉套格套的《克什克腾马文化》、芒来和乌尼尔夫的《乌珠穆沁白马》、毕·贡布扎

---

① 杜淑芳：《内蒙古文化产业发展现状、存在问题及发展策略》，《新西部》2019年第19期，第45～49页。

② 于亚娟：《内蒙古文化产业结构现状及优化》，《内蒙古财经大学学报》2015年第 13期，第50～53页。

布《马文论据》（镶黄旗马文化）、哈塔斤·拉希其仁的《正镶白旗骏马》、其木格勒图等著的《成吉思汗的白神马》（鄂尔多斯马文化）、嘎林达尔的《塔穆奇快冀》（苏尼特右旗马文化）、扎·赛音敖其日拉的《浑善达神驹》（正蓝旗查干淖尔快马）等，这些著作都代表着不同地区马文化的特性，也为研究马文化提供了很好的文献资源。其中，阿巴嘎旗的哈日阿都文化、策格文化也较为突出。阿巴嘎旗是蒙古族传统马文化保留较为完整的地区之一。阿巴嘎旗每年 7 月 22 日至 24 日举办哈日阿都文化节，为期三天，利用距离锡林浩特市较近的地理优势，使此项活动成为锡林郭勒盟打造“中国马都”的重要载体。阿巴嘎旗先后被自治区命名为“内蒙古哈日阿都文化之乡”，黑马产业发展势头良好，马匹数量稳定控制在 3 万匹左右，策格产量逐年增加，产业化水平加深，马产业发展潜力巨大。阿巴嘎旗以独特的黑马资源和“中国马都”为依托，争取一批畜牧、旅游、文化方面的项目，积极发展马文化产业，全力打造“哈日阿都”文化基地。同时阿巴嘎旗黑马入选国家地理标志商标名录，为地方优良品种的发展提供了机遇，为马产业发展提供了良好的社会基础[①]。

（2）马文化产品综合开发逐步被纳入经济发展规划中

内蒙古马存栏由 2010 年约 70 万匹增加到 2018 年约 93.5 万匹，居全国第一。马文化产业发展势头较好，马产品综合开发也逐渐被纳入经济发展规划中。内蒙古国际马术、那达慕等各类赛马等特色体育休闲赛事每年举办 600 多场，马术俱乐部从业人员超过万人[②]。

阿巴嘎旗被自治区命名为内蒙古策格文化之乡，蒙古族策格（酸

---

① 阿巴嘎旗政府办，2018年6月21日。

② 张志栋：《弘扬蒙古马精神推进马产业高质量发展》，《北方经济》2019年第11期，第40～42页。

马奶）酿制技艺、马头琴泛音演奏法被列入自治区第四批非物质文化遗产名录。2013 年，“阿巴嘎策格”被国家工商总局注册为地理标志证明商标，全旗马奶年产达 247 吨。阿巴嘎旗每年 7 月至 8 月举办策格（马奶）节，游客可在查干朝鲁图珠洒乐和阿巴嘎艾里旅游点感受策格文化，品尝策格，观赏策格制作流程。阿巴嘎旗正在依托挖掘马产业资源优势，打造马产品研发基地。2019 年 8 月，首届“一带一路”酸马奶研讨交流会在阿巴嘎旗别力古台镇举行。会上，蒙古国创业科技孵化器有限责任公司、内蒙古农业大学、内蒙古畜产品加工研究会、锡林郭勒盟蒙医医院、阿巴嘎旗照富经贸有限责任公司负责人分别就“蒙古国马奶系列产品的研发”“蒙古策格疗法历史演变及现代研究”“乳酸菌降血压肽的理化特性及功能鉴定”“阿巴嘎旗黑马酸马奶特性研究及开发利用”等方面做了专题报告。蒙古国创业科技孵化器有限责任公司与阿巴嘎旗照富有限责任公司签订了合作协议，为策格发展奠定了良好的基础。镶黄旗和阿巴嘎旗建立了“马奶富民产业化基地”，牧民自愿成立“马业合作社”，通过购置马奶发酵生产设备生产酸马奶，积极寻求马产业发展和促进农牧民收入增长的新途径，酸马奶单一品种的年效益已达到 4000 万元。各地方政府也在主动推进马产业，如鄂尔多斯市、锡林郭勒盟已将现代马产业发展纳入当地经济社会发展规划。

（3）马文化产业社会组织发展较好

2009 年 8 月，内蒙古自治区马业协会和马繁殖育种分会、马遗传资源保护分会等分支机构相继成立。阿巴嘎旗早在 2009 年就成立了黑马协会，该协会成立的目的是发挥蒙古马精神，带动社会各方面力量，通过丰富多彩的马文化活动，拉动旗域文化旅游事业发展，促进牧民增收致富，为挖掘和保护蒙古族悠久的马文化遗产做出新的贡献。

2010年内蒙古农业大学设立“内蒙古农业大学马研究中心”，组建了全国唯一一个专门从事马业研究的“内蒙古马业科学研究与开发应用”创新团队。之后建立马术专业（内蒙古农业大学职业技术学院运动马驯养与管理专业、锡林郭勒盟职业技术学院养马专业、兴安盟职业学院马术专业、鄂温克旗职业中学马术专业），所培养的马业人才源源不断地输送到全国各地，如骑手、练马师（驯马师、调教师）、修蹄师和马兽医等。

2. 非遗文创产业发展取得的成效

非物质文化遗产与文创产品、文创产业是紧紧联系在一起的有机整体。从理念上来看，非物质文化遗产与文创产业、文创产品有着一定的契合性。非物质文化遗产可以为文创产业和文创产品提供丰富的文化资源，同时可以依托文创产业和产品，实现其保护与传承，因此，文创产业成为非物质文化遗产重新融入社会的新载体。而文创产业和文创产品有了非遗文化的价值内涵和文化底蕴之后，其发展前景将会更加宽广，实现文化与产品、文化与经济的有机融合。

（1）门类多元，项目名录较多，民族特点突出

内蒙古牧区作为少数民族聚集地，其非物质文化遗产有别于全国其他各个地区，有着独具特色的民间文学、浩如烟海的传统音乐、瑰丽多姿的传统舞蹈、巧夺天工的传统技艺、浓厚的民族特色的蒙古服饰等，具有自身鲜明的民族性、地域性和多元性。内蒙古境内有49个民族，其中人口较多又相对聚居的民族有蒙古、汉、满、回、达斡尔、朝鲜、鄂温克、鄂伦春8个民族，大多数居住于边境牧区。在内蒙古33个牧区旗县中有14个边境旗县，其地域性尤为明显。

目前33个牧区旗县中有着国家级非遗项目的旗县多达19个，国家级非遗项目名录共35项，占内蒙古国家级非遗项目总数的39%。

以牧区现代化试点旗来看，新巴尔虎右旗已成功申报了“巴尔虎长调之民歌”“策格制作技艺”“巴尔虎陶力亚特搏克”等44项旗级非物质文化遗产代表性项目；“巴尔虎银制工艺品制作技艺”“巴尔虎骨雕工艺品制作技艺”等11项代表性项目上报审定为呼伦贝尔市级非物质文化遗产保护项目；“巴尔虎服饰”“巴尔虎奶制品制作技艺”“蒙古文书法”等9项代表性项目已上报审定为自治区级非物质文化遗产代表性项目[①]。阿巴嘎旗列入国家级非物质文化遗产名录1项、自治区级名录4项、盟级名录11项、旗级名录18项。

（2）建立了非遗文创产品生产基地和工作坊

非遗文化的传承和发展需要相应的生产基地和制作工作坊。根据内蒙古自治区文化和旅游厅就建设非遗生产基地和工作坊的相关要求，在牧区建立了传统工艺工作站和非遗工作坊。例如，传统工艺工作站有新巴尔虎左旗文化馆、翁牛特旗文化馆、苏尼特左旗文化馆、乌审旗非遗保护中心等；非遗就业工作坊分别有阿尔山市树皮画项目、奈曼旗炭烤牛肉制作技艺项目、巴林右旗蒙古族刺绣项目、正蓝旗察干伊德项目、阿巴嘎旗蒙古族木雕项目、武川县莜面制作技艺项目、乌拉特前旗芦苇画项目、阿拉善左旗马鬃绕线堆绣唐卡项目等[②]。

（3）非遗保护机构相继成立，非遗传承人培训逐步常态化

2009年，内蒙古自治区非遗保护中心正式挂牌成立，之后又分别于2009年、2012年、2013年和2016年，在呼伦贝尔市新巴尔虎右旗、鄂尔多斯市乌审旗、呼和浩特市和赤峰市独立建立了非遗保护中心。截至2018年年末，内蒙古自治区范围内，国家级非遗代表性传承人

① 新巴尔虎右旗文化旅游体育局，2019年6月17日。

② 内蒙古自治区文化和旅游厅，2020年1月6日。

为 82 人，自治区级非遗代表性传承人为 967 人[①]。内蒙古牧区的国家级非遗代表性传承人为 29 人（见表 7–2）。以新巴尔虎右旗为例，现有旗级非遗传承人 58 人、市级非遗传承人 11 人、自治区级非遗传承人 5 人[②]。阿巴嘎旗有自治区级非遗传承人 4 名、盟级非遗传承人 8 名。

在非遗传承与保护过程中非遗机构至关重要，尤其是非遗传承人的传承能力和实践水平更为重要。2015 年 6 月，文化部在上海大学国际会议中心召开了“非物质文化遗产传承人群研修培训计划”试点工作会议。2015 年 8 月，内蒙古非物质文化遗产保护中心参加了由中国非物质文化遗产保护中心在西安举办的国家级非物质文化遗产代表性传承人抢救性记录工作规范培训班。2019 年 7 月，在内蒙古自治区文化和旅游厅的安排下，自治区非物质文化遗产保护中心派业务人员和执行团队参加了“国家级非物质文化遗产代表性传承人记录工作培训班”。同时，内蒙古自治区通过创办研习班的形式，不断推广非遗保护工作，加强了对相关代表性传承人的培训工作。2019 年 3 月，内蒙古非遗保护中心联合内蒙古消防法制研究会，组织开展 2019 年度非遗安全生产和消防安全知识培训。2019 年 3 月，由兴安盟科右前旗文体旅游局主办、科右前旗非遗保护中心及科右前旗满族屯满族乡政府承办的旗首届蒙古族刺绣非遗培训班在满族屯满族乡隆重举行，为 100 余名学员及非遗工作人员讲解了非遗基础知识、非遗项目的保护与挖掘、非遗传承人申报、蒙古族图案等内容和课程。据了解，内蒙古自治区每年都在不同地区的高校中举办 200 ~ 300 次的研习、培训活动，截至 2020 年，参加此类研习班的总培训人数达到 10 万人次。

---

① 赵月梅：《当前我国蒙古族相关非遗保护工作管窥》，《黑龙江民族丛刊（双月刊）》2019年第2期（总第169期），第94 ~ 99页。

② 新巴尔虎右旗文化旅游体育局，2019年6月17日。

表7-2　内蒙古牧业旗县国家级非遗传承人统计表

序号	姓名	性别	类别	项目号	项目名称	申报地区或单位
02-0762	劳斯尔	男	曲艺	Ⅴ-40	乌力格尔	内蒙古自治区扎鲁特旗
03-0792	何巴特尔	男	民间文学	Ⅰ-59	嘎达梅林	内蒙古自治区科尔沁左翼中旗
03-0829	芒来	男	传统音乐	Ⅱ-30	多声部民歌（潮尔道-蒙古族和声演唱）	内蒙古自治区锡林浩特市
03-1218	哈森其其格	女	传统体育、游艺与杂技	Ⅵ-40	鄂温克抢枢	内蒙古自治区鄂温克族自治旗
03-1321	白音查干	男	传统技艺	Ⅷ-46	蒙古族勒勒车制作技艺	内蒙古自治区阿鲁科尔沁旗
03-1368	刘赋国	男	传统技艺	Ⅷ-110	地毯织造技艺（阿拉善地毯织造技艺）	内蒙古自治区阿拉善左旗
03-1383	陶克图白乙拉	男	传统技艺	Ⅷ-123	蒙古族马具制作技艺	内蒙古自治区科尔沁左翼后旗
04-1713	代沃德	男	曲艺	Ⅴ-40	乌力格尔	内蒙古自治区科尔沁右翼中旗
04-1734	那巴特尔	男	传统体育、游艺与杂技	Ⅵ-22	沙力博尔式摔跤	内蒙古自治区阿拉善左旗
04-1886	哈达	男	传统技艺	Ⅷ-124	民族乐器制作技艺（蒙古族拉弦乐器制作工艺）47	内蒙古自治区科尔沁右翼中旗
04-1915	呼森格	男	传统技艺	Ⅷ-181	蒙古包营造技艺	内蒙古自治区西乌珠穆沁旗
04-1949	包金山	男	传统医药	Ⅸ-12	蒙医药（蒙医正骨疗法）	内蒙古自治区科尔沁左翼后旗
05-1997	金巴扎木苏	男	民间文学	Ⅰ-27	格萨（斯）尔	内蒙古自治区巴林右旗
05-2018	德力格尔	男	民间文学	Ⅰ-114	祝赞词	内蒙古自治区东乌珠穆沁旗
05-2034	都古尔苏荣	男	传统音乐	Ⅱ-3	蒙古族长调民歌（巴尔虎长调）	内蒙古自治区新巴尔虎左旗
05-2052	苏乙拉图	男	传统音乐	Ⅱ-30	多声部民歌（潮尔道—阿巴嘎潮尔）	内蒙古自治区阿巴嘎旗
05-2060	陶特格	男	传统音乐	Ⅱ-36	蒙古族四胡音乐	内蒙古自治区科尔沁右翼中旗

续表

序号	姓名	性别	类别	项目号	项目名称	申报地区或单位
05–2111	古日巴斯尔	男	传统音乐	Ⅱ–105	蒙古族民歌（鄂尔多斯古如歌）	内蒙古自治区杭锦旗
05–2179	艾日布	男	传统音乐	Ⅱ–165	阿斯尔	内蒙古自治区镶黄旗
05–2409	李国华	女	传统戏剧	Ⅳ–91	皮影戏（巴林左旗皮影戏）	内蒙古自治区巴林左旗
05–2497	甘珠尔	男	曲艺	Ⅴ–40	乌力格尔	内蒙古自治区科尔沁右翼中旗
05–2540	哈达	男	传统体育、游艺与杂技	Ⅵ–16	蒙古族搏克	内蒙古自治区东乌珠穆沁旗
05–2696	孟根其其格	女	传统美术	Ⅶ–81	蒙古族刺绣	内蒙古自治区苏尼特左旗
05–2876	斌巴	女	传统技艺	Ⅷ–181	蒙古包营造技艺	内蒙古自治区陈巴尔虎旗
05–2903	陶高	女	传统技艺	Ⅷ–226	奶制品制作技艺（察干伊德）	内蒙古自治区正蓝旗
05–2961	王布和	男	传统医药	Ⅸ–12	蒙医药（科尔沁蒙医药浴疗法）	内蒙古自治区科尔沁右翼中旗
05–3043	其木格	女	民俗	Ⅹ–108	蒙古族服饰	内蒙古自治区正蓝旗
05–3062	嘎尔迪脑日布	男	民俗	Ⅹ–147	察干苏力德祭	内蒙古自治区乌审旗
05–3064	其木德	女	民俗	Ⅹ–155	鄂温克族服饰	内蒙古自治区陈巴尔虎旗

（4）初步形成了“非遗＋扶贫＋实践基地”模式

依据非物质文化遗产的传承和发展以及当地扶贫工作的落实，牧区多个旗县推行了“非遗＋实训基地＋扶贫”发展模式。2018年11月，阿巴嘎旗设立职业教育综合实训基地，开设畜牧兽医、信息技术、学前教育、民族手工艺品制作、民族服饰加工等专业，采用了职业教育、校企合作、特色专业、综合实践和短期培训等相结合的综合实训基地办学模式，如图7–1所示。该基地在民族服饰、毛毡工艺、骨制品雕刻、银饰加工、皮革工业、绒毛工艺等非物质文化遗产的传承方面给予了大力支持，推进了“非遗 + 实训基地 + 扶贫”发展模式，组织贫困户在该基地培训、开发产品及发展订单，不仅改善了贫困户的生存现状，同时也为非遗的发展带来新的生机，如图 7–2 所示。此外，阿巴嘎旗还有蒙古象棋文化展厅、民族手工艺品制作车间、民族手工银饰作坊等文创项目和文创产品开发的实地实训场所。阿巴嘎旗民族服装、民族工艺品加工店已达到 28 家，如以毡艺为主的朝鲁门传统手工艺成绩显著，作品如图 7–3 所示。朝鲁门是旗级非物质文化遗产传承人，积极开展传承毡艺活动，培养毡艺后续人才。在 2019 年 6 月 8 日锡林郭勒盟举办的非物质文化遗产成果展上，阿巴嘎旗有 4 位非物质文化遗产传承人前往参加，同时，阿巴嘎服饰、阿巴嘎传统马具、阿巴嘎传统银饰、策格酿造技艺等 230 件展品也在本届成果展上进行了展示[①]。

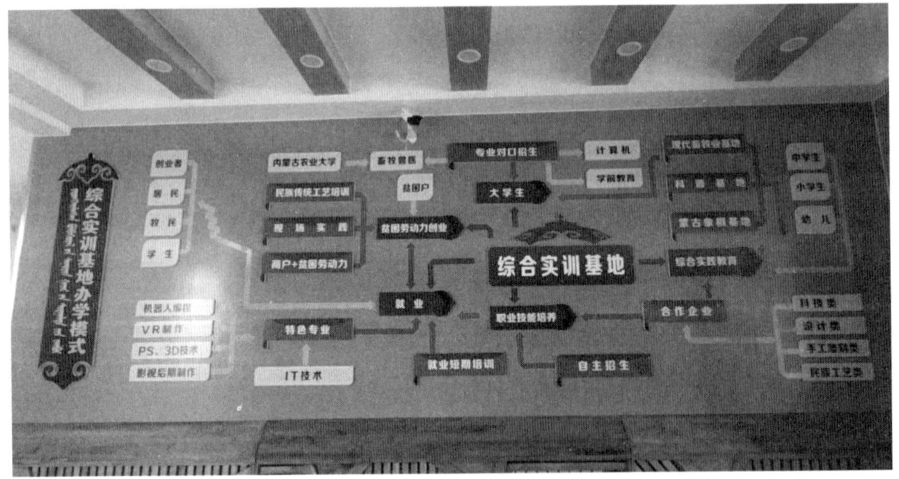

图7-1 综合实训基地办学模式图

① 阿巴嘎旗政府办，2018年6月3日。

图7-2　综合教育实训基地专业设置图

图7-3　朝鲁门传统手工艺品图

（三）旅游文化资源开发取得的成效

1. 特色旅游区域布局基本形成

当前内蒙古自治区依托其自身的自然生态资源、历史文化及地理位置优势，正在积极开发旅游文化资源，基本形成了西北水沙胡杨秘境探险旅游片区、东北林草文化四季全生态旅游片区、环京津冀草原风情旅游区、敕勒川现代草原文明旅游区四大块特色旅游区域布局。

西北水沙胡杨秘境探险旅游片区以乌海市、巴彦浩特镇、额济纳旗、阿拉善右旗为旅游中心，主要以大漠探秘、宗教朝圣、胡杨景观为经典旅游品牌，并辅以阿拉善英雄会、胡杨摄影节等颇具国际影响力的大型活动，逐步将阿拉善建设为国际特色旅游目的地，并发展以乌海为中心的蒙西旅游圈和以巴彦浩特为核心的大漠胡杨旅游圈[①]。东北林草文化四季全生态旅游片区以满洲里市、海拉尔区、乌兰浩特市、科尔沁区、额尔古纳市和阿尔山市为中心，以冰雪旅游、生态旅游、民俗旅游、避暑度假旅游和边境旅游为主题。旅游资源主要有草原、森林、湖泊、湿地、温泉、口岸、冰雪、民俗等颇具地区特色的自然、人文风景，而该地区独有的口岸边境民俗风情游更是吸引无数游客四季都前来体验[②]。环京津冀草原风情旅游区以乌兰察布市集宁区、赤峰市中心城区、锡林浩特市和锡林郭勒盟南部旗县为旅游中心，以草原文化、地质奇观、民族风情、历史文化和自然生态为特色。这一片区域依托克什克腾世界地质公园、元上都遗址、辽文化遗迹、喀喇沁蒙古王府、美林冰雪小镇、锡林郭勒草原等贯穿四季、独具风貌的旅游资源，以及与京津冀衔接的自驾交通线路，已经成为许多高端风光摄影俱乐部的首选基地[③]。敕勒川现代草原文明旅游区以呼和浩特市、包头市、鄂尔多斯市、巴彦淖尔市为旅游中心，向全区以及周边省市辐射出数条以都市休闲旅游、商务会展旅游、草原沙漠观光休闲度假、冰雪运动旅游、黄河农耕文化游、民俗体验、康体养生、工农业旅游、红色旅游草原、宗教朝圣旅游等为特色的精品旅游线路[④]。

从整体看，内蒙古目前基本形成了四大特色旅游区域布局，且具体到各个盟市旗县也已基本构建了具有当地特色的旅游区域。从牧区现代化试点旗来看，阿巴嘎旗正在积极推动成吉思宝格达山、岱喇嘛庙、查干淖尔等旅游景区建设工程，着力打造圣山祭祀文化、搏克文化、

① http://wlt.nmg.gov.cn/lfwcn/news-desc.html?channelCode=tslyqy&id=54140。

② http://wlt.nmg.gov.cn/lfwcn/news-desc.html?channelCode=tslyqy&id=54139。

③ http://wlt.nmg.gov.cn/lfwcn/news-desc.html?channelCode=tslyqy&id=54138。

④ http://wlt.nmg.gov.cn/lfwcn/news-desc.html?channelCode=tslyqy&id=54137。

马文化等节事休闲区及南部呼尔查干淖尔水上旅游与冬捕等项目。依托 303、301 旅游路网区位优势，阿巴嘎旗正在努力打造别力古台游牧文化特色小镇，培育锡林浩特市—查干淖尔镇—成吉思宝格达山—浩日格山—别力古台札桑—别力古台镇—锡林浩特市的“锡林郭勒盟千里草原风景大道”小环线产品。2018 年南部洪格尔旅游资源区停止一切旅游活动后，阿巴嘎旗及时调整南部旅游文化资源开发规划，将重点放在中部及南部呼尔查干淖尔旅游区的同时，加大对洪格尔高勒生态文明教育基础的打造力度。新巴尔虎右旗依托其旅游资源优势、区域优势和环境优势，突出草原、湖泊、湿地、民俗、民族文化等特色，以“两湖、两河、一口岸、一湿地、一圣山”建设为重点，开发了多个旅游区：以金海岸、成吉思汗拴马桩景区为龙头的呼伦湖观光旅游区；以宝格达乌拉山祭祀为背景的民俗旅游区；以乌兰泡湿地保护区为核心的观鸟旅游区等特色旅游区；以我国唯一的以知青为主题的广场——“思歌腾”广场、张勇墓、知青旅游度假村为核心的知青旅游文化区及“民族文化圣殿”巴尔虎博物馆等旅游资源。

2. 创新生态游发展模式，大力推进牧户深度游

当前，牧区不断创新生态旅游发展模式，大力开发牧户深度游。借助自治区项目资金，结合地方政府配套资金，加大对牧户游的投入力度，加快牧人之家提档升级发展，规范牧人之家经营管理，制定并实施《内蒙古乡村（牧区）旅游星级接待户评定标准》，2018 年评选确定了赤峰市阿鲁科尔沁旗铭欣庄园等 63 家五星级乡村旅游接待户[①]。

以牧区现代化试点旗新巴尔虎右旗为例，该旗积极打造“巴尔虎

① http：//wlt.nmg.gov.cn/zwgk/jhzj/zj/201901/t20190124_81925.html，内蒙古自治区文化和旅游厅2018年工作总结。

牧户游”，开发了米吉格家庭牧场、乌斯日乐图家庭牧场、宇如勒家庭牧场等独具特色的牧户体验游，不仅创新了当地旅游发展模式，还实现了传统文化的传承与发展。游客到当地后，住宿于牧户搭建好的蒙古包，观赏草原美景，体验了解搭建蒙古包、熬制奶茶、吃手把肉、放牧、坐勒勒车、射箭、玩蒙古沙嘎、蒙古象棋、骑马等各种民俗文化。旅游结束后，游客又可以在牧户家订购牛羊肉等特色产品。通过发展牧户游，不仅促进了当地旅游业与其他产业的发展，而且提高了牧民收入，传承和展示了牧区独特的民俗文化，实现了经济、文化、社会发展的多重效应。在牧户游基础设施方面，2017 年，新巴尔虎右旗借助自治区旅游厕所项目资金，结合地方政府配套资金制作了环保水冲式移动厕所 13 个，分配给各苏木镇及牧户游使用，并编制全新旅游线路及牧户游特色活动方案，助增牧民收入的同时有效提升乡村旅游形象及服务质量。2017 年，全旗 12 家“巴尔虎牧户游”共接待游客 5.5 万人次，实现旅游收入 500 万元。在发展牧户游的同时，成功与市场对接，把畜产品加工成成品销售给游客，且大部分订单通过手机微信预订，羊肉制品和奶制品远销到北京、深圳、上海等地，极大地提高了新巴尔虎右旗牧户游的知名度。

3. 广泛组织旅游文化节事活动

顺应当前文化体育与旅游融合发展的大趋势，牧区大力推进各类民俗旅游文化节事活动，开发了夏季和冬季那达慕、敖包祭祀、成吉思汗祭祀、集体祭祀火神、蒙古族服装服饰艺术节、冬季冰雪节、美食节等各类民俗体验旅游项目。课题组目前查阅资料整理出来的民俗节事活动的种类就有 33 项，可见，内蒙古自治区草原民俗节事活动的丰富多元（见表 7–3）。

从牧区现代化试点旗的状况看，阿巴嘎旗、新巴尔虎右旗挖掘阿巴嘎部落、巴尔虎部落传统历史文化，依托旅游景区及牧户游开发了体验阿巴嘎、巴尔虎传统民俗文化生活，包括赛马、套马、射箭、篝火晚会、爬山、乘敖登车、钓鱼、景区摄影、民族服饰、民俗物品展览等休闲节事活动。阿巴嘎旗依托别力古台部落文化、策格文化、哈日阿都文化开展了诸如“锡林郭勒那达慕传统赛马 2019 锡林郭勒男儿三艺争霸赛暨阿巴嘎旗第九届哈日阿都文化节”、“阿巴嘎旗 2019 年冬季文化体育旅游系列活动”、“非遗过大年文化进万家——2020 年阿巴嘎旗非物质文化遗产”年货展、“第二届‘美丽阿巴嘎’哈日阿都文化摄影展”及成吉思宝格达山祭祀、腊月二十三集体祭祀火神等 70 余场文体及旅游文化节事活动。新巴尔虎右旗依托其“两湖、两河、一口岸、一湿地、一圣山”及其巴尔虎民俗文化，开展了每年两次的宝格达乌拉山祭祀盛会、呼伦湖国际观鸟节、知青文化周活动、中俄蒙巴尔虎旅游文化节、呼伦贝尔冰雪那达慕、腊月二十三之夜的集体祭火等一系列节庆活动，以及“天津—新右旗—蒙古国乔巴山”国际自驾车拉力集结赛和国际汽车越野赛等国际性赛事活动。2018 年还协助米吉格家庭牧场举办了“低碳出行骑赏草原”骑行自驾露营活动。

表7-3　　内蒙古自治区民俗节事活动统计表

序号	节事活动名称	举办地区	时间（每年）
1	那达慕草原旅游节	全区范围内	7—8月
2	祭火	全区范围内	农历腊月二十三、部分在二十四
3	白节	鄂尔多斯市等地	农历腊月十六至正月十五
4	昭君文化节	呼和浩特市	7—9月
5	成吉思汗文化节	鄂尔多斯市	农历五月十五
6	乌兰牧骑艺术节	呼和浩特市	7—8月

续表

序号	节事活动名称	举办地区	时间（每年）
7	阿拉善左旗奇石文化旅游节	阿拉善盟巴彦浩特镇	8月
8	中俄蒙三国交界地区旅游节	呼伦贝尔市满洲里市	8月
9	乌拉特草原文化旅游节	巴彦淖尔市	8月15日
10	哈日阿都文化节	锡林郭勒盟阿巴嘎旗	7月—次年1月
11	骆驼旅游文化节	锡林郭勒盟	12月—次年1月
12	科尔沁民间文化艺术节	通辽市	7—8月
13	元上都旅游文化节	锡林郭勒盟	6—8月
14	哲里木赛马节	通辽市	7—8月
15	响沙湾旅游节	鄂尔多斯市	5月
16	大青沟民俗文化旅游节	通辽市	8月
17	契丹辽文化节	巴林左旗林东镇辽文化旅游区	8月
18	阿尔山圣水节	兴安盟阿尔山圣泉疗养院	8月
19	巴丹吉林沙漠文化旅游节	阿拉善右旗	8—9月
20	巴林石节	赤峰市巴林右旗	8月
21	红山文化节	赤峰市红山	8月
22	喀喇沁王府旅游节	赤峰市喀喇沁旗	8月
23	阿尔山国际冰雪节	兴安盟阿尔山	12月
24	胡杨生态旅游节	阿拉善盟	9月
25	马奶节	锡林郭勒盟和鄂尔多斯市的部分牧区	农历八月
26	国际游牧文化节	锡林郭勒盟	6月
27	沙漠文化旅游节	通辽市	农历五月初五
28	察哈尔旅游文化节	锡林郭勒盟	6月30日—9月30日
29	河套文化艺术节	巴彦淖尔市	7月
30	兴畜节	锡林郭勒盟等地区	农历正月十六
31	敖包祭祀	全区范围内	一般农历五月十三、七月初三
32	查干苏力德祭祀	鄂尔多斯市等地	7月
33	成吉思汗陵祭祀	鄂尔多斯市	农历三月二十一、五月十五、八月十二和十月初三

4. 开发了一批跨境旅游项目

内蒙古毗邻蒙古国与俄罗斯，边境线长达 4200 公里，目前有 19 个口岸，分布在内蒙古自治区边境 14 个旗（市）以及呼和浩特市和呼伦贝尔市。对俄罗斯开放的有 6 个口岸：满洲里铁路口岸、满洲里公路口岸、黑山头水运口岸、室韦水运口岸、二卡公路口岸、胡列也吐水运口岸。对蒙古国开放的有 10 个口岸：二连浩特铁路口岸、二连浩特公路口岸、策克公路口岸、甘其毛都公路口岸、珠恩嘎达布其公路口岸、阿日哈沙特公路口岸、满都拉公路口岸、额布都格水运口岸、阿尔山公路口岸、巴格毛都公路口岸。有 3 个国际航空口岸：呼和浩特航空口岸、海拉尔航空口岸、满洲里航空口岸。其中，满洲里市口岸和二连浩特市口岸是内蒙古自治区最大的两个口岸。

近年来，在国家“一带一路”建设和中蒙俄经济走廊建设推进工作中，自治区抓住机遇开发了一批跨境旅游项目，取得了较好的成绩。通过各类会议、专题推介会、年会活动、旅游展览交易活动等各种形式，积极开展了中俄蒙旅游合作。同时，开展了中俄蒙青少年旅游夏令营、自驾游、骑行游等跨境旅游活动，取得了很好的效果。新巴尔虎右旗将中蒙边境旅游的延伸推广作为重点工作推进，2017 年推出的“新右旗——蒙古国乔巴山市穿越草原高端 3 日游”线路不仅有效解决了赴蒙口岸边境游的历史难题，更为下一步建设跨境旅游合作区奠定了基础。2018 年又积极开发中蒙跨境旅游新线路、新产品，通过联合北京阿里郎国际旅游有限公司，开展自驾活动，推出的“内蒙贝尔湖——外蒙古‘重走成吉思汗之路’越野车 10 日自驾摄影之旅”精品线路。阿巴嘎旗 2019 年举办了首届中蒙国际商品年货大会、“一带一路”首届阿巴嘎旗蒙古城民族商品展洽会等活动。通过这些活动促进了中蒙两国之间的经济贸易交流，同时为跨境旅游合作奠定了基础。

5. 红色旅游逐渐兴起

进入 21 世纪以来，尤其是《2004—2010 年全国红色旅游发展规划纲要》颁布后，红色旅游作为一种新型的旅游产品得到了迅速发展。自治区响应党和国家有关开展红色教育、发展红色旅游的各项方针政策，结合红色文化资源实际，开发了“满洲里红色国际秘密通道”“乌兰夫同志纪念馆”“世界反法西斯战争海拉尔纪念园”“内蒙古自治政府纪念地”“大青山抗日游击根据地旧址”等一批珍贵的红色资源，推动了内蒙古自治区旅游业的发展，取得了良好的社会效益和经济效益。其中，“世界反法西斯战争海拉尔纪念园”“乌兰夫同志纪念馆”“满洲里市红色国际秘密交通线”文化资源的等级都在 3A 以上。

鄂托克前旗红色文化底蕴深厚，历史文化悠久。鄂托克前旗是党在内蒙古开辟的最早的解放区之一，有红军在长征时期创立的三段地革命根据地，有国际共产主义战士阳早、寒春为党中央创办第一个种畜场“三边牧场”，也是国际交通员杨宝山受命建立的秘密交通站，延安民族学院的最终落脚点。乌兰夫等老一辈革命家在此开展过民族理论研究和民族统战工作[①]。鄂托克前旗城川镇正是依托这些宝贵的红色资源，通过修复，转化红色资源，建立了延安民族学院城川纪念馆、三段地革命历史纪念馆、城川红色国际秘密交通站陈列馆等 7 个革命纪念场馆以及城川红色拓展基地和红色教育培训中心等综合性拓展训练基地[②]，打造出了“红色教育培训 + 红色平台 + 红色旅游 + 红色研发”的产业[③]，进而在促进当地旅游业等各类产业的发展、推动农牧

① 布仁其木格：《让红色文化在新时代焕发光彩——深度挖掘鄂托克前旗红色资源的思考实践》，《实践·思想理论版》2019年第12期，第57页。

② 布仁其木格：《让红色文化在新时代焕发光彩——深度挖掘鄂托克前旗红色资源的思考实践》，《实践·党的教育版》2019年第12期，第58页。

③ 多岚：《红色小镇——城川》，《实践·党的教育版》2019年第5期，第52页。

民就业等方面都取得了良好的效果。目前，累计承接各类主体班740期，青少年红色研学等研学团队6900余个，接待学员及游客43万人次，实现红色旅游综合收入3.6亿元，直接带动1600多个农牧户和合作社参与其中、6000多农牧民创业就业，年人均可增收2万多元，城川红色旅游区被评为国家4A级旅游景区[①]。

6. 旅游投入、旅游收入、接待能力逐年提高

内蒙古自治区逐步落实国务院办公厅《关于促进全域旅游发展的指导意见》，旅游消费持续增长，全域旅游向纵深发展，全域旅游示范区创建全面展开，形成了一批经验做法。旅游景区动态管理不断加强，新推出9家国家5A级旅游景区。红色旅游宣传推广有声有色，五好讲解员建设试点启动实施。乡村旅游提质升级初见成效。新推出9家国家级旅游度假区[②]。

2019年，1—10月全区总计接待国内外旅游者16354.43万人次，在可比范围内实现同比增长9.72%，实现旅游业综合收入3727.38亿元，在可比范围内实现同比增长11.31%。全区接待国内旅游者16189.31万人次，实现国内旅游收入3866.94亿元；全区接待入境旅游者165.12万人次，比2018年增加7.40万人次，同比增长4.69%，实现旅游创汇11.31亿美元，比2018年增加6.04亿美元，同比增长0.64%[③]。

从阿巴嘎旗、新巴尔虎右旗来看，阿巴嘎旗有国家A级景区1处，牧人之家旅游点20处，自治区星级乡村接待户2户，档次较高的宾馆25家，旅行社1家，民族特色餐饮店1家，旅游从业人员3000人。

---

① 布仁其木格：《让红色文化在新时代焕发光彩——深度挖掘鄂托克前旗红色资源的思考实践》，《实践・思想理论版》2019年第12期，第58页。

② http：//wlt.nmg.gov.cn/was/web/search。

③ http：//wlt.nmg.gov.cn/zwgk/tjsj/201911/t20191115_105082.html，内蒙古自治区2019年10月旅游业大数据分析报告。

截至2018年10月末，阿巴嘎旗旅游接待人数21.9万人，旅游收入1.2亿元。新巴尔虎右旗有国家A级景区2个，分别为巴尔虎博物馆（国家2A级景区）、贝尔湖景区（国家A级景区）；自治区级地质公园1家——呼伦－贝尔湖地质公园；牧户游11家（无自治区星级旅游接待户），星级宾馆1家，旅行社1家，民族特色餐饮店5家，旅游从业人员1000人。2017年，全旗共接待境内外游客53.18万人次，全年完成旅游业总收入4.25亿元，同比增长2%。2018年，全旗共接待境内外游客55万人次，同比增长3.4%，全年完成旅游业总收入4.4亿元，同比增长3.5%。2019年1—6月，全旗共接待境内外游客13.82万人次，同比增长11.46%，实现旅游收入1.1亿元，同比增长11.46%。

虽然旅游投入、旅游收入、接待能力逐年提高，但整体上看，旅游文化资源的开发仍面临着诸多困境和挑战。

（四）公共文化服务建设取得的成效

1. 牧区公共文化服务基础设施日益完善

党的十八大以来，自治区政府深入贯彻落实习近平新时代中国特色社会主义思想，着眼于满足人民日益增长的美好生活需要，以建设文化强区、文明内蒙古为目标，以贯彻落实《公共文化服务保障法》为主线，以完善体系、提升效能、促进均等为重点，加快以苏木乡镇综合文化站和嘎查村综合文化室为重点的基础设施建设，大力实施文化信息资源共享、广播电视发射台站标准化建设等重点工程，积极推广全民健身，公共文化事业迎来了整体推进、全面繁荣、高质量发展的新时期，五级公共文化设施网络基本形成。

牧区所有旗县区实现了全民健身活动中心全覆盖，90%以上的苏木乡镇建有小型全民健身活动中心，95% 的嘎查村建有健身点，健身广场、户外营地、健身步道等。文化志愿服务规范化、管理科学化、活动常态化，文化志愿服务队伍在牧区普及，成为提供公共文化服务的重要力量。实施鸿雁阅读计划，推动全民阅读深入开展。公共图书馆、文化馆总分馆制改革在牧区都已完成，促进了公共文化服务重心下移、资源下移、人员下移。

2. 乌兰牧骑开展流动文化服务，满足牧民的基本文化需求

60 多年来，在党的领导下，一代代乌兰牧骑队员不忘初心、牢记使命，迎风雪、冒寒暑，长期辗转跋涉于草原，发扬乌兰牧骑优良传统，弘扬乌兰牧骑精神，始终扎根基层、服务人民，永葆本色、无私奉献，守望相助、艰苦奋斗，为广大农牧民送去欢乐和文明、传递党的声音和关怀。

长期以来，乌兰牧骑队伍始终坚持“队伍短小精悍、队员一专多能、节目小型多样、装备轻便灵活”的特点，以丰富多彩的文艺形式宣传党的政策、传递党的声音，成为牧区流动文化服务的主力军。乌兰牧骑作为草原上的“红色文艺轻骑兵”，在牧区公共文化服务领域发挥着不可替代的作用，是牧区公共文化服务体系建设的中坚力量。乌兰牧骑不仅为牧民和基层群众提供公共文化产品和公益文化服务，还会“传播新思想、弘扬主旋律”。在新时代，乌兰牧骑的主要功能从演出、宣传、辅导、服务、创新、创作六项基本职能已转化为公益演出、精神传播、文化传承、艺术教育四大功能。

近年来，所有乌兰牧骑队伍每年都会惠民演出 100 场次以上。在接羔保育期间，乌兰牧骑全体队员深入草原深处，帮助劳动力较弱的牧户搭建、清理棚圈，做一些力所能及的劳动，在休息之余为牧民送上精彩的文艺演出。对 2018 年组建的“小小乌兰牧骑”进行定期业务辅导工作，大小乌兰牧骑联手开展各种慰问演出活动，在建军节、教师节、重阳节、国庆节、元旦、文化节等节庆及民俗活动中进行专场演出及助演。结合全域旅游发展的大方向，在旅游旺季期间深入各景区、家庭牧场等旅游场所为当地旅游文化事业发展和宣传贡献力量。

3. 非物质文化遗产进校园进社区活动取得一定成效

党的十八大提出“建设优秀传统文化传承体系，弘扬中华优秀传统文化”的重要精神以来，自治区文化和教育部门联合深入贯彻实施相关工作。自治区文化厅于 2014 年启动非物质文化遗产保护传承的“千校计划”，让优秀传统文化走进校园，对学生开展传统文化教育和传承活动。全区的非物质文化遗产多数与蒙古民族文化相联系，集中保留在广大牧区。因此，非遗进校园活动在牧区受到了普遍欢迎，并取得了明显的成效。蒙古族长调、蒙古象棋、马头琴、呼麦、安代舞等非遗项目在牧区中小学作为兴趣课开设。尤其是“蒙古象棋”这一集民族性、趣味性、大众性、艺术性等为一体的草原文化瑰宝，得到学生广泛喜爱。

见证了蒙古民族辉煌历史的蒙古象棋，近年来在区内外被广泛推广普及，尤其在阿巴嘎旗，蒙古象棋历史久远、文化底蕴深厚，群众基础广泛，涌现出了多位优秀棋手和传承人。为了更好地保护传承、挖掘研究、推广发展和弘扬中华民族文化宝库中的珍贵资源，依托当地民间文化和厚重的历史资源，经内蒙古蒙古象棋协会批准，于 2018 年在阿巴嘎旗建立了内蒙古“蒙古象棋文化传承发展基地”。

在蒙古象棋的发展和演变过程中，融入了蒙古民族悠久的历史文化和生活习俗，形成了独具特色的竞技游戏并发扬光大，甚至对国际象棋的形成起到了重要的传播作用，产生了深远的影响。新中国成立后，蒙古象棋被列为那达慕比赛项目。1993 年，国家体委把蒙古象棋列为国家运动，写入了体育手册。现在，蒙古象棋是内蒙古自治区民运会那达慕和盟市、旗、苏木那达慕必设的重要比赛项目。

4. 依托“数字文化走进蒙古包”工程，开展公共数字文化服务

对于生活在边远农村牧区的基层农牧民无法获取网络数字信息服务的问题，为解决公共数字文化服务的“末梢梗阻”，2012 年内蒙古图书馆开始启动实施“数字文化走进蒙古包”工程。这是一项公共文化服务创新工程。该工程利用全国文化信息资源共享工程丰富的数字文化资源，通过无线网络、移动网络，利用智能手机、平板电脑、笔记本电脑等移动服务终端，海量的数字文化信息供牧民随时下载、在线阅读、在线观看和离线下载学习观看，为基层农牧民提供不受时空制约的 24 小时蒙汉双语公共数字文化服务，打通了农村牧区公共文化服务的“最后一公里”，使广大基层农牧民能够随时获取到自己所需的信息资源，满足基层广大农牧民的文化需求。在移动数字加油站方圆几公里范围内的牧民，坐在自家的蒙古包里，轻点智能手机，瞬间就可以下载需要的数字资源，也可以在平板电脑上看蒙语节目。

虽然全区基本形成了自治区、盟市、旗县、乡镇（苏木）、村（嘎查）五级公共文化服务体系，但由于全区互联网接入只覆盖 12 盟市与所属旗县以及大部分乡镇，偏远的牧区还未实现移动网络全覆盖，现有的传统定点式数字文化服务方式并不适用于广大的基层农牧民，还有几百万的基层农牧民无法随时获取优秀的文化数字资源，公共文化服务的“最后一公里”难以突破。为此，“数字文化走进蒙古包”工程工作组本着“先修路、后服务”的原则，在公共文化服务体系互联网到达旗县和大部分乡镇末端的基础上，延伸搭建通向农村牧区的虚拟网络架构，将数字文化服务送到农牧民家中。通过构建旗县—乡镇（苏木）—村（嘎查）信息传输路径，实现无线网络覆盖，为基层农牧民提供不受时间、空间限制的全天候数字文化服务。

牧民对数字资源的个性化需求，由“数字文化辅导员”“数字文化加油员”“数字文化专管员”逐层汇总上报内蒙古分中心。分中心按牧民的个性化需求定制资源数据，通过网络可以直接传输到本人，做到了个性化的文化服务。目前该工程已覆盖牧区的所有乡镇以及多数嘎查。

5. 开展牧区特色群众文化活动，丰富牧民的精神文化生活

在草原深处，牧民依然保留有一定的传统游牧文化，尤其是在锡林郭勒和呼伦贝尔大草原的深处。在历史长河中，草原上一直都会开展各种游牧文化特色的群众文化活动来丰富牧民的文化生活。这一传统在牧区一直保留至今。在很多牧区，每年都会定期开展敖包祭祀盛会、那达慕大会、蒙古长调比赛、蒙文诗歌朗诵比赛、蒙古象棋比赛、蒙古族传统沙嘎游戏比赛等牧民非常喜爱的群众民俗文化娱乐赛事活动，来丰富牧民的精神文化生活，同时也在传承着牧区的传统文化。

四、牧区文化资源开发与服务面临的困境

（一）民俗文化的断裂现象严重

游牧空间的压缩和市场经济的快速发展对传统民俗文化的传承形成了巨大的挑战，传统民俗文化的同化现象、断裂现象、商业化现象层出不穷，民俗文化的重新挖掘、整合、传承迫在眉睫。

1. 民俗文化的根基和传承链条出现了断裂

第一，民俗文化的根基正在消失、断裂。随着游牧空间的不断压缩，基于游牧生产方式产生的蒙古族传统民俗文化逐渐失去了根基，并出现了断裂、消失的现象。加之工业化、城市化及生活方式的现代化，

很多牧民不再居住于蒙古包，不再骑马放牧，不再坐着勒勒车移动游牧，相应的传统民俗文化也逐渐被人们所遗弃。在很多地方，蒙古包、勒勒车、套马杆等游牧文化元素只在一些旅游景点作为具有观赏性的民俗旅游消费吸引点出现，其蕴含的悠久深厚的民俗寓意已经消失。可喜的是，还有一些偏远的边境牧业旗有一定的保留。如阿巴嘎旗、新巴尔虎右旗等牧区仍然保留着比较浓厚的传统民俗文化。在这些牧区，以家庭为单位的草场面积较大，一般都在几千亩甚至上万亩。牧民们将自己家的草场分割成夏季、冬季草场等若干部分，并在自家草场上进行着划区轮牧。相应地，蒙古包、勒勒车、马具、奶制品、牛羊肉、蒙古服饰等蒙古族传统民俗文化元素保留得也较完整。在这些地区，牧民生活方式其实也很现代化，家家户户也盖起了砖瓦房，现代家居齐全，甚至生活条件好的牧户走上了智慧牧场之路，草场上安装了自动饮水机、摄像头，也购置了打草机等，生活方式变得越来越现代化，但同时也将蒙古族传统民俗文化保留得较完整。在这个意义上我们可以说，传统畜牧业生产方式是民俗文化得以传承和发展的根基，要保护传统民俗文化，乃至实现牧区文化振兴，保护传统畜牧业这一根基是最为根本的工程。

第二，传统民俗文化的传承链条出现断裂。随着城市化进程的加快，牧区大量的牧民尤其是年轻人开始离开自己的故土涌入城市，成为城市打工族，同时，大量的大学生毕业后更多是选择留在城市生活，而很少会选择返回牧区。在牧区，尤其像呼伦贝尔、锡林郭勒、阿拉善等地区，人口稀疏，加之人口的外流及家庭结构的小型化等因素，传统畜牧业及传统文化的传承链条的断裂现象更为严峻。当前，在牧区从事畜牧业生产活动的更多的是40岁以上的中年人或者老人，而年轻人从事畜牧业的寥寥无几。诸如毡帽制品、皮制品、木制品等手工工艺及沙嘎、射箭等传统娱乐项目的传承人，大多也是中年人乃至老人。例如，在射箭比赛中，即使有一小部分年轻人参与，但几乎无一人技术如前人般精湛。相比学习和传承这些传统工艺及娱乐项目，外出打工挣钱对年轻人更具有诱惑力，许多人认为，学习和传承这些传统手工工艺不能够很好地维持生活。为了谋生，大家更多的是选择繁华的城市生活，而不是牧区。这使得传统畜牧业及传统文化的传承和发展面临着后继无人、传承链条断裂的巨大挑战。

2. 民俗文化的挖掘、展示、转化不充分

内蒙古草原分为呼伦贝尔、科尔沁、锡林郭勒、乌兰察布、鄂尔多斯和乌拉特六大草原，草原类型从草甸草原、典型草原过渡到荒漠草原，各个地区的草原都有其独特性，相应的基于独特的生态环境形成的传统民俗文化也有各自的独特性。例如，阿巴嘎的别力古台文化、黑马文化、策格文化、潮尔道文化，新巴尔虎的成吉思汗迎亲文化、长调文化及独特的巴尔虎民俗文化等。但整体上看，鄂尔多斯民俗文化、巴尔虎民俗文化、阿巴嘎民俗文化、科尔沁民俗文化等传统民俗文化的挖掘整理及展示方面，显示地方性特色还不够。因地域文化的挖掘不够，各地草原民俗文化同化现象较严重，内蒙古草原文化给外地人的往往是“广阔无边的草原美景以及骑骏马、吃手把肉、喝奶茶”的大一统印象。不仅如此，一些牧区的蒙古人已不再穿蒙古袍，不再佩戴地方特色的民族饰品，也不食用牛羊肉、奶制品等传统饮食，婚嫁中也往往采取中西结合的方式，而不是当地婚俗习惯，这些都使得人们失去了体验民族自我认知感和存在感的一个重要途径。另外，对民俗文化的转化利用率低，文化旅游产业的融合发展处于初级粗放阶段。当前，阿巴嘎旗、新巴尔虎右旗等试点旗县已经开发的马文化、策格文化等各类文化产业、文化产品，如毡帽、骨雕、木雕等手工工艺品的发展仍面临着资金、人才、技术、宣传、整合开发等各种问题，传统民俗文化的转化、利用还需要进行更多的探索。

3. 民俗文化被异化现象严重

文化产业作为新的消费热点，已成为经济发展的重要动力。但是在文化产品的开发中，民俗文化被低俗化、被异化现象随处可见。在文化产品的开发过程中，人们只追求短期经济利益，而不顾其中的文化元素，将其过分包装或者异化，使得民俗文化失去了原汁原味的硬核部分。例如，敖包祭祀文化存在被异化或过度商业化现象，很多外地来的游客也参与到敖包祭祀活动中来，但是不懂敖包祭祀背后隐藏的神圣意义和文化内涵，使得敖包祭祀在商业开发中变质。再如，在内蒙古进行的一场套马娱乐活动中，人们为了套到烈性公马，让公马过度奔跑，最后公马在奔跑的过程中猝死，这种现象背后隐藏的是人们对名、利的追求，隐藏的是人们对传统套马这种民俗文化神圣内涵的曲解。

（二）马文化产业链还未健全，非遗文创产业发展面临诸多瓶颈

1. 马文化产业尚处于起步阶段

国家和自治区对发展马文化产业高度重视。2014 年，国务院印发并实施《国务院关于加快发展体育产业促进体育消费的若干意见》，提出马术被列入“大力支持发展”的健身休闲项目。2016 年，国务院印发《全民健身计划（2016—2020 年）》，将马术列入积极培育的时尚休闲运动项目。针对蒙古马产业特点，内蒙古自治区出台了《关于促进现代马产业发展的若干意见》等一系列地方性扶持政策措施。虽然内蒙古马文化产业发展平台较好，但以马文化为依托的现代马产业

尚处于起步阶段。

（1）缺乏马文化产业发展的总体规划

马文化产业发展中长期规划是马文化产业发展的方向与目标，是未来的发展宏图。2018 年 11 月，经内蒙古自治区财政厅同意，农牧业厅同旅游发展委员会、文化厅、新闻出版广电局、教育厅、经济和信息化委员会、体育局、科学技术厅等相关厅局制定了《现代马产业发展重点项目实施方案》，并在方案中提出了四大工程和四大行动，即马良种提升工程、马主体旅游精品工程、蒙古马精神弘扬工程、马业人才培育工程四大工程；马产品加工提升行动、马品牌赛事创建行动、马产业科技创新行动、马健康安全行动等四大行动。但盟市及旗县级现代马产业发展的相应工程、行动及发展规划与自治区级现代马产业发展规划不能很好地衔接。课题组浏览 33 个牧业旗县官方网站后发现，除了个别旗县外，绝大多数牧业旗县官网中未找到现代马产业发展规划之类的内容，没有形成可持续发展马产业的总体规划和思路，缺乏科学、完整及可行的产业化思路、整体规划、战略性措施和扶持政策。

（2）马文化产品市场发育程度较低，未形成现代马文化产业链

马文化产业发展涉及领域较多，其主要特点是马匹以非役用为主，包括赛马、马术和体育娱乐等。现代马业分为赛马业、马术业、休闲骑乘业和产品养马业四大板块[①]。仅从产品养马业而言，人类较早就有食用马肉、马奶的行为和习惯，但更多的是作为地方居民传统食品推行于个体消费层面，没有形成庞大的产业体系。内蒙古牧区马产品综合开发和利用能力不高，没有形成消费热点。社会上的广大消费者

---

① 文明：《世界马产业发展历程及趋势分析》，《当代畜禽养殖业》2019年第10期，第24～28页。

对策格产品的认知度不高，策格产品的消费群体不是很多，市场份额和占有率等都是微乎其微的，只有在牧民家庭生活中才将其视为不可或缺的饮品。同时，以马文化为主导的休闲娱乐精品游还未打造成熟，而休闲娱乐性是现代马文化产业不可或缺的属性。2017 年内蒙古自治区人民政府办公厅印发《关于加快发展健身休闲产业的实施意见》后，马文化产业休闲娱乐发展领域有了起色，但目前还未形成“马文化 + 体育产业 + 休闲娱乐”共同发展的马文化产业模式。游客来到内蒙古大草原住进“牧家乐”后，除了骑马之外，还无法让游客了解到养马、驯马、育马、赛马等内容，无法体验乘坐马拉爬犁、米日干车等诸多马文化特色项目，还未成熟地打造以马文化为主导的休闲娱乐精品游。

（3）缺乏马文化产业跨越式发展的平台

马产业是世界性的产业，马产业对世界经济的影响巨大。2017 年全球马业对各国经济贡献的总和达 3000 亿美元，所涉及的行业包括农业、商业、体育、娱乐及运动休闲[①]。一些发达国家现代马产业起步较早，关键性技术、经营管理模式和发展路径等都比较成熟。如马术运动遍布四大洲，赛马、马彩日益兴盛，特别是在发达国家马产业方兴未艾，已经成为国民经济和人民生活中不可或缺的重要组成部分。我国周边的国家如日本、韩国、蒙古、越南、新加坡、泰国、印度、巴基斯坦、伊朗、俄罗斯等也都开设了马彩[②]。通过国际性马术节、马术论坛等活动，可以借鉴国际性马业发展的理论前沿，以及马业发展的具体模式、涉及领域、科技支撑和制度政策的去向等。截至 2017 年，内蒙古（国际）马术节仅举办了四届。这对于将马业发展视为内

① 赵友苓：《马产业的“奔腾年代”》，《生命世界》2019年第9期，第34 ~ 39页。

② 丛密林、王伟平：《内蒙古马产业发展现状及其现代化进程的研究》，《体育科技文献通报》2011年第9期，第16 ~ 19页。

蒙古第三产业发展的重头戏而言，是远远不够的。应充分地利用好地理优势，与毗邻的蒙古、俄罗斯等国家就马业进行合作交流，增加国际性马业发展论坛，参与国际赛事、国际交流等活动。

（4）马文化产业发展资金投入相对薄弱

从资金投入来看，2018 年内蒙古自治区财政安排专项资金 8000 万元支持现代马产业发展。2018 年内蒙古马存栏 95 万匹左右，与国土面积、主体民族养马传统文化接近的蒙古国相比（2017 年蒙古国马匹数量超过 400 万匹），内蒙古的马匹数量则更显不足，这与现代马产业发展所需马数量差距较大。要有足够的马存量，需投入大量的人力、物力、财力和科技力量。在马匹数量不足的情况上，马匹的质量也正在发生严重退化。内蒙古极具地方特色和优势的蒙古马资源优势正在弱化，地方马品种遗传资源保护利用不足，如克什克腾铁蹄马、乌珠穆沁白马、阿巴嘎黑马与鄂尔多斯乌审马都存在缺乏有效保护的风险。增加马匹数量、提高马匹质量、有效保护地方品种马、马场馆建设、专业人员培训、举办各种马文化节庆和论坛等都需要大量的资金投入，现有投入的专项资金还相对薄弱。

2. 非遗文创产业发展困难重重

目前，牧区非物质文化遗产挖掘、保护与传承等工作面临着巨大的挑战，以非遗为核心的文创产品产业发展困难重重。

（1）非遗文创产业发展人员储备不够、资金投入相对较少

一方面，非遗文化保护专业人才匮乏，非遗项目传承后继乏力。非遗项目大多分散或流传于民间，传承人大多年事已高。根据国家非遗中心数据显示，内蒙古自治区级非遗项目有 399 项，即第一批自治区级非遗名录为 140 项、第二批 111 项、第三批 48 项、第四批 43 项、第五批 57 项；内蒙古自治区非遗传承人有 730 人，其中国家级传承

人有 42 人。内蒙古自治区 42 名国家级非遗代表性传承人中，已有 5 人离世，超过 60 岁的占总人数的 1/3 以上[①]。这些非遗传承人大多数来源于牧区，年轻人对传统艺术和传统技艺越来越不感兴趣，起骨干作用、有较高水平的青年人才十分匮乏。非遗项目往往因人而存，后继无人已成为非遗保护工作的最大瓶颈。

另一方面，用于非遗传承工作和文创产品开发上的资金投入不足。2018 年度内蒙古自治区本级转移支付各地区文化文物事业费（含基本建设投资）共 28093 万元，其中非物质文化遗产保护资金 462 万元，占总费用的 1.6%[②]，比例低，投入金额较少。根据相关资料得知，新巴尔虎右旗虽然逐年加大非物质文化遗产项目及非物质文化遗产传承保护项目经费的支持力度，自 2018 年起，还将“文化体育公共服务保障金”20 万元列入财政预算，此项经费中包含非遗工作保障经费，及时足额向 4 名自治区级非遗传承人发放传习补贴共 20000 元，但与实际需要相比，投入资金是远远不够的。而且对于盟市级和旗级非遗传承人的传习补贴标准不明确，没有按时足额进行发放。这对于非物质文化遗产的挖掘、传承和文创产品的开发是极其不利的。

（2）非遗文化产品设计单一，品牌美誉度不高

非物质文化遗产的传承与保护应借助相应的载体，如骨雕品、民族服饰、银饰品等。可借助不同地区的蒙古服饰、毛毡制品、奶食品技术和种类的不同，非遗文创产品应更为具体和实际。但目前的非遗文化产品存在产品种类单一、数量少、品牌美誉度不高等问题，与现代社会所需要的不同层次、不同领域人群多方面审美需求还不能很好

① 程昊、樊冬乐：《内蒙古非物质文化遗产商标保护实证分析》，《南宁职业技术学院学报》2019年第24卷第4期，第92～96页。

② 2018年度内蒙古自治区文化和旅游统计提要2。

地契合，而且也没有科学而合理地对非遗文创产品进行实用性产品、保值性产品、趣味性产品等种类的划分。

（3）非遗文化协同体系构建不完善，非遗文化传承相关平台不健全

非物质文化遗产传承与发展需要协同作战的组织体系。非遗协同组织体系包括政府、传承人、文化服务机构、专家学者、教育界等。各级各类政府引导并宣传非遗文化，制定非遗文化发展的战略，执行非遗文化传承相关决策；传承人通过项目传承民间技艺，创造非遗文创产品；文化服务机构承担非遗传统展艺传播、引导大众的消费生活；专家学者探寻非遗传承与发展工作的特点和一般规律，总结归纳非遗理论，发挥非遗智囊团和智库的作用；教育界通过非遗职业技能教育、非遗培训等方式，培养更具理论素质和专业技能的非遗技艺继承人。在非遗传承与发展过程中，要发挥好协同组织的作用，实践整体论、系统论等理论，达到最佳协同效应。但是，当前远远没有形成五大组织协同作战的机制。不同级别的非遗保护中心、非遗保护中心和非遗传承人个体、合作社和其他组织还未构成能够并肩作战的非遗协作团队。尤其是由于爱好兴趣而从事非遗保护工作的传承人，趋向于单打独斗的局面，未形成全社会共同参与的格局，没有与社会组织进行很好的融合。同时，非遗数字资源共享平台、非遗科研教育平台、非遗创新设计平台、非遗传播推广平台、文创产品销售平台等相关平台还很不健全。

（三）旅游文化资源开发的生态、地域、文化特色不突出

1. 旅游项目、产品同质化问题严重，地域特色不明显

在开发牧区旅游文化资源的过程中，旅游项目和产品同质化的问

题比较严重，未能将地方独特的文化凸显出来，缺乏地域和民族特色。如前所述，从整体上看，内蒙古地区目前已基本形成西北水沙胡杨秘境探险旅游区、东北林草文化四季全生态旅游区、环京津冀草原风情旅游区、敕勒川现代草原文明旅游区四大块特色旅游区域，都有其独特的地域文化特色。但在旅游景区及线路开发的具体操作层面，对传统蒙古族民俗文化、历史文化的挖掘还不够充分，乃至各地的做法重复雷同，除了草原景观的地域性差异外，游客能够看到的真正体现当地民俗风情的地域文化很少。

从牧区现代化试点旗的情况看，阿巴嘎旗、新巴尔虎右旗历史文化底蕴深厚，有别力古台文化、巴尔虎—布里亚特短调民歌、巴尔虎迎亲文化及蒙古族传统民俗、风情、饮食文化等。但旅游文化资源开发方面，两旗对传统民族文化资源的挖掘整理、开发利用还不够深入，旅游项目和产品对地方特色文化的凸显和展示还远远不够，存在重复设计且水准低的问题。草原旅游主要以“看草原风景、吃手把肉、喝奶茶、骑马”的方式为主，相同的服务、相同的产品项目重复上演。无论是旅游景区还是牧户游的开发方面，都存在“骑黑马、拜圣山、品策格、听潮尔、祭敖包、体民俗”的旅游文化的内涵还未充分挖掘，“两湖、两河、一口岸、一湿地、一圣山”的特色及以此为依托的巴尔虎传统游牧文化、巴尔虎民俗文化的展示不到位的问题。

2. 游客体验性项目少、层次低

在开发景区及牧户游方面，均在尝试开发体验性项目。通过将蒙古族传统生产生活项目融入旅游开发中，让游客体验放牧、骑马、乘敖登车、骑骆驼、射箭、篝火晚会、品尝地方特色的蒙古族传统美食等项目。例如，新巴尔虎右旗米吉格家庭牧场、乌斯日乐图家庭牧场、宇如勒家庭牧场等都在尝试让游客体验蒙古族传统生产生活、习俗、美食等。但总体上看，还存在体验项目品种少、层次低、简单粗放、未能真正体现草原文化精髓等问题。

3. 旅游和产业融合发展程度低

牧区人口分布稀疏，牧区旅游景点分散，无论是旅游 + 文化，还是旅游 + 其他产业的融合发展程度都很低。

第一，文化与旅游融合发展方面有很大的提升空间。目前，内蒙古各地在文化与旅游融合发展方面进行了一定的探索，但文化引领旅游、旅游彰显文化更多是停留在表层，各类民俗文化节事活动还未能真正引领旅游业的发展。相应地，旅游业对传统文化的彰显、传承和发展还不明显。

第二，旅游业与其他各类产业之间的互融共赢的态势尚未形成。旅游业对其他各类产业的带动以及各类产业对旅游业的促进作用还未真正形成。草原上的旅游景点及牧户游层面，吃、住、行、游、购、娱六要素发展不协调，旅游产业链还没有形成。尤其是牧户游，尚处于初级发展阶段，规模小、接待能力小、服务功能不全，且受季节性影响大，难以形成产业化发展态势。旅游业对肉制品、奶制品、服装、工艺品等相关产业的带动功能还没真正发挥出来，旅游 + 产业融合发展的大产业体系还没有形成。

4. 宣传推广不到位，品牌效应不明显

当前，内蒙古自治区通过中央电视台新闻频道《朝闻天下》、内蒙古电视台卫视频道等电视媒体投放了“壮美内蒙古 · 亮丽风景线”等形象广告及宣传广告片，也在各大城市一些人口流动量大的广场、机场、高铁站的大型 LED 屏、灯箱、公交车移动媒体投放了“亮丽内蒙古”旅游宣传广告，并同步在门户网站、旅游网站和社交新媒体推送内蒙古旅游信息，还通过各种推介会、专题会等形式向外界宣传内蒙古独特的旅游资源和产品。但很多人仍然对内蒙古自治区各类 A 级乃至 5A 级景区不太了解，品牌效应未能很好地发挥出来。尤其是旗县、苏木等基层，因受到资金、技术、宣传方式等诸多因素的影响，还未能将当地牧区独具特色的旅游文化、旅游线路等很好地推广出去。尤其在政府网站上，对旅游景点及线路的介绍及宣传方面做得还不到位。课题组在调研中发现，诸如阿巴嘎旗策格文化、别力古台文化、阿巴嘎乌冉克羊肉、新巴尔虎右旗羊肉（简称西旗羊肉）及相应的饮食文化等当地独特的文化资源更多的是局限在当地人了解的范围之内，外地人很少了解，知名度需要大幅度提升。

5. 红色旅游、跨境旅游资源挖掘不足

各地虽然在积极推进红色旅游、跨境旅游，但整体上看，红色旅游、跨境旅游仍处于初步探索阶段。

就开发红色旅游而言，当前红色旅游的投资过分依赖国家拨款。开发资金短缺使得各地政府难以对当地红色文化旅游资源进行整合开发；已经开发的红色旅游，馆藏内实物、内容大同小异，重复开发现象比较严重；开发中单方面强调教育意义，缺乏趣味性，难以满足旅游者的需求；红色旅游基础设施建设也不完善，特别是通往主要旅游景点的公路条件差；景区内服务水平有待于提高，多数讲解员依据导游词的固定模式进行记忆、背诵后讲解，讲解缺乏活力和灵活性，导致部分游客不能完整、深刻地领会红色文化和精神等。这些都是导致内蒙古地区草原红色旅游发展比较缓慢的原因。

就跨境旅游开发而言，内蒙古与蒙俄之间的跨境旅游出现了良好发展势头，也推出了一些跨境旅游路线及旅游项目，但也面临着诸如中蒙俄三方的协调合作机制有待于深化、完善，跨境旅游项目内容不够丰富，旅游产品类型单一的问题。跨境旅游更多是停留在边境旅游阶段，而不是更深层次与多渠道的跨境文化旅游合作。

6. 旅游基础设施建设相对滞后

因牧区地广人稀，公路覆盖率低，公路等级低，多数牧区公路使用年限在10年以上，导致道路破损严重，成为旅游业发展的瓶颈问题。

旅游景区及家庭牧场的水、电、网络、标识标牌、厕所等基础设施不完善，住宿、餐饮条件有待改善升级，与现代化的旅游景区基础设施及餐饮、住宿等条件有一定的差距。这些直接影响了接待能力和服务质量，造成了知名度、吸引力和经济效益不足。

（四）公共文化服务体系不健全，多元参与格局尚未形成

1. 公共文化服务经费不足，资金来源单一

文化的灵魂地位从地方领导到普通牧民人人皆知，但是构筑“灵魂”的工作需要长期的投入和坚持，一般表现为润物细无声和细水长流，不可能做到立竿见影。加之牧业旗财政实力普遍不够强大，从而在实际工作开展中，在经费方面，支持文化事业的发展和公共文化服务供给表现得力不从心。以文化馆（站）为例，文化馆（站）是开展全民艺术普及的文化事业机构，组织、辅导、开展丰富多彩的群众文化活动是其重要的职能。通过访谈工作人员了解到，因为受到经费的制约，很多意义非常好的群众文化赛事活动无法组织开展。

当前，牧区公共文化服务建设资金来源单一，主要靠上级部门划拨的经费和地方政府的配套基金，缺乏多元主体参与机制，多种社会力量未能调动起来。图书馆、博物馆、美术馆、文化馆在公共文化服务体系中的重要地位是众所周知的。由于经费不足，有些牧业旗还没有建设图书馆；博物馆的场馆从外观上看建设得相对较好，但是存在内部所陈列的物品不多、展品的层次较低、内容的考证也不够严谨的

问题；美术馆在多数牧业旗都没有建设。

2. 文化类社会组织参与公共文化服务能力差

文化类社会组织就是一种非常重要的社会力量。文化类社会组织是指文广影视行业的社会组织，是不以营利为目的的公益性质文化团体。这些社会组织主要分为四大类：第一类是社会团体（除行业协会外），即协会、学会类的社会组织；第二类是民办非企业单位，简称“民非”；第三类是基金会；第四类是行业协会，是指介于政府、企业之间、商品生产者与经营者之间的社会中介组织。

牧区文化类文化组织的数量相对来说不算少，种类也较为丰富，涉及马文化、蒙古象棋、搏克、射箭、民歌、乐器、摄影、环保等多个方面。但是一般规模较小，实力不够强大，组织的活动也相对较少，影响力不大，普遍表现为活力不足，基本处在非常传统的民间文化组织状态。这种弱小的文化类社会组织不太具备参与公共文化服务的能力，很难参与到公共文化服务领域中，只有在现代文化治理理念指导下，得到地方政府相关机构的孵化、培育以及项目经费资助等支持的情况下，才能得以发展壮大。

3. 公共文化服务产品需进一步切合牧民实际需求

在“十一五”期间，通过开展社会主义新农村建设实现了牧区嘎查草原书屋的全覆盖。当前来看，每个草原书屋里的书籍都不少，但是通过调查发现，很多汉语书籍都是未拆封状态，这与牧民的汉语阅读水平普遍较低有密切关系，而牧民能够阅读且喜欢阅读的蒙文书籍的数量相对较少。从内容上看，符合牧区文化特点、有利于牧民生产生活的书籍比例也相对较少。从旗公共图书馆的图书资源来看，蒙古语书籍比例也不够高。牧民在阅读书籍的语种选择上首选的是蒙古语，普遍喜欢阅读蒙古语书籍，多数中老年牧民汉语阅读水平较低。

在基层，从每月放映一场电影的流动公共文化服务情况来看，首先，由于牧区地域辽阔、牧民分散居住的原因，目前一般都在乡镇放映；其次，观众非常少；最后，影片内容受限，不太切合牧民的实际情况。

从乌兰牧骑的文艺演出内容来看，蒙古民族传统文化的内容在变少。通过走访牧民了解到，他们更喜欢长调、民歌、民族舞蹈等蒙古民族传统文化的内容。

4. 乌兰牧骑人才队伍的创作能力有待提高

创作人才是乌兰牧骑发展和更好地为基层群众服务的重要因素。没有好的编导、好的创作人员，乌兰牧骑很难有好的且满足牧民文化需求的作品，更难出精品。阿巴嘎旗作为优秀一级乌兰牧骑，依托深厚的底蕴和前辈的培养，队员的创作能力还比较强。但是很多乌兰牧骑队伍明显缺乏创作人才，没有编导和音乐创作人员，舞蹈节目几乎全靠外请老师编排，声器乐作品创作方面仅有个别有创作爱好的演员。

五、推动牧区文化振兴的对策建议

内蒙古牧区有着原生态的自然风貌、历史悠久的游牧文化、民族特色的非物质文化遗产、乌兰牧骑为主导的文化服务和独具特色的传统民俗文化。挖掘、保护、传承和发展牧区传统文化，推动牧区文化振兴，为牧区经济、社会更好更和谐发展服务，为牧区“三生”共同体、“五位一体”建设的战略布局和牧区的全面振兴服务。

（一）基本理念

以“生态—生产—生活—文化”融合发展理念推动牧区文化的传

承与振兴，此发展理念是根据牧区生态、生产、生活、文化四个方面有机融合的显著特点而提出的。遵循“生态—生产—生活—文化”融合发展理念，发展现代游牧生产方式，通过移动式放牧、轮换利用草场，实现草原生态的可持续性，发展生态文化旅游和特色文化产业，挖掘保护游牧文化的精髓，将绿色环境和地方性经验展示给世人，从而获得生态、文化、经济、社会四重效益。

（二）基本思路

1. 发展现代游牧生产方式，抓牢牧区文化的根基

牧区最为核心的文化是人与自然和谐共生、天人合一的游牧文化。游牧文化的核心是生态的可持续性。游牧文化基于游牧生产方式而产生，其传承和发展也要依托游牧生产方式这一根基。在推动牧区现代化的新时代，现代科技、现代生产经营理念与传统畜牧生产方式的有机结合，将会使牧区经济、社会和文化进入新的发展阶段。牧区现代化试点工作中倡导的牧民生产合作化、鼓励集体经济的发展和扶持新型经营主体，为游牧生产方式在一定程度上的恢复和发展带来了历史机遇，同时也为传承和发展牧区传统文化、推动牧区文化振兴提供了良好的基础。打牢这一基础是实现牧区文化振兴的根本保障。

人们都看到了这样的一个事实，即传统畜牧业生产方式保护得越好的地方，牧区传统文化传承得也越好。因此，保护和传承牧区传统文化，保护其根基是根本。如果失去了这一根基，文化的传承和发展便无从谈起，更谈不上文化的振兴。当前，牧区现代化试点旗正在努力通过牧民生产合作社的方式整合草场，以试图在一定程度上进行移动式放牧、轮换利用草场的试点工作。这种尝试虽然面临着诸多困境，但非常符合畜牧业生产的特点和需要，是大势所趋。草场的整合将为

游牧生产方式提供必要的空间，是草原畜牧业经济得以发展的根本保障，也是牧区文化得以传承和发展的重要基础。因此，借助合作社等新型经营主体，对草场进行大面积整合，扩大草场空间，为畜牧业生产活动的有序进行提供根本保障，只有这样，我们才能实现草原生态的可持续性，也才能真正实现牧区文化的传承与发展，推动牧区文化的振兴。

2. 文化与产业有机融合，实现经济和文化双重效应

牧区草原生态、游牧文化、非遗文化、特色民俗等都是非常宝贵的文化资源。在牧区大力发展现代游牧生产方式的基础上，依托合作社、家庭牧场等新型经营主体，整合高校、科研机构、非遗传承人、牧民等人力资源，开发一批具有地域文化特色的文化产品或文化传承载体，转化牧区的文化资源，开发文化产品，带来经济效益，提高牧民的收入，实现文化与生产、文化与生活、文化与市场的紧密结合，达到文化助推经济发展、经济保障文化繁荣，实现保护牧区生态环境，提高牧民生活质量，促进“三生”共同体的和谐持续发展。

筹建游牧文化博物馆、五畜文化博物馆、民俗文化展示体验场馆、非遗传承基地、饮食文化体验基地，筹划特色节事活动和大型演绎表演项目，开发红食白食文化产品、毛毡皮艺类非遗文创产品、马文化产品，发展自然生态游、民族风情游、草原文化体验游等，都是实践这一思路的一些做法。以饮食文化为例，目前也有一些成功的案例，例如，在呼和浩特开创的蒙古族传统奶食正统品牌“97 牧场”以蒙古族传统白食文化为核心内容，结合现代科技、网络营销手段，成功地将民俗文化资源转化为文化产品，获得了文化传承与经济收入的双重效益。

3. 文化与民族教育融合，普及民族文化，增强文化认同感

传承民族文化是民族地区教育的职责与使命，民族教育对文化传承具有重要的路径意义。民族教育从横向来看，有学校教育、社会教育和家庭教育等的划分；从学校教育的实施进程来看，有幼儿、中小学、高中、大学等不同阶段层次的划分。通过民族教育进程传承发展文化时，应依据不同阶段的教育对象特点，实施民族文化教育，普及民族文化，提高民族文化价值认同，形成全社会的文化学习与文化行动，营造文化传承与发展的良好文化氛围，使每一位牧民都成为文化振兴的主人翁。

一是牧区中小学开设非遗文化内容的课程，开展传统民族文化教育。学校教育是传统民族文化走向规范化、科学化、普及化的重要渠道。在学校开展非遗文化教育，不仅可以传承和发展传统文化，使文化传承与保护意识从小根植于广大民众的内心，还可以增强民族凝聚力，有利于营造良好的文化氛围。当前，就非遗文化而言，在自治区文化与旅游厅实施的非物质文化遗产保护传承的“千校计划”，已经使蒙古象棋、马头琴、呼麦、搏克等一部分非遗文化走进校园，取得了一定的成效。在此基础上，继续联合教育和体育部门，依托牧区义务教育，开设传统文化教育必修课，大力推动蒙古象棋、马头琴、呼麦等非遗文化的普及。

二是在职业院校开设相关专业，开展传统文化的职业教育。如非遗文创专业、马术专业等，培养文化传承与发展的专业人才，促进传统文化发展的学科建设和科学研究，为文化产品的创新与文化产业的发展提供人力智力保障。

4. 试点先行，建设草原文化特色小镇，推动文化振兴

在牧区现代化试点旗同步启动草原文化特色小镇建设项目，作为推动牧区文化振兴的突破口。依托合作社、家庭牧场等新型经营主体，发展生态、文化、体验三位一体的生态文化旅游业，开发非遗文创产品、马文化产品、旅游纪念品，加工传统与现代工艺结合的精细奶食品和肉制品，实现三产融合。在草原文化特色小镇里建设集展示、体验、传承、保护、研究、销售为一体的游牧文化、五畜文化、非遗文化、民俗文化、饮食文化场馆和基地。此外，扶持发展乌兰牧骑及业余乌兰牧骑等文化机构和文化组织，普及蒙古象棋、马头琴、呼麦等非遗项目，打造地方民俗节事活动品牌，策划创作代表性文艺作品等来扩大文化影响力。

（三）具体措施

1. 发挥民族文化优势，打造地域特色民俗文化

（1）培养传承民俗文化的后备力量

没有了草原畜牧业和牧民，民俗文化就失去了其生存、发展的基础。因此，传承和发展牧区民俗文化，就要保护、发展草原畜牧业，培养好传承民俗文化的后备力量。

培养传承和发展民俗文化的后备力量，主要靠内部造血式培养，即以当地的牧民为依托，发展后备力量，这批力量是传承和发展传统民俗文化的内在动力。针对正在从事畜牧业的牧民，尤其是年轻人，通过培训、学习参观等方式来提高其传承、发展传统民俗文化的能力。例如，传统游牧民俗、传统手工艺、民族服饰的缝纫、传统饮食的制作等，可以尝试通过培训、学习参观等方式来提高牧民传承和发展传统民俗文化的能力。当前，内蒙古地区正在开展的传统民俗文化传承人的培训就是一个很好的开端。针对成为大学生的牧民后代，鼓励其毕业后回到牧区从事传统与现代相结合的畜牧业生产，并在政策、

资金方面给予一定的支持，创造更好的发展空间，让其安心扎根在牧区，成为传统民俗文化的传承人。发展牧区经济和文化，培育良好的牧区人文、生态环境及创造更好的发展空间是吸引牧民后代回到牧区发展的基础，也是培养传承和发展传统民俗文化的后备力量的重要途径。

（2）挖掘、转化传统民俗文化，开发民俗文化产品

加大对独具地方特色的民俗文化的挖掘、转化和展示力度，向世人展示民俗文化的多样性。以传统畜牧业生产方式为基础，依托互联网、大数据、云计算、智能通信、物联网等信息技术手段，依靠高校、科研机构等研究力量，加大对传统文化的挖掘、转化和展示力度，开发一批具有地域文化特色的诸如大型演绎表演项目、民俗节事活动、民俗文化展示馆、民俗文化体验基地，真正实现民俗文化与文化产业、旅游产业等各类产业的融合发展。

当前，内蒙古地区各级地方政府正在抓住时代机遇，在文化引领旅游等各类产业的发展，并通过旅游等各类产业促进传统民俗文化的传承和发展方面已经做出了一定的尝试，取得一些成效。如前所述，当前内蒙古各地区举办的那达慕、冰雪节、马文化节及各类祭祀活动，不仅向世人展示了蒙古族传统文化的魅力，而且促进了当地旅游业及其他各类产业的发展，取得了经济文化发展的多重效益。今后，在总结经验的基础上，要在以文化促进产业、以产业彰显传统文化方面继续发力，进行更多的探索，走出一条具有地方特色的文化产业旅游融合发展之路。在众多丰富多彩的民俗文化中，并不是所有的民俗文化都适合与产业融合，因此在民俗文化资源开发时，要选择具有鲜明地方特色和民族特色的、能够转化为某一种文化产品或者被旅游所利用的民俗文化进行开发。而且有重点、分层次地开发，而不是一刀切地

开发。课题组在调研中了解到，阿巴嘎旗始终以“别力古台文化”“哈日阿都文化”为内核向世人展示传统民俗文化，发展文化产业和旅游产业。各地地方政府应该抓住特色的地方民俗文化内核，以此凸显主题，纵深挖掘，并以科技作为支撑，将民俗文化转化为文化产品向世人展示，只有这样，民俗文化才能真正得以传承和发展，保持永久的活力。

（3）保护好民俗文化中最具特色的内容

开发传统民俗文化资源时，应注意处理好开发与保护的关系。保护不等于不开发，开发是为了更好的发展。在开发民俗文化资源时，应坚持“开发与保护相结合”的原则，保护其最具特色的内容。以制作奶食品为例，随着科学技术的发展，人们在制作奶食品时，通过机器挤奶、分离奶油与酸奶，甚至用机器做奶酪。但通过这种方式做出来的奶食品并没有得到广大消费者的欢迎，人们还是愿意选择传统奶食品制作方法。因此纯手工奶酪、黄油、白油再次得到消费者的认可，纯手工再次吸引消费者的眼球。又如，蒙古袍的缝制方面，吸引消费者的是手工缝制、手工刺绣，而不是机器缝纫部分。可见，传统民俗文化精髓的部分就在于其原汁原味，这是传统民俗文化得以传承和发扬光大的秘诀，也是传统民俗文化吸引人们眼球的要义所在。因此，对传统民俗文化资源进行开发时，要保护其中原汁原味的精髓部分，保证在其原汁原味的基础上开发利用，只有这样我们才能实现传统民俗文化的可持续发展，才能保持其永久的生命力。

（4）加强传统民俗文化的学习和宣传推广

首先，发挥学校的教育阵地作用。学校教育是传统民俗文化走向规范化、科学化、普及化的渠道。当前内蒙古地区的一些民俗文化已经进入校园，这对于蒙古族传统民俗文化的传承和发展具有非常重要的意义。我们要继续尝试，不断创新，继续发挥学校在传承和发展传统文化中的重要作用。

其次，利用新型媒介加大宣传和推广的力度。要让蒙古族传统民俗文化走出去并被世人所熟知和了解，就必须转变观念，充分利用各类新型媒体的力量进行宣传和推广。利用广播、电视、报纸、微信、网站、抖音等各种媒介介绍内蒙古各地区独特的民俗文化，让更多的人了解蒙古族传统民俗文化及其衍生的文化产业、旅游产业，让更多的人了解牧区、走进牧区。

最后，充分认识并发挥家庭的作用。美国学者本尼迪克特说："个体生活历史首先是适应由他的社区代代相传下来的模式和标准。从他出生之时起，他生于其中的风俗就在塑造他的经验和行动。"在传统民俗文化的传承和发展中，家庭的作用是潜移默化的，也是最具影响力的。蒙古人对传统饮食、服饰、艺术、敖包祭祀、那达慕、射箭、搏克、沙嘎等各种传统民俗文化的认知，首先是通过家庭中的父母等长辈的一言一行在无形中得以塑造的。因此，要正确认识家庭在传统文化的传承与发展中的重要作用，家庭中的父母等长辈要充分利用家庭教育，通过各种民俗文化活动的参与，通过自身的言谈举止向晚辈有效传递传统民俗文化的信息，塑造其文化认同感，为传统民俗文化的传承和发展助一臂之力。

2. 依托马文化和非遗文化资源，大力发展草原文化产业

（1）传承蒙古马文化，发展马文化产业

发展马文化产业，一方面要弘扬蒙古马精神，广泛传播马文化。蒙古马是蒙古民族和内蒙古地域文化的象征，而蒙古马精神则是内蒙古各族人民共同团结奋斗、共同繁荣发展的精神象征。另一方面开发马文化产品，发展马文化产业。

马文化产业主要包括博彩赛马业（包括马术业）、旅游马业和产品马业（马产品综合开发）三个方面。最具市场潜力的是博彩赛马业[①]。国外发达国家马产业经过了农耕转型为现代娱乐的历程，马产业发展的核心是马彩。马产业的第二个方面是旅游业。旅游景点应该设有各种马上技巧项目，如马队接送、赛马、驯马、骑马、马车、马术表演以及具有民族特色的马工艺品等，而且应注意旅游用马的质量（包括体型外貌和体质、毛色等），使其能代表草原上的骏马，这样才能吸引更多的旅客来参观、旅游。马产业的第三个方面是加强马产品的开发研究。蒙古马的全身都是宝，马奶、马肉、马脂、孕马血清、马皮、马鬃、马尾等，可以开发天然、绿色、营养、保健和医疗性食品等高附加值产品。尤其是酸马奶，对肺结核、贫血及消化道疾病有显著的疗效，是不可多得的保健奶制品。酸马奶在草原上久负盛名，蒙古族人民在长期实践中发现酸马奶不仅是营养丰富、易消化的食品，而且还是抵御疾病的“医药保健品”。

现代马产业是建设现代农牧业的重要内容。要实施乡村振兴战略，加快农村农业的现代化，现代马产业发展在农业现代化道路上大有可为。发展现代马文化产业可从以下具体措施入手。

1）制定马文化产业发展的专项规划

2017 年 12 月，内蒙古自治区人民政府发布《关于促进现代马产业发展的若干意见》，明确提到要将促进现代马产业发展纳入当地经济社会发展规划中，推动现代马产业又好又快发展。制定现代马产业发展的专项中长期规划，明确马产业结构和发展方向，制定马产业布局，确保马文化与马产业在结构布局、产业投资、技术创新、市场

---

① 芒来：《蒙古族马文化与马产业发展之我见》，《内蒙古农业大学学报》（社会科学版）2008年第40卷第10期，第229～233页。

运作等方面的可持续协同发展，将马产业发展的若干意见落到实处。王怀栋学者提出了内蒙古马产业发展的三阶段实施方案：第一阶段为2019—2020年，现代马产业的制度框架和政策体系基本形成，形成民族与科技相融合的民族马业和现代马业“二元一体化”发展格局；第二阶段为2021—2025年，初步健全马产业的制度框架和政策体系，马业第一、第二、第三产业融合发展格局初步形成；第三阶段为2026—2030年，内蒙古马产业发展取得决定性进展，马产业现代化基本实现，马业三产结构得到根本性的改善，赛马水平处于国内领先地位，马匹繁育科技水平达到全国先进水平。从自治区一级顶层设计内蒙古现代马产业发展的中长期规划，逐步落实到盟市、旗县一级，甚至具体落实到具体的试点村和试点户中。只有试点地区先行，才可将《现代马产业发展重点项目实施方案》中所提到的“对饲养基础母马50匹以上养殖户，每匹给予1000元补贴”这一方案具体实践。

2）举办以“弘扬蒙古马精神，振兴马文化产业”为宗旨的论坛

2019年11月29日至12月1日，中国马业协会、自治区党委宣传部、自治区文化和旅游厅、呼和浩特市人民政府共同主办了“2019世界马文化论坛”。在呼和浩特聚集了来自30多个国家的马业权威机构的行业领袖及授权代表和中国马业界翘楚与精英们，以“中国马文化与世界马文明”为主题，对话历史、对话文明、对话未来、对话世界，并以尊重马文化多样性、蒙古马精神的世界意义、马文旅融合发展和现代科技与马产业为四个分议题，进行思想上的交流碰撞。此类论坛对内蒙古马产业发展至关重要。因此，要利用自治区每年举办的中蒙博览会、内蒙古绿色农畜产品博览会、马文化节暨马文化博览会举办多层次的、宽领域的、交叉学科的国际马业论坛，召开马产业发布会

和推介会，搭建有关马文化和马产业发展的交流平台，全方位展示马产品、马匹繁育及饲养技术、马医药与兽医服务、马运动用品、马术俱乐部、马艺术品及文化、马术赛事及旅游等方面的实物、影像、书籍资料。每年定期邀请国内外的顶级马业专家学者，围绕马产业发展、马文化、体育赛事、特色旅游，把脉内蒙古未来马业发展。

3）依托优势，建设现代马文化特色小镇

依据草原文化资源、马文化底蕴等资源优势，如内蒙古“四大名马”的克什克腾铁蹄马、乌珠穆沁白马、阿巴嘎黑马与鄂尔多斯乌审马等，在牧区旗县中选出“马文化特色旗县（小镇）”示范点，开展“马休闲旅游”项目。如阿巴嘎旗以“中国马都”锡林郭勒盟建设为契机，围绕旅游景点建设现代马业特色旗，推进哈日阿都主题酒店、马术学校、哈日阿都主题博物馆、哈日阿都主题商业街等相关项目的建设，打造一批以马文化、马竞技、马表演、马体验为主的集观赏性、游乐性、体验性、纪念性于一体的旅游项目和产品。

4）形成现代马产业链条，打造“马业”示范园

目前马产业发展逐渐从传统马产业向现代马产业转型。传统马产业更多是以役用为主，马匹广泛使用于农业、交通、军事和骑乘领域，而现代马产业更多是以非役用为主，指向赛马、马术和体育娱乐和马产品综合开发等。现代马产业发展由“六个维度”形成产业支撑，即“马文化”“马科学”“马产品”“马赛事”“马人才”“马制度”[①]。“马文化”是事业之魂，“马科学”是创业之源，“马赛事”兴业之道，“马人才”立业之本，“马制度”建业之基，“马产品”是务业之实。因此，引进国内外马产品产业化开

① 王怀栋：《内蒙古马产业振兴发展战略研究》，《北方经济》2019年第11期，第31～34页。

发企业，生产附加值高的精深加工产品尤为重要。开展马产业综合开发研究和保护，努力打造综合型马产业的成熟链条，深入挖掘马产业价值，因此推进酸马奶、马奶饮品、孕马血清、马雌激素、马油、马肉等产品的开发生产。积极培育并扶持马产品开发加工龙头企业，打造特色品牌，详细划分马产品的养生系列、医用系列、保健系列等类别。同时分门别类严格制定马产品的生产技术标准和技术规格，依托“马都”“马颂”“马牌”，结合当地牧区旗县马文化资源，打造马产业第一、第二、第三产业融合发展先导区和示范园。

5）打造大型全景剧目，制作马文化影视作品

可借助内蒙古民族艺术剧院《千古马颂》大型驻场旅游演出和兴安盟金马鞍马业的“金马鞍”实景剧，如图 7–4 所示，大力打造大型全景剧目，制作养马、驯马、套马、赛马等马文化的影视作品。策划名人访谈、骑乘休闲、赛事活动等专题节目，强化马业协会、马术俱乐部、马术运动协会、马育种协会、马兽医协会、马产业联盟等各类马业社会组织的联动，切实发挥桥梁和纽带作用，采取“马文化专题 + 系列赛马”方式，全方位展示如哈日阿都文化、查干阿都文化等不同地区的马文化和相关赛事，统筹推进马产业的发展。现代马业不断扩展至旅游、文化、休闲娱乐等领域，骑马旅游、景区骑马、马术体验、表演马术等活动逐渐成为广受普通消费者欢迎的休闲消费运动项目。如锡林郭勒盟“中国马都”和“哈日阿都”文化旅游品牌，开展一系列赛马、驯马、套马、马术表演等体育活动。

图7-4　兴安盟金马鞍马业实景图

（2）挖掘草原文化精髓，发展非遗文创产业

非物质文化遗产都是在特定的生态环境下形成的，根植于不同的自然条件和民族特有的生产实践、经济生活中，注入了该民族的情感、意愿与智慧，是一个动态的有机整体。内蒙古非物质文化遗产有着深厚的民族文化积淀，带有明显的时代印记、典型的游牧文化风貌和鲜明的地域生态特色。为了推进非遗的传承与发展，近些年国家与自治区政府先后出台了《关于实施中华优秀传统文化传承发展工程的意见》《关于大力振兴传统工艺助力精准扶贫的通知》《中华人民共和国非物质文化遗产法》《内蒙古自治区非物质文化遗产保护条例》等政策法规。在这些利好政策法规的扶持下，发展非遗文创产业可从下列措施入手。

1）营造全社会非遗保护与传承氛围，全方位发展文创产品

内蒙古自治区各级党委、政府及牧区旗县进一步加强对以非物质文化遗产为主导发展文创产品的重要性的认识，使这一举动成为全社会的一种文化自觉和文化行动。非遗生于民间，寄托于文创产品，只有依靠政府、社会、传承人和民众等全社会力量，开发出更多的文创产品，才能得到更好的保护与传承。内蒙古牧区地域辽阔，所辖苏木镇众多，借助新式的传播方式进行宣传，营造全民重视非遗、挖掘非遗、保护非遗、传承非遗、开发非遗文创产品的良好的氛围。一是通过各种媒介和手段加大对非遗的政策宣传与知识普及，使广大民众自然和自觉地接受、认知、熟悉、喜爱非遗；二是积极开展“文化遗产日”“非物质文化遗产节”“文化遗产保护月”“非物质文化遗产讲座”“非物质文化遗产成果展览”“非物质文化遗产保护培训”等专项文化活动，提升民众的非遗情怀和从业人员的专业知识；三是深化文化遗产学学科建设和相关学科研究，培养一批非遗研究者，为非遗保护提供调查数据、理论指导、实证案例、智力支持；四是探索创新非遗与电影电视、数字媒体、网络视听、动漫游戏、创意设计等的结合，努力拓展非遗的传承传播渠道，效仿中央电视台的《中国民歌大会》《中国诗词大会》等一大批展现非遗内涵与魅力的优秀多媒介节目，制作展现内蒙古地区非遗文化的《非遗饮食》《非遗技艺》《非遗民俗》等融媒体节目，激发大众特别是年轻一代对非遗的浓厚兴趣。

2）利用智能媒体传播非遗，拓宽非遗文化产品销售渠道

传统媒体的传播力已经大不如前，应采用智能媒体技术传播非遗，展示非遗文创产品，多渠道推销非遗产品，拓宽非遗产品市场，提高非遗产品市场份额。智能媒体是移动互联网技术、物联网技术、大数据技术与人工智能技术综合运用，实现人机高度交互与协作的新媒体

形式。智能媒体技术在非物质文化遗产传承、传播、展示与推销中发挥巨大的作用，一方面将突破人们对文化传播的认知结构，使非物质文化遗产传承主体更多元，传播形式更多样，审美体验更深刻，可通过微信公众平台、抖音方式等进行非遗传承与传播；另一方面也将构建一种崭新的传播形态，实现裂变式传播，使非物质文化遗产的传播变得更快捷、更高效、更精准。智能媒体技术通过建立更大的文化传播平台、刺激更广的文化消费、转化更多的文化资源，可促进非物质文化遗产更有效的传播和更高质量的利用。

3）形成"非遗+"发展路径，形成非遗文创产品体系

践行"非遗+"创新发展路径，促进非遗与其他产业的融合是其未来的发展方向。在文旅融合的发展背景下，尝试"非遗+旅游"模式、"非遗+研学旅游"模式。牧区也可借鉴国内外非遗发展路径成功的模式，以"文化性价值"为核心，开发特色非遗文创产品，开发多样化系列产品。让非遗文化与城市化、现代化、信息化等发展趋势结合起来，使非遗的生产方式、审美样式、色调图案等体现方式符合当代设计、艺术和现代生活，通过改革和创新，适应当代人的审美观念和实用需求。如非遗产品系列方面，传承人纯手工银制品之类的制作产品，可走高端精品市场，用于会展展示或定制收藏；非遗作坊从业人员技艺手工作品，如毛毡之类的大部分由机械化小批量制作的作品，可走中端市场；文化企业研发设计人员将非遗的色彩和图形进行提炼，借助创意，将传统手工生产方式与现代机器工业生产方式相结合，衍生出全新的非遗文创产品，可定位低端市场，满足一般老百姓需要。

4）资金到位、人员保障、制度支撑，建立三维保障体系

一是加大投入，设立专项资金。非遗保护资料收集、影像摄制、书籍出版、宣传推介、活动举办、设备配置、设施改善、传承发展、

调查研究等方方面面都需要强有力的经费支持。各级政府作为非遗投入方，要加大财政投入，建立非遗保护专项经费，专款专用，资金进行垂直管理。还需广泛吸收社会资金，通过赞助、募捐、入股等社会资本的集合，随着经济发展逐年增加。制定优惠政策，从旅游、餐饮、住宿、交通等相关产业收入中提取保护基金，积极争取文化遗产相关企业、从业者的经费投入与支持，构建多元投融资体系，奠定坚实的经费支撑基础。

二是注重传承人的培养。设立非遗保护工作岗位，给予编制，选配专业人才从事此项工作。加强对专业人才和民间文化传承人的教育培训，给予一定的经济待遇，鼓励他们带徒授艺。可启动“优秀传人”培养计划，通过拜师学艺、集中培训、脱产研修等形式，培养一批“传承人”和“传播者”，积极开展非遗展示展演进社区、进企业活动，开设非物质文化遗产保护课堂，聘请优秀民间艺人进行教学，建立艺术实践或技艺教育基地，推进“1+X”非遗校本课程模式，即每所学校重点建设好1个全员参与的地方文化课程，X个部分学生参与的地方文化课程，多渠道培养人才，努力使非物质文化遗产项目传承后继有人。同时更加注重引导者、管理者、从业者、专家学者、受众者保护主体多元并用、齐心发力的组织体系的强大作用。非物质文化遗产协同创新把主体界定为政府、传承方、文化服务机构、教育机构和科研机构五个主体，分别对应非遗保护制度建设、非遗传承与创新、非遗传播与推广、非遗教育、非遗理论研究五大职能，多方协作共治。

三是非遗政策法规先行，健全监督体系。制定非遗传承与保护的地方性政策法规、实施细则、暂行条例保障和试行规定。明确在非物质文化遗产保护工作各环节开展评估的必要性，确定非遗传承与保护的基本原则、大政方针、方法手段、标准体系，细化政府和社会各方面力量的权利与义务。在绩效监督和责任追究方面，应建立奖惩机制，培育良性的非遗工作机制。

四是分级构建稳定的非遗评估检测体系，形成定期的非遗相关工作汇报制度，通过一定的组织性与约束力，搭建持续追踪的、多区域、多行业、多品种的非遗评估平台。

3. 依托游牧文化资源，开发高品质草原生态文化旅游业

（1）打造生态、文化、体验“三位一体”旅游文化资源开发模式

抓住内蒙古各地草原旅游资源具有唯一性和不可替代性的特点，突出草原生态、蒙古族民俗风情文化等独特的地域文化主题，打造生态、文化、体验“三位一体”的旅游文化资源开发模式。

一是突出牧区旅游资源的原生态性。牧区有草原、森林、沙漠、湖泊、湿地、冰雪等丰富的自然生态资源。在开发旅游文化资源的过程中，树立绿色发展理念，在保护草原绿色、原生态的基础上，突出这些地区草原生态资源所具有的唯一性和不可替代性特点，让游客真正体验“隔绝”世尘、“回归”自然的感觉，让草原成为旅客放松心灵、感受原生自然的旅游胜地。

二是注重传统文化的挖掘、转化、展示，体现旅游资源的地域文化特征。旅游资源不仅要在纵向层次上全面整合开发，而且要在区域层面上挖掘不同地域的文化特色。不同地域优秀旅游产品和项目的打造，必然经过对本地文化的解读、重塑和创造性表达，是对地方文化的功能转化和价值挖掘。因此，在草原旅游文化资源开发的过程中，不能仅仅停留在骑马、吃手把肉等外在表现形式上，而是要注重其文化内涵的展现。从纵深处挖掘和展示诸如阿巴嘎文化、迎亲文化等历史文化内涵，注重对当地传统历史的传承和发扬。要充分利用当地自然和人文资源，诸如以阿巴嘎成吉思宝格达山、别力古台札桑、阿巴

嘎博物馆、新巴尔虎右旗成吉思汗拴马桩、宝格达乌拉山、乌兰泡湿地保护区、思歌腾广场、巴尔虎博物馆等自然和人文资源作为草原旅游文创品的制作材料和设计灵感，充分展示当地的历史、文化、民俗、风情，以实现文化引领旅游、文化吸引游客的目的。例如，阿巴嘎旗、新巴尔虎右旗在构建以金海岸、成吉思汗拴马桩景区为龙头的呼伦湖观光旅游区，以宝格达乌拉山祭祀为背景的民俗旅游区，以乌兰泡湿地保护区为核心的观鸟旅游区等特色旅游区的过程中，一要挖掘体现自然生态资源的独特性、不可替代性特征，二要重视对阿巴嘎部落、巴尔虎部落地域性文化的解读、重塑和创造性表达，重视对地方文化的功能转化和价值挖掘，推出一批具有阿巴嘎草原文化、巴尔虎草原文化等草原地域文化特色和内涵的诸如五畜及民俗博物馆、民俗文化特色养生基地、民俗文化体验基地、品牌演绎表演项目、非遗传承基地、饮食文化展示基地、特俗民俗节事活动等旅游精品项目，并向游客展示，真正做到以文化吸引游客。

三是提升文化体验层次。开发一批传统文化体验项目示范点，在项目品种、层次、文化内涵挖掘方面进一步提升，真正将春季接羔、挠绒，夏季迁徙游牧，秋季打草，冬季查干萨日、祭火节、草原婚礼等生产生活场景及传统习俗融入旅游项目中，让游客亲身体验放牧、熬制奶茶、骑马、骑骆驼、套马、射箭、篝火晚会、乘敖登车、骑骆驼、品尝蒙古族传统美食、观赏蒙古族民族服饰、学习蒙古文字等活动。同时通过解说等形式让游客了解其背后的习俗禁忌等传统文化内涵。开发一些大型的文艺表演项目、特色民俗文化体验基地、民俗文化养生基地、饮食文化体验基地、沙漠体验基地、冰雪体验基地等各类品牌体验项目，让游客真正认识和了解蒙古民族传统文化。

在开发旅游文化资源的过程中，将生态、文化、体验融为一体，在生态中体验文化。在具体操作层面，依托现有景区、合作社、家庭牧场等载体，打造一到两处草原生态景区。景区内严格控制牲畜的数量，实现人草畜的平衡，必要时进行适当的人工种植来实现草原的绿色、生态发展。在此基础上，结合乌兰牧骑表演、特色民俗文化展示厅、五畜博物馆、民俗文化体验基地、养生基地、特色饮食体验基地等方式，开发特色品牌旅游文化产品及项目，彰显旅游文化的生态性、地域性、体验性特征，最终形成生态、文化、体验融为一体的旅游文化资源开发模式。

在这方面，宁夏水洞沟的做法值得借鉴。该景区主要依托四万年前的水洞沟遗址及中国保存最完好的立体军事防御体系进行开发。总占地面积 14.4 平方公里，是国家 5A 级旅游景区，景区在保护并体现已有的原生态元素的基础上，挖掘其地域性文化内涵，并创造性地开发了大量的趣味性、体验性项目。景区内的水洞沟遗址博物馆、远古家园和研学基地、藏兵洞、长城观景台、蒙古野性草原、《天降神石》VR 游戏等项目都设置了各类体验项目，让游客感受大自然的震撼场景，感受藏兵洞之世界奇观，感受冲浪车、自驾车、水陆两栖车、高空滑索、小型动力飞机、全地形战车等各类刺激游戏，感受乘骑骆驼、乘坐骆驼车、马车、牛车、木船和竹筏等各类交通工具。更让游客近距离感受中国唯一的大型实景马战史诗剧《北疆天歌》的震撼演出。这种设计通过保留原生态，挖掘地域文化内涵，提升产品项目的体验性、趣味性等环节，真正实现了生态游、体验游、文化游三位一体的旅游文化资源开发模式，值得学习借鉴。

（2）大力推进“旅游＋产业”融合发展模式

一是在文化引领旅游，旅游彰显文化上继续发力。认真领会习近平总书记关于文化和旅游融合发展重要论述精神，在对内蒙古独特的传统文化资源、生态资源、历史文化资源进行纵向深入剖析的基础上，因地制宜，走特色化、差异化发展道路。以各个地区独特的草原旅游文化资源为基础，以科技为支撑，挖掘文化和旅游产业链条各环节的融合点，通过各类民俗节事活动、文艺汇演、文化展览等各种形式展示当地旅游品牌，吸引游客，领跑旅游业，并通过旅游业彰显、传承、发展传统民族文化，最终在文化、产品、业态各个层面形成共融互赢的态势。

二是大力推进旅游与其他产业的融合发展。针对当前草原上的旅游景点及牧户游在吃、住、行、游、购、娱六要素方面发展不协调、旅游产业链还未形成的实际，可以考虑打造旅游产业园。可以依托现有的旅游功能区、现有的旅游精品路线来构建旅游文化产业园。打造旅游文化产业园，可以尝试通过“智慧旅游 + 文化产品”“智慧旅游 + 扶贫”“智慧放牧 + 农畜产品加工 + 智慧牧业旅游”等多种形式，将吃、住、行、游、购、娱作为一个整体，分别从制度、资金、人才、技术及特色文化等各个方面进行顶层设计。而无论是吃、住、行、游还是购、娱，都要充分彰显诸如别力古台文化、成吉思汗迎亲文化等当地独特的地域性文化，最终建立地域文化浓厚、主题鲜明的旅游文化产业，以实现旅游业对畜牧业及餐饮住宿、文艺表演、手工艺制作等各类产业的带动作用。目前，新巴尔虎右旗米吉格家庭牧场、乌斯日乐图家庭牧场在这方面正在进行探索，将吃、住、行、游、购、娱作为一个整体来考虑，让游客入住牧民家，吃住在牧民家，旅游娱乐在牧民草场，同时订购牧民的牛羊肉及奶制品。今后可在规模、层次上进一步提升，并在全区范围内进行推广。

（3）精细化宣传营销，打造文化旅游品牌

不断创新旅游专项宣传营销工作，通过“互联网营集群销”“智慧营销”等模式，利用政府网站、自媒体、新媒体、旅游推介会、商贸洽谈会、文化节活动、宣传片、宣传册、网络、微信、抖音、快手等渠道大力宣传内蒙古草原独特的生态文化旅游，大力宣传具有地域文化特色的旅游精品项目和精品路线，打造旅游品牌，提升内蒙古草原旅游的知名度，用品牌吸引游客。同时，加大对诸如西旗羊肉、巴尔虎传统奶制品、阿巴嘎策格及传统工艺品等草原地域特色产品的宣传推广力度，推动电子商务全面进入牧区旅游业，实现全部旅游商品网上交易。

（4）推动红色旅游、跨境旅游资源的开发

就红色旅游而言，拓宽红色旅游的资金来源渠道，通过财税政策吸引有实力的企业的资金注入，以改变当前资金来源渠道单一、资金短缺的短板。丰富红色旅游项目产品种类，提高游客参与度。依托内蒙古草原红色资源，挖掘具有地域特色的红色文化资源，并通过歌曲、舞蹈、话剧等形式呈现给游客。可以效仿井冈山的做法，开发一些体验性产品，让游客吃红军饭、穿红军衣、住红军房、走红军路，乃至利用 VR、AR 等新型技术，让游客身临其境感受红军当时的生活轨迹及其内含的革命精神。开发研学游行项目，让红色旅游成为党员接受红色教育的重要基地。完善道路交通、移动通信网络、标志等红色旅游基础设施。运用多元化的新型媒体加大红色旅游宣传力度，让更多的人了解内蒙古地区独特的红色文化资源。不断提高红色旅游服务水平。对于讲解员，通过自学、专业培训等多种途径，不断提升业务能力，改变当前生硬、死板的讲解方式，让游客完整、深刻地领会红色文化和精神。

在跨境旅游方面，根据国家“一带一路”建设和中蒙俄经济走廊建设的各项方针政策及国家文化与旅游总局关于跨境旅游合作的相关要求，在充分考虑内蒙古自治区地域差异的基础上，将中央宏观的跨境旅游合作机制具体化，制定总体规划方案。在跨境合作旅游线路、旅游项目内容及跨境旅游联合推广机制、跨境旅游联合执法机制等方面建立健全细化的合作协调机制。同时，积极打造跨国企业，发挥企业在旅游业发展中的主体作用，通过政府给予财政或税收方面的支持或补贴，鼓励企业积极参与跨境旅游合作，带动跨境旅游业的发展。大力推进民俗节庆活动、赛事、文艺演出、自驾游、团队游等多元方式，不断丰富跨境旅游项目、产品的内容形式。依托内蒙古草原独特的地域性文化打造旅游品牌产品，并通过联合宣传推广扩大跨境旅游产品的知名度与影响力。

（5）加大旅游基础设施建设力度

加大对旅游产业的投入，尤其是对公路、水电、标志标牌、旅游厕所等基础设施建设的投入力度，完善旅游硬件基础设施建设。例如，在公路建设方面，增加财政投入，改变当前牧区公路覆盖率低、公路等级低、使用年限久、道路破损严重的问题，破除旅游发展的瓶颈。在旅游软件设施方面，完善有线网络、无线网络、移动通信、监控设备、信息触摸屏等信息化基础设备，实现网络、移动通信的全覆盖，建立健全政府网站、企业网站、App、微信、小程序等，为游客提供更加人性化的优质服务。同时推进牧户游及旅游景点标准化经营管理，提高星级档次，提升服务质量。

（6）吸引“文化＋旅游”人才，服务于旅游资源的开发

人才是旅游文化资源开发的关键。只有不断吸引“文化＋旅游”人才服务于草原旅游业，才能真正推动草原旅游业的发展。可以通过旅游从业人员专业培养、培训、学习、对外交流、实地考察、智慧旅游服务人员素质能力的提升等多元化的途径，提高牧区旅游文化从业

人员的专业技能。首先，培养大量的本地“文化+旅游”人才。可以与高校合作或者定向培养的方式培养本地“文化+旅游”人才，以满足当地旅游业可持续发展的人才需求。其次，依托政策、资金等吸引在外的“文化+旅游”人才回归牧区，为草原文旅产业的发展做出贡献。最后，向知名的旅游胜地、知名的旅游文化专家等“取经”，组建由专家和资深人士组成的草原资源开发团队，服务于草原旅游文化资源的开发。

4. 结合牧区优势文化资源，推进牧区特色公共文化服务

不同区域的文化发展基础不同，文化资源优势不同，民众接受公共文化服务的愿望也有差别。发展公共文化服务事业首先要讲求“效率”与“公平”，因此结合地方特色开展公共文化服务项目就显得非常重要。对公共文化服务的愿望以及需要程度与当地居民的生活状态是紧密联系在一起的。因此，在推出公共文化服务内容过程中，要将居民和服务项目分层，就像发达国家在起步发展阶段时，要为居民列出种类丰富的文化菜单供消费者选择，影剧院、读书会、博物馆、演唱会等一般都是在城市举办，因此实际上这些公共文化服务项目属于城市居民。民间手工艺和传统民俗文化对于牧区居民而言可能会更加实用，因此建设针对牧区的公共文化服务内容应该从贴近牧民的生产生活、贴近牧区实际入手，从而推进具有牧区特色的公共文化服务内容建设。

（1）利用公共数字文化资源和平台，开展牧民文化科技培训

牧区文化的振兴以及牧业生产、产业、经营的现代化都需要以牧民整体科学文化素质的提升为必要条件。为了满足这一条件，提高广大牧民的整体文化科技水平，满足实际的文化科技需求，从而为牧区现代化事业的顺利推进服务，建议对应牧区现代化推进的时间，对牧

民开展长期的文化科技培训配套服务。

培训内容可大体设计为八大板块，即实用五畜养殖科技知识板块、实用法律知识板块、合作社经营及理财知识板块、非遗文创产品加工板块、生态环境保护知识板块、现代奶食品加工工艺板块、营销和销售知识板块、民族文艺板块。

借助科技工作者、高校教师、老牧民等人力资源，利用数字文化走进蒙古包工程和公共数字文化资源数据库，开发接地气、灵活多样的培训栏目和培训课程。培训方式可以采用线上和线下两种方式，以线上为主。线上培训可以借助旗融媒体中心、移动图书馆、移动文化馆等公共数字文化服务平台或开发相应的手机 App 软件、微信公众号等途径开展培训服务。先在牧区现代化试点旗进行试点，在取得一定效果并总结经验的基础上，推广到所有牧业旗县。为了保证取得实际效果并保障其顺利开展，应配套建立相应的激励机制。

（2）扶持壮大文化类社会组织，拓宽公共文化服务参与主体

当前的基层公共文化服务体系依然有较强的从政府到基层社区的“配送文化”意味、由高到低的“宣教文化”秉性，较重视政府的主导角色而较轻视民间社团、民办非企业法人机构、市场化或半市场化企业机构的参与和机制创新。

改革开放以来，社会组织逐步发育成为公共文化服务的一支重要力量。所谓“社会组织”，一般是指具有特定目标和宗旨，属于非营利性、非政府性的各种群体组织，包括社会团体、民办非企业单位、基金会及各类草根组织等。在“政府失灵”和“市场失灵”的双重困境下，社会组织介于政府与市场之间，因其公益性、专业性和志愿性，在解决公共文化产品与服务供给矛盾方面，具有很大优势，通常有更高的质量与效率。当前，我国正处于经济、社会和文化转型时期，文

化生产力相对落后，文化资源保护和开发任务较重，吸引社会组织广泛参与公共文化服务事业，有利于形成政府和社会组织合作共治、优势互补、良性互动的格局。

草原牧区有其独特的传统民族文化资源和乡土文化资源优势，有很多乡土文学艺术人才，并且也自发形成了不少草根文化组织，只是还没有被很好地发现、扶持和壮大。地方政府按照现代文化治理理念，大力扶持文化类社会组织，尤其是业余乌兰牧骑等草根文化组织，使其壮大，并引导参与公共文化服务，从而更好地保障牧民的文化权益和满足文化需求。

（3）依托非遗文化资源，打造地方群众文化活动品牌

千百年来，广大牧民一直喜爱那达慕、蒙古象棋、民歌、曲艺、沙嘎游戏等群众文化活动，同时这些也都是牧区宝贵的非遗文化资源。

当前，人民群众对文化产品的需求一方面变得层次更高，另一方面走向特色化，对民俗风情、地方文化、传统文化表现出浓厚的兴趣。告别送文化下乡，从牧民的生活世界入手，从牧民的生产生活与文化实践之中，从文化与社会的互动之中，提炼出其牧区文化的内生性，当我们重新回到牧民的历史传统与生活世界，进而发现牧民并不是没有探索自己文化的前途，只是没能得到很好的引导。人们总是从充斥着精英话语的现代媒体上获取部分牧民话语，把他们当作“亟待拯救”的对象。从“送文化下乡”的思维方式转变到发现、参与和辅导群众文化活动，是当前基层公共文化服务工作的方向，将牧区群众文化活动的主导权还给牧民。

牧区长期以来的群众文化活动往往与非遗文化有密切关联性，应充分利用这一特点，促进群众文化活动与非遗文化传承的有机融合，打造群众文化活动地域品牌，扩大牧区群众文化活动的影响力。这也

是激活牧区的文化资源与活力，并使之有益于牧民情感价值、世道人心的传播与弘扬的有效措施。蒙古象棋、马头琴等非物质文化遗产在牧区有广泛的群众基础，完全可以普及这些群众文化活动，并策划发展成为群众文化活动地域品牌。下面以牧民普遍喜爱的一项文化娱乐和智力体育活动——蒙古象棋为例，谈谈这一对策。

从弘扬草原文化和开发民族整体智力的高度出发，扩大民族传统文化的影响力，倡导健康文明的娱乐方式，普及该项群众文化活动，并扩大影响力，打造品牌。

第一，文化、教育和体育部门联合，依托牧区中小学的传统文化课程，在牧区普及蒙古象棋的教学活动。

第二，在社区和嘎查文化活动室免费提供蒙古象棋，吸引全民参与。

第三，在草原文化旅游活动中，把蒙古象棋的普及和竞技作为重要娱乐活动，吸引游客参与。

第四，广泛组织和大力支持蒙古象棋赛事活动。

第五，蒙古象棋与国际象棋竞技规则十分相像。广大牧民和牧民的孩子在这一棋类的竞技中具有独特的优势，因此可以充分发扬这一优势，培养一支实力强大、后继有人的棋手队伍，在国际比赛（国际象棋）中为内蒙古争光、为国家争光。

第六，借鉴国际象棋事业发展经验，独立自主地发展蒙古象棋事业和蒙古象棋文化产业。

第七，支持蒙古象棋文化的相关研究工作。

（4）重视蒙古语公共文化服务产品的开发与传播

根据《中华人民共和国公共文化服务保障法》第四十条规定，加强民族语言文字文化产品的供给，加强优秀公共文化产品的民族语言文字译制及其在民族地区的传播，鼓励和扶助民族文化产品的创作生产，支持开展具有民族特色的群众性文化体育活动。根据《中华人民共和国公共文化服务保障法》第三十五条规定，面向农村提供的图书、报刊、电影等公共文化产品应当符合农村特点和需求，提高针对性和时效性。因此，在牧区开展公共文化服务时，结合牧区文化的特殊性，结合牧民普遍更乐于接受蒙古语文化服务产品这一特点，在公共图书馆、草原书屋公共图书的供给，开发公共数字文化产品和流动公共文化服务产品时，应格外重视蒙古语文化服务产品的开发，提供更加切合牧区特点的公共文化服务。

（5）扶持乌兰牧骑，创作更多牧民喜爱的文艺作品

当前，乌兰牧骑迎来了发展壮大的大好时机，不仅举国上下都在学习乌兰牧骑精神，各级政府还从多个方面支持乌兰牧骑的发展。但是针对乌兰牧骑创作人才缺乏、创作能力不够强的问题，需要有针对性的资助和支持，才能更好地解决，如创作专项资金支持等。此外，重视业余乌兰牧骑的力量，充分吸收业余乌兰牧骑人员的智慧，与牧民一同创作新节目、新作品。通过调查发现，牧民更加喜欢传统文化色彩浓厚的文艺作品。因此乌兰牧骑工作人员在提供流动公共文化服务时，应切实尊重牧民的特点，创作更加贴合牧民文化特点的节目和作品，更好地满足牧民的文化需求。

5. 以科技为支撑，实现文化与科技的融合发展

党的十九大报告指出，要深化科技体制改革，建立产学研深度融合的技术创新体系。2019 年 8 月，科技部、中宣部等六部委联合下发了《关于促进文化和科技深度融合的指导意见》，更是将文化与科技融合这个主题提升到前所未有的高度。

在牧区文化振兴过程中，实现文化与科技的融合，构建智慧文化

资源开发与服务体系，就是要以大数据平台为基础，形成基于公共文化服务业、文化旅游业、文化产业等各类文化资源的海量数据，以云计算技术为辅助，把大量的非结构性数据保存下来，并依托这些数据为政府部门和企业决策提供建议，为公众提供个性化、优质化的服务，甚至依托这些数据对各类文化资源进行转化，实现文化与旅游产业等各类产业的融合发展，构建文化＋智慧旅游、文化＋智慧公共服务、文化＋智慧文化产业等各种高科技文化资源的开发与服务模式。

（1）加强组织领导，拓宽融资渠道

一是加强组织领导。对智慧文化服务体系进行整体布局，合理规划，积极协调，各级党委、政府统一思想认识，形成推动科技进步的强大合力。明确发展目标，细化各项工程牵头单位，确保各环节落实成效，统筹审定发展智慧文化产品、文化产业、文化旅游、公共文化服务等各项工作计划，及时解决各项目建设应用推广中的部门协调和联动问题。

二是拓宽融资渠道。按照强化科技基础、整合社会资源的思路，统筹使用建设资金；适时建立科技支撑智慧产业、产品专项资金，用于支持智慧示范产业、科技标准设立及政府购买有关科技服务和重点企业的人才引进和培养等。在资金融资方面，除了依靠政府的力量，还要努力吸收社会层面的力量，形成多元融资渠道。通过制定实施税收财政优惠政策，鼓励并引导社会资金对智慧文化产业、产品及服务的投资，形成政府、企业、社会组织乃至公众等多元投资主体参与的市场化运作融资机制，拓宽社会资金运作渠道。以众筹模式为例，当前，众筹模式已与电影业融合，取得了很好的成绩。牧区智慧文化服务体系的建设也可以采取众筹、股权投资等模式，破解当前资金短缺的问题。

（2）构建共享共建的文化资源数据库

依托大数据、云计算、物联网、人工智能等信息技术，将民俗文化资源、公共文化服务资源、文化产业资源、旅游文化资源等各类文化资源整合，建立互联互通的公共数字文化服务资源库、旅游文化资源数据库、文化遗产资源库、民俗文化资源库等各类文化资源的海量数据。在整合各类文化资源的基础上，实现数据的对外开放与共享，同时，规范数据采集，及时更新数据，做到准确和实时。

在文化资源大数据的建设中，在遵守国家政策法规和保障数据安全的前提下，将智慧文化资源与市场需求对接，合作建设。可以尝试与高校、科研机构及中国移动、中国联通、银联、百度、阿里巴巴等单位合作，共建共享，合力促进牧区文化资源大数据库的建设；广泛收集公众需求信息，捕捉公众个性化文化服务需求，进而为公众得到更为精准化、个性化的管理和服务提供重要的信息支撑；依托这些数据对各类文化资源进行转化，实现文化与旅游产业等各类产业的融合发展，构建文化 + 智慧旅游、文化 + 智慧公共服务等高科技文化资源开发与服务模式。

（3）创新智慧服务，提高智能化享受体验

首先，实现服务入口的复合化。开发微信公众号、小程序、手机客户端等服务方式，满足不同终端客户的使用需求。

其次，实现功能的全覆盖。要以公众、顾客、游客的需求为导向设置服务项目，包括民俗文化、文化服务、文化产品、文化旅游的全覆盖，而不能局限于某一个环节。旅游智慧服务要涵盖“吃住行游购娱”“商养学闲情奇”等旅游服务的各个环节，智慧文化产业、公共文化服务要涵盖宣传、购买、服务、营销、评价等各个环节。

再次，实现个性化服务。智慧公共文化服务、智慧文化产品、智慧旅游文化、民俗文化等智慧牧区文化资源开发与服务建设，既要为相关部门决策、应急处置等管理工作服务，也要为相关企业服务，更要为广大牧民、游客及其他公众服务，这就要求智慧服务要关注不同主体的不同需求，实现个性化服务。

最后，建设以智能手机为核心的服务体系。为了公众更便捷查询文化服务产品和服务，不断完善创新手机 App，开发集查询、导览、预订、推送于一体的智慧服务 App，让公众方便、快捷地获取各类服务。例如，在旅游文化开发与服务的过程中，通过智慧服务让游客根据旅游者子平台方便地浏览旅游目的地的景区情况，主要包括景点介绍、门票、酒店、交通等，以便做出科学的旅游计划。当游客进入景区后，从智能手机终端进行身份确认，能够快速取得电子门票进入旅游景区。游客在旅游景区游览时，对景区布局、旅游人次、道路布局、卫生间、休憩地、餐饮等进行全方位的了解。如遇突发事件，游客通过电子平台提供的避险路线图，能够快速地离开现场。旅游者也可以通过终端将自己的旅游经历与感受分享到旅游平台的相关区域，可以发表自己的出游感受，有助于其他旅游者参考。再如，在牧区文化资源的开发利用过程中，牧民及其他公众可以通过智慧化服务，查阅了解大数据文化资源，通过线上线下购买文化产品及服务，也可以发表自己的评价，供有关部门、社会组织、企业乃至牧民个人进一步提高服务质量提供参考。

六、结论与展望

牧区文化传承与振兴是牧区现代化的重要任务之一。牧区拥有丰富的文化资源，其中最为核心的文化资源是人与自然和谐共生、天人合一的游牧文化，游牧文化的根基是传统畜牧业生产活动。因此，推进牧区文化的传承振兴，首先要抓住这一关键问题，抓牢牧区文化的根基，以现代游牧生产方式，轮换利用草场，保持草原生态的可持续性，发展生态文化旅游和草原文化产业，提高牧民的收入，实现经济、文化、生态、社会多重效益，推动牧区的全面现代化。

内蒙古牧区地域辽阔，所属苏木乡镇较多，全面铺开文化振兴工作，难度之大可想而知。可以在牧区现代化试点旗同步启动草原文化特色小镇建设作为推动牧区文化振兴工作的突破口。具体措施上，第一，依托合作社、家庭牧场等各类新型经营主体，发挥当地独特的自然生态、历史文化资源优势，加大传统民俗文化的转化力度，发展生态、文化、体验三位一体的草原生态文化深度游，开发毛毡皮骨工艺类文创产品、马文化产品、民族特色文艺产品、地域特色饮食文化产品，构建展示、体验、销售、传承、研究五功能融合一体的草原游牧文化主题场馆设施平台，真正实现产业、文化、旅游的融合发展。只有实现了文化与产业的有效融合，才能实现真正意义上的文化引领旅游等各类产业，进而达到传承文化、发展产业、提升公共文化服务水平、提高牧民生活水平以及丰富精神文化生活等目标。第二，通过发展民族教育和职业教育普及和传承非遗文化和民族文化，提高民族文化价值认同，形成全社会的文化学习与文化行动，营造文化传承与发展的良好氛围，使每一位牧民和子女都成为文化振兴的主人翁，确保文化振兴的主体。第三，扶持发展乌兰牧骑以及业余乌兰牧骑等文化机构和文化组织，创作代表性文艺作品和牧民更加喜爱的文艺作品，打造地域特色群众文化活动品牌，扩大文化影响力，以文化吸引人。第四，依托公共数字文化服务资源和平台，对牧民开展长期的文化科技培训服务工作，提高牧民整体文化素质。第五，牧区文化振兴，离不开现代科技的支撑。认真贯彻落实党的十九大报告及其他有关文化与科技深度融合发展的文件精神，发挥科技对文化发展的引擎作用，在牧区文化振兴过程中实现文化与科技的融合，构建“文化＋智慧旅游”“文化＋智慧公共服务”“文化＋智慧文化产业”等各种高科技文化资源开发与服务模式。

牧区文化振兴任重而道远。在今后的研究中，进一步挖掘牧区游牧文化的深层次内涵与宽广外延，深入探寻国内外其他地区文化振兴的成果做法，借鉴经验，总结教训，向国内外的相关专家学者学习和借鉴，建立文化振兴人才智库和信息资源链条数据库，使牧区文化振兴的实践者“走出去、引进来”，实现牧区文化的跨越式发展。

参考文献

1. 著作

[1] 梁漱溟. 中国文化要义[M]. 上海：上海人民出版社，2005.

[2] 钱穆. 中国文化精神[M]. 北京：九州出版社，2012.

[3] 顾保国，林岩. 文化振兴[M]. 郑州：中原农民出版社.2019.

[4] 孙浩. 农村公共文化服务有效供给研究[M]. 北京：中国社会科学出版社，2012.

[5] 刘秀艳，王丽静，陈薇. 新农村公共服务体系建设[M]. 北京：知识产权出版社，2012.

[6] 陈威. 公共文化服务体系研究[M]. 深圳：深圳报业集团出版社，2006.

[7] 彭泽明，张海燕，李建. 公共文化服务创新案例[M]. 北京：北京师范大学出版社，2018.

[8] 吴理财. 文化治理视域中的公共文化服务体系建设[M]. 北京：高等教育出版社，2016.

2. 期刊论文

[9] 白维军. 流动公共服务与边疆民族地区社会治理[J]. 民族研究，2017（3）.

[10] 从志杰. 流动服务：内蒙古牧区公共文化服务的重要途径[J]. 内蒙古社会科学，2014，35（4）.

[11] 段小虎，闫小斌，荆皓. 从“农村文化建设”到“乡村文化振兴”——研究维度与思维模式的转变[J]. 图书馆，2018（9）：1–4.

[12] 王光文. 文化价值视角下的乌兰牧骑服务职能创新研究，前沿，2019（1）.

[13] 李国新. 强化公共文化服务政府责任的思考[J]. 图书馆杂志，2016，35（4）.

[14] 焦斌龙. 新常态下我国文化产业供给侧结构性改革的思考[J]. 经济问题，2017（5）.

[15] 纪东东，文立杰. 公共文化服务供给侧结构性改革研究[J]. 江汉论坛，2017（11）.

[16] 安小林. 不断提升公共文化服务供给效率[J]. 人民论坛，2019（2）.

[17] 周锦，赵正玉. 乡村振兴战略背景下的文化建设路径研究[J]. 农村经济，2018（9）.

[18] 刘彦武. 乡村文化振兴的顶层设计：政策演变及展望——基于“中央一号文件”的研究[J]. 科学社会主义，2018（3）.

[19] 徐勇. 乡村文化振兴与文化供给侧改革[J]. 东南学术，2018（5）.

[20] 杨永恒. 新时代我国文化建设的使命和任务[J]. 行政管理改革，2018（1）.

[21] 黄梦航. 农村公共文化服务体系建设中社会力量参与的路径问题——以湖北D市文化礼堂建设为中心的考察[J]. 福建论坛·人文社会科学版，2018（4）.

[22] 闫小斌，段小虎，贾守军，等. 超越结构性失衡：农村公共文化服务供给驱动与需求引导的结合[J]. 图书馆论坛，2018（6）.

[23] 沈亚平，陈建. 从建设到治理：公共文化服务体系优化的基本逻辑[J]. 湖北社会科学，2017（4）.

[24] 林敏娟，石良亮. 精准化视角下的公共文化服务：一个分析框架[J]. 广西社会科学，2018（4）.

[25] 盛明科，李代明. 大众阅读需求变化背景下公共文化资源精准供给分析[J]. 中国出版，2017（18）.

[26] 姜雯昱，曹俊文. 以数字化促进公共文化服务精准化供给：实践、困境与对策[J]. 求实，2018（6）.

3. 学位论文

[27] 韦冉. 公共文化服务多元主体供给研究[D]. 西安：长安大学. 2017.

[28] 张梦楠. 我国农村公共文化服务供给存在的问题与对策研究[D]. 青岛：中国海洋大学. 2014.

[29] 张若琳. 农村公共文化服务供给研究[D]. 安徽：安徽师范大学. 2016.